MENTOR
JAVA

멘토씨리즈 자바

초 판 발 행	2023년 3월 24일
초 판 2 쇄 발 행	2024년 2월 8일
발 행 처	코리아교육그룹 교육연구소
발 행 인	김영우
주 소	서울특별시 강남구 강남대로 286. 3, 4층
전 화	02-525-5237
I S B N	979-11-89028-36-7
홈 페 이 지	http://www.koreaedugroup.com
이 메 일	kegbook@koreaedugroup.com

이 책에 대한 의견이나 오탈자 및 잘못된 내용에 대한 수정 정보는 이메일로 알려주십시오.
Copyright ⓒ 2024 ㈜코리아교육그룹

이 책의 저작권은 ㈜코리아교육그룹에 있습니다.
저작권법에 의해 보호를 받는 저작물이므로 무단 복제 및 무단 전재를 금합니다.

멘토씨리즈 자바
MENTOR JAVA

03

이 책의 집필진 대표　**김송아·신동열**

PROLOGUE

JAVA 프로그래밍 입문자들을 위한 기본서!!
프로그래머를 향해 한 발짝 나아갈 수 있도록 기본 문법을
충실하게 담은 멘토씨리즈 자바 책입니다.

- **멘토씨리즈 JAVA |** 어떻게 활용해 볼까?

이 책은 자바를 처음 접하는 입문자들이 좀 더 쉽게 접근할 수 있도록 내용을 구성했습니다. 자바는 객체 지향 언어로 비전공자가 쉽게 접근하기 어려운 언어입니다. 책을 집필하면서 비전공자분들도 책을 통해 자바라는 프로그래밍 언어를 이해하고 학습할 수 있도록 집필하고자 노력했습니다. 초보자의 눈높이에서 어려운 용어보다는 보편화된 용어를 선택하였고, 기본 문법과 예제 또한 접근하기 쉽도록 상세히 설명했습니다.

COMMENT

첫째,
자바는 언어이다!

우리는 영어를 배울 때 단어와 문법을 익히고, 그것을 여러 가지 상황에 맞게 사용하면서 언어를 습득합니다. 프로그래밍 언어도 그것과 같습니다. 기본 문법 구조를 배우고, 원리를 이해한 뒤, 많은 연습을 통해 정복할 수 있습니다. 필자는 이 점을 중점으로 생각하고 이 책을 집필했습니다. 기계적인 문법 설명과 예시가 아닌, 언어로써 접근해 충분히 이해할 수 있도록 집필하려 노력했습니다.

둘째,
백문이 불여일타

'백문이 불여일견'이라는 고사성어를 잘 알고 계시죠? 백 번 듣는 것보다 한 번 보는 것이 낫다는 뜻으로, 무엇이든지 스스로 경험해야만 제대로 알 수 있다는 의미입니다. 같은 맥락으로 프로그래밍 세상에서도 통하는 명언이 있습니다. '백문이 불여일타' 즉, 백 번 듣는 것보다 한 번 직접 쳐보는 것이 낫다는 뜻입니다. 필자도 이 부분에 매우 공감하며 정말 프로그래밍 세계에서는 다른 답은 없다고 생각합니다. 어떤 코드도 직접 해보지 않으면 우리 것이 될 수 없습니다. 이 책 역시 그 뜻을 담아, 여러분들이 더 빠르고 쉽게 이해할 수 있도록 많은 예제를 수록했습니다. 그러니 꼭! 예제 하나하나 직접 쳐보며 손으로 익히고 결과를 확인하시길 간곡히 부탁드립니다. 개발자가 되기 위해 빼놓을 수 없는 과정이자, 개발 능력을 빠르게 향상시킬 수 있는 지름길이기도 합니다.

셋째,
에러 메시지는 우리를 해치지 않는다.

프로그래밍을 공부하다 보면, 분명 우리는 많은 에러 메시지를 만나게 됩니다. 하지만 절대 두려워하지 마세요! 개발자에게 에러 메시지는 길을 찾아주는 방향키 역할을 합니다. 에러 메시지 없이 한 번에 프로그램을 완성하는 개발자는 세상 어디에도 없다는 것이 이 주장을 뒷받침할 수 있습니다.

에러 메시지와 친해지세요! 에러 메시지가 나오면 우리는 무엇이 잘못되었는지 스스로 찾아보면서 더 깊고 넓게 공부할 기회를 얻게 됩니다. 그 기회를 잘 활용한다면 경험들이 차곡차곡 쌓여서 우리를 훌륭한 개발자로 만들어 줄 것입니다.

넷째,
속도보다는 꾸준함

필자는 프로그래밍 언어 역시 우리가 소통하는 하나의 언어라고 생각합니다. 한글도 영어도 하루아침에 실력이 늘지 않아 포기하는 경우가 많은 것처럼, 프로그래밍도 초반에 속도를 내어 많은 분량을 학습하지만, 실력이 늘지 않아 쉽게 포기해버리는 경우가 많습니다. 하지만 언어를 학습함에 있어 중요한 것은 속도가 아니라 꾸준함입니다. 적은 양이라도, 적은 시간이라도 하루하루 투자하다 보면 어느새 여러분들은 원하는 대로 컴퓨터와 대화하고 있을 거예요. 그러니 조급하게 생각하지 말고, 여유를 가지고 학습하다보면 분명 좋은 결과가 있을 겁니다.

다섯째,
반복만이 살 길이다!

입문자를 위한 기준으로 이 책을 집필했지만, 프로그래밍을 처음 접하는 분들에게는 그마저도 녹록지 않은 내용일겁니다. 학습하면서 '과연 내가 이걸 할 수 있을까?' 하는 불안감도 생기겠죠. 필자도 처음 프로그래밍의 세계에 들어왔었던 학생 시절, 모든 내용이 새롭고 어려워서 포기할까 하는 유혹에 빠지기도 했으니까요. 하지만 꾸준히 반복하고, 복기하여 공부하면 그 포기의 유혹과 위기에서 벗어날 수 있을 겁니다. 진도가 막히고 내용이 어려울 때마다 해당 부분을 천천히 정독하면서 내용을 이해하고, 예제를 통해 배운 이론을 정리해 나가다 보면 어느새 자바와 익숙해져 있는 여러분을 만나실 수 있을 겁니다. 여러분이 한발 한발 전진할 수 있도록 이 책이 도움을 줄 것입니다.

여섯째,
기본이 곧 응용이다!

필자가 강의하면서 많이 듣는 질문 중 한 가지는 '응용하려면 어떻게 해야 할까요?'입니다. 그러면 저는 항상 '기본에 충실하라!'라고 말씀드립니다. 기본이 없는 응용은 세상에 없습니다. 응용문제를 풀지 못하거나 이해하지 못하는 것은 해당 기술에 대한 개념이 부족하기 때문입니다. 기술에 대한 이해도가 높다면 아무리 현란하고 복잡해 보이는 문제도 본질을 파악할 수 있습니다. 특히나 프로그래밍, 개발 분야는 정답이 정해지지 않은 업무의 연속입니다. 따라서 기본적인 문법의 이해가 반드시 전제되어야 합니다. 그렇지 않으면 생산성 낮은 코드를 작성할 수밖에 없습니다. 평소 제 소신인 '기본은 곧 응용'이라는 생각을 책에 담아봤습니다.

이 책의 구성

프로그래머의 길잡이가 되어줄 멘토씨리즈 JAVA!!

이 책은 자바 프로그래밍 입문자를 대상으로 합니다. 초반부에는 기본 문법을 익히고 중반부에서 자바의 핵심 문법인 객체지향 프로그래밍을 학습하며, 후반부에는 자바의 고급 문법을 통해 자바 입문 과정의 모든 것을 익히게 됩니다. 또한 문법의 핵심 개념을 이론과 함께 다양한 그림, 도식으로 표현해 이해를 도우며, 엄선한 기본 예제와 함께 각 섹션에서 학습한 내용을 점검할 수 있는 응용문제를 담아 다양한 실전 예제를 경험할 수 있도록 구성되어 있습니다.

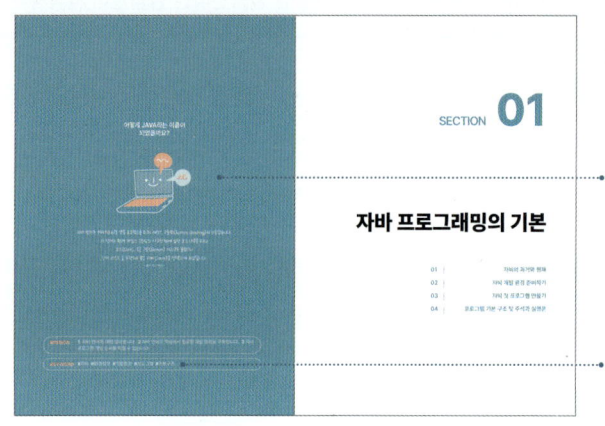

섹션 초입부

해당 섹션에서 다루는 문법에 대한 유래 또는 기본 상식이 간략하게 수록되어 있습니다.

해당 섹션에서 배울 내용과 핵심 키워드를 한눈에 살펴봅니다.

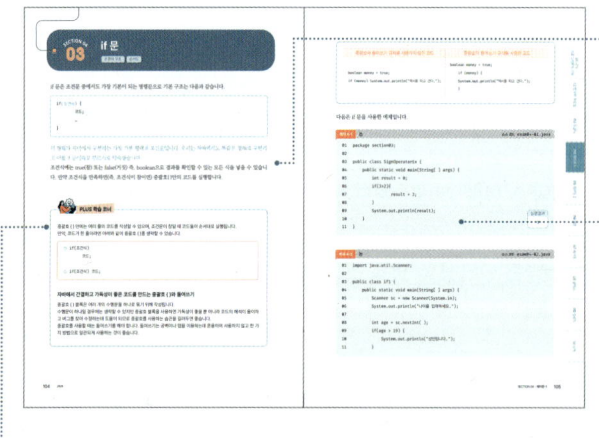

기본 이론

문법에 대한 기초 이해부터 사용하는 방식을 익힙니다.

기본 예제

간단한 예제를 통해 앞에서 배운 문법을 활용해 봅니다. 실행 결과를 확인할 수 있으며 친절한 해설이 수록되어 있습니다.

PLUS 학습 코너

더 알아두면 좋을 보충 설명, 참고 사항, 관련 용어들이 수록되어 있습니다.

예제 & 정답 파일 다운로드 방법 및 경로 안내

1. 교재몰   교재몰 사이트 접속 > 로그인 > 교재 구매 완료 > 예제 파일 탭 선택 > 해당 교재 선택 > 이메일 주소 입력 후 전달

예제와 정답 파일은 교재몰 사이트(http://www.kedustore.com)에서 교재 구매 완료 후, 예제 파일 메뉴에서 이메일 주소를 입력하면 다운로드할 수 있는 웹하드 정보(웹하드 주소, 아이디, 비밀번호)가 전송됩니다.

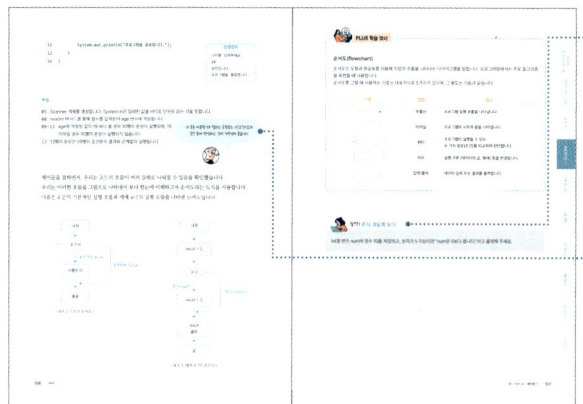

혼자 코딩해 보기
기본 예제와 비슷한 유형의 문제들로 구성되어 혼자서도 충분히 해결할 수 있는 문제들을 제시합니다.

말풍선
지나치기 쉬운 내용들을 가볍게 언급하여 다시 한 번 생각해 보는 시간을 갖습니다.

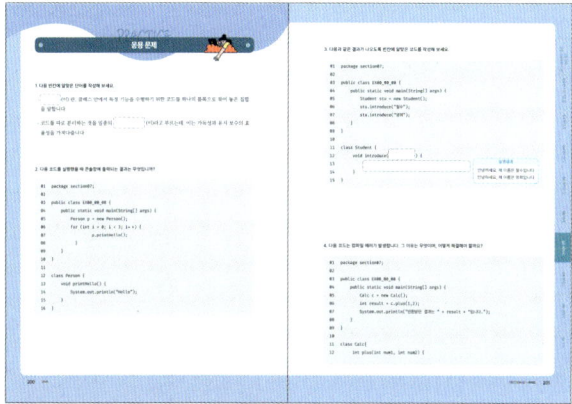

응용문제
해당 섹션에서 배운 문법을 잘 이해했는지 문제를 풀면서 확인합니다. 정답은 별도 PDF로 제공합니다.

Tip
학습하면서 알아두면 좋은 팁이나 혼동하기 쉬운 내용을 짚어줍니다.

부록
본문에서 미처 다루지 못한 내용을 부록으로 수록했으며, 지금까지 학습한 문법을 모두 활용해 프로그램을 직접 만들어 봅니다.

---

2. 웹하드 　웹하드 사이트 접속 > 로그인 > 게스트 폴더 선택 > 해당 교재 폴더 선택 > 해당 파일 선택 후 내리기

좀 더 빠르게 다운로드하고 싶다면 아래 웹하드에서 다운로드하시기 바랍니다.

웹하드(http://www.webhard.co.kr) / **아이디** : koreastore1(번호 1~4 중에 택 1) / **비밀번호** : 각 수강 지점 멘토에게 문의

CONTENTS

PART 1. 자바의 기본

Section 01 자바 프로그래밍의 기본 — 16
- 자바의 과거와 현재 — 18
- 자바 개발 환경 준비하기 — 21
- 자바 첫 프로그램 만들기 — 28
- 프로그램 기본 구조 및 주석과 실행문 — 32

Section 02 변수와 자료형 — 36
- 데이터 — 38
- 변수 — 43
- 자료형 — 51
- 참조 자료형 — 62
- 형 변환 — 64
- 데이터 입력 — 73
- 핵심정리와 응용문제 — 75

Section 03 연산자 — 78
- 연산자의 종류 — 80
- 연산자 우선순위와 연산 방향 — 82
- 단항 연산자 — 84
- 이항 연산자 — 89
- 삼항 연산자 — 97
- 핵심정리와 응용문제 — 99

Section 04　제어문-1　102

- 제어문　104
- 조건문　105
- if 문　106
- if-else 문　110
- if-else if 문　114
- switch 문　119
- 핵심정리와 응용문제　123

Section 05　제어문-2　126

- 반복문　128
- for 문　129
- 중첩 for 문　132
- while 문　135
- do-while 문　137
- 기타 제어문　139
- 핵심정리와 응용문제　142

Section 06　배열　144

- 배열　146
- 배열의 구조　151
- Arrays　159
- 다차원 배열　167
- 향상된 for 문　173
- 핵심정리와 응용문제　175

CONTENTS

PART 2. 객체 지향 프로그래밍

Section 07 클래스 178
- 객체 지향 프로그래밍 180
- 객체와 클래스 181
- 클래스의 구성 186
- 정적 멤버와 static 193
- 핵심정리와 응용문제 198

Section 08 메서드 200
- 메서드 202
- 매개변수와 return 208
- getter와 setter 메서드 218
- 핵심정리와 응용문제 222

Section 09 생성자 226
- 생성자의 특징 228
- 생성자 오버로딩 234
- this와 this() 239
- 핵심정리와 응용문제 243

Section 10 상속 246
- 상속 248
- 상속에서의 생성자 251
- 오버라이딩 254
- 접근 제한자 258
- 2차 상속 266
- final 클래스와 final 메서드 268
- 핵심정리와 응용문제 272

Section 11	**다형성과 타입 변환**	**276**
	클래스에서의 타입 변환	278
	다형성	288
	instanceof 연산자	293
	오버로딩과 오버라이딩	297
	핵심정리와 응용문제	299

Section 12	**추상 클래스와 인터페이스**	**302**
	추상 클래스와 추상 메서드	304
	인터페이스 구현	312
	인터페이스 사용	316
	인터페이스 상속	326
	핵심정리와 응용문제	329

Section 13	**내부 클래스**	**332**
	내부 클래스	334
	내부 클래스의 종류	335
	내부 클래스의 접근 제한	342
	익명 클래스	344
	핵심정리와 응용문제	347

Section 14	**예외 처리**	**350**
	예외 처리	352
	예외 클래스	354
	예외 처리 문법	358
	예외 던지기	368
	사용자 정의 예외 처리	373
	핵심정리와 응용문제	376

PART 3. 자바의 고급

Section 15 기본 API 클래스 — 378
- 자바 API 문서 — 380
- java.lang 패키지 — 382
- java.util 패키지 — 405
- 핵심정리와 응용문제 — 409

Section 16 컬렉션 프레임워크 — 412
- 컬렉션 프레임워크 — 414
- 제네릭 — 415
- List 컬렉션 — 420
- Set 컬렉션 — 433
- 반복자 Iterator — 438
- Map 컬렉션 — 441
- 핵심정리와 응용문제 — 444

Section 17 람다식 — 448
- 람다식 — 450
- 람다식 문법 — 451
- 함수형 인터페이스 — 453
- 핵심정리와 응용문제 — 459

Section 18 스레드 — 462
- 프로세스와 스레드 — 464
- 스레드의 사용 — 466
- 스레드 동기화 — 471
- 스레드 상태 — 478
- 핵심정리와 응용문제 — 485

Section 19

파일 입출력 — 488
- 자바 입출력과 스트림 — 490
- 입출력 스트림의 종류 — 492
- 바이트 기반 스트림 — 493
- 문자 기반 스트림 — 507
- 보조 스트림 — 515
- File 클래스 — 532
- 직렬화 — 535
- 핵심정리와 응용문제 — 541

PART 4. 부록

부록 01

JDBC와 데이터베이스 프로그래밍 — 546
- 데이터베이스와 DBMS — 548
- JDBC란? — 550
- MariaDB — 551
- SQL — 556
- 데이터 저장 — 558
- 데이터베이스 활용 — 563
- 자바와 연동 — 568

부록 02

미니 MVC 프로젝트 — 576
- Swing — 578
- MVC 모델 — 583
- 미니 프로젝트 만들기 - 숫자 야구 게임 — 586

* 아스키코드와 유니코드 — 602

어떻게
JAVA라는 이름이 되었을까요?

자바 언어는 1991년 6월 셋톱 프로젝트를 위해 제임스 고슬링(James Gosling)이 만들었습니다.
이 언어는 원래 제임스 고슬링의 사무실 밖에 있던 오크 나무를 따다
오크(Oak), 혹은 그린(Green) 이라고도 불렀으나
단어 리스트 중 무작위로 뽑은 자바(JAVA)를 선택하게 되었답니다.

- 출처 위키백과 -

MISSION 1 자바 언어에 대해 알아봅니다. 2 자바 언어의 학습에서 필요한 개발 환경을 구축합니다. 3 자바 프로그램의 개발 순서를 확인합니다.

KEYWORD #자바 #환경설정 #개발환경 #프로그램 #기본구조

SECTION 01

자바 프로그래밍의 기본

01 | 자바의 과거와 현재
02 | 자바 개발 환경 준비하기
03 | 자바 첫 프로그램 만들기
04 | 프로그램 기본 구조 및 주석과 실행문

SECTION 01 자바의 과거와 현재

자바 소개 · 자바의 역사 · 자바의 특징

1 자바 소개

자바는 1991년 선 마이크로시스템즈(Sun Microsystems Inc.)의 제임스 고슬링을 비롯한 연구원들에 의해 개발된 객체 지향 프로그래밍 언어입니다. 이후 오라클(Oracle Corporation)에서 인수해 자바 개발도구를 배포하고 기술적 지원을 하고 있습니다.

자바는 전 세계에서 가장 많이 사용하는 프로그래밍 언어 중 하나로 게임, 웹 서버, 안드로이드 앱 애플리케이션 등 다양한 프로그램을 개발하는 데 사용되고 있습니다.

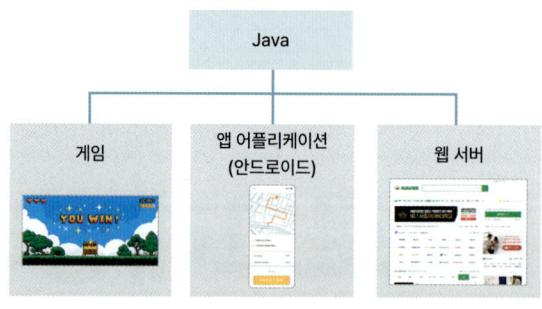

[그림 01-1] 자바의 사용 분야

2 자바의 역사

자바의 역사는 선 마이크로시스템즈의 연구원들에 의해 고안된 오크(Oak)라는 프로그래밍 언어에서부터 시작됩니다. 그 당시 가장 많이 사용되던 프로그래밍 언어인 C와 C++은 운영체제에 따라 각각의 컴파일러가 필요했고 이는 비용의 부담과 시간이 너무 많이 소요된다는 점에서 불편했습니다.

그래서 C와 C++의 단점을 보완하고 독립적으로 작동하는 안정적인 프로그래밍 언어를 개발하게 되는데, 이 언어가 오크입니다.

오크의 초기 개발 목적은 가전제품이나 소형 기기에 사용되는 소프트웨어를 만드는 것이었으나 인터넷의 등장과 함께 인터넷 환경에 적합하도록 개발 방향을 바꾸면서 이름을 자바(Java)로 변경했습니다. 자바로 개발한 웹브라우저인 '핫 자바(Hot Java)'를 1995년에 발표하고 다음 해인 1996년 1월에 자바의 정식 버전을 발표했습니다.

TIP 자바의 주요 릴리즈 히스토리

버전	발표일	추가 기능들
JDK 1.0	1996년 1월	초기 버전
JDK 1.1	1997년 2월	Inner classes, JavaBeans, JDBC, RMI
J2SE 1.2	1998년 12월	Swing, Collections, Framework
J2SE 1.3	2000년 5월	HotSpot, JVM, RMI, JavaSound
J2SE 1.4	2002년 2월	정밀한 수식들, Java Web
J2SE 5.0	2004년 9월	Generics, autoboxing, enumeration
Java SE 6	2006년 12월	Database 관리, 많은 새로운 기능들
Java SE 8	2014년 4월	Lambda expressions, Method Reference(메서드 정의를 활용해 람다처럼 사용 가능), Stream(간결하게 컬렉션의 데이터를 처리하는 기능), Default Method(인터페이스의 구현체를 인터페이스 자체에서 기본으로 제공), Optional(값을 Optional<T>로 캡슐화하여 NullPointerException을 방지)
Java SE 13	2019년 9월	JDK 빌드 프로세스 향상, switch 구문을 확장해 구문 또는 식으로 사용하여 코딩을 간소화, 단순화(Java Simplification) 없이 읽을 수 있는 형식으로 문자 시퀀스를 표현하기가 용이, 가비지 컬렉터 개선, 마이크로 벤치마크 툴 추가, 성능 개선
Java SE 14	2020년 3월	Record 도입 및 정의, switch 문의 간소화, 멀티 라인 문자열 포함, NullpointerExceptions 에러 메시지 다양화
Java SE 15	2020년 9월	클래스 봉인으로 상속 가능한 클래스를 지정할 수 있는 봉인 클래스 제공, 다중 텍스트 블록 지정으로 자바에서도 여러 줄의 문자열을 손쉽게 작성
Java SE 17	2021년 9월	기본 레거시 랜덤 클래스를 확장, 리팩토링한 난수 생성 API 추가, 중요한 내부 API를 제외하고는 JDK의 모든 내부 요소를 강력하게 캡슐화

3 자바의 특징

자바는 다음과 같은 특징을 가지고 있습니다.

객체 지향 언어

객체 지향 언어는 하나의 기능을 객체로 만들고, 이러한 객체들을 결합해서 하나의 프로그램을 완성하는 기법을 말합니다. 자바는 대표적인 객체 지향 언어로 상속, 캡슐화, 다형성이 잘 나타납니다.

단순성

C/C++을 기반으로 개발되었지만, C/C++에서 제공하는 문법인 포인터 등 혼란을 일으키는 불필요한 기능들을 제거했습니다.

이식성

자바는 바이트코드를 생성하고 가상 머신(JVM : Java Virtual Machine)을 이용해 자바 프로그램이 여러 운영체제에서 동일한 실행 결과가 나오도록 설계했습니다. 따라서 운영체제 종류와 상관없이 어느 환경에서나 실행할 수 있습니다.

멀티 스레드(Multi-Thread)

멀티 스레드는 CPU를 최대한 활용하기 위해 프로그램의 2가지 이상을 동시에 실행할 수 있는 기능을 말합니다.

- 동시성(Concurrency) : 멀티 작업을 위해 하나의 코어에서 멀티 스레드가 번갈아 가며 실행
- 병렬성(Parallelism) : 멀티 작업을 위해 멀티 코어에서 개별 스레드를 동시에 실행

운영체제마다 멀티 스레드를 이용하는 API가 다르지만, 자바는 Java API를 이용하기 때문에 일관되게 생성 및 관리를 할 수 있습니다.

메모리 자동 정리

자바는 자동으로 가비지 컬렉터(GC : Garbage Collector)가 사용하지 않는 메모리를 주기적으로 수거하고 관리합니다.

풍부한 오픈소스 라이브러리

자바는 무료로 제공하는 라이브러리가 이미 많이 개발되어 있어 프로그램 개발 기간을 단축할 수 있으며 안전성 높은 프로그램을 개발할 수 있습니다.

PLUS 학습 코너

자바 언어는 다음과 같은 단점도 지니고 있습니다.

- 실행을 위해 자바 가상 머신을 거쳐야 하므로 다른 언어들에 비해 실행 속도가 느립니다.
- 예외 처리가 잘 되어 있으나 개발자가 처리를 지정해 줘야 하므로 불편함이 따릅니다.

SECTION 02 자바 개발 환경 준비하기

자바 개발 키트(JDK) 설치 | 시스템 환경 변수 설정 | 이클립스 설치하기 | 자바 첫 프로그램 만들기

자바로 프로그램을 개발하고 실행하려면 자바 가상 머신이 필요합니다. 자바 가상 머신은 자바 개발 키트(JDK : Java Development Kit) 또는 자바 실행 환경(JRE : Java Runtime Environment)을 설치하면 자동으로 설치됩니다. 자바 프로그램을 개발하려면 자바 개발 키트(JDK)가 필요하고, 이미 개발된 프로그램을 실행만 하려면 자바 실행 환경(JRE)만 설치하면 됩니다.

1 자바 개발 키트(JDK) 설치

- 오라클 웹사이트(https://www.oracle.com)에 접속한 후 [Resources] 메뉴에서 [Downloads] – [Java Downloads]를 클릭합니다.

- Java SE 11 (LTS) 버전 Oracle JDK의 JDK Download 링크를 클릭합니다.

- 사용자의 운영체제에 맞는 파일을 다운로드합니다. 윈도우의 경우 Windows x64 Installer의 다운로드 링크를 선택합니다. 이 책에서는 윈도우 운영체제를 기본으로 다룹니다.

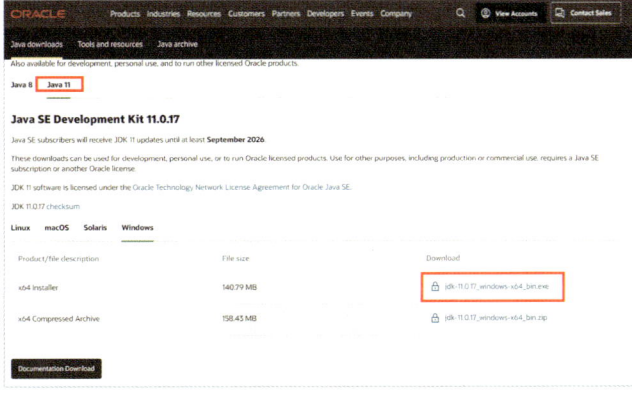

- 나타나는 창에서 라이선스 동의 체크박스를 클릭하고 파일을 다운로드합니다.

  TIP JAVA SE 11부터는 32비트 윈도우 운영체제를 지원하지 않습니다.

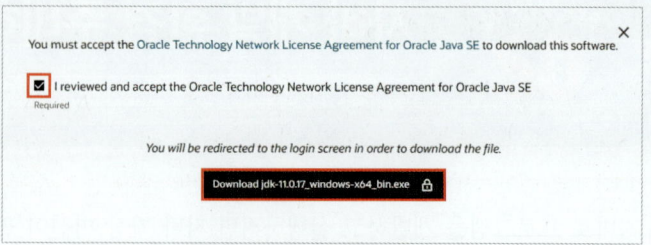

- 다운로드가 완료되면 설치 파일을 실행하고 [Next] 버튼을 클릭해 설치를 진행합니다.

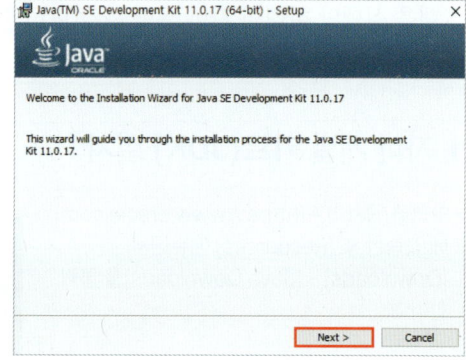

- 설치할 위치를 지정하고 [Next] 버튼을 클릭합니다.

- 설치가 완료되면 [Close] 버튼을 클릭합니다.

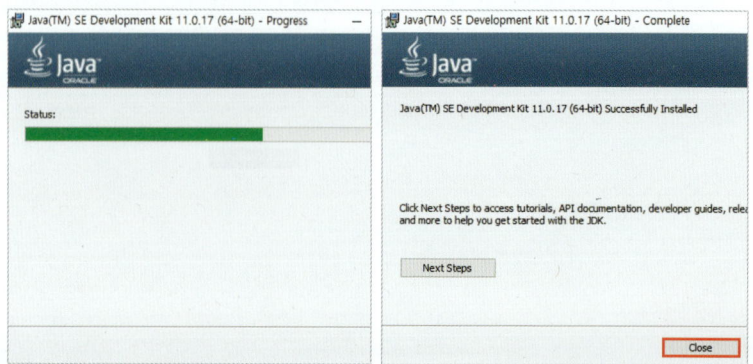

2 시스템 환경 변수 설정

자바 설치 폴더 'C:\Program Files\Java\jdk-11.0.17\bin' 디렉토리에는 컴파일러인 javac.exe와 자바 프로그램을 실행해 주는 java.exe가 있습니다. 이 실행 파일들은 자바 프로그램을 개발할 때 항상 사용하게 되므로 어느 디렉토리에서나 실행할 수 있도록 환경 변수를 설정합니다.

- [내 PC] – [속성]을 선택하고 [시스템] – [고급 시스템 설정]을 클릭합니다. 이어서 [시스템 속성] 창에서 [환경 변수]를 클릭합니다.

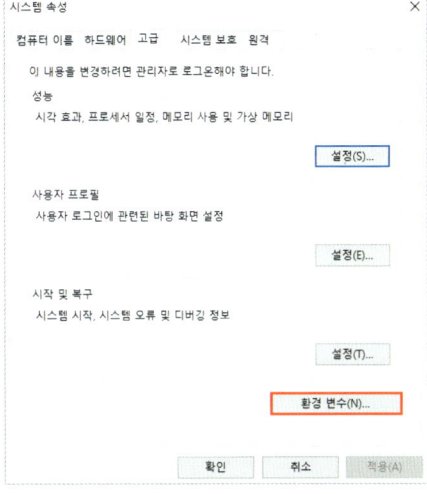

- [시스템 변수]에서 [새로 만들기]를 클릭합니다. 변수 이름에는 'JAVA_HOME', 변수값에는 자바 설치 디렉토리 경로, 즉 'C:\Program Files\Java\jdk-11.0.17'을 입력하고 [확인] 버튼을 클릭합니다.

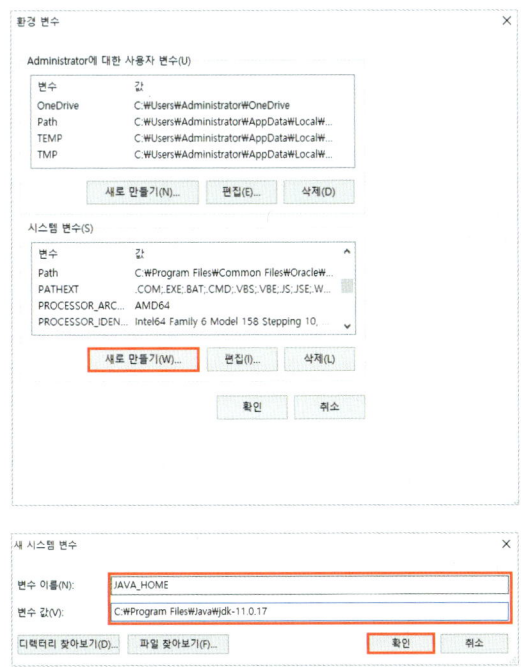

- [시스템 변수]에서 [Path] 환경 변수를 선택하고 [편집]을 클릭합니다. 이어서 나타나는 대화상자에서 [새로 만들기]를 클릭한 후 '%JAVA_HOME%\bin'을 입력하고 [확인] 버튼을 클릭합니다.

  TIP JAVA 16 버전부터는 이 과정을 진행하지 않아도 자동으로 설정됩니다.

- 환경 변수가 올바르게 설정되었는지 확인하기 위해 [검색] 창에 'cmd'를 입력하여 명령 프롬프트 화면을 실행합니다.

  단축키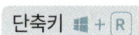

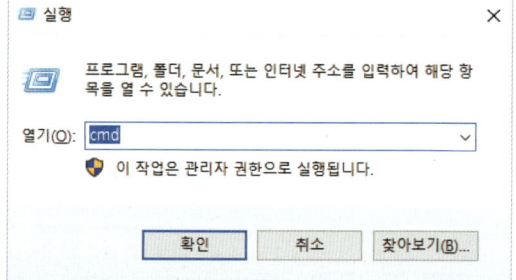

- 명령 프롬프트에서 'java –version'을 입력하고 Enter 키를 누릅니다. 정상으로 JDK 설치가 되었다면 다음과 같이 자바 버전이 출력됩니다.

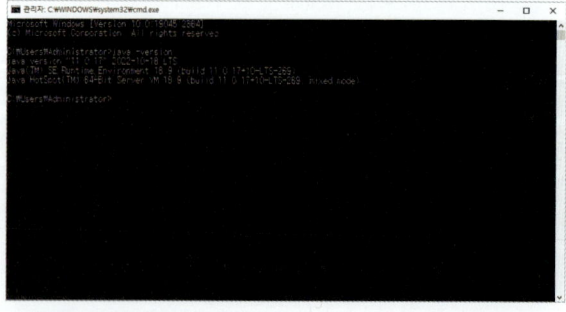

3 이클립스 설치하기

이클립스는 자바 응용 프로그램 개발을 위한 통합 개발 환경(IDE : Integrated Development Environment) 입니다.

통합 개발 환경(IDE)은 프로젝트의 생성, 자동 코드 완성, 디버깅 등 개발에 필요한 다양한 기능을 제공해 주는 편집 툴을 말합니다.

이클립스 외에도 다양한 개발 도구가 있으나 실무에서 가장 많이 사용하는 툴이므로 이 책에서는 이클립스를 사용합니다.

TIP 반드시 자바 JDK를 먼저 설치하고 이클립스를 설치해야 합니다.

- 이클립스 웹사이트(https://www.eclipse.org)에 접속한 후 오른쪽 상단에서 [Download] 버튼을 클릭합니다.

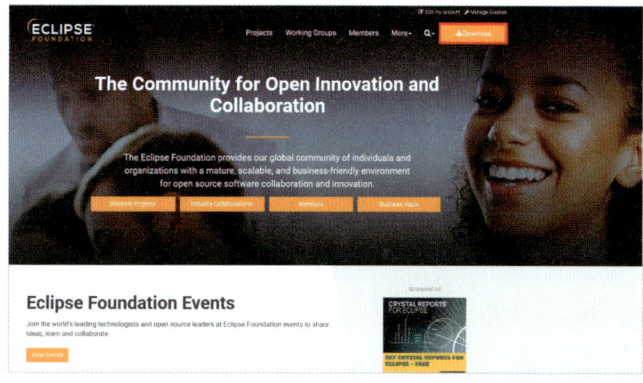

- [Download x86_64] 버튼을 클릭하고 이어서 나타나는 화면에서 [Download] 버튼을 클릭하여 설치 파일을 다운로드합니다.

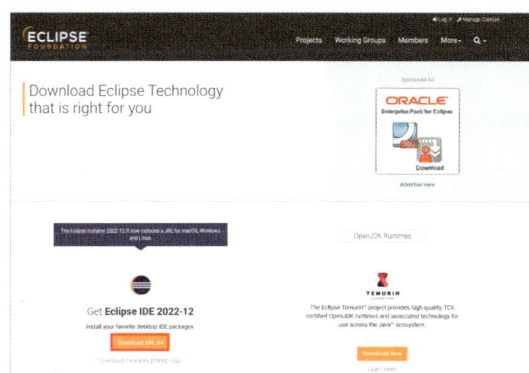
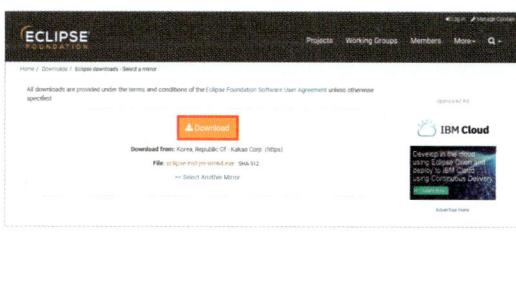

SECTION 01 - 자바 프로그래밍의 기본   25

- 다운로드가 완료되면 이클립스 설치 파일을 실행한 후 [Eclipse IDE for Enterprise Java and Web Developers]를 클릭합니다.

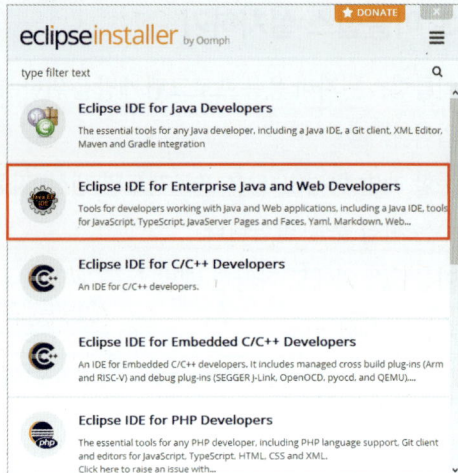

- 설치 위치를 지정한 후 [Install] 버튼을 클릭합니다.

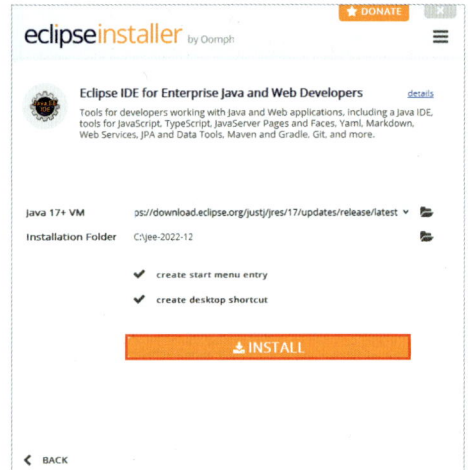

- [Accept] 버튼을 클릭합니다.

- 설치가 완료되면 [LAUNCH] 버튼을 클릭하여 이클립스를 실행합니다.

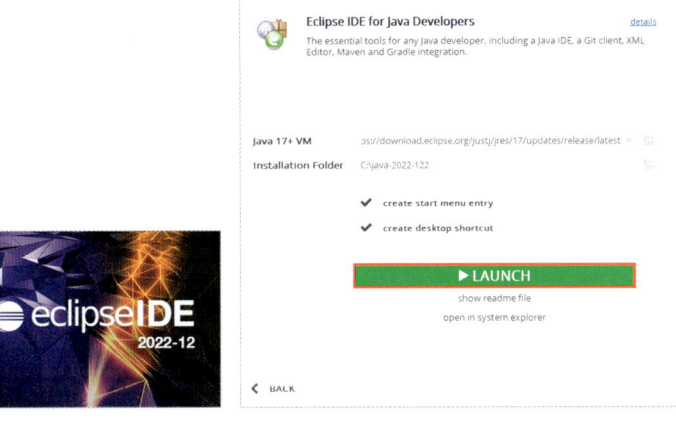

- 개발 프로그램이 기본으로 저장되는 공간인 워크스페이스(Workspace)를 지정하고 [Launch] 버튼을 클릭합니다.

  TIP 앞으로 Eclipse를 실행할 때마다 해당 대화상자가 나타나지 않게 하려면 'use this as the default and do not ask again' 박스를 체크합니다.

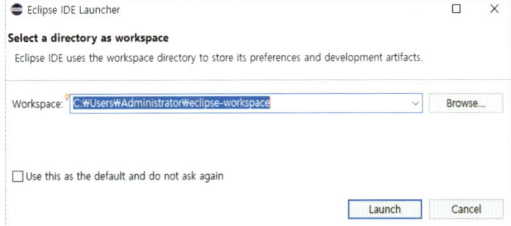

- 이클립스의 실행 화면이 나타납니다.

  TIP 워크스페이스를 잘못 지정했거나 다른 폴더로 변경하려면 [File] – [Switch Workspace] –[Other] 메뉴를 선택해 변경할 수 있습니다.

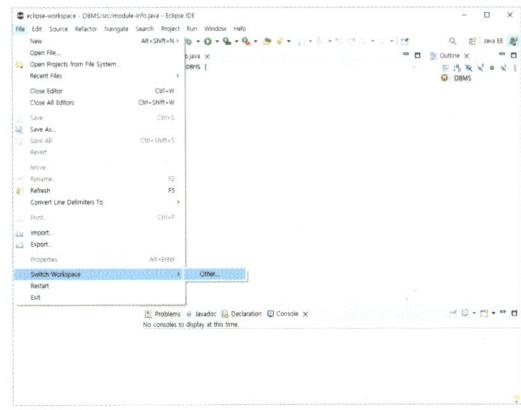

이제 자바를 이용한 프로그램의 개발 준비를 모두 마쳤습니다.

SECTION 01
03 자바 첫 프로그램 만들기

프로젝트 생성 | 문장 출력하기

자바로 프로그램을 만들려면 우선 프로젝트를 생성해야 합니다.

- [File] – [New] 메뉴에서 [Java Project]를 선택합니다.

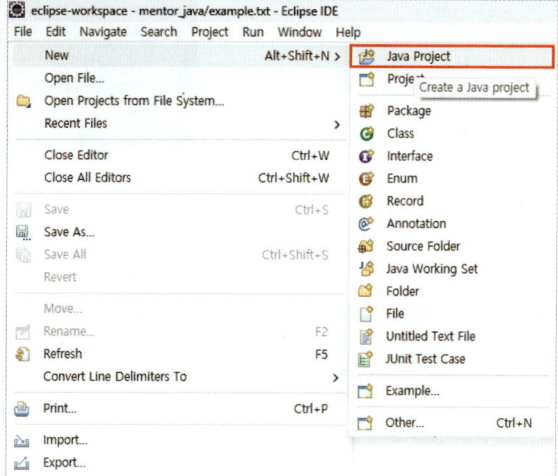

- [Project name] 입력란에 프로젝트명을 'Test'라고 입력한 후 [Finish] 버튼을 클릭합니다. [Create module-info.java] 대화상자가 나타납니다. 모듈명은 기본적으로 프로젝트명이 기재되어 있습니다. 일단 [Don't Create] 버튼을 클릭합니다.

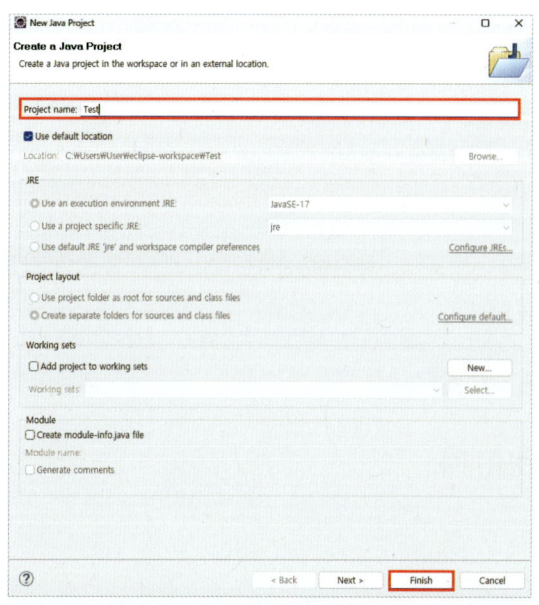

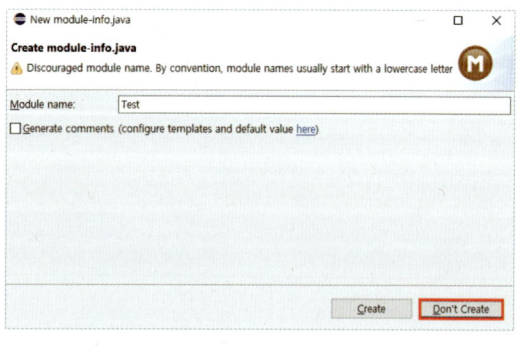

TIP JDK 11 이후 버전에서만 나타나는 창으로 JDK 8 이하 버전은 모듈 파일을 생성하지 않습니다. ('Module'에 관한 자세한 내용은 뒤에서 다룹니다.)

- 화면의 왼쪽 [Package Explorer] 영역에 'Test' 프로젝트가 생성되었습니다.

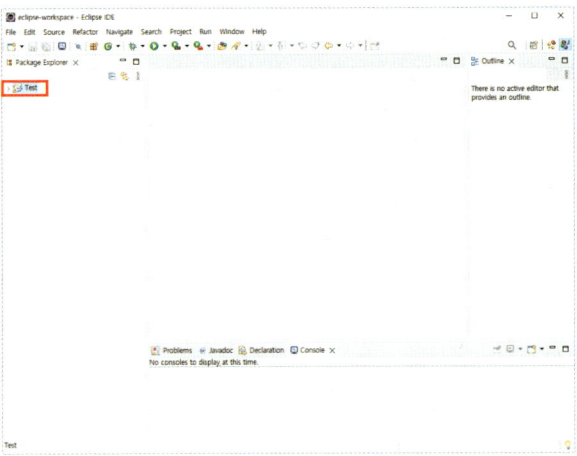

- [Package Explorer]에서 프로젝트 이름 'Test'를 선택하고 마우스 오른쪽 버튼을 클릭하여 나타나는 메뉴에서 [New] – [Package]를 선택합니다.

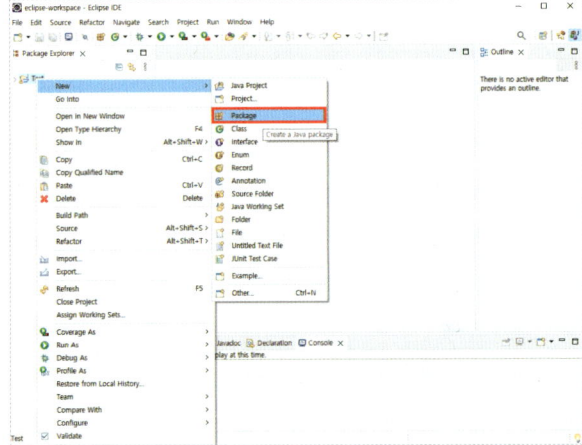

- [Name] 입력란에 패키지 이름으로 'section01'을 입력하고 [Finish] 버튼을 클릭합니다.

> **TIP**
> - 패키지는 클래스의 묶음으로 시스템의 폴더와 같은 개념입니다.
> - 동일한 이름의 클래스가 존재할 수 있기 때문에 패키지 형태로 구분하여 클래스를 식별합니다.
> - 패키지 이름은 항상 소문자로 입력합니다.

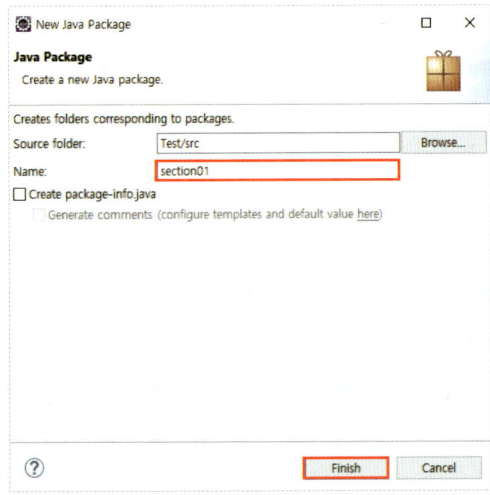

SECTION 01 - 자바 프로그래밍의 기본   29

- [Package Explorer]에서 패키지 'section01'을 선택하고 마우스 오른쪽 버튼을 클릭하여 나타나는 메뉴에서 [New] – [Class]를 선택합니다.

  단축키 Ctrl + N

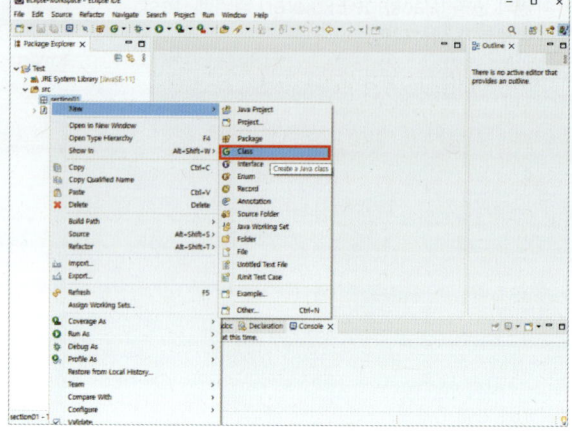

- [New Java Class] 창이 나타나면 Class Name을 'Hello'라고 입력하고, main( ) 함수를 자동으로 추가하기 위해 'public static void main(String[ ] args)' 항목을 체크한 후 [Finish] 버튼을 클릭합니다.

  TIP 클래스 이름은 항상 대문자로 시작합니다.

- 클래스 파일을 만들면 그림처럼 편집 영역에 자바의 기본 형태를 표현하는 소스 코드가 자동으로 만들어집니다.

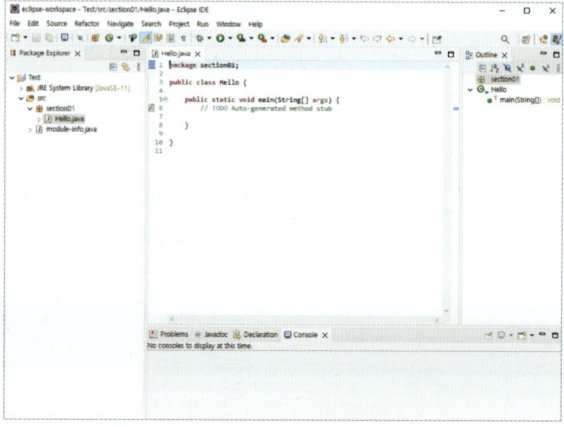

- 다음과 같이 코드를 수정합니다.

Hello JAVA!!! 문장 출력하기

```
01  Package section01;
02
03  public class Hello {
04
05      public static void main(String[] args) {
06          System.out.println("Hello JAVA!!!");
07      }
08
09  }
```

- 수정된 소스 파일을 [File] – [Save]를 클릭하여 저장합니다. 단축키 Ctrl + S
  이클립스는 빌드 자동화(Build Automatically) 기능이 기본으로 설정되어 있어서 소스 파일을 저장하면 자동으로 컴파일됩니다.

  TIP 디버깅(오류 수정하기)
  프로그래밍 도중 오류가 발생하면 소스 코드 아래 빨간 밑줄이 나타납니다. 빨간 밑줄이 표시된 부분에 마우스를 가져가면 오류 원인을 확인할 수 있습니다.

- 작성한 프로그램을 실행해 봅니다. [Package Explorer] 창에서 'Hello.java'를 선택한 후 실행 단추 Run ▶ 을 클릭합니다. 단축키 Ctrl + F11

  이클립스 화면 아래 [Console] 창이 나타나면서 "Hello JAVA!!!" 문장이 출력됩니다

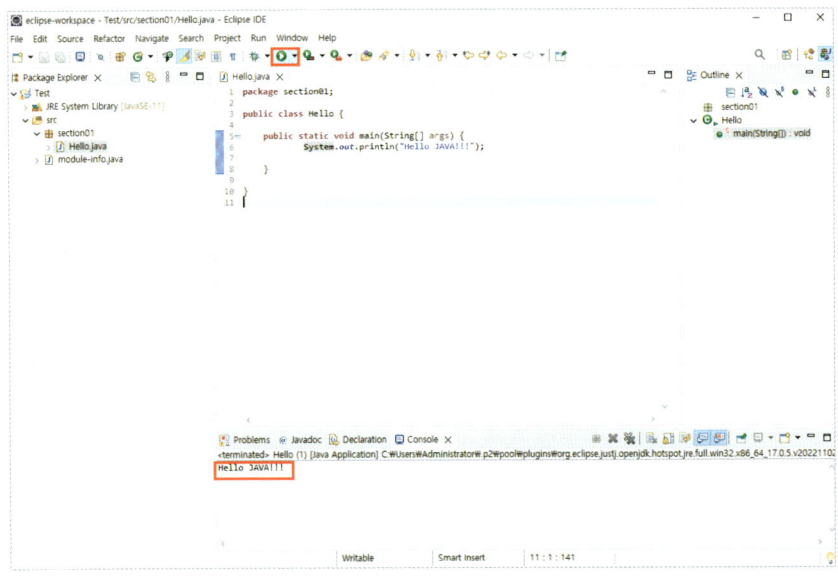

SECTION 01-04 프로그램 기본 구조 및 주석과 실행문

프로그램 기본 구조 실행문

1 프로그램 기본 구조

자바 프로그램의 실행 프로세스

자바 가상 머신 JVM(Java Virtual Machine)은 운영체제마다 따로 코드를 작성해야 하는 번거로움 없이 자바가 '플랫폼에 독립적'일 수 있게 만들어 줍니다. 예를 들어 C 프로그램은 바로 기계어로 컴파일하므로 HW 운영체제에 맞게 각각 컴파일되어야 합니다. 이를 '플랫폼에 종속적'이라고 합니다. 반면, 자바 프로그램은 중간 단계 언어로 컴파일하여 JVM만 각 OS에 설치되어 있다면 HW 운영체제와 상관없이 단 한 번만 컴파일하면 됩니다. 이를 '플랫폼에 독립적'이라고 합니다.

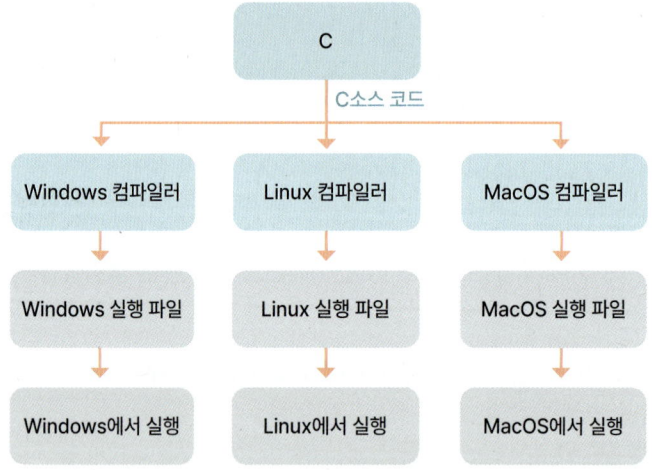

[그림 01-2] C 소스 코드 실행 프로세스

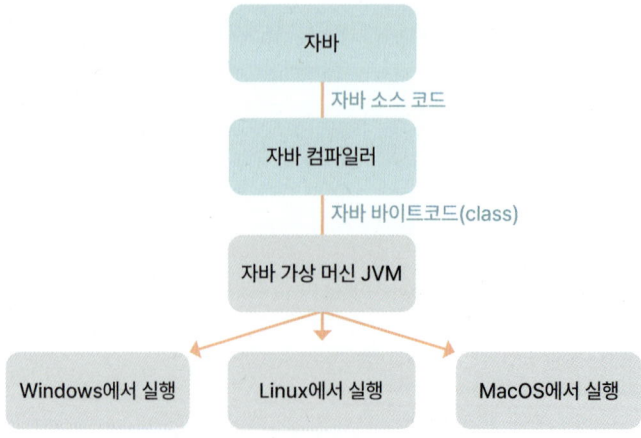

[그림 01-3] 자바 소스 코드 실행 프로세스

자바 언어로 만들어진 파일을 컴파일하면 기계어 파일인 바이트코드(.class) 파일이 생성됩니다. 이후 바이트코드를 JVM이 읽고 실행하게 됩니다.

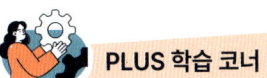

PLUS 학습 코너

- **자바 바이트코드(Java bytecode)**
  자바 바이트코드는 운영체제에 맞는 완전한 기계어가 아닌 중간 기계어를 말합니다. 운영체제에서 바로 실행할 수 있는 파일이 아니므로 자바 가상 머신(JVM)이 필요합니다.
  자바 컴파일러에 의해 변환되는 코드의 명령어 크기가 1 byte라서 bytecode라고 불립니다.
  바이트코드의 확장자는 '.class'이며 JVM이 설치되어 있으면, 어떤 운영체제에서도 실행할 수 있습니다.

- **자바 컴파일러(Java Compiler)**
  자바 소스 파일을 JVM이 해석할 수 있는 자바 바이트코드(.class 파일)로 번역합니다.

- **자바 가상 머신(JVM)**
  자바 클래스 파일을 로드하여 바이트코드를 특정 운영체제에서 사용하는 실행 코드로 해석합니다. 메모리 등의 자원을 할당하고 관리하며 정보를 처리하는 작업을 하는 프로그램입니다.

자바 프로그램의 기본 구조

자바 프로그램은 다음과 같이 클래스, 메서드, 실행문으로 이루어집니다.

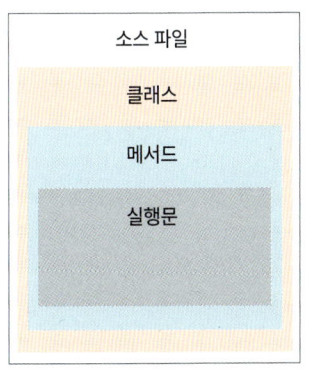

[그림 01-4] 자바 프로그램의 기본 구조

PLUS 학습 코너

- **클래스**
  자바에서 프로그램을 개발하는 단위입니다. 하나 이상의 클래스가 있어야 하며 소스 파일의 이름이 클래스 이름과 동일해야 합니다.

- **메서드**
  수행할 작업을 나열한 코드의 모임입니다. 자바 프로그램의 시작 위치인 main() 메서드를 포함하는 클래스가 반드시 있어야 합니다.

- **실행문**
  작업을 지시하는 것으로 변수나 상수의 선언, 값 저장, 메서드 호출 등 다양한 명령어와 연산자로 구성됩니다.

주석

주석은 코드에 설명이나 필요한 정보 등을 기록한 것으로 컴파일되지 않아 프로그램 실행에는 아무런 영향을 주지 않습니다. 주석으로 코드를 잘 설명해 놓으면 오류를 찾거나 복잡한 코드를 이해하기 쉽고 다른 개발자가 코드를 해석하는 데 도움이 됩니다.

주석을 작성하는 방법은 다음과 같습니다.

기호	구분	설명
//	행 주석	//부터 그 줄의 끝까지 주석으로 처리, 주석 내용이 한 줄일 때 사용
/*...*/	범위 주석	/*와 */ 사이의 내용을 모두 주석으로 처리, 여러 줄의 주석이 필요할 때 사용
/**...*/	문서(JavaDoc) 주석	/**와 */ 사이의 내용을 모두 주석으로 처리, 자바의 문서(API)를 만들 때 사용

<표 01-1> 주석 작성법

앞에서 작성한 〈Hello.java〉 프로그램을 이용하여 주석을 추가해 봅니다.

주석 작성하기

```
01    Package section01;
02
03    /*
04    'Hello JAVA!!!' 메시지를 출력하는 프로그램
05    Date : 2022년 12월 30일
06    개발자 : 멘토
07    */
```

```
08  public class Hello {
09
10      public static void main(String[] args) {
11          // 콘솔(화면)에 메시지를 출력함
12          System.out.println("Hello JAVA!!!");
13      }
14  }
```

2 실행문

실행문은 변수의 선언 및 변수값 저장, 메서드 호출에 해당하는 코드를 말합니다. 실행문 끝에는 반드시 세미콜론(;)을 붙여서 실행문이 끝났음을 표시해야 합니다.

컴파일러는 세미콜론(;)이 나올 때까지 한 문장의 실행문으로 인식하기 때문에 다음과 같이 하나의 실행문이 여러 줄에 걸쳐 있어도 되고, 한 줄에 여러 개의 실행문을 작성해도 됩니다.

```
01  // 한 줄에 여러 개의 실행문 작성
02  a = 1; b = 2;
03
04  // 한 줄에 하나의 실행문만 작성
05  a = 1;
06  B = 2;
07
08  // 하나의 실행문을 여러 줄에 작성
09  a =
10  1;
11  b =
12  2;
```

 잠깐! 혼자 코딩해 보기

본인의 이름을 출력하는 프로그램을 작성해 보고 범위 주석으로 작성자와 만든 날짜를 추가해 보세요.

'변수'라는 단어!
어떻게 쓰이나요?

변수라는 말은 일상생활에서 선택지가 많은 상황이거나
예측할 수 없는 상황이 발생했을 때
자주 사용하는 단어입니다.
또 수학에서의 변수는 정해지지 않은 임의의 값을 표현하기 위한 '기호'로 사용됩니다.
그럼 자바와 같은 컴퓨터 프로그래밍에서 변수는 어떻게 사용될까요?

MISSION 1 데이터의 개념과 출력문에 대해 알아봅니다. 2 변수에 대해 알아보고 변수의 선언 및 초기화하는 방법을 학습합니다. 3 자료형의 종류와 범위를 알아보고 형 변환을 합니다.

KEYWORD #데이터 #변수 #데이터입력받기 #형변환

SECTION 02

변수와 자료형

01 | 데이터
02 | 변수
03 | 자료형
04 | 참조 자료형
05 | 형 변환
06 | 데이터 입력

01 데이터(Data)

SECTION 02

[데이터] [출력문]

컴퓨터 프로그램은 데이터(data)와 명령어(instruction)의 결합으로 구성됩니다. 여기에서 데이터란 실제적인 값(value)을 의미하는데 숫자, 문자와 같은 단순 데이터부터 사진, 영상 등의 복합 데이터까지 있습니다. 데이터는 정확하고 언제든지 수정할 수 있어야 하며, 사용 목적에 따라 다른 형태로 가공할 수 있어야 합니다. 이러한 데이터는 컴퓨터의 메모리에 저장됩니다.

1 출력문

데이터를 화면에 출력하는 방법을 알아봅니다. 다음과 같은 명령문을 사용해 데이터를 콘솔 화면에 출력합니다.

- System.out.print()   : 괄호 안의 내용을 출력합니다. (문자열로 인식)
- System.out.println() : 괄호 안의 내용을 출력하고 행을 바꿉니다. (문자열로 인식)
- System.out.printf() : 문자열을 서식 문자를 이용해 형식화된 내용으로 출력합니다.

여기에서 System.out은 시스템의 표준 출력 장치를 말합니다.
출력문 사용 방법을 예제를 통해 살펴보겠습니다. 다음은 두 문장을 연속적으로 출력하는 예제입니다.

예제 2-1 Print( ) 출력문   소스 코드 ConsolePrint.java

```
01  package section02;
02
03  public class ConsolePrint {
04      public static void main(String[] args) {
05          // 괄호( ) 안의 데이터를 콘솔창에 출력.
06          System.out.print("Welcome.");
07          // "Welcome." 문자열 옆에 "JAVA World" 문자열 출력.
08          System.out.print("JAVA World");
09      }
10  }
```

실행 결과

```
Welcome. JAVA World
```

다음 예제는 한 문장을 출력한 후 행을 띄우고 다음 문장을 출력하는 코드입니다.

예제 2-2 **Println( ) 출력문** 소스 코드 ConsolePrint.java

```
01  package section02;
02
03  public class ConsolePrint {
04      public static void main(String[] args) {
05          // 괄호( ) 안의 데이터를 콘솔창에 출력.
06          System.out.println("Welcome.");
07          // "Welcome." 문자열 아래 "JAVA World" 문자열 출력.
08          System.out.println("JAVA World");
09      }
10  }
```

실행 결과
```
Welcome.
JAVA World
```

System.out.println( ), System.out.print( ) 출력문은 모든 데이터를 문자(열)로 인식하여 있는 그대로 출력하는 메서드입니다. 반면, System.out.printf( ) 출력문은 값의 자료형에 따라 서식 문자를 이용해 출력하는 데이터의 형식을 지정합니다.

하나의 출력문에 여러 개의 서식 문자를 사용할 수 있으며 반점(,)으로 구분된 데이터가 순차적으로 대입되어 출력됩니다.

'010-OOOO-OOOO'라는 데이터를 우리는 '전화번호'로 쉽게 인식할 수 있지만, 컴퓨터는 '전화번호인지 단순한 뺄셈의 연속'인지 판단하지 못합니다.

컴퓨터(및 이와 유사한 기기)는 인간처럼 생각하고 판단하는 능력이 없기 때문에 개발자가 직접 서식 문자를 사용해 형식을 지정해야 합니다.

자주 사용하는 출력을 위한 서식 문자는 다음과 같습니다.

서식 문자	출력 형태
%d	정수(10진수)
%o	정수(8진수)
%x	정수(16진수)
%f	실수
%e	지수(e표기 기반)
%g	출력 대상에 따라 %e 또는 %f 형태로 출력
%s	문자열
%c	문자

<표 02-1> 출력 서식 문자

다음은 서식 문자 %d를 이용해 정수를 출력하는 예제입니다.

| 예제 2-3 | 서식 문자를 이용해 출력하기 ① | 소스 코드 Printf01.java |

```java
01  package section02;
02
03  public class Printf01 {
04      public static void main(String[] args){
05          System.out.printf("저는 대학교 %d학년에 재학중입니다!", 3);
06      }
07  }
```

실행 결과
저는 대학교 3학년에 재학중입니다!

2가지 이상의 서식 문자를 이용해 데이터를 출력하는 경우 다음과 같이 묶어서 순서대로 출력합니다.

| 예제 2-4 | 서식 문자를 이용해 출력하기 ② | 소스 코드 Printf02.java |

```java
01  package section02;
02
03  public class Printf02 {
04      public static void main(String[] args) {
05          System.out.printf("%d은 첫 번째, %f은 두 번째, %s은 세 번째.", 1, 2.0, "셋");
06      }
07  }
```

실행 결과
1은 첫 번째, 2.000000은 두 번째, 셋은 세 번째.

또한, 다음과 같이 출력값을 정렬할 수 있습니다.

```
%nd    // n칸 만큼 확보한 후, 오른쪽 정렬하여 출력합니다.

예  %5d , 1
    ㅁㅁㅁㅁ1
```

다음 예제를 통해 데이터를 오른쪽으로 정렬하여 출력해 봅니다.

예제 2-5   오른쪽 정렬하여 출력하기   소스 코드 PrintfSpace.java

```java
01  package section02;
02
03  public class PrintfSpace {
04      public static void main(String[] args) {
05          System.out.printf("%5d", 1);
06          System.out.println();
07          System.out.printf("%5d", 12);
08          System.out.println();
09          System.out.printf("%5d", 123);
10          System.out.println();
11          System.out.printf("%5d", 1234);
12          System.out.println();
13          System.out.printf("%5d", 12345);
14      }
15  }
```

실행 결과
```
    1
   12
  123
 1234
12345
```

TIP "%-nd"는 n칸 만큼 확보한 후 왼쪽으로 정렬하여 출력하라는 뜻입니다. 만일 자신의 수가 정렬하려는 공간의 크기(n)보다 크면 정렬이 무시됩니다.

지금부터 소수점 출력을 알아보겠습니다. 다음과 같이 실수의 경우에는 소수점 이하 자릿수를 출력할 수 있습니다.

```
%.nf    // 소수점 아래 n번째 자리까지 출력 (반올림)
```

다음 예제를 통해 실행 결과를 확인해 봅니다.

예제 2-6 소수점 출력하기   소스 코드 `PrintfPt.java`

```java
01  package section02;
02
03  public class PrintfPt {
04      public static void main(String[] args) {
05          System.out.printf("%.1f", 1.1234567);
06          System.out.println( );
07          System.out.printf("%.2f", 1.1234567);
08          System.out.println( );
09          System.out.printf("%.3f", 1.1234567);
10          System.out.println( );
11          System.out.printf("%.4f", 1.1234567);
12          System.out.println( );
13          System.out.printf("%.5f", 1.1234567);
14      }
15  }
```

실행 결과
1.1
1.12
1.123
1.1235
1.12346

지금까지 출력은 프로그램 내부에 미리 결정된 내용을 입력하여 출력하는 방법이었습니다. 하지만 출력하는 내용이 미리 결정된 것이 아닌 데이터에 따라 변경된다면 이러한 방법으로는 불가능합니다.

예를 들어 성적 처리 프로그램의 경우 입력되는 데이터에 따라 출력되는 총점과 평균값이 변경되기 때문에 입력되는 데이터를 저장하기 위한 공간이 필요하게 됩니다.

이때, 사용하는 방법이 이어서 배우게 될 "변수"입니다.

입력되는 데이터의 종류가 다양하기에 그에 따라 출력되는 내용의 형식을 지정하기 위해 지금까지 서식 문자를 학습했습니다.

SECTION 02 변수(Variable)

변수 | 변수 선언하기 | 변수 이름 정하기 | 변수에 데이터 입력하기 | 변수의 사용 범위

1 변수

컴퓨터는 프로그램을 실행하는 데 필요한 것들을 미리 올려놓고 사용하는 저장 공간이 있습니다. 우리는 그 공간을 메모리라고 부릅니다.

개발자는 프로그램을 만들고 실행하는 데 필요한 값들을 메모리에 저장해두고, 필요할 때마다 꺼내서 사용합니다. 저장하고자 하는 값들을 무질서하게 저장하는 것이 아니라, 메모리의 규칙 속에서 일부 공간을 할당받아야 합니다.

이렇게 메모리에 값을 저장하기 위해 할당해 놓은 특정 공간을 변수라고 합니다. 변수는 말 그대로 그 안에 담긴 수가 변한다고 하여 변수라고 부릅니다.

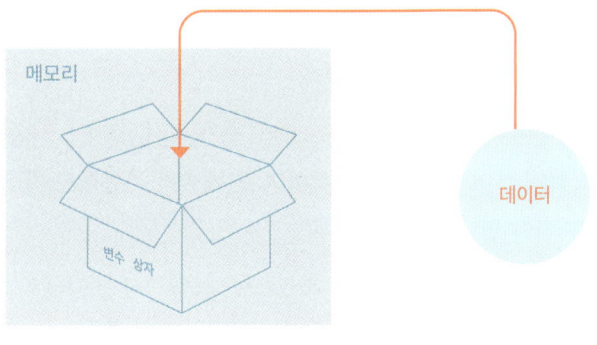

[그림 02-1] 변수의 예

2 변수 선언하기

변수를 사용하기 위해서는 먼저 변수를 선언해야 합니다. 변수를 선언하려면 메모리에 두 가지 정보가 필요한데, 첫 번째는 변수에 담을 데이터의 형태이고 두 번째는 변수의 이름입니다.

이 두 가지 정보를 가지고 변수를 선언하는 방법은 다음과 같습니다.

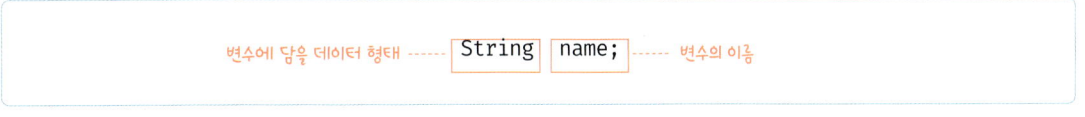

> **TIP**
> - 자바에서는 데이터의 형태를 '자료형'이나 '형', 또는 '타입(type)'이라고 부릅니다. 본 교재에서는 '자료형'으로 통일합니다.
> - 자료형은 변수가 저장될 공간의 크기와 데이터의 형식을 결정하는 것으로 '03. 자료형'에서 자세히 다룹니다.

변수에는 다양한 자료형을 담을 수 있습니다. 알파벳, 정수, 실수뿐만 아니라 문자열까지 담을 수 있는 자료형을 제공합니다.

```java
01  package section02;
02
03  public class Variable {
04      public static void main(String[] args) {
05          String name;        // 문자열 변수 name을 선언
06          int age;            // 정수형 변수 age를 선언
07          char bloodType;     // 알파벳(문자 1개) 변수 bloodType을 선언
08      }
09  }
```

3 변수 이름 정하기

변수의 이름은 어떻게 정하는 걸까요? 일반적으로 영어, 숫자, 특수 문자를 사용하여 명명할 수 있습니다. 사용 용도를 최대한 명확하게 보여줄 수 있는 이름이라면, 개발자 마음대로 지정할 수 있습니다.
단, 다음과 같은 규칙을 따라야 합니다.

제약 조건	예시
영어 대소문자 구분	Name과 name은 서로 다른 변수
첫 글자는 숫자로 시작할 수 없으며, 일반적으로 영어 소문자로 시작	top10은 사용할 수 있으나, 10top은 사용할 수 없음
특수문자는 '$', '_'만 사용 가능	$dallar는 사용할 수 있으나, #Sarp는 사용할 수 없음
자바 예약어(키워드)는 사용 불가능	True는 사용할 수 있으나, true는 예약어라 사용할 수 없음 * 자바 예약어는 Plus 학습 코너를 참고해 주세요.

<표 02-2> 변수명 작성 규칙

 **PLUS 학습 코너**

예약어(reserved word)

예약어란 자바에서 이미 특정 의미를 가지고 사용되고 있는 단어로, 예약어를 변수 이름으로 사용하면 컴파일 에러가 발생합니다. 자바 예약어는 다음과 같습니다.

분류	예약어
논리값	true, false
접근 제한자	public, protected, private
클래스 관련	class, abstract, interface, extends, implements, enum
객체 관련	new, instanceof, this, super, null
기본 자료형	boolean, byte, char, short, int, long, float, double, string
메서드 관련	void, return
제어문 관련	if, else, switch, case, default, for, do, while, break, continue
예외 처리 관련	try, catch, finally, throw, throws
기타	package, import, synchronized, final, static

예약어는 앞으로 자바를 공부하면서 만나게 될 단어들로 굳이 외우지 않아도 학습을 통해 자연스럽게 습득할 수 있습니다. 따라서, 자바에서 사용하는 예약어에는 어떠한 것들이 있는지 간단히 확인만 합니다.

또한 변수명은 문자 수의 제한이 없으므로 최대한 변수의 의미를 쉽게 파악할 수 있도록 구체적으로 명명해 주는 것이 좋습니다. 예를 들어, 학생의 이름을 저장하는 변수명을 정할 때 name보다는 studentName으로 지정하는 것이 변수가 어떤 값을 가지고 있는지 쉽게 파악할 수 있습니다.

> **TIP** ▸ 카멜 표기법(camel case)
>
> 두 개 이상의 단어를 조합하여 명명할 때, 두 번째 단어부터는 첫 글자를 대문자로 표기하는 방법으로 중간중간 대문자가 만드는 언덕이 마치 낙타의 등과 같다고 하여 카멜 표기법이라고 부릅니다.
>
> 예 `userName, phoneNumber`
>
> 카멜 표기법은 변수 이름을 알아보기 쉽게 만드는 표기법으로 변수명 외에도 뒤에서 다루게 될 함수를 선언할 때도 사용되는 표기법입니다.
>
>
>
> ▸ 팟홀 표기법(pothole case)
>
> 카멜 표기법은 대문자를 통해 낙타 등처럼 위로 올려 구분했다면 반대로 아래로 내려 표기하는 방법을 팟홀 표기법이라고 합니다. 아래로 내리는 방법은 밑줄(underbar)을 사용하고 모두 소문자로 표기합니다.
>
> 예 `user_name, phone_number`
>
> • 이 밖에도 단어의 첫 글자를 대문자로 시작하는 파스칼 표기법(pascal case), 변수명 앞에 자료형을 붙여 표기하는 헝가리언 표기법(hungarian case), 모두 소문자로 작성하되 단어 간의 구분을 언더바(_)로 표기하는 스네이크 표기법(snake case) 등이 있습니다.

4 변수에 데이터 입력하기

개발자가 데이터 값이 필요할 때 데이터의 값을 직접 사용하는 대신, 데이터를 변수에 저장해두고 변수의 이름을 불러서 그 값을 사용할 수 있게 해줍니다.

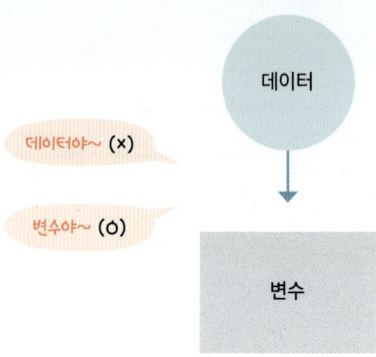

변수에 데이터를 입력하는, 즉 저장하는 방법은 간단합니다. 대입 연산자(=)를 사용합니다. 수학에서는 '오른쪽과 왼쪽이 같다'라는 의미로 사용되지만, 프로그래밍에서는 '오른쪽 값을 왼쪽에 대입한다'는 의미로 사용됩니다.

대입 연산자를 기준으로 "오른쪽 값을 왼쪽의 변수에 저장"할 수 있습니다. 대입 연산자는 'section 03. 연산자'에서 자세히 다룹니다.

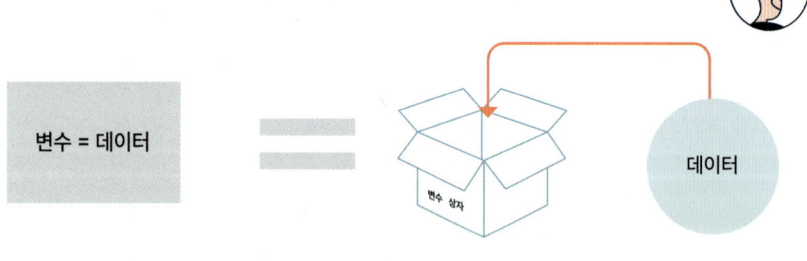

[그림 02-2] 변수에 데이터 입력

간단한 예로, 학생의 나이를 저장하는 변수를 선언하고 데이터를 입력한 후 데이터가 잘 들어갔는지 출력을 통해 확인해 보겠습니다.

예제 2-7   변수에 데이터 입력하기   소스 코드 EX02_07.java

```java
01  package section02;
02
03  public class EX02_07 {
04      public static void main(String[] args) {
05          int studentAge;        // 학생의 나이를 저장할 수 있는 변수 선언
06          studentAge = 20;       // 변수에 값을 대입(저장)
07
08          System.out.println(studentAge);
09      }
10  }
```

실행 결과
20

위 코드는 정수를 담을 수 있는 'int' 자료형으로 변수를 선언하고, 정수형 데이터 '20'을 대입했습니다. 이처럼 변수를 선언하고 처음으로 값을 대입하는 것을 '초기화'라고 합니다.

우리는 변수를 선언하고 초기화하는 두 가지 일을 다음과 같이 코드 한 줄로 코딩할 수도 있습니다.

```
                       데이터 저장
            int studentAge = 20;
            변수 선언
```

다음은 변수를 선언하고 초기화하는 예제입니다.

예제 2-8   변수 선언 및 초기화   소스 코드 EX02_08.java

```java
01  package section02;
02
03  public class EX02_08 {
04      public static void main(String[] args) {
05          String myCity = "Seoul";   // 도시를 저장할 수 있는 변수를 선언하고,
06                                     // 변수에 "Seoul"을 대입(저장)했습니다.
07          System.out.println("I am from " + myCity);
08      }
09  }
```

실행 결과
I am from Seoul

TIP • 자바에서 + 기호는 문자열을 서로 연결하는 문자열 결합 연산자입니다. + 연산자는 문자열 결합 연산자인 동시에 산술 연산자, 부호 연산자로 사용됩니다.

변수에 데이터를 저장하면, 우리는 데이터에 직접 접근하지 않고 변수를 통해 데이터를 사용할 수 있다고 배웠습니다. 그럼 아래 코드는 어떻게 작동할까요?

```java
int myAge = 20;     // 정수를 담을 수 있는 변수 myAge에 20을 저장
int yourAge = myAge;
```

변수 yourAge안에 myAge에 들어있는 데이터 값 '20'이 저장됩니다.

① 정수를 담을 수 있는 변수 'myAge'에 '20'이 저장됩니다.
② **myAge**에 저장된 '20'이 복사되어 'yourAge'에 저장됩니다.

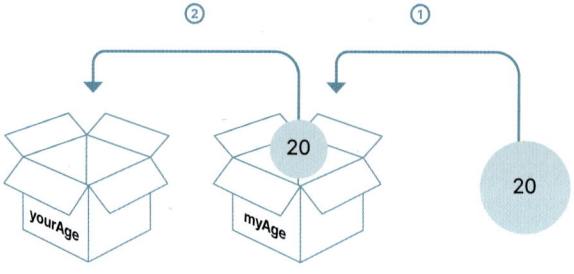

다음 예제를 통해 결과를 확인해 보겠습니다.

| 예제 2-9 | 변수를 이용해 다른 변수에 복사하기 | 소스 코드 EX02_09.java |

```java
01  package section02;
02
03  public class EX02_09 {
04      public static void main(String[] args) {
05          int myAge = 20;
06          int yourAge = myAge;
07
08          System.out.println(myAge);
09          System.out.println(yourAge);
10      }
11  }
```

실행 결과
20
20

이처럼 변수를 이용해서 또 다른 변수에 데이터를 복사할 수 있습니다.
이러한 변수의 특성을 이용하면, 우리는 2개의 변수에 각각 저장되어 있는 데이터를 서로 바꿀 수 있습니다. 어떻게 하면 좋을까요?
다음 예제를 통해 확인해 보겠습니다.

예제 2-10 2개의 변수에 저장된 데이터 바꾸기   소스 코드 EX02_10.java

```java
01  package section02;
02
03  public class EX02_10 {
04      public static void main(String[] args) {
05          int myAge = 20;
06          int yourAge = 30;
07          int tempAge;
08
09          tempAge = myAge;      // ① myAge에 저장된 데이터를 tempAge에 복사해둡니다.
10          myAge = yourAge;      // ② myAge에 yourAge의 데이터를 복사합니다.
11          yourAge = tempAge;    // ③ tempAge에 저장해둔 myAge 데이터를 yourAge에 저장합니다.
12
13          System.out.println(myAge);
14          System.out.println(yourAge);
15      }
16  }
```

실행 결과
30
20

5 변수의 사용 범위

모든 변수는 선언되는 중괄호{ } 안에서만 사용할 수 있습니다.

```java
public class Block {
    public static void main(String[] args) {
        String myCity = "Seoul";    // ← 변수가 선언된 곳
        System.out.println("I am from" + myCity);
    }
}
```

변수 사용 가능 범위

myCity 변수가 선언된 곳은 중괄호{ } 안이기 때문에, 이 중괄호 밖에서는 작동하지 않습니다. 아래 예제를 통해 오류를 확인해 보겠습니다.

```
01  package section02;
02
03  public class VariableTest {
04      public static void main(String[] args) {
05          String favoriteFood;
06      }
07      favoriteFood = "돈까스";   // 오류 발생
08  }
```

favoriteFood가 선언된 중괄호{ } 밖에서는 favoriteFood를 사용할 수 없기 때문에, 중괄호 밖에서 값을 대입하면 오류가 발생합니다. 그럼 오류가 발생하지 않게 하려면 어떻게 해야 할까요?

① `favoriteFood = "돈까스";` 구문을 중괄호{ } 안에 작성하거나,
② `String favoriteFood;` 구문을 중괄호{ } 밖으로 빼서 작성합니다.

이처럼 변수를 어디에 선언하느냐에 따라 변수의 사용 범위가 정해집니다.
따라서, 우리는 변수를 선언하기 전에 변수의 사용 범위를 먼저 고려한 후 해당 블록 안에 선언해야 합니다.

 잠깐! 혼자 코딩해 보기

변수 이름을 나이와 관련된 이름으로 규칙에 따라 지어보고, 본인의 나이를 대입하여 출력해 보세요.

자료형(Data Type)

SECTION 02 - 03

기본 자료형 | 정수형 | 실수형 | 문자형 | 논리형

변수에는 정수, 실수와 같은 숫자를 넣을 수도 있고, a, b, c와 같은 알파벳도 넣을 수 있습니다. 우리는 변수를 선언할 때, 이렇게 변수에 들어갈 자료형을 지정해 줍니다.

자료형(data type)은 자바 언어가 처리할 수 있는 데이터의 종류를 의미합니다. 모든 변수에는 자료형이 존재하며 자료형에 따라 저장할 수 있는 값의 형태와 크기가 정해집니다.
자바는 다음과 같이 기본 자료형(primitive type)과 참조 자료형(reference type)이 있습니다.

- **기본 자료형(primitive type)** : 실제 데이터 값을 저장합니다. 정수, 실수, 논리 타입으로 분류된 8개의 자료형이 있습니다. 각각 저장 크기가 다르며 기본값이 정해져 있습니다.

- **참조 자료형(reference type)** : 데이터가 저장되어 있는 메모리 번지를 저장합니다. 기본 자료형을 제외한 나머지 사용자 정의 자료형을 말하며, 기본값이 정해져 있지 않기 때문에 null 값이 존재합니다.

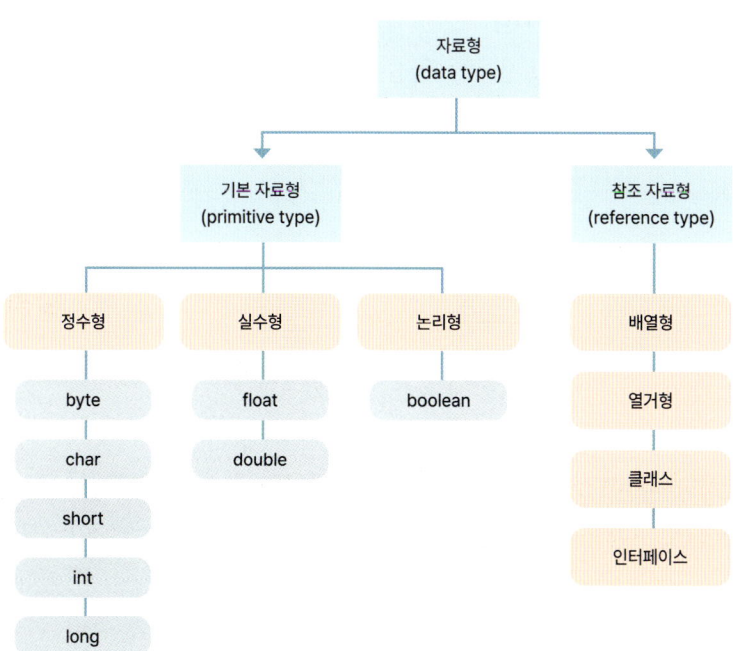

[그림 02-3] 자바의 자료형(data type)

기본 자료형은 자바 언어에 이미 존재하고 있는 데이터 타입입니다. 반면, 참조 자료형은 정형화된 형식과 크기 등이 미리 결정되어 있지 않으며, 개발자가 임의로 만들 수 있습니다.
참조 자료형은 뒤에서 자세히 다루기로 하고, 먼저 자바에서 제공하는 기본 자료형에 대해 알아보겠습니다.

1 기본 자료형 (primitive type)

자바는 정수형, 실수형, 문자형, 논리형 데이터를 저장할 수 있는 기본 자료형을 제공합니다.
기본 자료형은 총 8개이며, 모두 메모리를 얼마만큼 할당받을지 정해져 있습니다.

분류	종류
정수형	byte, short, int, long
실수형	float, double
문자형	char
논리형	boolean

<표 02-3> 기본 자료형

2 정수형 byte, short, int, long

정수형은 byte, short, int, long형이 있습니다. 각 자료형은 메모리 사용 크기는 물론 저장되는 숫자의 범위가 다릅니다.
정수형에 따른 메모리의 크기 및 데이터의 표현 범위는 다음과 같습니다.

데이터의 표현 범위는 외울 필요는 없지만 개발자가 저장하고 싶은 숫자가 들어갈 수 있는 자료형을 사용해야 하므로 대략적으로 인지하고 있는 것이 좋습니다.

TIP 4가지 자료형 중에서 int형을 가장 많이 사용합니다.

자료형	메모리 사용 크기		데이터의 표현 범위
byte	1byte	-2^7 ~ (2^7-1)	-128~127
short	2byte	-2^15 ~ (2^15-1)	-32,768~32,767
int	4byte	-2^31 ~ (2^31-1)	-2,147,483,648 ~ 2,147,483,647
long	8byte	-2^63 ~ (2^63-1)	-9,223,372,036,854,775,808 ~ 9,223,372,036,854,775,807

<표 02-4> 정수형 메모리 크기와 저장 값의 범위

해당 자료형이 표현할 수 있는 범위를 벗어난 데이터를 저장하면, 오버플로우(overflow)가 발생해 전혀 다른 값이 저장될 수 있습니다.

> **TIP** 오버플로우(overflow) / 언더플로우(underflow)
>
> 오버플로우는 해당 자료형이 표현할 수 있는 최대 범위보다 큰 수를 저장할 때 발생하는 현상으로 잘못된 결과를 얻을 수 있습니다.
> 반대의 의미로 해당 자료형이 표현할 수 있는 최소 범위보다 작은 수를 저장할 때 발생하는 현상을 언더플로우라고 합니다.

정수를 표현하는 byte형

byte형은 정수형 중에서도 가장 작은 범위를 가진 자료형으로 8bit(1byte)의 공간이 할당되며 256개의 숫자를 저장할 수 있습니다. 이 256개의 숫자는 반으로 나눠 반은 음수를 나머지 반은 양수와 0을 표현합니다. 256을 2로 나누면 몇일까요? 128이므로 byte형은 128개의 음수와 0, 그리고 127개의 양수를 표현합니다. 따라서 표현 범위는 -128~127입니다.

byte형은 범위가 작아 메모리를 절약할 수 있지만, 연산 시 범위를 초과하면 잘못된 결과값이 출력되므로 주의해야 합니다.

```
byte num = 100;
byte num = 128;    // 오버플로우 발생(표현 범위를 초과하므로 컴파일 오류)
```

정수를 표현하는 short형

short형은 byte형 다음으로 작은 자료형입니다. 2byte의 크기, 즉 16bit를 저장할 수 있습니다. 16bit에는 65,536개의 숫자를 저장할 수 있으므로 65,536을 반으로 나눠 32,768개의 음수와 0, 그리고 32,767개의 양수를 표현합니다. 따라서 표현 범위는 -32,768~32,767입니다.

```
short num = 100;
short num = 32768;    // 오버플로우 발생(표현 범위를 초과하므로 컴파일 오류)
```

정수를 표현하는 int형

integer(정수)의 약자인 int형은 4byte(32bit)의 크기를 가진 자료형으로 정수를 표현할 때 가장 많이 사용하는 자료형입니다. 32bit에는 4,294,967,296개의 숫자를 저장할 수 있으므로 마찬가지로 반으로 나눠 반은 음수를 나머지 반은 0과 양수를 표현합니다. 따라서 표현 범위는 -2,147,483,648 ~2,147,483,647 입니다.

자바에서는 정수의 연산 작업을 수행할 때 4byte를 기본 단위로 사용하기 때문에 int형보다 작은 크기의 정수형 변수들은 모두 int형으로 변환되어 실행됩니다.

```
short sNum = 100;
byte bNum = 50;
System.out.println(sNum + bNum);
```

실행 결과
150

정수를 표현하는 long형

long형은 정수를 표현하는 가장 큰 자료형으로 크기는 8byte(64bit)입니다.
long형을 사용할 때는 주의 사항이 있습니다. int형의 허용 범위를 초과하는 경우, 저장하는 값의 마지막에 식별자인 대문자 'L'이나 소문자 'l'을 붙여 long형임을 컴파일러에게 알려줘야 합니다. 그렇지 않으면 컴파일러가 int형으로 인식하고 에러를 표시합니다.

```
long num = 2147483648L;
```

TIP long형을 사용하더라도 int형의 허용 범위를 초과하지 않을 때에는 'L'을 붙이지 않아도 됩니다.

다음 예제를 통해 자료형에 값을 대입하고 출력해 보겠습니다.

예제 2-11 정수형 ①   소스 코드 EX02_11.java

```
01  package section02;
02
03  public class EX02_11 {
04      public static void main(String[] args) {
05          byte num1 = 20;
06          // byte num5 = 128; 이 구문은 에러가 발생합니다. 이유가 무엇일까요?
07          // byte가 저장할 수 있는 숫자의 범위(-128~127)를 벗어나기 때문에 저장할 수 없습니다.
08          short num2 = 30;
09          int num3 = 40;
10          long num4 = 50;
11
12          System.out.println(num1);
13          System.out.println(num2);
14          System.out.println(num3);
15          System.out.println(num4);
16      }
17  }
```

실행 결과
20
30
40
50

정수형에는 10진수뿐만 아니라 2진수, 8진수, 16진수의 형태로도 데이터를 대입할 수 있습니다. 하지만 기본으로 출력되는 형태는 10진수입니다.

다음 예제를 통해 확인해 보겠습니다.

예제 2-12 정수형 ② 소스 코드 EX02_12.java

```java
01  package section02;
02
03  public class EX02_12 {
04      public static void main(String[] args) {
05          byte num1 = 0110;
06          short num2 = 0107;
07          int num3 = 0x46;
08          long num4 = 69L;
09
10          System.out.println(num1);
11          System.out.println(num2);
12          System.out.println(num3);
13          System.out.println(num4);
14      }
15  }
```

실행 결과
```
72
71
70
69
```

3 실수형 float, double

실수형은 소수부나 지수부가 있는 수를 가리키며, 말그대로 실수를 저장할 수 있는 자료형으로 float형, double형이 있습니다. 실수형에 따른 메모리의 크기 및 데이터의 표현 범위는 다음과 같습니다.

자료형	메모리 사용 크기	데이터의 표현 범위	정밀도
float	4byte	(3.4*10^-38)~(3.410^38)	7자리
double	8byte	(1.7*10^-308)~(1.7*10^308)	15자리

<표 02-5> 실수형 메모리 크기와 저장 값의 범위

실수를 표현하는 float형

float형은 4byte(32bit) 부동 소수점 형식으로 소수점 7자리까지 표현하고, 무한대의 값을 저장할 수 있습니다. 정수형에서 long형의 경우처럼 식별자인 대문자 'F'나 소문자 'f'를 숫자 뒤에 붙여서 float형임을 알려줘야 합니다.

```java
float num = 100.0f;
```

예제 2-13 실수형 ①   소스 코드 EX02_13.java

```java
01  package section02;
02
03  public class EX02_13 {
04      public static void main(String[] args) {
05          double marathon = 42.195;
06          // float halfMarathon = 21.0975; 구문 오류 발생
07          float halfMarathon = 21.0975f;
08
09          System.out.println("마라톤은 " + marathon + "km를 달립니다.");
10          System.out.println("하프 마라톤은 " + halfMarathon + "km를 달립니다.");
11      }
12  }
```

실행 결과
마라톤은 42.195km를 달립니다.
하프 마라톤은 21.0975km를 달립니다.

실수를 표현하는 double형

double형은 64bit(8byte) 부동 소수점 형식으로 소수점 15자리까지 표현할 수 있습니다. double형은 float형에 비해 정밀도가 2배 높다 하여 붙여진 이름이라고 합니다. 그만큼 정밀도가 높아 좀 더 정밀하게 실수를 표현할 수 있어 자바에서는 double형을 기본으로 사용합니다. 데이터를 저장할 때는 '0.0d' 형식이 원칙이지만 일반적으로 'd'는 생략합니다.
자바에서는 실수의 연산 작업을 수행할 때 double형 보다 작은 크기의 float형 변수들은 모두 double 타입으로 변환되어 실행됩니다.

```java
double num = 100.0;
```

예제 2-14 실수형 ② <정밀도 확인하기>　　　　　　　　　　　　　　　　　소스 코드 EX02_14.java

```java
01  package section02;
02
03  public class EX02_14 {
04      public static void main(String[] args) {
05          double pieDouble = 3.141592653589793;
06          float pieFloat = 3.141592653589793f;
07
08          System.out.println("double : " + pieDouble);
09          System.out.println("float : " + pieFloat);
10      }
11  }
```

실행 결과
```
double : 3.141592653589793
float : 3.1415927
```

> **TIP** 반드시 float형이 필요한 경우가 아니라면 실수를 저장하는 변수로는 double형을 사용하는 것을 권장합니다.

4 문자형 char

컴퓨터는 2진수밖에 인식하지 못하므로 문자를 사용하기 위해서는 컴퓨터 내부에서 문자에 맞는 특정 정수값으로 저장해야 합니다. 문자형은 이 문자들을 저장할 수 있는 자료형을 말합니다. 문자형은 'A, B, 가, 나' 등 각 문자를 저장할 수 있는 자료형으로 char형이 유일합니다. 저장하려는 데이터를 작은따옴표 ' '로 감싸고, char 변수에 대입합니다.

```java
char ga = '가';
char na = '나';
char alphabet1 = 'A';
char alphabet2 = 'B';
```

예제 2-15 문자형 ①　　　　　　　　　　　　　　　　　　　　　　　　　소스 코드 EX02_15.java

```java
01  package section02;
02
03  public class EX02_15 {
04      public static void main(String[] args) {
05          char ga = '가';
06          char na = '나';
07
```

```
08            char alphabetA = 'A';
09            char alphabetB = 'B';
10
11            System.out.println(ga);
12            System.out.println(na);
13            System.out.println(alphabetA + ", " + alphabetB);
14        }
15    }
```

실행 결과
가
나
A, B

사실 char형은 문자 그대로를 저장하는 것이 아니라, 유니코드라는 숫자로 값을 변환하여 저장합니다. 유니코드란, 세계 각 나라의 문자들을 숫자(0~65535)로 매핑해 둔 국제 표준 규약을 말합니다. 각 문자는 1~2byte의 크기를 가지고 있으며 자바에서는 이를 char형으로 담아 사용할 수 있습니다.

예를 들면, char alphabetA = 'A'; 구문의 경우 A 자체를 저장하는 것이 아니라, 정수 65를 저장하고, alphabetA는 유니코드 숫자 65를 뜻하는 A와 매핑되어 읽힙니다.

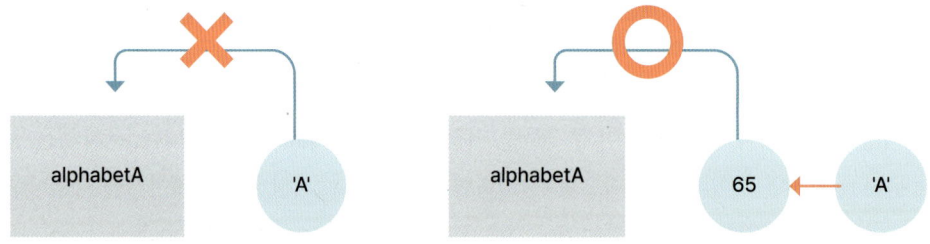

그래서 우리는 char형을 문자형이기 전에, 정수형이라고 표현하기도 합니다.
다음 예제를 통해 문자를 정수형 int에 저장한 후 어떤 숫자가 담겨있는지 확인해 보겠습니다.

예제 2-16 문자형 ②   소스 코드 EX02_16.java

```
01  package section02;
02
03  public class EX02_16 {
04      public static void main(String[] args) {
05          int ga = '가';
06          int na = '나';
07
08          int alphabetA = 'A';    // 유니코드(정수) 65 - 'A'와 매핑됨
09          int alphabetB = 'B';    // 유니코드(정수) 66 - 'B'와 매핑됨
```

```
10
11          System.out.println(ga);        // '가'는 44032 유니코드 값 출력
12          System.out.println(na);        // '나'는 45208 유니코드 값 출력
13          System.out.println(alphabetA);
14          System.out.println(alphabetB);
15     }
16 }
```

실행 결과
44032
45208
65
66

예제 2-17 문자형 ③   소스 코드 EX02_17.java

```
01 package section02;
02
03 public class EX02_17 {
04     public static void main(String[] args) {
05         int alphabetA = 'A';    // 'A'와 매핑된 유니코드(정수) 65가 저장됨
06         int alphabetB = 'B';    // 'B'와 매핑된 유니코드(정수) 66이 저장됨
07         System.out.println(alphabetA);
08         System.out.println(alphabetB);
09
10         char alphabetC = 67;    // 유니코드(정수) 67과 매핑된 'C'가 저장됨
11         System.out.println(alphabetC);
12     }
13 }
```

실행 결과
65
66
C

String은 기본 자료형이 아닙니다.
자바에서 제공하는 클래스 형태의
자료형으로, 'Section 08. 클래스'에서
자세히 다룹니다.

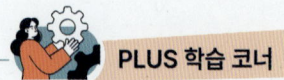 **PLUS 학습 코너**

- **아스키코드(ASCII)**

아스키코드는 0~127까지 총 128개의 문자를 처리하기 위해 만들어진 1byte의 문자 체계로 C언어 계열의 언어들에서 사용됩니다.

- **유니코드(Unicode)**

유니코드는 전 세계 모든 문자를 2byte로 처리하는 문자 체계로 자바와 파이썬에서 사용됩니다.

 아스키코드와 유니코드는 부록을 참고해 주세요.

5 논리형 boolean

true와 false 데이터를 저장하는 boolean형

boolean형은 논리값(true/false)을 저장하는 자료형입니다. 0과 1로만 표현할 수 있기 때문에 실제 필요한 메모리는 1bit이지만 데이터를 다루는 최소 크기인 1byte로 값을 저장합니다. 성별(남/여), 투표(찬/반), 조건(참/거짓) 등의 오직 두 가지 선택사항만 있는 경우에 사용합니다.

```
boolean isStudent = true;   // '학생이 맞다'는 것을 표현
boolean isStudent = false;  // '학생이 아니다'라는 것을 표현
```

TIP 자바 언어는 대소문자를 구별합니다. true와 True는 다르게 취급하므로 True를 대입할 경우 오류가 발생합니다.

예제 2-18 논리형 ①　　　　　　　　　　　　　　　　　소스 코드 EX02_18.java

```java
01  package section02;
02
03  public class EX02_18 {
04      public static void main(String[] args) {
05          boolean isStudent = true;
06          System.out.println(isStudent);   // 출력 결과 : true
07      }
08  }
```

실행 결과
true

boolean형은 제어문을 만났을 때 진가를 발휘합니다. 아직 제어문을 배우지는 않았지만, 다음 예제로 간단하게 확인해 보겠습니다.

제어문은 'section 04~05'에서 자세히 다룹니다.

예제 2-19 논리형 ② 소스 코드 EX02_19.java

```java
01  package section02;
02
03  public class EX02_19 {
04      public static void main(String[] args) {
05          boolean isStudent = true;
06
07          if(isStudent) {   // isStudent가 true이면,
08              System.out.println("저는 학생입니다.");
09          } else {   // isStudent가 false이면,
10              System.out.println("저는 학생이 아닙니다.");
11          }
12      }
13  }
```

실행 결과
저는 학생입니다.

SECTION 02-04 참조 자료형

`참조 자료형` `String`

자바는 크게 두 가지 자료형이 있습니다. 앞에서 학습했던 자바에서 기본으로 제공하는 기본 자료형과 기본형을 제외한 모든 자료형인 참조 자료형이 있습니다.

기본 자료형은 프로그램이 실행될 때 사용되는 메모리에 직접 공간을 할당받고 그 할당받은 공간에 데이터를 그대로 저장하는 것으로 int, double, char형 등이 있습니다.

참조 자료형은 메모리상에 데이터가 저장된 주소를 저장하기 위한 공간으로, 대표적으로 문자열을 저장하는 String이라는 자료형을 예로 들 수 있습니다.

참조 자료형은 개발자가 직접 만들어 추가할 수 있는 자료형으로 그 수가 정해져 있지 않습니다.

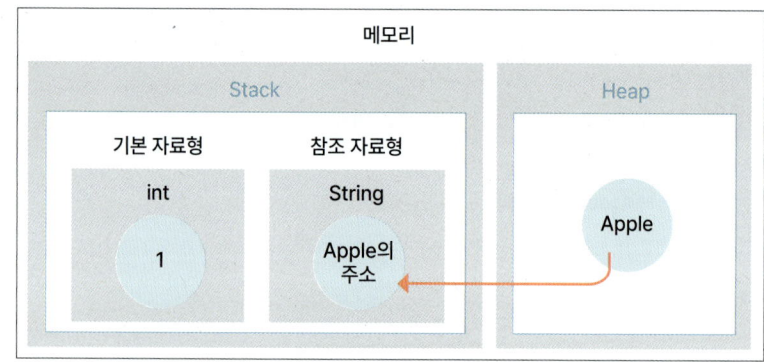

[그림 02-4] 메모리 공간

프로그램을 실행할 때 필요한 메모리는 위 그림처럼 Stack이라는 공간과 Heap이라는 공간으로 나뉘어 있습니다. 기본 자료형은 Stack이라는 공간에 자리를 할당받고 데이터를 저장합니다. 그러나 참조 자료형은 Heap이라는 공간에 데이터를 저장하고, 그 주소를 Stack에 저장합니다. 주소를 참조하는 값을 저장한다고 하여 참조 자료형이라 부릅니다.

참조 자료형의 대표적인 형태로 배열, 클래스, 인터페이스가 있습니다. 이는 본 교재의 'Section 06. 배열, Section 08. 클래스, Section 12. 인터페이스'에서 자세히 학습하므로, 이번 섹션에서는 참조 자료형의 가장 대표적인 String에 대해 알아보겠습니다.

> "안녕하세요, 만나서 반갑습니다."

앞에서 학습했듯이 자바의 기본 자료형 중에서 문자 자료형은 char형밖에 없습니다. 자료형 char는 문자 하나하나를 저장할 수 있는 자료형입니다. 문자들의 조합, 즉 문장을 우리는 문자열이라고 표현합니다. 그렇다면 우리는 위 문자열을 자바에서는 어떻게 저장할 수 있을까요?

참조 자료형 - String

자바에서 문자열을 저장할 수 있는 자료형은 String입니다. 즉, 위에서 말한 문자열을 변수에 담으려면 다음과 같이 사용합니다.

```
String a = "apple";
String b = "banana";
```

간단한 예제로 확인해 보겠습니다.

예제 2-20 참조 자료형   소스 코드 EX02_20.java

```
01  package section02;
02
03  public class EX02_20 {
04      public static void main(String[] args) {
05          String hi = "안녕하세요,";
06          String niceToMeetYou = "만나서 반갑습니다.";
07
08          System.out.println(hi);
09          System.out.println(niceToMeetYou);
10      }
11  }
```

실행 결과
안녕하세요,
만나서 반갑습니다.

PLUS 학습 코너

참고로 String 변수를 선언할 때, 단순하게 'apple'이라고 표현했던 구문은 사실 함축적인 구문이었습니다. 완전한 구문으로는 다음과 같이 작성합니다.

```
String a = new String("apple");
String b = new String("banana");
```

이 구문은 앞으로 학습하게 되는 클래스라는 개념을 사용하여 'a라는 "객체"를 생성하였다'라고 표현합니다. 이는 'Section 08. 클래스'에서 자세히 학습합니다.

SECTION 02-05 형 변환

자동 형 변환 · 강제 형 변환

1 형 변환

형 변환이란, 말 그대로 자료형을 다른 자료형으로 변환하는 것을 말합니다.
모든 연산은 기본적으로 같은 자료형끼리만 수행할 수 있습니다. 따라서 서로 다른 자료형의 연산을 수행하기 위해서는 같은 자료형으로 변환해야 합니다. 예를 들어, 실수형 데이터 3.14와 정수형 데이터 14의 합을 구할 때, 우리는 연산을 하기 위해 자료형을 같은 타입으로 만들어야 합니다. 이때, 변수가 가진 자료형을 다른 자료형으로 변환하는 "형 변환"이 이루어집니다.

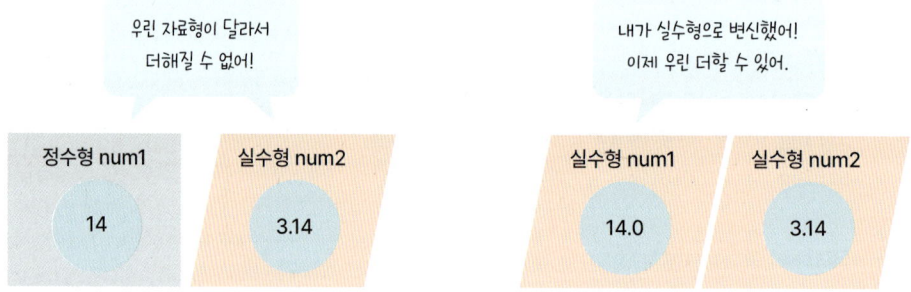

다음 예제를 통해 확인해 보겠습니다.

예제 2-21 형 변환하기   소스 코드 EX02_21.java

```
01   package section02;
02
03   public class EX02_21 {
04       public static void main(String[] args) {
05           int num1 = 11;
06           double num2 = 3.14;
07           double num1Change = (double)num1;
08
09           System.out.println("num1 : " + num1);
10           System.out.println("num1Change : " + num1Change);
11           System.out.println(num1Change + num2);
12           System.out.println((int)1.23);
13       }
14   }
```

실행 결과
```
num1 : 11
num1Change : 11.0
14.14
1
```

예제로 확인한 것처럼, 형 변환의 기본 구조는 다음과 같습니다.

원하는 자료형 ········ (int) 3.14 ········ 자료형을 바꾸고 싶은 변수 또는 리터럴
(double) num

형 변환은 숫자를 담을 수 있는 기본 자료형 간에만 가능합니다. 즉, 정수형인 byte, short, int, long, float, double형 간에만 가능하며, 문자형인 char형 역시 문자형인 동시에 정수형이기도 하므로 형 변환을 할 수 있습니다.

TIP 기본 자료형에서 boolean만 제외하고 서로 형 변환이 가능합니다.

정수형 간의 형 변환

메모리에 할당받은 크기가 큰 자료형을 크기가 작은 자료형으로 변환하면 데이터의 손실이 발생합니다. 반대로 크기가 작은 자료형에서 큰 자료형으로 변환할 때는 데이터 손실이 없어 형 변환을 생략할 수 있습니다.

자료형의 크기는 p52 또는 p68을 참고하세요.

| 예제 2-22 | 정수형↔정수형 형 변환하기 | 소스 코드 EX02_22.java |

```
01  package section02;
02
03  public class EX02_22 {
04      public static void main(String[] args) {
05          int i1 = 10;
06          byte b1 = (byte)i1;
07          System.out.println(b1);
08
09          int i2 = 128;
10          byte b2 = (byte)i2;
11          System.out.println(b2);
12      }
13  }
```

실행 결과
10
-128

b2의 형 변환을 살펴보면, 128은 byte가 담을 수 있는 숫자의 해당 범위(-128~127)를 넘어섰습니다. 127을 넘어서면 다시 -128부터 넘은 만큼 숫자를 셉니다.

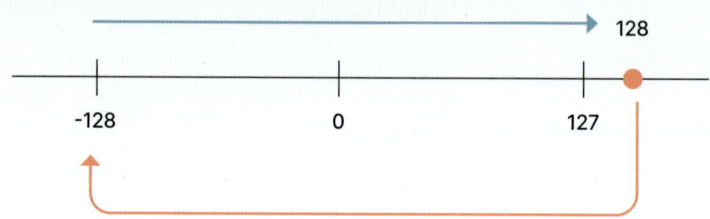

예제에서, 128은 byte의 최대 범위인 127을 넘었기 때문에 다시 -128부터 1을 셉니다. 따라서 -128이 출력되었습니다.

실수형 간의 형 변환

크기가 큰 자료형(double)에서 작은 자료형(float)으로 변환할 때, float의 저장 범위를 넘어서는 값을 대입하면 무한대가 되거나 0이 됩니다.

예제 2-23 실수형↔실수형 형 변환하기   소스 코드 EX02_23.java

```java
01  package section02;
02
03  public class EX02_23 {
04      public static void main(String[] args) {
05          double d1 = 1.0e100;   // 1.0 x (10의 100승) (float의 최대 범위를 넘음)
06          float f1 = (float)d1;
07          System.out.println(f1);
08
09          double d2 = 1.0e-100;
10          float f2 = (float)d2;  // 1.0 x (10의 -100승) (float의 최소 범위를 넘음)
11          System.out.println(f2);
12      }
13  }
```

실행 결과
```
Infinity
0.0
```

실수형과 정수형 간의 형 변환

실수형과 정수형 간의 형 변환은 다음과 같은 규칙이 있습니다.

From	To	규칙
실수형	정수형	소수점 이하 값들은 버려짐
정수형	실수형	정수 뒤로 0이 붙음 단, int(정밀도 10자리)를 float(정밀도 7자리)로 변환했을 때 오차가 발생할 수 있음

<표 02-6> 실수형↔정수형 형 변환

예제 2-24 실수형↔정수형 형 변환하기 소스 코드 EX02_24.java

```java
01  package section02;
02
03  public class EX02_24 {
04      public static void main(String[] args) {
05          // 실수형 → 정수형
06          double pie = 3.14;
07          int pieInt = (int)pie;
08          System.out.println(pieInt);
09
10          // 정수형 → 실수형 (범위 내)
11          int num = 100;
12          double numD = (double) num;
13          float numF = (float) 100;
14          System.out.println(numD);
15          System.out.println(numF);
16
17          // 정수형 → 실수형 (범위 밖)
18          int i = 99999999;
19          float f = (float) i;
20          System.out.println(f);
21      }
22  }
```

실행 결과
```
3
100.0
100.0
1.0E8
```

2 자동 형 변환(Promotion)

서로 다른 자료형 간의 대입이나 연산을 할 때 형 변환으로 자료형을 일치시켜야 하지만, 다음과 같은 경우 자바의 컴파일러가 자동으로 형 변환을 해주기 때문에 생략할 수 있습니다.
자동 형 변환의 기본 원칙은 다음과 같습니다.

- 크기가 작은 자료형에서 큰 자료형으로 변환할 때
- 정수형이 실수형으로 변환될 때

작은 그릇의 물을 큰 그릇으로 옮겨 담을 때, 물의 양이 보존되는 것처럼 작은 자료형에서 큰 자료형으로 형 변환을 할 때도 데이터의 손실 없이 그대로 보존될 수 있기 때문에 자동 형 변환이 일어납니다.

기본 자료형을 크기순으로 정리하면 다음과 같습니다.

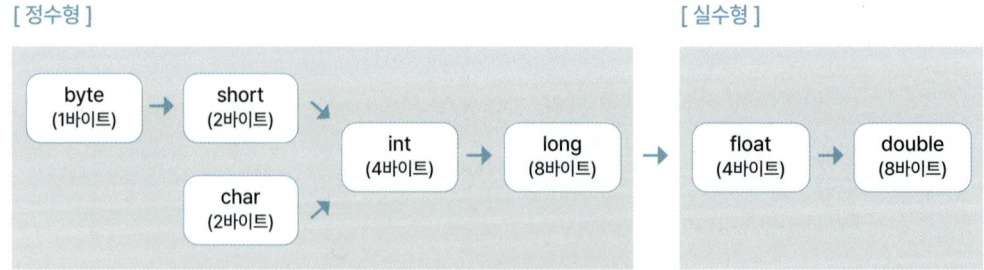

[그림 02-5] 기본 자료형의 크기순

위 도표에서 화살표 방향으로 형 변환을 하면 크기가 작은 자료형에서 큰 자료형으로, 정수형에서 실수형으로 변환되므로 자동 형 변환이 이루어집니다. 예를 들어 크기가 작은 byte(1바이트)형을 가장 큰 double(8바이트)형으로 데이터를 옮기면 손실 없이 그대로 보존됩니다.
만약 도표에서 역방향으로 형 변환이 필요할 경우에는 개발자가 직접 형 변환을 해야 합니다.

예제 2-25 자동 형 변환 ① 소스 코드 EX02_25.java

```java
01  package section02;
02
03  public class EX02_25 {
04      public static void main(String[] args) {
05          int num1 = 14;
06          double num2 = 3.14;
07
08          // double num4 = num1; // num1을 자동으로 double로 형 변환 해줌.
09          // int num3 = (double) num2; // 자동 형 변환을 할 수 없는 역방향! 컴파일 에러 발생!
10          int num4 = (int) num2;
11
12          System.out.println(num4);
13      }
14  }
```

실행 결과
3

예제 2-26 자동 형 변환 ② 소스 코드 EX02_26.java

```java
01  package section02;
02
03  public class EX02_26 {
04      public static void main(String[] args) {
05          int i = 100;
06          char c = 'a';
07          int j = c;   // char형에서 int형으로 자동 변환.
08          double d = i;   // int형에서 double형으로 자동 변환.
09
10          System.out.println("int형 변수 j의 값 : " + j);
11          System.out.println("double형 변수 d의 값 : " + d);
12      }
13  }
```

실행 결과
int형 변수 j의 값 : 97
double형 변수 d의 값 : 100.0

문자 'a'가 저장된 char형 변수 c를 int형으로 대입할 때 자동 형 변환이 실행됩니다. "어떻게 문자를 정수형으로 넣을 수 있을까?"라는 의문이 생길 텐데 이는 바로 'a'의 아스키코드 값인 97로 저장되기 때문입니다. int형 변수 j를 double형으로 대입할 때도 마찬가지로 자동 형 변환이 일어납니다. 100의 정수값이 소수점이 생긴 100.0으로 저장된 것을 확인할 수 있습니다.

> **TIP** 실수형은 소수점까지 표현하기 때문에 정수형보다 표현 범위는 크다고 할 수 있습니다.
> 다만, 값의 크기는 정수형이 더 클 수 있으므로 형 변환하는 경우 오차가 발생할 수 있다는 점을 주의해야 합니다.

3 강제 형 변환(Casting)

강제 형 변환은 큰 그릇의 물을 작은 그릇에 옮겨 담는 것과 같습니다. 큰 그릇에 있는 물의 양에 따라 물이 넘칠 수도 있고 보존될 수도 있습니다. 마찬가지로 크기가 큰 자료형에서 작은 자료형으로 옮길 때 데이터의 손실이 발생할 수도 있고 아닐 수도 있습니다.

데이터의 손실이 일어난다면 정확한 연산을 수행할 수 없기 때문에 예상하지 못한 결과를 얻을 수 있으므로 강제 형 변환은 항상 주의할 필요가 있습니다.
다음 예제를 통해 확인해 보겠습니다.

예제 2-27 강제 형 변환 ① 소스 코드 EX02_27.java

```java
01  package section02;
02
03  public class EX02_27 {
04      public static void main(String[] args) {
05          // int형 → byte형 강제 형 변환(값이 작을 경우)
06          int i = 10;
07          byte b = (byte) i;
08          System.out.println("[int → byte] i의 값 :" + i + " b의 값 :" + b);
09
10          // int형 → byte형 강제 형 변환(값이 큰 경우)
11          int j = 1000;
12          byte c = (byte) j;   // 강제 형 변환을 하지 않으면 에러 발생.
13          System.out.println("[int → byte] j의 값 :" + j + " c의 값 :" + c);
14      }
15  }
```

실행 결과
```
[int → byte] i의 값 :10 b의 값 :10
[int → byte] j의 값 :1000 c의 값 :-24
```

byte 값의 범위에 있는 10의 값을 넣었을 경우 손실이 없으나, byte 값의 범위를 넘는 경우 손실이 발생하여 예상하지 못한 값이 나타난 것을 확인할 수 있습니다.

다음은 실수에 대한 강제 형 변환 예제입니다.

예제 2-28 강제 형 변환 ② 소스 코드 EX02_28.java

```java
01  package section02;
02
03  public class EX02_28 {
04      public static void main(String[] args) {
05
06          // double형 → float형 강제 형 변환(float형 범위 내 값)
07          double d1 = 1.1234;
08          float f1 = (float) d1;
09          System.out.println("[double → float] d1의 값 :" + d1 + ", f1의 값 :" + f1);
10
11          // double형 → float형 강제 형 변환(float형 최소값보다 작은 경우)
12          double d2 = 1.0e-50;
13          float f2 = (float) d2;
14          System.out.println("[double → float] d2의 값 :" + d2 + ", f2의 값 :" + f2);
15
16          // double형 → float형 강제 형 변환(float형 최대값보다 큰 경우)
17          double d3 = 1.0e100;
18          float f3 = (float) d3;
19          System.out.println("[double → float] d3의 값 :" + d3 + ", f3의 값 :" + f3);
20
21          // double형과 float형의 정밀도 차이
22          double d4 = 9.123456789;
23          float f4 = (float) d4;
24          System.out.println("[정밀도 차이] d4의 값 :" + d4 + ", f4의 값 :" + f4);
25      }
26  }
```

실행 결과
```
[double → float] d1의 값 :1.1234, f1의 값 :1.1234
[double → float] d2의 값 :1.0E-50, f2의 값 :0.0
[double → float] d3의 값 :1.0E100, f3의 값 :Infinity
[정밀도 차이] d4의 값 :9.123456789, f4의 값 :9.123457
```

예제를 통해 다음과 같은 결과를 확인할 수 있습니다.

- 범위 내 값에서 강제 형 변환을 실행하면 데이터의 손실 없이 변환됩니다.
- float형이 가질 수 있는 최소값보다 작은 경우 0.0이 됩니다.
- float형이 가질 수 있는 최대값보다 큰 경우 무한대(Infinity)가 됩니다.
- float형의 범위 내 값이지만 소수점 아래 값에서는 정밀도에서 차이가 납니다.

다음은 정수형과 실수형 간의 강제 형 변환 예제입니다.

예제 2-29 강제 형 변환 ③ 소스 코드 EX02_29.java

```java
01  package section02;
02
03  public class EX02_29 {
04      public static void main(String[] args) {
05
06          // float형 → int형 강제 형 변환
07          float f1 = 12345.67f;
08          int i1 = (int) f1;
09          System.out.println("[float → int] f1의 값 :" + f1 + ", i1의 값 :" + i1);
10
11          // double형 → int형 강제 형 변환
12          double d1 = 12345.678;
13          int i2 = (int) d1;
14          System.out.println("[double → int] d1의 값 :" + d1 + ", i2의 값 :" + i2);
15      }
16  }
```

실행 결과
```
[float → int] f1의 값 :12345.67, i1의 값 :12345
[double → int] d1의 값 :12345.678, i2의 값 :12345
```

PLUS 학습 코너

자동 형 변환은 업 캐스팅(묵시적 형 변환)이라고도 하며, 강제 형 변환은 다운 캐스팅(명시적 형 변환)이라고도 합니다.

SECTION 02 - 06 데이터 입력

`Scanner`

앞에서 우리는 변수에 값을 저장하는 방법을 학습했습니다. 이번에는 키보드를 이용해 다양한 데이터를 자유롭게 입력하는 방법을 알아보겠습니다. 키보드를 통해 입력하는 데이터를 문자열로 얻기 위해서는 'java.util' 패키지에 있는 Scanner 클래스를 이용합니다.

```java
import java.util.Scanner;                    // Scanner 클래스 호출
Scanner 객체명 = new Scanner(System.in);      // Scanner 객체 선언
int 객체명 = scanner.nextInt();               // int 입력받기
```

import java.util.Scanner; 구문은 자바에서 제공하는 구성 요소를 사용한다는 의미입니다. System.in은 키보드로 입력받는다는 의미이며, 객체명은 임의로 설정할 수 있습니다. Scanner.nextInt();는 Enter 키 이전까지 입력된 문자열을 읽습니다.

> java.util 및 패키지/클래스/객체명/메서드 등의 개념은 뒤에서 자세히 다루므로 지금은 키보드를 통해 입력하는 용도로만 간단히 이해하고 넘어갑니다.

키보드를 통해 입력받는 데이터의 타입을 명시해야 하는데, 이때, 사용하는 메서드는 다음과 같습니다.

자료형	메서드	설명
정수형	byte nextByte( )	입력받은 값을 byte형으로 반환
	short nextShort( )	입력받은 값을 short형으로 반환
	int nextInt( )	입력받은 값을 int형으로 반환
	long nextLong( )	입력받은 값을 long형으로 반환
실수형	float nextFloat( )	입력받은 값을 float형으로 반환
	double nextDouble( )	입력받은 값을 double형으로 반환
문자형	String nextLine( )	입력받은 라인 전체를 문자열 타입으로 반환. Enter 키로 구분('\n' 포함)
	String next( )	입력받은 값을 문자열 타입으로 반환. 띄어쓰기로 구분

<표 02-7> 데이터 타입과 Scanner 메서드

예제 2-30 데이터 입력받기   소스 코드 ScannerTest.java

```
01  package section02;
02  import java.util.Scanner;
```

```java
03
04    public class ScannerTest {
05        public static void main(String[] args) {
06
07            Scanner scanner = new Scanner(System.in);
08
09            System.out.println("나이를 입력해 주세요.");
10            int age = scanner.nextInt();   //정수형을 입력 받음
11            System.out.printf("내 나이는 %d세 입니다.", age);
12        }
13    }
```

실행 결과

나이를 입력해 주세요.
25
내 나이는 25세 입니다.

Scanner 클래스는 사용자가 입력하는 값을 공백, 탭, 띄어쓰기 등으로 구분하여 입력받습니다. 다음은 입력하는 데이터를 공백으로 구분한 예제입니다.

예제 2-31 데이터 입력받기   소스 코드 ScannerSplit.java

```java
01    package section02;
02    import java.util.Scanner;
03
04    public class ScannerSplit {
05        public static void main(String[] args) {
06
07            Scanner scanner = new Scanner(System.in);
08            String name, address;
09            int age;
10            double weight;
11
12            System.out.println("이름, 주소, 나이, 체중을 빈칸으로 구분하여 순서대로 입력하세요.");
13            name = scanner.next();
14            address = scanner.next();
15            age = scanner.nextInt();
16            weight = scanner.nextDouble();
17
18            System.out.printf("당신의 이름은 %s입니다.%n", name);
19            System.out.printf("당신의 주소는 %s입니다.%n", address);
20            System.out.printf("당신의 나이는 %d세입니다.%n", age);
21            System.out.printf("당신의 체중은 %.1fkg입니다.%n", weight);
22        }
23    }
```

출력문에 본인의 정보를 입력하여 실행 결과를 직접 확인해 보세요.

핵심정리

- **변수** 메모리에 값을 저장해 두기 위해 할당받아 사용하는 특정 공간을 말합니다.

- **변수의 선언** 변수를 사용하기 전에 먼저 변수를 선언하고 초기화해야 하는데, 변수를 선언하기 위해서는 변수에 담을 데이터의 형태(자료형)와 변수 이름이 필요합니다.

- **자료형** 자료형에는 자바에서 기본으로 제공하는 기본 자료형(primitive type)과 기본형을 제외한 모든 자료형인 참조 자료형(reference type)이 있습니다.

- **기본 자료형의 종류**

분류	종류
정수형	byte형, short형, int형, long형
실수형	float형, double형
문자형	char형
논리형	boolean형

- **형 변환** 자료형을 다른 자료형으로 변환하는 것을 말하며, 자동 형 변환과 강제 형 변환이 있습니다.

- **자동 형 변환(묵시적 형 변환)** 자동으로 자료형이 변환되는 것을 말하며, 크기가 작은 자료형에서 큰 자료형으로 대입할 경우 자동 변환됩니다.

- **강제 형 변환(명시적 형 변환)** 강제로 자료형을 변환하는 것을 말하며, 크기가 큰 자료형에서 작은 자료형으로 대입할 경우 변환할 수 있습니다.

응용문제

1. 다음 빈칸에 알맞은 단어를 작성해 보세요.

   - 메모리에 값을 저장하기 위해 할당받아 사용하는 특정 공간을 [　　　] (이)라고 합니다.

   - 변수를 선언하기 위해서는 [　　　] , [　　　] 2가지 정보를 작성해야 합니다.

2. 다음 중 변수 이름으로 사용할 수 있는 것은 무엇입니까?

   ① 11a
   ② +person+
   ③ name!
   ④ studentName

3. 다음 코드에서 컴파일 에러가 발생하는 곳을 찾아보고, 그 이유를 적어보세요.

```
01  package section02;
02
03  public class PRACTICE_02_03 {
04      public static void main(String[] args) {
05          String fruit = "Apple";
06      }
07          System.out.println("I like" + fruit);
08  }
```

4. 다음 코드를 실행했을 때 콘솔창에 출력되는 결과는 무엇입니까?

```
01   package section02;
02
03   public class PRACTICE_02_04 {
04       public static void main(String[] args) {
05           int numI = 'A';
06           System.out.println(numI);
07
08           char numC = 66;
09           System.out.println(numC);
10       }
11   }
```

5. 다음 코드에서 컴파일 오류가 발생하지 않으려면 코드를 어떻게 수정해야 할까요?

```
float pie = 3.1415;
```

6. 다음과 같은 결과가 나오도록 빈칸에 알맞은 코드를 작성해 보세요.

```
01   package section02;
02
03   public class PRACTICE_02_06 {
04       public static void main(String[] args) {
05           int n1 = 7;
06           System.out.println(n1);
07
08           double n2 = [       ] n1;
09           System.out.println(n2);
10       }
11   }
```

실행 결과
7
7.0

수학의 연산자와
자바의 연산자는 다를까?

컴퓨터가 생긴 유래를 살펴보면, 시작은 계산기에 있습니다.
따라서 프로그래밍을 하려면 +, -, *, / 등 연산자를 알아야 합니다.

MISSION　1 연산자와 피연산자, 연산 방법에 대해 알아봅니다.　2 연산의 방향과 우선순위를 알아봅니다.

KEYWORD　#연산자　#단항　#이항　#삼항

SECTION **03**

연산자

01 | 연산자의 종류
02 | 연산자 우선순위와 연산 방향
03 | 단항 연산자
04 | 이항 연산자
05 | 삼항 연산자

연산자의 종류

연산자 | 기본 연산자 종류

1 연산

연산이란 데이터를 처리하고 결과를 산출하는 작업을 말합니다. 연산은 항(operand)과 연산자(operator)로 이루어지는데, 항(또는 피연산자)은 연산에 사용되는 값을 말하며, 연산자는 기호를 의미합니다. 또한, 항과 연산자를 이용해 연산 과정을 나열한 것을 연산식(expression)이라고 합니다.

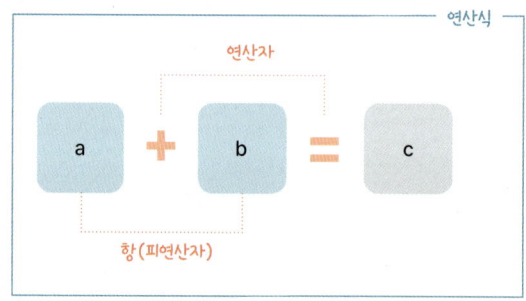

[그림 03-1] 연산식

2 기본 연산자의 종류

자바는 사칙연산(+,-,*,/)을 비롯해 다양한 연산자를 제공하고 있으며, 피연산자의 개수에 따라 다음과 같이 크게 세 가지로 분류합니다.

- 단항 연산자 : 피연산자 개수가 1개인 연산자
- 이항 연산자 : 피연산자 개수가 2개인 연산자
- 삼항 연산자 : 피연산자 개수가 3개인 연산자

자바에서 제공하는 연산자의 종류는 다음과 같습니다.

연산자 분류	종류	연산자	기능
단항	부호	+, -, *, /, %	사칙연산, 나머지 계산
	증감	++, --	음수, 양수 부호
	논리	!	논리 부정
이항	논리	&, |, &&, ||	논리곱, 논리합
	문자열	+	문자열 연결
	대입	=, +=, -=, *=, /=, %=	우변의 값을 좌변에 대입
	비교	==, !=, >, <, >=, <=, instanceof	값 비교
삼항	조건식	조건식 ? A : B	조건식 결과에 따라 A, B 선택

<표 03-1> 연산자의 종류

같은 기호지만 서로 다른 연산자인 경우도 있습니다. 이때 단항인지 이항인지 피연산자의 개수로 구분할 수 있습니다. 더 나아가 자바에서는 피연산자의 자료형이 다양하기 때문에, 피연산자에 따라 연산 결과의 자료형도 다양하게 산출됩니다.

SECTION 03 02 연산자 우선순위와 연산 방향

`우선순위` `연산 방향`

사칙연산에서 덧셈(+), 뺄셈(-) 연산자보다 곱셈(*), 나눗셈(/)이 먼저 처리된다는 것을 우리는 이미 알고 있습니다. 사칙연산 외에도 자바에서 사용하는 다양한 연산자들은 연산 방향과 우선순위가 정해져 있습니다. 하나의 연산식에 여러 종류의 연산자가 있을 경우 우선순위가 높은 연산자를 먼저 처리합니다. 우선순위가 같은 연산자들은 연산의 방향에 따라 순서가 정해집니다.

연산자의 우선순위와 연산 방향은 다음과 같습니다.

우선순위	종류	연산자	항	연산 방향
높음 ↑ ↓ 낮음	최우선 연산자	괄호(( ), [ ])	다양	→
	단항 연산자	증감(++, --), 부호(+, -), 비트(~), 논리(!)	단항	←
	산술 연산자	산술 (*, /, %)	이항	→
		산술 (+, -)		→
		쉬프트 (>>, <<, >>>)		→
	비교 연산자	비교 (<, >, <=, >=, instanceof)	이항	→
		비교 (==, !=)		→
	논리 연산자	비트 논리(&, ^, |), 논리(&&, ||)	단항/이항	→
	삼항 연산자	조건 (? :)	삼항	→
	대입 연산자	대입(=, +=, -=, *=, /=, %=, &=, ^=, |=, <<=, >>=, >>>=)	이항	←
	콤마 연산자	콤마(,)		→

<표 03-2> 연산자 우선순위와 연산 방향

복잡한 수식은 먼저 처리해야 할 연산식을 괄호()를 사용해 묶어서 표시하는 것이 좋습니다.
괄호( ) 안에 있는 연산은 최우선 순위를 가지므로 다른 연산자보다 우선 처리됩니다.

```
a >> b + 3
```

위 연산식은 먼저, 3을 b에 추가한 다음 해당 결과에 따라 오른쪽 시프트 연산을 수행합니다. 다음과 같이 괄호를 사용하여 다시 작성할 수 있습니다.

```
a >> (b + 3)
```

그러나 오른쪽 시프트 연산을 수행한 다음 해당 결과에 3을 추가하려면 다음과 같은 식의 괄호를 지정해야 합니다.

```
(a >> b) + 3
```

연산자의 우선순위를 변경하는 것 외에도 괄호를 사용하여 표현식의 의미를 명확히 할 수 있습니다. 코드를 읽는 사람은 복잡한 표현을 이해하기 어려울 수 있습니다. 복잡한 표현식에 중복되지만 명확한 괄호를 추가하면 나중에 혼동을 방지할 수 있습니다. 예를 들어 다음 식 중 어떤 연산식이 읽기가 더 쉬운가요?

a | 4 + c >> b & 7

a | (((4 + c) >> b) & 7)

이러한 괄호 표기는 프로그램의 성능을 저하시키거나 부정적인 영향을 미치지 않으면서 코드의 가독성을 높여줍니다.

PLUS 학습 코너

- 괄호( ) 연산자를 사용했을 때 우선 순위

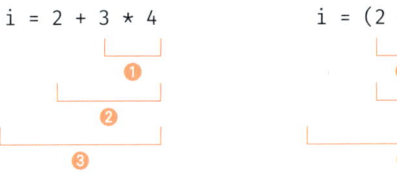

<기본 연산 순서>　　　<괄호를 사용한 연산 순서>

- 연산 결합 방향은 우선순위가 같은 연산자가 둘 이상 있을 때 먼저 수행할 연산을 결정합니다.

<왼쪽에서 오른쪽으로 결합>　　<오른쪽에서 왼쪽으로 결합>

- 연산자 우선순위 정리
  - 단항, 이항, 삼항 연산자 순으로 우선순위를 가집니다.
  - 이항 연산자는 산술, 비교, 논리, 대입 연산자 순으로 우선순위를 가집니다.
  - 단항과 대입 연산자를 제외한 모든 연산의 진행 방향은 왼쪽에서 오른쪽입니다.
  - 복잡한 연산식은 괄호( )를 사용해 우선순위를 정합니다.

SECTION 03 단항 연산자

부호 연산자 +, -   증감 연산자 ++, --   논리 부정 연산자 !

단항 연산자는 피연산자가 한 개인 연산자를 말하며, 부호 연산자(+,-), 증감 연산자(++,--), 논리 부정 연산자(!)가 있습니다.

단항 연산자의 대표적인 부호 연산자의 형태는 다음과 같습니다.

연산자 -- -2 -- 피연산자

1 부호 연산자 +, -

부호 연산자는 말 그대로 부호를 나타내는 연산자입니다. 숫자 앞에 '+' 부호가 있으면 양수를, '-' 부호가 있으면 음수를 뜻합니다. 문자형 char와 논리형 boolean을 제외한 기본 자료형에서 사용할 수 있습니다.

예제 3-1 부호 연산자   소스 코드 EX03_01.java

```java
package section03;

public class EX03_01 {
    public static void main(String[] args) {
        int x = 100;
        int resultPlus = + x;    // + 부호
        int resultMinus = - x;   // - 부호

        System.out.println(resultPlus);
        System.out.println(resultMinus);
    }
}
```

실행 결과
```
100
-100
```

| 예제 3-2 | 부호 연산자 <실수> | 소스 코드 EX03_02.java |

```java
01  package section03;
02
03  public class EX03_02 {
04      public static void main(String[] args) {
05          double d = 1.11;
06          double result = -d;
07
08          System.out.println(-d);
09          System.out.println(result);
10      }
11  }
```

실행 결과
-1.11
-1.11

2 증감 연산자 ++, --

증감 연산자는 피연산자의 값을 1씩 증가, 또는 감소시키는 연산자입니다. ++는 1을 증가시키는 연산자로 피연산자의 값을 1 증가시키는 피연산자 +1과 같은 연산입니다. 반대로 --는 1을 감소시키는 연산자로, 피연산자 -1과 같은 연산입니다.

++는 증가 연산자,
--는 감소 연산입니다.
우리는 이 두 가지를 합쳐서
증감 연산자라고 부릅니다.

| 예제 3-3 | 증감 연산자 ① | 소스 코드 EX03_03.java |

```java
01  package section03;
02
03  public class EX03_03 {
04      public static void main(String[] args) {
05          int num = 10;
06          System.out.println(num);
07          num++;   // num = num +1;
08          System.out.println(num);
09      }
10  }
```

실행 결과
10
11

증감 연산자는 연산을 위해 반드시 하나의 구문으로 표현되어야 하는 것은 아닙니다.

피연산자가 선언된 후, 피연산자가 사용되는 어디에서도 증감 연산자는 일을 할 수 있습니다. 단, 피연산자는 반드시 초기화가 된 상태여야 합니다.

위 예제와 동일한 결과를 가지는 예제를 하나 더 살펴보겠습니다.

예제 3-4 증감 연산자 ②　　　　　　　　　　　　　　　　　　　소스 코드 EX03_04.java

```
01  package section03;
02
03  public class EX03_04 {
04      public static void main(String[] args) {
05          int num = 10;
06          System.out.println(num++);    // 10이 출력된 후, num = 10+1 = 11
07          System.out.println(num);
08      }
09  }
```

실행 결과
```
10
11
```

지금까지 확인한 예제에서는 증가 연산자(++)가 피연산자 뒤에 위치했습니다. 사실, 증감 연산자는 피연산자를 기준으로 부호 연산자와 동일하게 '앞'에 위치할 수도 있고, '뒤'에 위치할 수도 있습니다.

피연산자의 위치에 따라서 증감 연산자는 1을 증감시키는 순서도 달라집니다.

예제 3-5 증감 연산자 ③　　　　　　　　　　　　　　　　　　　소스 코드 EX03_05.java

```
01  package section03;
02
03  public class EX03_05 {
04      public static void main(String[] args) {
05          int num = 30;
06          System.out.println(++num);    // num(=30)에서 +1이 더해져 31 출력
07          System.out.println(num);      // 31 출력
08
09          System.out.println(num++);    // num(=31)이 먼저 출력된 후 32로 증가
10          System.out.println(num);      // 32 출력
11      }
12  }
```

실행 결과
```
31
31
31
32
```

예제로 확인한 내용을 다음과 같이 정리해 봅니다.

연산자 순서	내용
증감 연산자가 피연산자 앞에 위치(전위형) 예 ++num, --num	1이 먼저 증감되고 코드에 즉시 반영되어 실행
증감 연산자가 피연산자 뒤에 위치(후위형) 예 num++, num--	코드가 먼저 실행되고 1이 증감 즉, 다음 코드부터 증감된 값을 반영

<표 03-3> 증감 연산자의 위치에 따른 결과

예제 3-6 증감 연산자 위치에 따른 결과 소스 코드 EX03_06.java

```
01  package section03;
02
03  public class EX03_06 {
04      public static void main(String[] args) {
05          int x = 1;
06
07          System.out.println(x++);    // x(=1)가 먼저 출력되고 난 후
08          System.out.println(x);      // x에 +1이 더해져 2가 됨
09          System.out.println(++x);    // x(=2)에 +1이 더해져 3이 된 x가 출력
10      }
11  }
```

실행 결과
1
2
3

이렇게 숫자뿐만 아니라 유니코드 정수를 담을 수 있는 문자형인 char형에도 적용할 수 있습니다.

예제 3-7 증감 연산자 <문자형> 소스 코드 EX03_07.java

```
01  package section03;
02
03  public class EX03_07 {
04      public static void main(String[] args) {
05          char alphabetX = 'X';   // 유니코드 정수 88로 저장되어 'X'와 매핑
06          System.out.println(alphabetX++);   // alphabetX가 출력된 후, 88+1=89가 됨
07          System.out.println(alphabetX);     // 89와 매핑된 'Y'가 출력됨
08      }
09  }
```

실행 결과
X
Y

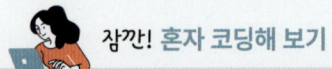

잠깐! 혼자 코딩해 보기

아래 코드에서 실행 결과에 맞게 출력될 수 있도록 빈칸에 들어갈 코드를 작성해 보세요.

```
01  package section03;
02
03  public class SignOperatorEx {
04      public static void main(String[] args) {
05          int num1 = 100;
06
07          System.out.println(num1++);
08          System.out.println        ;
09          System.out.println(++num1);
10      }
11  }
```

실행 결과
100
102
103

3 논리 부정 연산자 !

논리 부정 연산자(!)는 논리 연산자 중에서 유일한 단항 연산자입니다.

boolean 값을 가지는 피연산자 앞에 !를 붙여서 값을 반대로 바꾸는 역할을 합니다. 즉, true는 false로 false는 true로 바꿔줍니다. 또한 TV 전원의 On/Off 처럼 두 가지 기능을 번갈아 사용하는 토글 기능을 구현할 때도 사용합니다.

예제 3-8 논리 부정 연산자 소스 코드 EX03_08.java

```
01  package section03;
02
03  public class EX03_08 {
04      public static void main(String[] args) {
05          boolean isHuman = false;
06          System.out.println(!isHuman);
07          System.out.println(isHuman);
08      }
09  }
```

실행 결과
true
false

한 가지 주의할 점은, 논리 부정 연산자를 사용하더라도 그 사용한 곳에서만 적용될 뿐 진짜 변수의 값이 반대로 바뀌어 저장되는 것은 아닙니다.

SECTION 03 / 04 이항 연산자

산술 연산자 · 대입 연산자 · 관계 연산자 · 논리 연산자

이항 연산자는 피연산자가 2개인 연산자를 말합니다. 일반적으로 연산자를 가운데 두고 피연산자가 왼쪽, 오른쪽에 위치합니다. 대표적인 이항 연산자인 산술 연산자(+,-,*,/,%)를 비롯해 대입 연산자와 관계 연산자, 논리 연산자가 있습니다.

대표적인 이항 연산자의 형태는 다음과 같습니다.

1 산술 연산자 +, -, *, /, %

산술 연산자는 사칙 연산자(+, -, *, /)와 나머지 연산자(%)가 있습니다.

프로그래밍에서 곱셈은 X가 아닌 *기호를, 나눗셈은 /기호를 사용합니다.

예제 3-9 산술 연산자 ① 소스 코드 EX03_09.java

```java
package section03;

public class EX03_09 {
    public static void main(String[] args) {
        int x = 100;
        int y = 200;

        System.out.println(x + y);  // 100 + 200
        System.out.println(x - y);  // 100 - 200
        System.out.println(x * y);  // 100 * 200
        System.out.println(x / y);  // 100 / 200 정수형의 계산으로 0.5가 아닌 0을 반환
        System.out.println(x % y);  // 100 % 200
    }
}
```

실행 결과
```
300
-100
20000
0
100
```

산술 연산자는 우리가 실생활에서 사용하는 산술 연산과 동일한 역할을 하는 연산자입니다. 일반적으로 정수, 실수 등 숫자를 연산할 때 주로 사용됩니다.

다음은 산술 연산자의 종류와 사용 방법입니다.

연산자	연산 작업	사용 방법	설명
+	덧셈(addition)	a + b	a와 b를 더한다
−	뺄셈(subtraction (also unary minus))	a − b	a에서 b를 뺀다
*	곱셈(multiplication)	a * b	a와 b를 곱한다
/	나눗셈 몫(division)	a / b	a를 b로 나눈다
%	나눗셈 나머지(modulus)	a % b	a를 b로 나눈 나머지 값

<표 03-4> 산술 연산자의 종류

TIP
- 이미 알고 있는 것처럼 *, /, % 연산자가 +, - 연산자보다 우선순위가 높습니다.
- 덧셈(+), 뺄셈(-) 연산자는 앞에서 학습한 부호 연산자와 같은 기호를 사용하지만 피연산자의 개수에 따라 구별할 수 있습니다.

산술 연산자를 사용할 때, 다음과 같은 고려 사항이 있습니다.

- 피연산자의 자료형이 일치하지 않을 경우 크기가 큰 자료형으로 자동 형 변환이 일어난 후 연산을 수행합니다.
- 연산의 결과값이 산출 자료형의 표현 범위 안에 있어야 합니다. 그렇지 않으면 오버플로우가 발생하거나 쓰레기 값이 입력됩니다.

다음 예제를 통해 확인해 보겠습니다.

예제 3-10 산술 연산자 ② <형 변환> 소스 코드 EX03_10.java

```java
01  package section03;
02
03  public class EX03_10 {
04      public static void main(String[] args) {
05          double num1 = 1.2345;
06          int num2 = 6;
07          System.out.println(num1 + num2);    // num2를 double로 형 변환하여 연산
08      }
09  }
```

실행 결과
7.2345

예제 3-11 산술 연산자 ③ <표현 범위>　　　　　　　　　　　　　소스 코드 EX03_11.java

```java
01  package section03;
02
03  public class EX03_11 {
04      public static void main(String[] args) {
05          int result = 1000000 * 100000;
06          System.out.println(result);
07      }
08  }
```

> **실행 결과**
> 100,000,000,000이 아닌 엉뚱한 쓰레기 값

2 대입 연산자 =, +=, -=, *=, /=, %=

대입 연산자는 변수에 값 또는 연산 결과를 저장하는 데 사용됩니다. 오른쪽 피연산자의 값을 왼쪽 피연산자에 저장합니다. 대표적인 대입 연산자로는 이미 산술 연산자를 학습하면서 자연스럽게 확인한 '='이 있습니다.

이 외에도 다른 연산자와 결합하여 사용하는 복합 대입 연산자가 있습니다. 결합한 두 연산자는 반드시 공백 없이 작성해야 합니다.

대입 연산자의 종류는 다음과 같습니다.

연산자	연산 내용
=	왼쪽 피연산자에 오른쪽 피연산자의 값을 대입 예 int x = 10, String str = "apple"
+=	왼쪽 피연산자에 오른쪽 피연산자를 더한 결과값을 대입 예 int y = 19; 　　y += 1;　// y = y + 1 과 같은 의미 　　System.out.println(y);　// 20이 출력됨
-=	왼쪽 피연산자에 오른쪽 피연산자를 뺀 결과값을 대입
*=	왼쪽 피연산자에 오른쪽 피연산자를 곱한 결과값을 대입
/=	왼쪽 피연산자에 오른쪽 피연산자를 나눈 몫을 대입
%=	왼쪽 피연산자에 오른쪽 피연산자를 나눈 나머지를 대입

<표 03-5> 대입 연산자의 종류

대입 연산자는 우선순위가 가장 낮은 연산자로 가장 마지막에 수행합니다. 복합 대입 연산자는 산술 연산자와 함께 자주 사용되므로 적절히 사용할 수 있도록 연습하는 것이 좋습니다.

예제 3-12 복합 대입 연산자   소스 코드 EX03_12.java

```java
01  package section03;
02
03  public class EX03_12 {
04      public static void main(String[] args) {
05          int x = 10;
06          int y = 1;
07
08          y += x;   // y = y + x; → 1 + 10 = 11
09          System.out.println(y);   // 11
10
11          y *= x;   // y = y * x; → 11 * 10 = 110
12          System.out.println(y);   // 110
13
14          y %= x;   // y = y % x; → 110 % 10 = 0
15          System.out.println(y);   // 0
16      }
17  }
```

실행 결과
```
11
110
0
```

3 관계 연산자 <, <=, >, >=, ==, !=

관계 연산자는 2개의 피연산자를 부호로 비교하여 그 부호 관계가 true인지 false인지 판별하는 연산자로 비교 연산자라고도 합니다. 우리가 실생활에서 사용하는 부등호라고 생각하면 이해하기 쉽습니다.
관계 연산자의 종류는 다음과 같이 6가지가 있습니다.

관계 연산자		의미
대소 연산자	a > b	a가 b보다 크면 true, 아니면 false
	a >= b	a가 b보다 크거나 같으면 true, 아니면 false
	a < b	a가 b보다 작으면 true, 아니면 false
	a <= b	a가 b보다 작거나 같으면 true, 아니면 false
등가 연산자	a == b	a와 b가 같으면 true, 아니면 false
	a != b	a와 b가 다르면 true, 아니면 false

<표 03-6> 관계 연산자의 종류

대소 연산자는 boolean형을 제외한 기본 자료형에서 사용할 수 있으며, 등가 연산자는 모든 자료형에서 사용할 수 있습니다.

예제 3-13 관계 연산자 ①　　　　　　　　　　　　　　　　　소스 코드 EX03_13.java

```
01  package section03;
02
03  public class EX03_13 {
04      public static void main(String[] args) {
05          int a = 10;
06          int b = 20;
07
08          System.out.println(a > b);
09          System.out.println(a <= b);
10          System.out.println(a == b);
11          System.out.println(a != b);
12      }
13  }
```

실행 결과
```
false
true
false
true
```

부호로 나타낸 두 개의 피연산자의 관계가 맞으면 true를, 아니면 false를 출력합니다.

앞에서 학습한 증감 연산자와 함께 관계 연산자를 사용하는 예제를 다음과 같이 확인해 보겠습니다.

예제 3-14 관계 연산자 ② 　　　　　　　　　　　　　　　　　　소스 코드 EX03_14.java

```java
01  package section03;
02
03  public class EX03_14 {
04      public static void main(String[] args) {
05          int a = 10;
06          int b = 11;
07
08          System.out.println(a <= b);    // 코드 ①
09          System.out.println(a == b);    // 코드 ②
10          System.out.println(a != --b);  // 코드 ③
11      }
12  }
```

실행 결과
```
true
false
false
```

예제의 결과는 어떻게 예상할 수 있을까요?

먼저, 코드 ①은 간단합니다. 10과 11을 비교해서 작거나 같은지를 확인했을 때, 맞는 구문이기 때문에 true를 반환합니다. 코드 ②도 마찬가지로 10과 11이 같은지 확인한 결과, 거짓인 구문이기 때문에 false를 반환합니다.

그럼, 코드 ③은 어떤가요? 10과 11을 비교하는 것이 아닙니다. b는 감소 연산자가 피연산자의 앞에 있기 때문에 b가 사용되기 전에 b(11) − 1 = 10이 먼저 연산이 되어서, 10과 10을 비교하는 연산이 됩니다. 따라서 10과 10은 같은 값으로, 같지 않다는 구문에 false로 반환됩니다.

PLUS 학습 코너

- 관계 연산자는 2개 이상 연속으로 사용할 수 없습니다.
- 관계 연산자의 연산 방향은 왼쪽에서 오른쪽입니다. 기본 형태 자체가 관계 연산자를 기준으로 왼쪽 오른쪽의 피연산자를 비교한 후 결과값을 반환하는 것입니다.
  만약, A <= B == C와 같이 연속으로 작성하게 되면, A <= B의 연산에 대한 결과를 확인하고 바로 결과값을 반환해 버리기 때문에, C는 연산의 대상조차 될 수 없습니다.

관계 연산자는 조건문과 반복문의 조건식에 주로 사용됩니다.

조건문은 'Section 04. 제어문1'에서 반복문은 'Section 05. 제어문2'에서 자세히 학습합니다.

4 논리 연산자 &&, ||, &, |, ^, !

논리 연산자는 피연산자로 이항을 가지며, 단항 연산자에서 학습한 논리 부정 연산자와 다르게 논리식의 결과가 true인지 false인지 반환하는 연산자입니다.

논리 연산자는 피연산자로 boolean형만 사용할 수 있습니다.

논리 연산자의 종류와 기능은 다음과 같습니다.

연산자	논리식	연산 내용
&& 또는 &	논리곱(AND)	두 항이 모두 true일 때만 true, 나머지는 false
|| 또는		논리합(OR)	두 항 중 하나라도 true면 true, 모두 false면 false
^	배타적 논리합(XOR)	두 항이 다른 값이면 true, 같으면 false
!	NOT	논리식이 true이면 false로, false이면 true로 바꿔서 출력

<표 03-7> 논리 연산자의 종류

다음은 비트 논리 연산자의 모든 동작의 결과를 보여주는 진리표입니다.

A	B	A|B(OR)	A&B(AND)	A^B(XOR)	!A(NOT)
true	true	true	true	false	false
true	false	true	false	true	false
false	true	true	false	true	true
false	false	false	false	false	true

<표 03-8> 비트 논리 연산자의 연산 결과

예제 3-15 논리 연산자   소스 코드 EX03_15.java

```java
01  package section03;
02
03  public class EX03_15 {
04      public static void main(String[] args) {
05          boolean b1 = true;
06          boolean b2 = false;
07          boolean b3 = true;
08          boolean b4 = false;
09
10          System.out.println("###논리곱###");
11          System.out.println(b1 && b2);   // 하나만 true라서 false
12          System.out.println(b1 && b3);   // 두 항이 모두 true라서 true
13          System.out.println(b2 && b4);   // 두 항이 모두 false라서 false
14          System.out.println();
```

```
15
16          System.out.println("###논리합###");
17          System.out.println(b1 || b2);   // b1이 true라서 true
18          System.out.println(b1 || b3);   // 두 항이 모두 true라서 true
19          System.out.println(b2 || b4);   // 두 항이 모두 false라서 false
20          System.out.println();
21
22          System.out.println("###배타적 논리합###");
23          System.out.println(b1 ^ b2);    // 달라서 true
24          System.out.println(b1 ^ b3);    // 같아서 false
25      }
26  }
```

실행 결과

###논리곱###
false
true
false

###논리합###
true
true
false

###배타적 논리합###
true
false

TIP. 콘솔에 출력할 내용이 많을 때는 System.out.println( )을 작성하는 것이 가독성이 좋습니다.

SECTION 03 - 05 삼항 연산자

삼항 연산자

삼항 연산자는 피연산자가 3개인 연산자를 말하며, 조건 연산자라고도 합니다.
삼항 연산자의 피연산자는 조건으로 사용되는 조건문과 그 조건의 결과에 따라 선택될 피연산자 2개로 구성됩니다.
대표적인 삼항 연산자의 형태는 다음과 같습니다.

> 조건식 ? 피연산자1 : 피연산자2

조건식의 연산 결과가 true이면 '피연산자1'이 실행되며, false이면 '피연산자2'가 실행됩니다.

```
                    조건식이 true일 때 선택
int num = (200>100) ? 777 : 111;
           조건식      조건식이 false일 때 선택
```

간단한 예제로 확인해 보겠습니다.

예제 3-16   삼항 연산자 ①   소스 코드 EX03_16.java

```java
01  package section03;
02
03  public class EX03_16 {
04      public static void main(String[] args) {
05          int num = (7 > 1) ? 1 : 2;
06          System.out.println(num);
07      }
08  }
```

실행 결과
1

괄호( ) 안의 조건식이 true이기 때문에, 1과 2 중 1이 선택되어 num에 저장되었습니다.
참고로, 삼항 연산자는 'section 04. 제어문'에서 학습할 if 문과 구조가 같아서, 서로 대체해 사용할 수 있습니다.
방금 확인한 예제와 동일한 구조를 가지는 if 문 예제도 예습 차원에서 먼저 확인해 보겠습니다.

예제 3-17 삼항 연산자 ②

소스 코드 EX03_17.java

```java
01  package section03;
02
03  public class EX03_17 {
04      public static void main(String[] args) {
05          int num = 0;
06
07          if(7 > 1) {
08              num = 1;
09          } else {
10              num = 2;
11          }
12          System.out.println(num);
13      }
14  }
```

실행 결과
```
1
```

핵심정리

- **연산자** 수학적 의미로 연산에 사용되는 기호를 말합니다. 또한 피연산자란 연산 되는 값, 즉 자바에서는 연산 되는 데이터를 뜻합니다.

- **연산자 구분** 피연산자의 개수에 따라 다음과 같이 구분합니다.

연산자 구분	종류	연산자	기능
단항	부호	+, -, *, /, %	사칙연산, 나머지 계산
	증감	++, --	음수, 양수 부호
	논리	!	논리 부정
이항	논리	&, |, &&, ||	논리곱, 논리합
	문자열	+	문자열 연결
	대입	=, +=, -=, *=, /=, %=	우변의 값을 좌변에 대입
	비교	==, !=, >, <, >=, <=, instanceof	값 비교
삼항	조건식	조건식 ? A : B	조건식 결과에 따라 A, B 선택

- 논리 부정 연산자를 사용하더라도 그 사용한 곳에서만 적용될 뿐 진짜 변수의 값이 반대로 바뀌어 저장되는 것은 아닙니다.

- **연산자 우선순위** 우선순위가 높은 연산자와 연산 방향은 다음과 같습니다.

우선순위	종류	연산자	항	연산 방향
높음	최우선 연산자	괄호(( ), [ ])	다양	→
	단항 연산자	증감(++, --), 부호(+, -), 비트(~), 논리(!)	단항	←
	산술 연산자	산술 (*, /, %)	이항	→
		산술 (+, -)		→
		쉬프트 (>>, <<, >>>)		→
	비교 연산자	비교 (<, >, <=, >=, instanceof)	이항	→
		비교 (==, !=)		→
	논리 연산자	비트 논리(&, ^, |), 논리(&&, ||)	단항/이항	→
	삼항 연산자	조건 (?, :)	삼항	→
	대입 연산자	대입(=, +=, -=, *=, /=, %=, &=, ^=, |=, <<=, >>=, >>>=)	이항	←
낮음	콤마 연산자	콤마(,)		→

응용문제

1. 다음 문장이 맞으면 O표, 틀리면 X표 하세요.

   ① 피연산자의 개수에 따라 연산자를 단항/이항/삼항으로 구분합니다. (   )

   ② 연산자는 우선 순위가 존재합니다. (   )

   ③ 연산의 결과로 하나 이상의 값이 출력될 수 있습니다. (   )

   ④ 논리 연산의 결과는 boolean으로 출력됩니다. (   )

2. 다음 코드를 실행했을 때 콘솔창에 출력되는 결과는 무엇입니까?

```java
01    package section03;
02
03    public class PRACTICE_03_02 {
04        public static void main(String[] args) {
05            int x = 613;
06
07            System.out.println(++x);
08            System.out.println(++x);
09            System.out.println(x++);
10            System.out.println(--x);
11        }
12    }
```

3. 2개의 피연산자를 부호로 비교하여 그 부호 관계가 true인지 false인지 판별하는 연산자로 비교 연산자라고도 불리는 연산자는 무엇입니까?

   ① 부호 연산자   ② 증감 연산자   ③ 관계 연산자   ④ 대입 연산자

4. 다음과 같은 결과가 나오도록 코드를 수정해 보세요.

```
01  package section03;
02
03  public class PRACTICE_03_04 {
04      public static void main(String[] args) {
05          int a = 300;
06          int b = 150;
07
08          System.out.println(b/a);
09      }
10  }
```

실행 결과
0.5

5. 다음 코드를 실행했을 때 콘솔창에 출력되는 결과는 무엇입니까?

```
01  package section03;
02
03  public class PRACTICE_03_05 {
04      public static void main(String[] args) {
05          String a = (7 > 9)? "apple" : "banana";
06          a += " juice";
07
08          System.out.println(a);
09      }
10  }
```

만약에 말이야~

만약, 이번 시험에 100점을 맞으면 원하는걸 들어줄게~
자바에서도 특정 조건을 내세워 조건에 따라
실행하거나 실행하지 않게 만들어 주는 조건문이 있습니다.

MISSION 1 조건문의 개념과 목적을 설명할 수 있습니다. 2 if 문, if-else문, if-else if 문을 익히고 실무 예제에 적용할 수 있습니다. 3 switch 문을 학습하고 필요에 따라 사용할 수 있습니다.

KEYWORD #제어문 #조건문 #if #else-if #switch

SECTION **04**

제어문-1

01 | 제어문
02 | 조건문
03 | if 문
04 | if-else 문
05 | if-else if 문
06 | switch 문

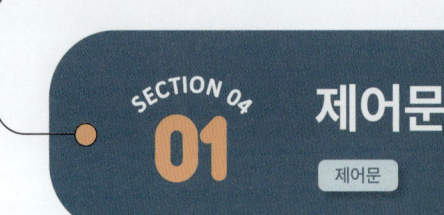

제어문

1 제어문

일반적으로 프로그램에 포함된 실행문은 순차적으로 수행됩니다. 하지만 순차적으로만 실행한다면, 프로그램이 매우 길어지거나 표현하기 어려운 상황이 발생할 수 있습니다. 예를 들어, 어떤 변수에 10을 더하는 실행문을 1,000번 수행해야 할 경우, 순차적으로만 실행하면 똑같은 실행문을 1,000번 입력해야 합니다. 또한 순차적 실행은 선택 개념이 없어 '비가 오면 우산을 가지고 나가고 비가 오지 않으면 우산을 가져가지 않는다.'라는 상황을 구현하지 못합니다.

이러한 문제를 해결하기 위해 프로그래밍 언어는 제어문을 사용해 실행문을 비 순차적으로 수행할 수 있게 해줍니다.

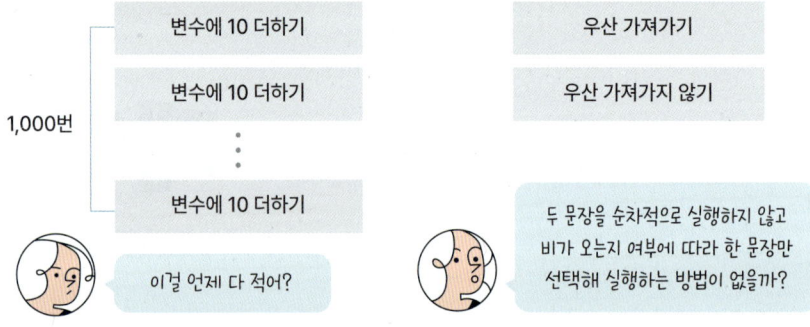

제어문은 실행문의 수행 순서를 변경하는 것으로 조건문, 반복문, 분기문이 있습니다. 조건문과 반복문은 실행 흐름을 제어하는 제어식과 수행할 실행문으로 구성되는데, 수행할 실행문이 여러 개 있으면 중괄호 { }로 묶어야 합니다. 이렇게 중괄호로 묶인 실행문의 조합을 복합문 또는 블록이라고 합니다.

```
만약 비가 온다면 {
    우산을 가지고 갑니다.
}                          복합문 또는 블록
그렇지 않다면 {
    우산을 가져가지 않습니다.
}
```

조건문

`조건문` `조건문의 종류`

1 조건문

조건문은 조건식에 따라서 프로그램의 흐름을 제어할 수 있는 문법입니다. 삼항 연산자에서 미리 살펴봤 듯이 조건식의 true 또는 false라는 boolean 결과에 따라 어떤 구문을 실행할지 결정합니다.

> 조건문은 자바에만 있는 개념/문법이 아니라, C언어, Python 등
> 모든 프로그래밍 언어에서 사용하고 있는 기본 문법입니다. 한 번에 잘 익혀 두면 좋겠죠?
> 단, Java와 C언어에는 switch 문이 있지만 Python에는 없습니다. 대신 if 문을 사용하곤 합니다.

2 조건문의 종류

조건문은 크게 if 문과 switch 문이 있습니다.

일반적으로, 고려해야 하는 조건이 적으면 if 문을, 조건이 많으면 switch 문을 사용하는 것이 효율적입니다. 그렇다고 특정 개수에 따라 반드시 둘 중 하나를 선택해야 하는 것은 아닙니다.

두 가지 모두 조건에 따라 프로그램의 흐름을 제어하며, 사용 방법만 다릅니다. 자세한 내용은 지금부터 천천히 알아보겠습니다.

SECTION 04
03 if 문

`if 문의 구조` `순서도`

if 문은 조건문 중에서도 가장 기본이 되는 명령문으로 기본 구조는 다음과 같습니다.

```
if(조건식) {
    코드;
    …
}
```

위 형태가 자바에서 구현하는 가장 기본 형태의 조건문입니다. 우리는 이를 if 문이라고 부르기로 약속했습니다.

조건식에는 true(참) 또는 false(거짓) 즉, boolean으로 결과를 확인할 수 있는 모든 식을 넣을 수 있습니다. 만약 조건식을 만족하면(즉, 조건식이 true이면) 중괄호{ } 안의 코드를 실행합니다.

 **PLUS 학습 코너**

중괄호{ } 안에는 여러 줄의 코드를 작성할 수 있으며, 조건문이 true일 때 코드들이 순서대로 실행됩니다.
만약, 코드가 한 줄이라면 아래와 같이 중괄호{ }를 생략할 수 있습니다.

```
① if(조건식)
      코드;

② if(조건식) 코드;
```

• 자바에서 간결하고 가독성이 좋은 코드를 만드는 중괄호{ }와 들여쓰기

- 중괄호{ } 블록은 여러 개의 수행문을 하나로 묶기 위해 작성됩니다.
- 수행문이 하나일 경우에는 생략할 수 있지만 중괄호 블록을 사용하면 가독성이 좋을 뿐 아니라 코드의 해석이 용이하고 버그를 찾아 수정하는 데 도움이 되므로 중괄호를 사용하는 습관을 길러두면 좋습니다.
- 중괄호를 사용할 때는 들여쓰기를 해야 합니다. 들여쓰기는 공백이나 탭을 이용하는데 혼용하여 사용하지 않고 한 가지 방법으로 일관되게 사용하는 것이 좋습니다.

중괄호와 들여쓰기 규칙을 사용하지 않은 코드	중괄호와 들여쓰기 규칙을 사용한 코드

`boolean money = true;`
`if(money) System.out.println("택시를 타고 간다.");`
	`boolean money = true;`
	`if(money) {`
	`    System.out.println("택시를 타고 간다.");`
	`}`

다음은 if 문을 사용한 예제입니다.

예제 4-1 if 문 ① 소스 코드 EX04_01.java

```
01  package section04;
02
03  public class EX04_01 {
04      public static void main(String[] args) {
05          int result = 0;
06          if(3 > 2) {
07              result = 3;
08          }
09          System.out.println(result);
10      }
11  }
```

실행 결과
3

예제 4-2 if 문 ② 소스 코드 EX04_02.java

```
01  package section04;
02  import java.util.Scanner;
03
04  public class EX04_02 {
05      public static void main(String[] args) {
06          Scanner sc = new Scanner(System.in);
07          System.out.println("나이를 입력하세요.");
08
09          int age = sc.nextInt();
10          if(age > 19) {
11              System.out.println("성인입니다.");
12          }
```

```
13            System.out.println("프로그램을 종료합니다.");
14        }
15    }
```

실행 결과

나이를 입력하세요.
20
성인입니다.
프로그램을 종료합니다.

해설

06 : Scanner 객체를 생성합니다. System.in은 입력한 값을 바이트 단위로 읽는 것을 뜻합니다.
09 : nextInt 메서드를 통해 정수로 입력받아 age 변수에 저장합니다.
10~12 : age에 저장된 값이 19 보다 클 경우 11행의 문장이 실행되며, 19 이하면 실행되지 않습니다.
13 : 13행의 문장은 10행의 조건문의 결과와 관계없이 실행됩니다.

if 문을 사용할 때 열리는 중괄호는 if(조건식)와 같은 줄에 작성하는 것이 가독성이 좋습니다.

제어문을 접하면서, 우리는 코드의 흐름이 여러 갈래로 나눠질 수 있음을 확인했습니다. 이러한 흐름을 그림으로 표현하여 보다 한눈에 이해하고자 순서도라는 도식을 사용합니다.

다음은 if 문의 기본적인 실행 흐름과 〈예제 4-1〉의 실행 흐름을 나타낸 순서도입니다.

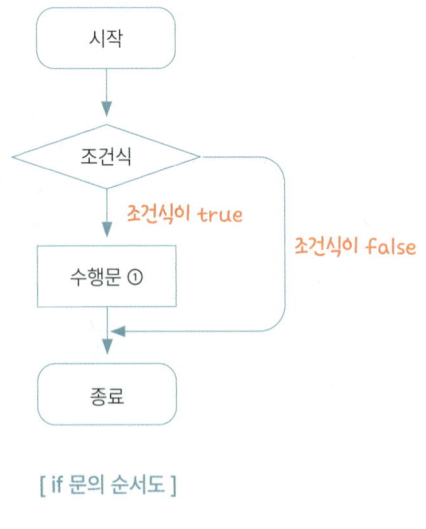

[if 문의 순서도]

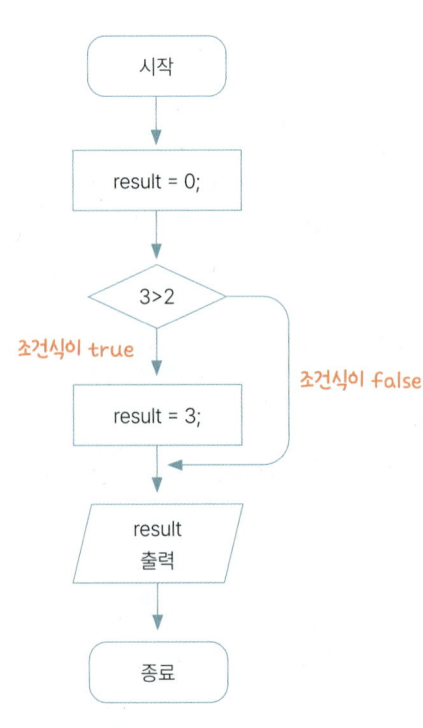

[예제 4-1의 순서도]

PLUS 학습 코너

순서도(flowchart)

순서도는 도형과 화살표를 이용해 작업의 흐름을 나타내는 다이어그램을 말합니다. 프로그래밍에서는 주로 알고리즘을 표현할 때 사용합니다.

순서도를 그릴 때 사용하는 기호는 대표적으로 5가지가 있으며, 그 용도는 다음과 같습니다.

기호	명칭	용도
➝	흐름선	프로그램 실행 흐름을 나타냅니다.
▭	터미널	프로그램의 시작과 끝을 나타냅니다.
◇	판단	프로그램이 실행될 수 있는 두 가지 경로(조건)를 비교하여 판단합니다.
▭	처리	실행 구문 (데이터의 값, 형태) 등을 변경합니다.
▱	입력/출력	데이터 입력 또는 결과를 출력합니다.

잠깐! 혼자 코딩해 보기

int형 변수 num에 정수 10을 저장하고, 숫자가 5 이상이면 "num은 5보다 큽니다."라고 출력해 보세요.

SECTION 04 if-else 문

if-else 문의 구조

if 문을 사용하면 조건식이 true일 때만 제어할 수 있습니다. 만약, 조건식이 true일 때는 A코드를, 조건식이 false일 때는 B코드를 실행시키고 싶다면 어떻게 해야 할까요?

이때 사용하는 문법이 바로 if-else 문입니다. 현실에서도 많이 사용하는 "만약 ~라면, A하고 아니면 B를 하겠다."라는 문장을 자바 프로그래밍으로 나타낸 것입니다.

if-else 문의 기본 구조는 다음과 같습니다.

```
if(조건식) {
    코드;   // 조건식이 true일 때 실행
    …
} else {
    코드;   // 조건식이 false일 때 실행
    …
}
```

if-else 문은 if 문에서 한 단계 진화하여 조건식이 true일 때는 물론, false일 때는 어떤 코드를 실행시킬지 제어할 수 있습니다.

만약 조건식이 true이면 if 문 안의 수행문을, false이면 else 문 안의 수행문을 실행시키는 방법입니다. 순서도로 표현하면 다음과 같습니다.

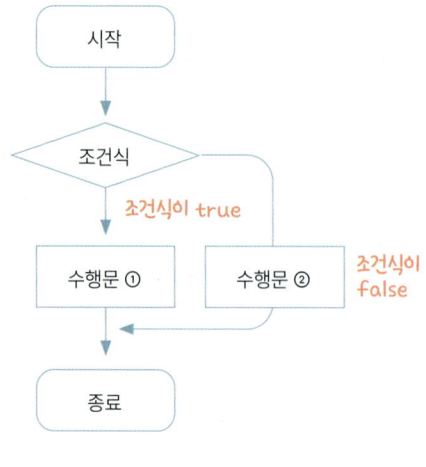

[if-else 문의 순서도]

다음 예제를 통해 확인해 보겠습니다.

예제 4-3 if-else 문 ①   소스 코드 EX04_03.java

```java
01  package section04;
02
03  public class EX04_03 {
04      public static void main(String[] args) {
05          int num = 5;
06
07          if(num > 4) {
08              System.out.println(num + "은(는) 4보다 큽니다.");
09          } else {
10              System.out.println(num + "은(는) 4보다 작습니다.");
11          }
12      }
13  }
```

실행 결과

5은(는) 4보다 큽니다.

예제 4-4 if-else 문 ②   소스 코드 EX04_04.java

```java
01  package section04;
02
03  public class EX04_04 {
04      public static void main(String[] args) {
05          int a = 4;
06          int b = 10;
07
08          if(a > b) {
09              System.out.println("a가 b보다 큽니다.");
10          } else {
11              System.out.println("a가 b보다 작거나 같습니다.");
12          }
13      }
14  }
```

실행 결과

a가 b보다 작거나 같습니다.

우리는 if-else 문을 활용해 다양한 문제를 해결할 수 있습니다. 예를 들어, 정수 2개를 비교하여 더 큰 수를 찾아내는 코드를 보다 간단하게 해결할 수 있습니다.
예제를 통해 함께 해결해 보겠습니다.

예제 4-5 if-else 문 활용 ① 소스 코드 EX04_05.java

```java
01  package section04;
02
03  public class EX04_05 {
04      public static void main(String[] args) {
05          int a = 4;
06          int b = 10;
07          int max = 0;
08
09          if(a > b) {
10              max = a;
11          } else {
12              max = b;
13          }
14
15          System.out.println(a + "와(과) " + b + " 중에 큰 수는 " + max + "입니다.");
16      }
17  }
```

실행 결과
4와(과) 10 중에 큰 수는 10입니다.

예제 4-6 if-else 문 활용 ② 소스 코드 EX04_06.java

```java
01  package section04;
02  import java.util.Scanner;
03
04  public class EX04_06 {
05      public static void main(String[] args) {
06          Scanner sc = new Scanner(System.in);
07          System.out.println("나이를 입력하세요.");
08
09          int age = sc.nextInt();
```

```
10          if(age > 19) {
11              System.out.println("성인입니다.");
12          } else {
13              System.out.println("미성년자입니다.");
14          }
15      }
16  }
```

실행 결과
나이를 입력하세요.
15
미성년자입니다.

해설

10~14 : age에 저장된 값이 19보다 크면 11행의 문장이 실행되고 13행의 문장은 실행되지 않습니다. age에 저장된 값이 19 이하일 경우 11행의 문장이 실행되지 않으며, 13행의 문장이 실행됩니다.

TIP
- if-else 문은 삼항 연산자를 이용하면 보다 간단하게 표현할 수 있습니다.
- else는 if 문에서 닫는 중괄호}와 같은 줄에 작성하는 것이 가독성이 좋습니다.

SECTION 05 if-else if 문

if-else if 문의 구조

if-else if 문은 한 문장에 여러 개의 조건식을 사용할 수 있는 문법입니다. 새로운 문법이 아니라, if-else 문이 여러 개 사용되는 것 뿐입니다.

물론, 하나의 if 문 안에 두 개 이상의 조건식과 논리 연산을 사용할 수도 있지만 더욱 코드를 간결하게 하고 가독성을 높이기 위한 방법으로 if-else if 문을 구현합니다.

if-else if 문의 기본 구조는 다음과 같습니다.

```
if(조건식1) {
    코드;    // 조건식1이 true일 때 실행
    …
} else if(조건식2) {
    코드;    // 조건식1은 false이고, 조건식2가 true일 때 실행
    …
} else {
    코드;    // 조건식1, 2 모두 false일 때 실행
}
```

TIP
- else if 문의 수는 제한이 없습니다. 하지만 너무 많은 else if 문을 사용한다면 프로그램의 실행 속도가 현저히 느려질 수 있기 때문에 다른 방법을 함께 고려해야 합니다.
- if-else if 문의 가장 마지막에 작성하는 else 블록은 생략해도 괜찮습니다.

if-else if 문을 순서도로 표현하면 다음과 같습니다.

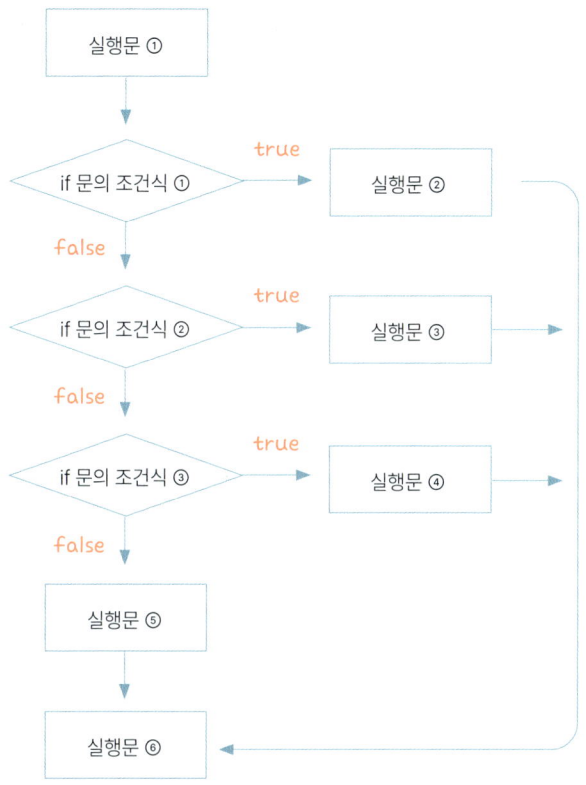

[if-else if 문의 순서도]

실행문 ①을 수행하고 if 문의 조건식 ①을 검사합니다. 조건식 ①이 참이면 실행문 ②를 수행하고 if 문 밖의 다음 문장인 실행문 ⑥으로 이동합니다. 그러나 거짓일 경우에는 다음 조건식 ②를 검사해 참이면 실행문 ③을 수행하고 if 문 밖의 실행문 ⑥으로 이동합니다. 만약, 조건식 ②도 거짓이라면 그다음 조건식 ③을 검사합니다. 이렇게 얼마든지 조건에 만족하지 않는 경우들을 새로운 조건으로 추가할 수 있습니다. 모든 조건을 만족하지 않으면 마지막 else 다음의 실행문 ⑤를 수행한 후 if 문을 빠져나와 실행문 ⑥을 수행합니다.

다음 예제를 통해 확인해 보겠습니다.

예제 4-7 if-else if 문 ① 소스 코드 EX04_07.java

```java
01    package section04;
02
03    public class EX04_07 {
04        public static void main(String[] args) {
05            int favorite = 7;
06
07            if(favorite < 5) {   // ①번 조건문
08                System.out.println("좋아하는 숫자가 5보다 작습니다.");   // ①번 구문
09            } else if(favorite > 5) {   // ②번 조건문
10                System.out.println("좋아하는 숫자는 5보다 큽니다.");   // ②번 구문
11            } else {
12                System.out.println("좋아하는 숫자가 5입니다.");
13            }
14        }
15    }
```

실행 결과
좋아하는 숫자는 5보다 큽니다.

위 예제는 ①번 조건문이 false이기 때문에 ①번 구문이 있는 블록에 들어가지 못하고, ②번 조건문을 판단하기 위해 넘어왔습니다. 그리고 ②번 조건문이 true이기 때문에 ②번 구문이 있는 블록이 실행되었고, 다음 문법인 else는 실행되지 않고 if-else if 문이 종료되었습니다.

이 흐름은 if-else if 문을 사용할 때 반드시 유의해야 할 사항입니다.

①번 조건식은 무조건 실행되지만, 그 이후부터는 앞에 있는 조건식들이 모두 false일 때 실행됩니다. 예를 들면, ②번 조건식이 실행되기 위해서는 ①번 조건문이 false여야 합니다. 만약, ①번 조건식이 true라면 ②번 조건식이 아무리 true이더라도, ②번 조건식은 실행도 되지 않고 프로그램은 바로 if-else if 문을 빠져나갑니다.

앞의 예제를 조금만 바꿔서 다시 실행해 보겠습니다.

예제 4-8 **if-else if 문 ②** 소스 코드 EX04_08.java

```java
01  package section04;
02
03  public class EX04_08 {
04      public static void main(String[ ] args) {
05          int favorite = 7;
06
07          if(favorite > 5) {      // ①번 조건문
08              System.out.println("좋아하는 숫자가 5보다 큽니다.");   // ①번 구문
09          } else if (favorite == 7) {   // ②번 조건문
10              System.out.println("좋아하는 숫자는 7입니다.");
11          }
12      }
13  }
```

실행 결과
좋아하는 숫자가 5보다 큽니다.

이번 예제는 ②번 조건문이 ①번 조건문보다 더 정확한 구문임에도, ①번 조건식이 true이기 때문에, ②번 조건식은 실행되지 못하고 if-else if 문을 빠져나갑니다.
이런 경우는 잘못된 흐름을 설정했다고 볼 수 있습니다. 보다 효율적인 흐름으로 제어하기 위해서는 ①번 조건문과 ②번 조건문의 위치를 바꿔야 합니다.

이러한 구조적 흐름 때문에, if-else if 문을 작성할 때 조건식의 순서를 어떻게 결정하느냐에 따라서 프로그램의 흐름이 완전히 달라질 수 있고, 오류가 발생할 수도 있습니다.
그래서 개발자들은 특히 흐름을 정확히 판단해 조건식의 구문과 위치를 결정해야 합니다.

예제 4-9 **if-else if 문 ③** 소스 코드 EX04_09.java

```java
01  package section04;
02  import java.util.Scanner;
03
04  public class EX04_09 {
05      public static void main(String[] args) {
06          Scanner sc = new Scanner(System.in);
07          System.out.println("나이를 입력하세요.");
08          int age = sc.nextInt();
09          if(age > 19) {
```

```
10              System.out.println("성인입니다.");
11          } else if(age > 13) {
12              System.out.println("청소년입니다.");
13          } else if(age > 6) {
14              System.out.println("어린이입니다.");
15          } else {
16              System.out.println("유아입니다.");
17          }
18      }
19  }
```

> **실행 결과**
> 나이를 입력하세요.
> 12
> 어린이입니다.

해설

09 : age에 저장된 값이 19보다 크면 10행의의 문장이 실행되고 if 문을 벗어납니다.(18행)
11 : age에 저장된 값이 19 이하이고 13보다 크면 12행의 문장이 실행되고 if 문을 벗어납니다.(18행)
13 : age에 저장된 값이 13 이하이고 6보다 크면 14행의 문장이 실행되고 if 문을 벗어납니다.(18행)
15 : age에 저장된 값이 6 이하인 경우 16행의 문장이 실행되고 17행으로 이동합니다.

SECTION 04 / 06 switch 문

switch 문의 구조

switch 문도 if 문과 함께 조건문에 속하는 구문입니다. 하지만 if 문에 들어가는 조건식처럼 모든 형태의 조건식이 들어갈 수 있는 것은 아닙니다.

switch 문에 조건으로 사용될 수 있는 연산자는 '==', 즉 두 개의 피연산자의 값이 같을 때만 조건으로 활용할 수 있습니다. 따라서 하나의 변수 안에 저장되어 있는 값을 다수의 값과 비교해야 할 때 주로 사용합니다.

switch 문의 기본 구조는 다음과 같습니다.

```
switch(변수) {
    case 값1 :    // 조건❶ : 변수가 값1과 같을 때
        코드;     // 조건❶이 만족할 때 실행되는 구문
        …
        break;    // 조건❶의 구문을 끝내고, switch 문을 완전히 빠져나가는 역할
    case 값2 :    // 조건❷ : 변수가 값2와 같을 때
        코드;     // 조건❷가 만족할 때 실행되는 구문
        …
        break;
    default :     // 조건❶, ❷ 모두 만족하지 않을 때
        코드;
}
```

switch 구문의 괄호 안에 있는 변수가 등호식에서의 기준이 됩니다. 변수에는 모든 기본 자료형은 물론 String 문자열도 들어갈 수 있습니다. 프로그램은 이 변수를 각 case의 값과 비교해 변수와 값이 같으면 case 안의 코드를 실행합니다.

if 문은 true, false에 따라 실행문이 결정되었다면, switch문은 변수의 값에 따라 실행문이 결정됩니다.

switch 문을 순서도로 표현하면 다음과 같습니다.

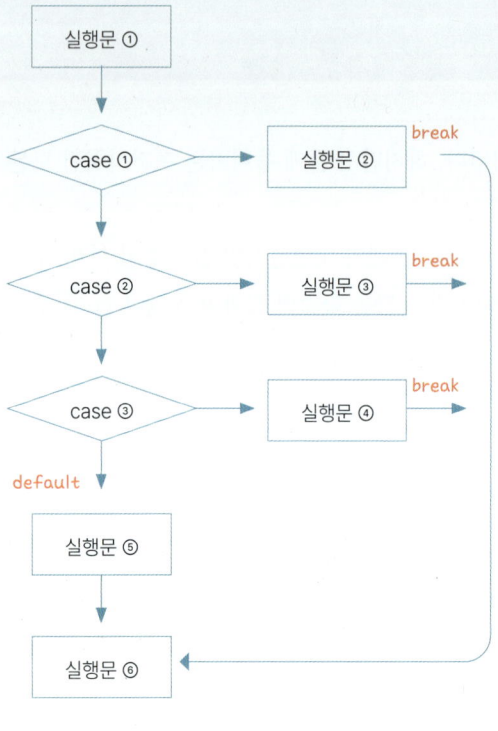

[switch 문의 순서도]

switch 문은 식의 결과값과 case 다음의 값이 일치하는 것을 찾아 해당하는 문장을 실행합니다. case 문의 값은 각각 달라야 하며, case 문의 값의 순서는 크기와 상관없이 임의의 순서로 작성해도 됩니다. 또한 값에는 변수나 수식이 올 수 없습니다. case 문의 값이 switch 문의 식과 일치하는 것이 없을 경우 default 다음 문장이 실행되며 default는 생략할 수 있습니다.

다음 예제를 통해 확인해 보겠습니다.

예제 4-10   switch 문 ①   소스 코드 EX04_10.java

```
01  package section04;
02
03  public class EX04_10 {
04      public static void main(String[] args) {
05          int num = 7;
06
07          switch(num) {
08              case 1 :
09                  System.out.println("num은 1입니다.");
```

```
10                    break;
11               case 7 :
12                    System.out.println("num은 7입니다.");
13                    break;
14               default :
15                    System.out.println("num은 1도 7도 아닙니다.");
16          }
17     }
18 }
```

실행 결과
num은 7입니다.

위 예제에서 case 1 : 구문은 'num의 값이 1이면'이라는 if 문에서 (num == 1)의 결과를 판단합니다. 또한 case 7 : 구문은 else if (num == 7)라고 치환할 수 있고, default : 는 if-else 문에서 모든 조건을 만족하지 않을 때 실행되는 else 구문과 같은 역할을 합니다.

TIP if-else if 문에서 가장 마지막 구문인 else를 생략할 수 있었던 것처럼, switch 문에서도 default : 구문을 생략할 수 있습니다.

break; 키워드는 if-else if 문에서 먼저 만족한 조건이 실행되면 그 블록을 실행한 후 if-else if 문을 완전히 빠져나갔던 것처럼, 그 뒤에 따라오는 모든 조건이 실행되지 않도록 switch 문을 빠져나가는 역할을 합니다.
만약 이 코드에 break; 키워드가 없다면 어떻게 될까요?

예제 4-11 switch 문 ② <break 제외>   소스 코드 EX04_11.java

```
01 package section04;
02
03 public class EX04_11 {
04     public static void main(String[] args) {
05          int num = 7;
06
07          switch(num) {
08               case 1 :
09                    System.out.println("num은 1입니다.");
10               case 7 :
11                    System.out.println("num은 7입니다.");
12               default :
13                    System.out.println("num은 1도 7도 아닙니다.");
14          }
15     }
16 }
```

실행 결과
num은 7입니다.
num은 1도 7도 아닙니다.

이처럼 조건에 맞는 case를 시작으로 뒤따라오는 모든 case 구문이 모두 실행됩니다. 따라서 개발자는 break; 키워드를 적절하게 이용할 수 있어야 합니다.

다음은 break 키워드를 활용한 예제입니다.

예제 4-12 switch 문 ③ <break 활용> 소스 코드 EX04_12.java

```java
package section04;
import java.util.Scanner;

public class EX04_12 {
    public static void main(String[] args) {
        Scanner sc = new Scanner(System.in);
        System.out.println("원하는 숫자를 입력하세요. (1~5)");

        int num = sc.nextInt( );
        switch(num) {
            case 5:
                System.out.println("5를 입력하였습니다.");
                break;
            case 4:
                System.out.println("4를 입력하였습니다.");
                break;
            case 3:
                System.out.println("3을 입력하였습니다.");
                break;
            case 2:
                System.out.println("2를 입력하였습니다.");
                break;
            case 1:
                System.out.println("1을 입력하였습니다.");
                break;
            default:
                System.out.println("1~5까지의 숫자를 입력하세요.");
        }
    }
}
```

실행 결과
```
원하는 숫자를 입력하세요. (1~5)
3
3을 입력하였습니다.
```

해설

11~25 : num 변수의 값과 일치하는 case의 값을 찾아 문장을 실행합니다.
26~27 : num 변수의 값과 일치하는 case의 값이 없으면 default 문장을 실행합니다.

핵심정리

- **조건문** 조건문이란, 조건식에 따라서 프로그램의 흐름을 제어할 수 있는 문법을 말합니다.

- **조건문의 종류** 조건문은 크게 if 문과 switch 문이 있습니다.

- **if 문 조건식** boolean으로 결과를 확인할 수 있는 모든 식을 넣을 수 있습니다.

```
if(조건식) {
    코드;       // 조건식이 true일 때 실행
    …
} else {
    코드;       // 조건식이 false일 때 실행
    …
}
```

- **if-else if 문 조건식** 반드시 앞에 있는 조건식들이 false여야만 아래 조건식을 판단합니다. 만약, 앞선 조건식들이 true일 경우, 아래 조건식은 실행되지 않고 if 문을 빠져나갑니다.

```
If(조건식1) {
    코드;       // 조건식이 true일 때 실행
    …
} else if (조건식2) {
    코드;       // 조건식은 false이고, 조건식2가 true일 때 실행
    …
} else {
    코드;       // 조건식1,2 모두 false일 때 실행
}
```

- **switch 문 조건식** '=='으로 비교할 수 있는 하나의 값만 들어갈 수 있습니다. break를 사용해 switch 문을 빠져나갑니다.

```
switch(변수) {
    case 값1 :      // 조건1 : 변수가 값1과 같을 때
        코드;        // 조건1이 만족할 때 실행되는 구문
        …
        break;      // 조건의 구문을 끝내고, switch문을 완전히 빠져나가는 역할
    case 값2 :      // 조건2 : 변수가 값2와 같을 때
        코드;        // 조건2이 만족할 때 실행되는 구문
        …
        break;
    default :       // 조건1, 2 모두 만족하지 않을 때
        코드;
}
```

응용문제

1. 다음 코드를 실행했을 때 콘솔창에 출력되는 결과는 무엇입니까?

```java
01  package section04;
02
03  public class PRACTICE_04_01 {
04      public static void main(String[] args) {
05          int num = 11;
06          int result = 1000;
07
08          if(num > 10) {
09              result = 1100;
10          }
11          System.out.println(result);
12      }
13  }
```

2. 다음 코드를 실행했을 때 콘솔창에 출력되는 결과는 무엇입니까?

```java
01  package section04;
02
03  public class PRACTICE_04_02 {
04      public static void main(String[] args) {
05          int score = 77;
06          char result = 'A';
07
08          if(score >= 60) {
09              result = 'D';
10          } else if(score >= 70) {
11              result = 'C';
12          }
13          System.out.println(score + "점의 학점은 "+ result + "입니다.");
14      }
15  }
```

3. 2번 코드의 실행 결과를 다음과 같이 변경하고 싶을 때, 코드를 어떻게 수정해야 할까요?

> 77점의 학점은 C입니다.

4. 다음 빈칸에 알맞은 단어를 작성해 보세요.

- 조건문에 사용하는 조건식은 ☐ (으)로 결과를 확인할 수 있는 모든 식을 사용할 수 있습니다.

5. 다음 문장이 맞으면 O표, 틀리면 X표 하세요.

- if-else if 문에서 else if 문의 수는 제한이 없습니다. (   )

- if-else if 문에서 if 조건문과 else if 조건문이 모두 참이면 둘 다 실행됩니다. (   )

6. 다음과 같은 결과가 나오도록 아래 빈칸에 코드를 switch 문으로 구현해 보세요.

```java
01    package section04;
02
03    public class PRACTICE_04_06 {
04        public static void main(String[] args) {
05            int a = 25;
06
07            switch(a/10) {
08                case ☐
09                    System.out.println("a는 20 이상의 숫자입니다.");
10            }
11        }
12    }
```

> 실행 결과
> a는 20 이상의 숫자입니다.

'반복'은 같은 일을
되풀이하는 것을 말합니다.

사람들은 반복적인 일들에 대해 쉽게 지루해하고 즐겨 하지 않습니다.
하지만, 프로그래밍에서는 몇 줄의 코드만으로 무한 반복적인 일들을 쉽게 해낼 수 있습니다.
또한 대부분의 코드가 반복적인 형태가 많아 가장 많이 사용되는 제어문 중의 하나로 꼽힙니다.

MISSION 1 반복문의 종류를 알고 있습니다. 2 반복문의 기본 구조와 실행 흐름을 이해합니다. 3 반복문 사용으로 코드를 간결하게 작성할 수 있습니다.

KEYWORD #반복문 #for #while #do-while

SECTION **05**

제어문-2

01 | 반복문
02 | for 문
03 | 중첩 for 문
04 | while 문
05 | do-while 문
06 | 기타 제어문

SECTION 05 — 01 반복문(iteration statements)
반복문

반복문은 프로그램 코드 내에서 똑같은 명령을 반복하여 수행하도록 제어하는 명령문입니다.

만약, 1부터 100까지의 숫자를 화면에 출력하는 코드를 작성하려면 다음과 같이 100개의 'print' 구문이 필요할 것입니다.

```
System.out.println(1);
System.out.println(2);
System.out.println(3);
System.out.println(4);
    .
    .
    .
System.out.println(100);
```
100개의 구문

이처럼 출력해야 하는 숫자가 많아질수록 입력해야 하는 코드의 양도 마찬가지로 늘어날 수밖에 없습니다. 원하는 결과값은 얻을 수 있으나, 매우 비효율적인 문장이 되겠죠?

자바에서는 이러한 반복적인 작업을 더욱 간결하게 처리할 수 있는 방법을 '반복문'을 통해 제시합니다. 자바에서 사용하는 반복문의 종류는 for 문, while 문, do-while 문이 있습니다.
지금부터 반복문에 대해 알아보겠습니다.

SECTION 05 - 02 for 문

for 문의 기본 구조

반복문 중에서 가장 많이 사용하는 문법인 for 문은 주로 반복 횟수가 정해져 있을 때 사용합니다. for 문의 기본 구조는 다음과 같습니다.

① 초기화식 : 반복문에 사용할 변수를 초기화합니다.
② 조건식 : 반복 수행할 범위를 구현합니다.
③ 실행문 : 조건식이 true이면 false가 나올 때까지 반복하여 실행문을 수행합니다.
④ 증감식 : 초기값을 증가하거나 감소시킵니다.

이처럼 for 문은 초기화식, 조건식, 증감식, 실행문의 4가지 구성 요소로 작동합니다. 초기화식은 최초 실행 시, 시작 값을 부여하기 위해 수행하며 이후에는 반영되지 않습니다. 증감식에 의해 주어진 값이 조건에 만족할 때까지 반복문이 수행됩니다. 예를 들어 1부터 10까지의 합을 출력하는 반복문의 수행 순서는 다음과 같습니다.

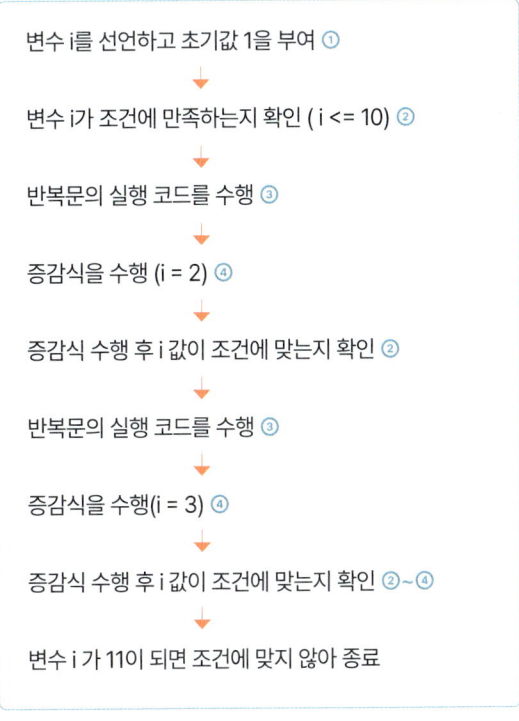

이러한 원리의 이해를 바탕으로 for 문을 이용해 1부터 10까지의 합을 출력해 봅니다.

예제 5-1 **for 문 ① <1부터 10까지의 합 출력하기>** 소스 코드 EX05_01.java

```java
package section05;

public class EX05_01 {
    public static void main(String[] args) {
        int sum = 0;

        for(int i = 1; i <= 10; i++) {
            
            sum += i;
        }
        System.out.println("합 : " + sum);
    }
}
```

초기화식   조건식   증감식

실행문

실행 결과
합 : 55

해설

05 : 1부터 10까지의 합을 저장할 변수 sum을 선언하고 0으로 초기화합니다.
07 : int형 변수 i를 선언하고 1로 초기화합니다.
　　변수가 10 이하가 될 때까지(true인 동안) 반복이 이루어지며, 반복이 실행될 때마다 1만큼 증가합니다.

 잠깐! 혼자 코딩해 보기

1부터 10까지의 합을 출력하는 프로그램을 다시 작성해 볼까요?
단, 앞의 예제와 다르게 조건을 10부터 1까지 감소하면서 반복하여 더하는 구조의 프로그램으로 구현해 보세요.

다음은 for 문을 이용해 1부터 100까지의 숫자 중 짝수의 합을 출력하는 예제입니다.

예제 5-2 for 문 ② <1부터 100까지의 숫자 중 짝수의 합 출력하기> 소스 코드 EX05_02.java

```
01  package section05;
02
03  public class EX05_02 {
04      public static void main(String[] args) {
05          int sum = 0;  // 합을 저장할 변수
06
07          // 1 부터 100까지 반복
08          for(int i = 1; i <= 100; i++) {
09
10              // 2로 나누어 떨어지면 짝수
11              if(i % 2 == 0) {
12                  // 짝수의 합을 더한다.
13                  sum += i;
14              }
15          }
16
17          System.out.println("합 : " + sum);
18      }
19  }
```

실행 결과
합 : 2550

PLUS 학습 코너

• for 문을 구성하는 초기화식, 조건식, 증감식은 필요 없는 경우 다음과 같이 생략할 수 있습니다.

```
for( 초기화식    ;  조건식    ;  증감식    ) {...}
     생략          생략          생략
```

다만, 조건식이 생략된 경우, true로 간주되어 무한 반복이 이루어집니다.

• 초기화식과 증감식은 두 개 이상 존재할 수 있으며 여러 문장을 사용할 경우 콤마(,)로 구분하여 작성합니다.

```
for(int i=0, j=10; i <= 30; i++, j--;) {..}
    초기화식                   증감식
```

• for 문에서 반복 실행되는 문장이 하나일 때는 중괄호{ }를 생략할 수 있습니다.

SECTION 05 03 중첩 for 문

중첩 for 문

중첩 for 문은 말 그대로 for 문 안에 또 다른 for 문을 사용하는 경우를 말합니다. for 문을 중첩하여 사용하기 때문에 코드가 어려워 보일 수 있으나 원리를 살펴보면 쉽게 이해할 수 있습니다.

```
int count = 0;
for(int i = 0; i < 10; i++) {    // 외부 for 문

    for(int j = 0; j < 10; j++) {
        count++;                  내부 for 문 실행 코드
    }
}

System.out.println("반복 횟수 : " + count);
```

실행 결과
반복 횟수 : 100

위 코드는 중첩 for 문을 간략하게 나타낸 코드입니다. 외부 i for 문이 반복되고, i for 문이 반복할 때마다 내부 j for 문이 반복됩니다. 즉, 내부 for 문은 외부 for 문의 실행 코드라고 생각하면 이해하기 쉽습니다. 먼저 바깥쪽 for 문은 10회를 반복합니다. 한 번 반복할 때마다 실행 코드인 내부 for 문 또한 10회씩 반복하게 됩니다. 따라서 외부 for 문이 1번씩 반복할 때마다 내부 for 문이 10회씩 동작하게 되므로 총 100회의 반복이 이루어집니다.

중첩 for 문을 사용할 때는 외부 for 문과 내부 for 문이 어떤 순서로 실행되는지 잘 이해해야 합니다.

다음은 중첩 for 문을 사용해 구구단을 출력하는 예제입니다.

예제 5-3 중첩 for 문 <구구단 출력하기>   소스 코드 EX05_03.java

```
01  package section05;
02
03  public class EX05_03 {
04      public static void main(String[] args) {     2단부터 9단까지 반복
05          for(int i = 2; i <= 9; i++) {            각 단에서 곱하기하는 부분
06              for(int j = 1; j <= 9; j++) {
07                  System.out.print(i + "X" + j + "=" + (i * j) + "\t");
08              }
09
10              System.out.println();   // 단 별로 줄바꿈
```

```
 11          }
 12      }
 13  }
```

실행 결과

```
2X1=2   2X2=4   2X3=6   2X4=8   2X5=10  2X6=12  2X7=14  2X8=16  2X9=18
3X1=3   3X2=6   3X3=9   3X4=12  3X5=15  3X6=18  3X7=21  3X8=24  3X9=27
4X1=4   4X2=8   4X3=12  4X4=16  4X5=20  4X6=24  4X7=28  4X8=32  4X9=36
5X1=5   5X2=10  5X3=15  5X4=20  5X5=25  5X6=30  5X7=35  5X8=40  5X9=45
6X1=6   6X2=12  6X3=18  6X4=24  6X5=30  6X6=36  6X7=42  6X8=48  6X9=54
7X1=7   7X2=14  7X3=21  7X4=28  7X5=35  7X6=42  7X7=49  7X8=56  7X9=63
8X1=8   8X2=16  8X3=24  8X4=32  8X5=40  8X6=48  8X7=56  8X8=64  8X9=72
9X1=9   9X2=18  9X3=27  9X4=36  9X5=45  9X6=54  9X7=63  9X8=72  9X9=81
```

해설

05 : 외부 for 문은 시작 값이 2로 진행됩니다.
06~08 : 내부 for 문은 1에서 9까지 반복하며, 내부 for 문이 반복될 때마다 외부 for 문의 값과 곱하여 출력합니다.
10 : 내부 for 문이 종료된 후 System.out.println( )을 수행하여 라인 변경 후 다시 반복합니다.

잠깐! 혼자 코딩해 보기

구구단 예제를 이용해 다음과 같이 출력되는 프로그램을 구현해 보세요.

```
2X1=2   3X1=3   4X1=4   5X1=5   6X1=6   7X1=7   8X1=8   9X1=9
2X2=4   3X2=6   4X2=8   5X2=10  6X2=12  7X2=14  8X2=16  9X2=18
2X3=6   3X3=9   4X3=12  5X3=15  6X3=18  7X3=21  8X3=24  9X3=27
2X4=8   3X4=12  4X4=16  5X4=20  6X4=24  7X4=28  8X4=32  9X4=36
2X5=10  3X5=15  4X5=20  5X5=25  6X5=30  7X5=35  8X5=40  9X5=45
2X6=12  3X6=18  4X6=24  5X6=30  6X6=36  7X6=42  8X6=48  9X6=54
2X7=14  3X7=21  4X7=28  5X7=35  6X7=42  7X7=49  8X7=56  9X7=63
2X8=16  3X8=24  4X8=32  5X8=40  6X8=48  7X8=56  8X8=64  9X8=72
2X9=18  3X9=27  4X9=36  5X9=45  6X9=54  7X9=63  8X9=72  9X9=81
```

다음은 for 문을 이용해 이등변 삼각형을 구현하는 예제입니다.

예제 5-4 이등변 삼각형 만들기　　　　　　　　　　　　　　소스 코드 EX05_04.java

```java
01  package section05;
02
03  public class EX05_04 {
04      public static void main(String[] args) {
05
06          for(int i = 0; i < 7; i++) {
07              // 공백이 하나씩 줄어들게 된다.
08              for(int j = 0; j < 7 - i; j++) {
09                  System.out.print(" ");
10              }
11              // 별 모양은 홀수로 늘어난다.
12              for(int k = 0; k < (2*i) + 1; k++) {
13                  System.out.print("*");
14              }
15
16              // 줄을 바꾼다.
17              System.out.println();
18          }
19      }
20  }
```

실행 결과
```
       *
      ***
     *****
    *******
   *********
  ***********
 *************
```

해설

08~10 : 공백이 하나씩 줄어듭니다.
12~14 : 별 모양의 개수는 1, 3, 5, 7...과 같이 홀수로 늘어납니다.

while 문

while 문의 구조

for 문은 조건에 의해 정해진 횟수만큼 반복하는 문법입니다. 반면 while 문은 반복 횟수가 정해져 있지 않고 조건식이 true일 경우 계속해서 반복하는 문법입니다. 부여된 조건식이 true이면 반복문이 실행되고 false이면 종료됩니다. for 문보다 구조가 간단하지만, 주의해서 사용하지 않으면 무한 루프 같은 오류에 빠지기 쉬운 문법이기도 합니다.

while 문의 기본 구조는 다음과 같습니다.

```
while (① 조건식) {
        ↓  조건식이 true일 때 반복 실행
    ② 실행문
}
```

while 문의 실행 순서는 다음과 같습니다.

조건식(①)을 확인하고 해당 조건이 **true**인지 확인합니다.
↓
조건을 만족할 경우 실행문(②)을 수행합니다.
↓
실행문이 완료된 후 다시 조건을 확인합니다.
↓
해당 순서를 반복하여 조건식이 만족하지 않을 때 종료합니다.

for 문에서 작성했던 예제를 while 문을 사용해 구현해 보겠습니다.

예제 5-5 while 문 <1부터 10까지의 합 출력하기> 소스 코드 EX05_05.java

```java
01  package section05;
02
03  public class EX05_05 {
04      public static void main(String[] args) {
05          int sum = 0;
06          int i = 1;
07
08          // i가 10보다 작을 때까지 반복
09          while(i <= 10) {
10              sum += i;   // sum에 i 값을 누적
11              i++;         // i가 증가
12          }
13
14          System.out.println("합 : " + sum);
15      }
16  }
```

실행 결과
합 : 55

1부터 10까지의 합을 for 문 대신 while 문을 사용해 구현했습니다. 내부에서 i 값을 계속 누적시키고, 그 값이 10보다 커지면 종료되는 조건입니다. 그리고 반복하는 동안 i 값을 변수 sum에 누적합니다.

 **PLUS 학습 코너**

- for 문과 달리 while 문은 조건식을 생략할 수 없습니다.

- 다음과 같이 조건식에 true를 사용하면 조건이 항상 '참'이 되어 무한 반복이 이루어집니다.

while(true) {…}

SECTION 05
do-while 문

do-while 문의 구조

do-while 문은 while 문과 같이 조건을 만족할 때까지 반복합니다. 다만, while 문과 다른 점은 먼저 루프를 한 번 실행한 후에 조건식을 검사한다는 점입니다. 즉, 조건식의 결과와 상관없이 무조건 한 번은 루프를 실행합니다. 최초 반복문이 실행될 때 조건을 보지 않는다는 차이점을 제외하고는 앞에서 학습했던 while 문과 동일합니다.

do-while 문의 기본 구조는 다음과 같습니다.

```
do {
    ①실행문
} while(②조건식);
```
조건이 true이면 실행

위의 그림과 같이 do-while 문은 중괄호{ } 안의 실행문이 먼저 실행되고 이후 조건식이 true이면 수행하게 됩니다. 반복문을 최초 1회는 무조건 실행해야 할 경우에 사용하면 좋습니다.

예제 5-6 do while 문 <1부터 10까지의 합 출력하기>   소스 코드 EX05_06.java

```
01  package section05;
02
03  public class EX05_06 {
04      public static void main(String[] args) {
05          int sum = 0;
06          int i = 1;
07
08          do {
09              sum += i;
10              i++;
11          } while(i <= 10);
12
13          System.out.println("합 : " + sum);
14      }
15  }
```

실행 결과
합 : 55

> **해설**
>
> 08~11 : do-while 문은 최초 1회는 조건 없이 실행됩니다. 1회 반복 이후부터 조건에 부합하는지 확인합니다.

위 예제는 1부터 10까지의 합을 출력하는 예제입니다. while 문에서 작성했던 예제를 do-while 문으로 변경해 봤습니다. do-while 문은 현업에서 많이 사용되지는 않지만, 프로그래밍을 하다 보면 다양한 기술이나 문법이 필요할 때가 있으므로 익혀 두는 것이 좋습니다.

PLUS 학습 코너

지금까지 학습한 for 문 / while 문 / do-while 문은 언제 어떻게 구별해서 사용하면 좋을까요?

1. 반복 횟수가 지정되는 경우 > 횟수를 만족할 때 까지 반복

   예) 물통에 물을 10번 채워라 → for 문

2. 특정 조건이 부여 되는 경우 > 조건이 만족할 때까지 반복(물이 다 차기 전까지)

   예) 물통에 물이 가득 찰 때까지 채워라 → while 문

3. 특정 조건과 옵션이 부여 되는 경우 > 한 번 실행한 후 반복 여부 판단

   예) 물통에 물을 따라보고 새지 않으면 끝까지 채워라 → do-while 문

SECTION 06 기타 제어문
continue 문　break 문

우리는 지금까지 반복문 for 문과 while 문, 그리고 do-while 문에 대해 학습했습니다. 각각 정해진 횟수 또는 조건에 의해 반복하는 내용을 알아봤습니다. 예를 들어, 숫자가 표기된 100개의 공이 들어있는 주머니에서 특정 숫자를 지닌 공을 찾을 때까지 반복해야 할 경우, 만약 10회 만에 해당 공을 발견했다면 우리는 더 이상 공을 찾을 필요가 없겠죠.

지금부터는 반복 횟수가 끝나지 않았으나, 코드 수행을 만족해서 중간에 반복문을 중단시킬 수 있는 break 문과 조건을 만족하지 않으면 코드 진행을 멈추고 다시 반복을 시작하게 만들 수 있는 continue 문에 대해 알아보겠습니다.

1 continue 문

continue 문은 break 문과 더불어 반복문에서 사용할 수 있는 구문입니다.

반복문 안에서 continue 문을 만나면 이후의 실행 코드는 수행되지 않고 반복문의 처음으로 돌아가 반복문을 진행하도록 합니다. for 문의 경우 증감식으로 이동하며, while 문과 do-while 문은 조건식으로 이동합니다.

다음 예제를 통해 확인해 보겠습니다.

예제 5-7　continue 문 <1에서 100사이의 짝수 구하기>　　소스 코드 EX05_07.java

```java
01  package section05;
02
03  public class EX05_07 {
04      public static void main(String[] args) {
05          int sum = 0;
06          for(int i = 1; i <= 100; i++) {
07
08              if(i % 2 != 0) {
09                  continue;
10              }
11              sum += i;
12          }
13          System.out.println("짝수 합 : " + sum);
14      }
15  }
```

이번 차수를 종료하고 다음 반복 실행

실행 결과
짝수 합 : 2550

> **해설**
>
> 09 : continue 문을 만나면 이번 차수의 루프가 종료되며 다음 반복을 실행합니다. 뒤에 실행문이 남아있어도 실행하지 않습니다.

continue 문은 전체 반복문 중 특정 조건에서는 수행하지 않고 건너뛰고자 할 때 유용합니다.

2 break 문

break 문은 이전에 switch-case 문을 학습할 때 나왔던 구문으로 case 문을 종료할 때 마지막에 사용되었습니다. break라는 단어의 의미와 동일하게 반복문을 미리 종료할 때 사용합니다.

보물찾기 게임을 예로 들어보겠습니다. 보물을 찾을 수 있는 10번의 기회가 주어졌는데 5번의 시도만에 보물을 찾았습니다. 그러면 더 이상 게임을 진행할 필요가 없습니다. 이렇듯 break 문은 반복문이 진행되는 중에 특정 조건을 만족해 더 이상 반복문을 실행할 필요 없이 종료할 때 사용합니다.

break 문을 사용해 숫자 맞추기 게임을 구현해 보겠습니다.

예제 5-8   break 문 <숫자 맞추기 게임>   소스 코드 EX05_08.java

```java
01  package section05;
02  import java.util.Scanner;
03
04  Public class EX05_08 {
05      public static void main(String[] args) {
06
07          int magicNumber = (int)(Math.random() * 50) + 1;
08          Scanner scan = new Scanner(System.in);
09          boolean isMatched = false;
10
11          for(int i = 0; i < 10; i++) {
12
13              System.out.println("찾는 숫자를 입력 >> ");
14              int guess = scan.nextInt();
15
16              if(guess == magicNumber) {
17                  System.out.println((i+1) + "번째에 맞췄습니다!");
18                  isMatched = true;
```

```
19                    break;   // 정답을 맞춰서 종료
20                } else if(guess > magicNumber) {
21                    System.out.println("맞춰야할 숫자가 더 작습니다.");
22                } else if(guess < magicNumber) {
23                    System.out.println("맞춰야할 숫자가 더 큽니다.");
24                }
25            }
26
27            if(!isMatched) {
28                System.out.println("정답을 맞추지 못했습니다.");
29            }
30        }
31    }
```

실행 결과

찾는 숫자를 입력 >>
15
맞춰야할 숫자가 더 작습니다.
찾는 숫자를 입력 >>
8
맞춰야할 숫자가 더 큽니다.
찾는 숫자를 입력 >>
12
맞춰야할 숫자가 더 큽니다.
찾는 숫자를 입력 >>
13
4번째에 맞췄습니다!

해설

19 : break 문이 있으면 해당 구문이 있는 루프가 종료됩니다. 만약 이중 반복문일 경우에는 break 문이 있는 반복문만 종료됩니다.

위의 예제는 우리가 흔히 알고 있는 Up and Down 게임입니다. 플레이어에게 10번의 기회가 주어지고, 1 ~ 50 사이에서 특정 숫자를 정합니다. 플레이어가 제시한 숫자가 찾아야 하는 숫자보다 크거나 작은지 힌트를 제공하고, 숫자를 맞추면 더 이상의 반복 진행이 필요 없으므로 break 문을 사용해 게임을 종료합니다.

> **TIP** continue 문은 반복문을 계속 수행하지만 특정 조건에서 수행문을 제외하고자 하는 경우에 사용하고, break 문은 반복문을 더 이상 수행하지 않고 빠져나올 때 사용합니다. continue 문은 break 문과 달리 반복문을 벗어나지 않습니다.

핵심정리

- **반복문** 동일한 내용의 일을 임의의 횟수만큼 반복하여 실행하는 것을 말합니다.

- **반복문 종류** 반복문은 for 문, while 문, do-while 문이 있습니다.

- **for 문의 기본 구조** 조건식이 true일 때까지 지정된 초기값을 증감식을 이용해 증가하거나 감소하면서 반복합니다.

```
for (①초기화식; ②조건식; ④증감식) {
        ③ 실행문;
}
```

- **while 문의 기본 구조** 주어진 조건을 만족할 때까지 반복합니다. 반복 횟수보다는 조건에 의해 실행됩니다.

```
while (①조건식) {
            조건식이 true일 때 반복 실행
    ②실행문
}
```

- **do while 문의 기본 구조** while 문과 같이 조건을 만족할 때까지 반복합니다. 다만, 처음 실행할 때는 조건과 상관없이 수행되고, 이후부터 조건을 확인하고 만족하면 반복하게 됩니다.

```
do {
    ① 실행문
                    조건이 true이면 실행
} while(②조건식);
```

- **continue 문** 뒤에 있는 실행 코드는 수행되지 않고 현재의 반복을 종료하고 반복문의 처음(증감식 또는 조건식)으로 돌아갑니다.

- **break 문** 내부의 반복 실행을 종료합니다.

응용문제

1. 다음 빈칸에 알맞은 단어를 작성해 보세요.

    • 반복문은 [   ] 한 동작을 여러 번 반복하여 실행하는 구문입니다.

2. 반복문의 종류를 모두 나열해 보세요.

3. 1부터 100 까지의 정수 중에서 짝수만을 더해 출력하는 코드를 for 문을 사용해 작성해 보세요.

4. 두 개의 주사위가 같은 값이 나올 때까지 while 문을 사용해 반복하고, 반복 횟수와 주사위 눈의 번호를 출력해 보세요.

5. 다중 반복문을 사용해 다음과 같은 모양의 *를 출력하는 코드를 작성해 보세요.

    ```
       *
      * *
     * * *
    * * * *
    ```

6. 다중 반복문을 사용해 다음과 같은 모양의 *를 출력하는 코드를 작성해 보세요.

    ```
          *
        * * *
      * * * * *
    * * * * * * *
    ```

배열은 우리 일상 속의
상자와 같습니다.

사과 10개를 옮겨야 할 때 1개씩 옮긴다면 우리는 열 번을 옮겨야 합니다.
그렇지만 사과 10개를 상자에 담아서 옮기면 열 번의 수고를 한 번으로 줄일 수 있겠죠.
자바에서도 열 번을 반복해야 할 일을 한 번의 수고로 줄일 수 있는 방법이 있습니다.

MISSION 1 배열의 의미와 필요성에 대해 알아봅니다. 2 배열의 다양한 사용 방법을 알고 있습니다. 3 반복문을 사용해 코드를 간결하게 작성할 수 있습니다.

KEYWORD #배열 #다차원배열 #참조변수

SECTION 06

배열

01 | 배열
02 | 배열의 구조
03 | Arrays
04 | 다차원 배열
05 | 향상된 for 문

배열(array)

배열이란 | 배열의 선언 | null 키워드 | 배열의 생성과 선언 | 배열의 특징

배열은 왜 필요할까요?
지금까지 학습한 내용으로는 10개의 정수형 데이터를 저장하려면 해당 자료형의 변수를 10개 만들어서 저장해야 했습니다. 물론 이렇게 값을 저장해 처리할 수도 있지만 한 번에 저장해서 처리하는 방법이 있다면 좀 더 효율적이겠죠?
그럼, 지금부터 같은 자료형의 데이터를 하나의 변수에 저장해 처리하는 방법에 대해 알아보겠습니다.

```
int num01 = 1;
int num02 = 2;
int num03 = 3;
int num04 = 4;
int num05 = 5;
     .
     .
int num10 = 10;
```

1 배열이란?

배열이란, 같은 자료형의 변수를 지정하여 여러 데이터를 저장할 수 있는 저장 공간을 의미합니다. 이렇게 여러 데이터를 담을 수 있는 구조를 자료 구조(data structure)라고도 합니다. 배열을 사용하면 같은 자료형의 데이터들을 효율적으로 다룰 수 있습니다.

> 변수는 1개의 데이터만 저장할 수 있지만 배열은 여러 개의 데이터를 저장하고 관리할 수 있습니다.

2 배열의 선언

배열을 사용하려면 변수와 마찬가지로 배열을 선언해야 합니다. 배열을 선언하는 방법은 다음과 같습니다.

자료형[ ] 변수 이름;	int [ ] arr;
자료형 변수 이름[ ];	int arr [ ];

<표 06-1> 배열의 선언 방법과 예

대괄호 [ ]는 배열의 연산자를 의미합니다. 자료형 뒤에 붙이거나 변수명 뒤에 붙이면 해당 자료형은 배열이라는 의미로 선언됩니다. 보편적으로는 자료형 뒤에 붙이는 것이 가독성이 높아 주로 사용됩니다.

3 null 키워드

기본 자료형의 변수를 선언해 봅니다.

```
int num;
```

해당 변수는 무슨 값을 가질까요?
"답은 알 수 없다."입니다. 메모리가 변수를 기억하기 위해서는 어떤 값이든지 입력되어야 합니다. 만약 우리가 변수를 만들 때 값을 부여하지 않으면 시스템이 타입에 맞는 불특정 값을 부여하게 됩니다. 따라서 변수를 만들 때, 어떤 값이 부여되는지 쉽게 알기 위해 다음과 같이 초기값을 부여하면서 선언하도록 했습니다.

```
int num = 0;
```

그럼 배열의 경우는 어떨까요?
배열은 여러 개의 데이터를 저장하기 위한 별도의 공간이 필요합니다. 우리가 배열을 선언만 하고 값을 부여하지 않을 경우, 시스템은 배열 변수를 만들 때, 'null'이라는 키워드를 부여합니다. 이때, null의 의미는 "공간이 존재하지 않는다." 또는 "없다."라는 의미를 가집니다.
배열 변수는 생성되었지만, 아직 그 안에 값을 담을 공간들이 생성되지 않았다는 뜻입니다.
예를 들어 신차를 만들 때 이름은 정해서 발표했지만, 실제로 자동차는 아직 생산되지 않은 상태와 같습니다.

4 배열의 생성과 선언

배열을 선언한 후에는 배열을 생성해야 합니다. 앞에서 배열을 선언한 것은 배열을 다루는 참조 변수를 위한 공간이 만들어졌을 뿐 값을 저장할 수 있는 공간을 만들려면 배열을 생성해야만 합니다. 프로그래밍에서는 무언가를 기억할 때 메모리를 사용합니다. 배열은 데이터를 저장하기 위한 공간이 필요하므로 메모리에 필요한 만큼 공간을 만들도록 선언해야 합니다.

배열을 생성하기 위해서는 다음과 같이 연산자 'new'와 함께 자료형과 길이를 지정합니다.

```
new int[4]
```

해당 선언은 "메모리에 배열의 데이터를 저장하기 위한 4개의 공간을 만들어라."라는 명령이 됩니다.

그럼, 이제 배열을 사용하기 위해 크기를 지정하고 선언하는 방법을 알아보겠습니다.

```
int[] arr = new int[크기];    또는   int arr[] = new int[크기];
```

이처럼 배열은 자료형과 크기를 지정해 선언합니다. 다음 그림을 보면서 더 자세히 알아보겠습니다.

```
        배열 연산자              자료형
   int    [ ]    arr    =    new    int    [4];
   자료형         변수명         신규 생성          배열 크기
```

자료형을 부여하고 일반 변수와 구별하기 위해 배열의 연산자를 표기합니다. 이어서 변수명을 기입합니다. 우측에는 new 연산자와 함께 배열의 자료형과 크기를 부여하여 선언합니다. 배열을 선언하는 또 다른 방법으로는 다음과 같이 배열에 저장될 값을 미리 부여해 선언하는 방법이 있습니다.

```
int[] arr = { 1, 2, 3, 4, 5 };
```

위와 같이 배열을 선언할 때 값을 지정할 수 있습니다. 5개의 값을 대입했기 때문에, 배열의 크기는 5가 되며 각 순서에 맞게 데이터가 삽입됩니다. 해당 방법은 배열을 최초 선언할 때만 가능합니다.

다음과 같이 배열을 선언한 후, 값을 대입하여 지정하면 오류가 발생합니다.

```
int [] arr;   // 배열 선언
arr = {1,2,3,4,5};   // 오류
```

배열을 선언한 후 다시 값을 대입해야 할 경우에는 이미 선언된 배열을 다시 정의하여 값을 대입하면 가능합니다. 이와 같은 방법을 '재정의'라고 합니다.

```
int [] arr    // 배열 선언
arr = new int[] {1,2,3,4,5}    // 배열을 재정의
```

위와 같은 방법들을 통해서 배열을 선언하면 실제 시스템의 메모리에는 선언된 크기와 값 만큼 각각의 독립적인 저장 공간이 연속적으로 배치되어 생성됩니다.

new int[4]

arr   배열 저장 공간

그림과 같이 메모리에 지정한 크기만큼의 저장 공간을 생성하고 그 저장 공간이 있는 위치 값을 arr변수에 대입합니다.
배열의 변수는 그 주소 값을 통해서 배열에 접근하여 데이터를 가져오게 됩니다.

다음 예제를 통해 확인해 보겠습니다.

예제 6-1   배열의 선언과 생성   소스 코드 EX06_01.java

```
01  package section06;
02
03  public class EX06_01 {
04      public static void main(String[] args) {
05          int[] arr = new int[4];
06
07          // 배열 변수(참조형 변수)를 출력
08          System.out.println(arr);
09      }
10  }
```

실행 결과
[I@7dc5e7b4

실행 결과는 책의 내용과 다를 수 있으나 '[값@...' 과 같은 형식으로 출력될 것입니다.
해당 값의 의미는 뒤에서 다루기로 하고, 우선은 출력되는 값만 확인해 보겠습니다.
출력되는 값은 배열이 위치한 주소값입니다. 이처럼 직접 값을 변수에 저장하는 것이 아니라, 주소값이 저장되어 해당 주소를 통해 실제 데이터에 접근하는 것을 참조형 변수(reference variable)라고 합니다.

PLUS 학습 코너

- **일반 변수** : 데이터를 직접 가지는 변수를 말합니다. 예 byte, short, int, double 등 기본 데이터 타입을 가지는 변수
- **참조 변수** : 데이터가 위치한 주소값을 가지는 변수로 해당 주소를 통해서 데이터에 접근하여 값을 가져오거나 변경합니다. 예 String, 배열, Collections, 객체(class)

5 배열의 특징

배열은 다음과 같은 특징을 가지고 있습니다.

- 배열 선언 시 크기를 지정합니다.
- 배열 선언 후 공간의 크기를 늘리거나 삭제할 수 없습니다.
- 지정된 자료형의 값만 저장할 수 있습니다.

배열은 선언할 때 그 크기를 지정해 주어야 하며, 한 번 크기를 지정하여 생성하면 그 배열의 특정 공간을 삭제하거나 변경할 수 없습니다. 또한 지정된 자료형만 입력할 수 있습니다.

SECTION 06
02 배열의 구조

`인덱스` `배열의 길이` `배열의 초기값` `배열 사용하기`

지금까지 배열의 정의와 생성에 대해 살펴봤습니다. 지금부터는 실제 배열을 선언하여 사용하는 방법에 대해 알아보겠습니다.

1 인덱스(index)

배열을 만든 후에는 값을 넣거나 꺼내야 합니다. 배열은 각 공간마다 위치를 알려주는 위치 값이 존재하는데, 우리는 배열이 지니는 값들의 위치를 인덱스(index)라고 부릅니다.
인덱스는 배열의 공간마다 붙여진 번호로 범위는 1이 아닌 0부터 시작합니다.

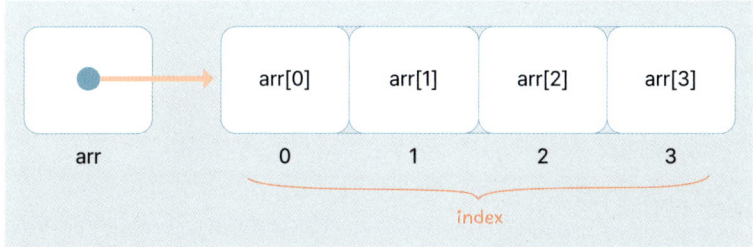

배열의 값을 저장하고 가져오는 방법은 변수와 같습니다. 단지 변수명 대신 인덱스(index)를 사용한다는 점만 다를 뿐입니다.

```
System.out.println(arr[0]);   // 배열의 index가 0인 위치의 값을 출력
arr[1] = 10;    // 배열의 index 번호가 1번인 위치에 값을 저장
```

다음 예제를 통해 배열을 선언하고 값을 입력해 봅니다.

예제 6-2 배열에 값 저장하기 소스 코드 EX06_02.java

```
01  package section06;
02
03  public class EX06_02 {
04      public static void main(String[] args) {
```

```
05
06            // 4개의 공간을 가진 배열을 선언
07            int[] arr = new int[4];
08
09            // 배열에 값을 삽입
10            arr[0] = 1;
11            arr[1] = 2;
12            arr[2] = 3;
13            arr[3] = 4;
14
15            // 배열에 값을 출력
16            System.out.println("arr[0] = " + arr[0]);
17            System.out.println("arr[1] = " + arr[1]);
18            System.out.println("arr[2] = " + arr[2]);
19            System.out.println("arr[3] = " + arr[3]);
20        }
21    }
```

실행 결과
```
arr[0] = 1
arr[1] = 2
arr[2] = 3
arr[3] = 4
```

해설

07 : 4개의 공간을 가지는 정수 타입 배열을 선언합니다.
10~13 : 배열에 데이터를 입력합니다.

2 배열의 길이

배열을 생성할 때 대괄호[ ] 안에 배열의 길이를 작성했습니다. 배열을 사용하면서 종종 배열의 길이가 필요할 때가 있습니다. 배열은 내부적으로 length라는 변수를 지니는데, 해당 변수는 배열의 길이 값을 가지고 있습니다. 배열의 길이를 알고 싶을 때는 다음과 같이 배열 변수 이름에 점(.) 연산자로 연결하여 사용합니다.

```
System.out.println("배열의 길이 : " + arr.length);
```

해당 변수의 값은 배열이 생성될 때 지정되며 변경할 수 없습니다.

3 배열의 초기값

배열은 생성과 동시에 데이터 자료형 별로 기본값이 주어집니다.
배열을 선언했을 때 저장되는 초기값을 자료형 별로 정리하면 다음과 같습니다.

자료형	초기값
정수형	0
실수형	0.0
문자형	' '
객체형	null

<표 06-2> 배열 선언 시 초기값

자료형에 따라 배열이 선언될 때, 자동으로 초기화됩니다.
다음 예제를 통해 배열을 선언했을 때, 어떠한 초기값이 저장되는지 확인해 보겠습니다.

예제 6-3 배열 선언과 초기값   소스 코드 EX06_03.java

```java
package section06;

public class EX06_03 {
    public static void main(String[] args) {

        // 5개의 공간을 가지는 배열 선언
        int[] intArray = new int[5];
        String[] strArray = new String[5];

        // 5개의 값을 가지는 배열 선언
        int[] varArray = { 1, 2, 3, 4, 5};

        // intArray의 첫 번째 값 출력
        System.out.println("intArray[0] = " + intArray[0]);
        // intArray의 두 번째 값 출력
        System.out.println("intArray[1] = " + intArray[1]);

        // strArray의 첫 번째 값 출력
        System.out.println("strArray[0] = " + strArray[0]);
        // strArray의 두 번째 값 출력
        System.out.println("strArray[1] = " + strArray[1]);
```

```
22
23              // varArray의 첫 번째 값을 출력
24              System.out.println("varArray[0] = " + varArray[0]);
25              // varArray의 두 번째 값을 출력
26              System.out.println("varArray[1] = " + varArray[1]);
27          }
28      }
```

실행 결과
```
intArray[0] = 0
intArray[1] = 0
strArray[0] = null
strArray[1] = null
varArray[0] = 1
varArray[1] = 2
```

해설

07 : 5개의 공간을 가진 정수형 배열을 선언합니다.
08 : 5개의 공간을 가진 문자열 배열을 선언합니다.
11 : 배열에 값을 부여하면서 개수 만큼의 공간을 부여합니다.

4 배열 사용하기

배열의 기본 개념에 대해 학습한 내용을 바탕으로 실제 배열을 사용해 다양한 프로그래밍을 할 수 있습니다. 배열을 사용하면 어떤 문제들을 해결할 수 있는지 다음 예제를 통해 알아보겠습니다.

예제 6-4 배열 값에서 짝수의 합 구하기   소스 코드 EX06_04.java

```
01  package section06;
02
03  public class EX06_04 {
04      public static void main(String[] args) {
05          // 10개의 배열을 선언
06          int[] numbers = new int[10];
07
08          // 배열에 랜덤 함수를 이용해 값을 입력
09          for(int i = 0; i < numbers.length; i++) {
10              // 랜덤 함수를 이용해 각 배열 위치에 값을 입력
```

```
11            numbers[i] = (int)(Math.random() * 30) + 1;
12        }
13
14        // 배열 안에서 짝수만 구해서 합 구하기
15        int sum = 0;
16        for(int i = 0; i < numbers.length; i++) {
17
18            if(numbers[i] % 2 == 0) {
19                sum += numbers[i];
20            }
21        }
22
23        // 출력 해보기
24        for(int i = 0; i < numbers.length; i++) {
25            // numbers 배열의 랜덤 값 출력
26            System.out.print(numbers[i] + " ");
27        }
28
29        // 줄 바꾸기
30        System.out.println();
31        System.out.println("배열의 짝수들의 합 : " + sum);
32    }
33 }
```

실행 결과
10 4 29 26 21 29 14 28 26 14
배열의 짝수들의 합 : 122

해설

11 : 1에서 30 사이의 특정 값을 랜덤하게 출력해 주는 함수를 이용합니다.
09, 16, 24 : numbers.length는 배열의 길이를 반환합니다. (변경은 할 수 없습니다!)

 잠깐! 혼자 코딩해 보기

위의 예제는 배열에 랜덤 함수를 이용해 값을 입력한 후, 짝수의 합을 구하는 예제입니다.
해당 예제를 변경해 홀수의 합을 구해보세요.

다음 예제를 통해 배열에서 영문자만 추출하여 출력해 보겠습니다

예제 6-5 배열에서 단어만 추출하여 출력하기 소스 코드 EX06_05.java

```java
01  package section06;
02
03  public class EX06_05 {
04      public static void main(String[] args) {
05          // 단일 문자 배열에 단어와 숫자를 섞어 넣는다.
06          char[] cards = {'1', 'L', 'O', '2', 'V', '3', 'E'};
07          String myWord = "";
08
09          for(int i = 0; i < cards.length; i++) {
10              // 문자는 아스키코드표에 의해 10진수 숫자로 대응된다.
11              int word = cards[i];
12              // 65 ~90 사이는 대문자 A ~ Z
13              // 또는 97 ~ 122 사이는 소문자 a ~ z 이다.
14              if((word >= 65 && word <= 90) || (word >= 97 && word <= 122)) {
15                  myWord += (char)word;
16              }
17          }
18
19          System.out.println("단어 : " + myWord);
20      }
21  }
```

실행 결과

단어 : LOVE

해설

11 : 문자 타입의 변수를 정수 타입으로 형 변환합니다.
14~16 : 아스키코드표에 따라서 비교 조건을 만듭니다. (대소문자 포함, 문자만 출력되도록 합니다.)

배열의 정렬

배열에 값이 순서 없이 저장되는 경우, 우리는 배열의 값을 오름차순, 또는 내림차순으로 정렬(sort)해야 할 때가 있습니다. 이번에는 배열의 값들을 정렬하는 방법에 대해 알아봅니다.

배열의 정렬 방법은 매우 다양한 알고리즘이 존재합니다. 그중에서 가장 구현이 쉬운 버블 정렬을 아래 그림과 함께 알아보겠습니다.

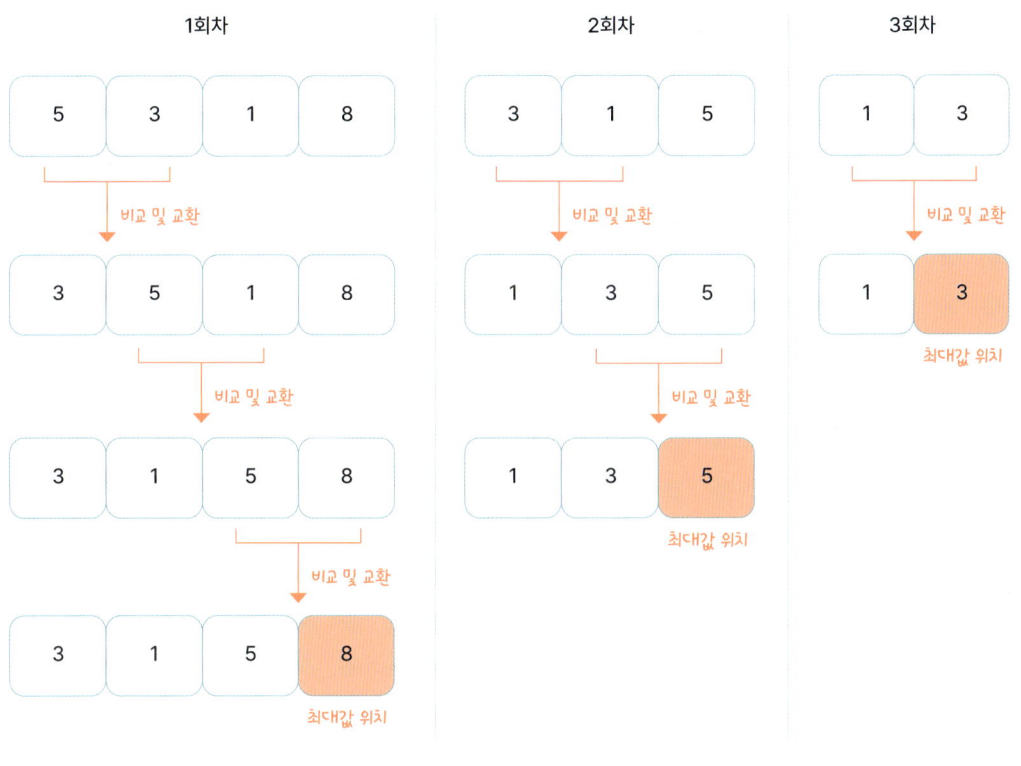

[그림 06-1] 버블 정렬

버블 정렬은 그림과 같이 회차마다 각 자리를 서로 비교한 후, 가장 큰 수를 맨 뒤로 보냅니다. 비교 회차마다 가장 큰 수가 위치한 맨 끝의 수는 비교 대상에서 제외됩니다. 이렇게 반복하여 더 이상 비교 대상이 없어질 때까지 정렬하는 방식입니다.

다음은 버블 정렬을 이용한 예제입니다.

예제 6-6 　버블 정렬하기　　　　　　　　　　　　　　　　　소스 코드 EX06_06.java

```java
package section06;

public class EX06_06 {
    public static void main(String[] args) {
        // 정렬해야 할 배열
        int[] arr = {1,6,2,3,10,7,4,5,8,9};

        // 값을 치환하기 위한 임시 변수
        int temp = 0;

        for(int i = arr.length -1; i > 0; i--) {
            for(int j = 0; j < i; j++) {
                // 앞의 값이 뒤의 값보다 크다면 정렬
                if(arr[j] > arr[j+1]) {
                    // 뒤의 값을 임시 변수에 저장
                    temp = arr[j+1];
                    arr[j+1] = arr[j] ;
                    arr[j] = temp;
                }
            }
        }

        System.out.println("정렬 후 출력 : ");
        for(int i = 0 ; i < arr.length; i++) {
            System.out.print(arr[i] + " ");
        }
    }
}
```

실행 결과

정렬 후 출력 :
1 2 3 4 5 6 7 8 9 10

해설

11~12 : 배열의 index는 배열의 길이보다 하나 작습니다. 또한 비교 대상이 나와 내 뒤이기 때문에 이동 위치는 마지막 전까지만 와야 합니다.

SECTION 06 03 Arrays

배열의 출력   배열의 정렬   배열의 복사

Arrays 클래스는 배열의 복사, 항목 정렬, 항목 검색 등 배열을 다루기 위한 다양한 메서드를 제공합니다. 클래스는 뒤에서 자세히 다루기로 하고 지금은 배열의 도우미 기능을 지닌 것으로만 간단하게 이해하도록 합니다.

Arrays 클래스를 이용하면 배열의 기능을 더욱 쉽게 사용할 수 있습니다. Arrays 클래스 기능 중 대표적인 기능 몇 가지를 살펴보겠습니다.

1 배열의 출력

Arrays는 기능을 사용할 때 점(.)을 이용해서 사용할 기능을 호출합니다. 먼저 배열 단위로 출력을 도와주는 toString( ) 기능을 살펴보겠습니다.

toString( )은 반복문의 도움 없이 배열을 출력할 수 있으며, 배열에 정의된 값들을 문자열 형태(String)로 변환하여 출력해 줍니다.

다음 예제를 통해 확인해 보겠습니다.

예제 6-7 Arrays.ToString( )   소스 코드 EX06_07.java

```java
01  package section06;
02  import java.util.Arrays;
03
04  public class EX06_07 {
05      public static void main(String[] args) {
06
07          int[] arr = {1,6,2,3,10,7,4,5,8,9};
08
09          System.out.println(Arrays.toString(arr));
10      }
11  }
```

실행 결과
[1, 6, 2, 3, 10, 7, 4, 5, 8, 9]

해설

02 : Arrays 기능을 사용하기 위해 선언합니다.
09 : Arrays.toString(배열)은 배열을 하나의 문자열로 출력해 줍니다.

2 배열의 정렬

배열 항목을 정렬해 주는 Arrays.sort( ) 기능이 있습니다.
〈EX06_07.java〉 코드를 Arrays.sort( )를 이용하면 쉽게 정렬할 수
있습니다. sort(배열)는 Comparable에 의해 리턴되는 값을 비교하여
오름차순 또는 내림차순으로 배열을 정렬합니다.
다음 예제를 통해 오름차순으로 정렬해 보겠습니다.

정렬은 기본적으로 오름차순으로
정렬되며, 내림차순으로 정렬하는
방법은 바로 뒤에서 다룹니다.

예제 6-8 Arrays.sort( )를 이용한 배열의 오름차순   소스 코드 EX06_08.java

```java
01  package section06;
02  import java.util.Arrays;
03
04  public class EX06_08 {
05      public static void main(String[] args) {
06          int[] arr = {1,6,2,3,10,7,4,5,8,9};
07
08          System.out.println("정렬 전 배열 :" + Arrays.toString(arr));
09          // 배열의 오름차순 정렬
10          Arrays.sort(arr);
11          System.out.println("오름차순 정렬 :" + Arrays.toString(arr));
12      }
13  }
```

실행 결과
```
정렬 전 배열 :[1, 6, 2, 3, 10, 7, 4, 5, 8, 9]
오름차순 정렬 :[1, 2, 3, 4, 5, 6, 7, 8, 9, 10]
```

해설

06 : 무작위로 숫자를 나열한 배열을 선언합니다.
10 : Arrays.sort( )를 이용해 오름차순으로 정렬합니다.

Arrays.sort( )를 이용해서 배열의 내림차순을 구현할 수 있습니다. 하지만 자료형이 int가 아닌 Integer를
사용해야 하는데 해당 타입은 Wrapper 클래스의 하나로 int 타입의 클래스 데이터입니다.
해당 타입은 'Section 15. 기본 API 클래스'에서 자세히 다룹니다.

다음 예제를 통해 내림차순으로 정렬해 보겠습니다.

예제 6-9 Arrays.sort()를 이용한 배열의 내림차순   소스 코드 EX06_09.java

```java
01  package section06;
02  import java.util.Arrays;
03  import java.util.Comparator;
04
05  public class EX06_09 {
06      public static void main(String[] args) {
07          Integer[] arr = {1,6,2,3,10,7,4,5,8,9};
08
09          System.out.println("정렬 전 배열 :" + Arrays.toString(arr));
10          // 배열의 내림차순 정렬
11          Arrays.sort(arr, Comparator.reverseOrder());
12          System.out.println("내림차순 정렬 :" + Arrays.toString(arr));
13      }
14  }
```

실행 결과

정렬 전 배열 :[1, 6, 2, 3, 10, 7, 4, 5, 8, 9]
내림차순 정렬 :[10, 9, 8, 7, 6, 5, 4, 3, 2, 1]

해설

07 : 클래스 형태의 정수형 데이터 배열을 선언합니다.

11 : Arrays.sort()를 이용해 내림차순으로 정렬합니다. Comparator 클래스의 reverseOrder() 메서드를 이용해 정렬합니다.

3 배열의 복사

자바에서 배열은 한 번 생성하면 그 길이를 변경할 수 없습니다. 따라서 더 많은 데이터를 저장하거나 기존의 배열과 똑같은 배열을 새로 만들려면 배열을 복사해야 합니다.

배열을 복사하는 방법은 얕은 복사와 깊은 복사 두 가지가 있습니다. 두 가지 복사의 차이점에 대해 알아봅니다.

- 얕은 복사(Shallow Copy) : 복사된 배열이나 원본 배열이 변경될 때 서로 간의 값이 함께 변경됩니다.
- 깊은 복사(Deep Copy) : 복사된 배열이나 원본 배열이 변경될 때 서로 간의 값은 바뀌지 않습니다.

얕은 복사에 대해 그림으로 표현하면 다음과 같습니다.

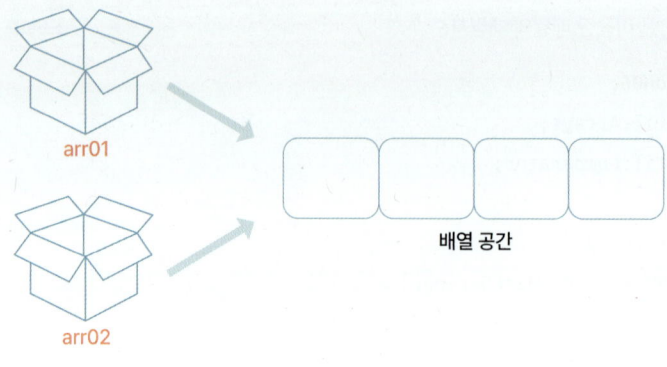

[그림 06-2] 얕은 복사

얕은 복사는 그림과 같이 두 개의 배열이 하나의 공간을 바라봅니다. 즉 배열의 주소를 공유함으로써 한쪽의 배열이 수정되면 다른 한쪽의 배열도 동일하게 수정됩니다.

그럼 깊은 복사는 어떤 모양일까요?

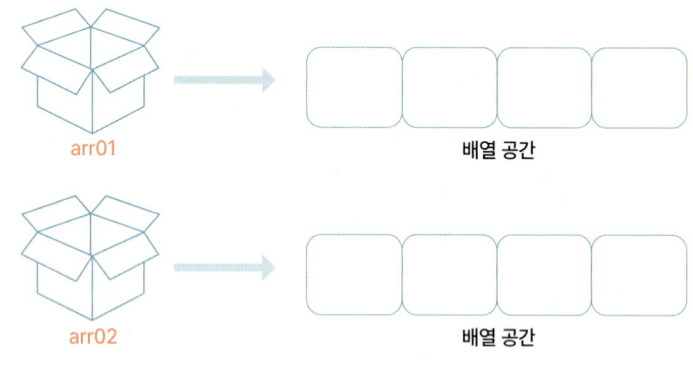

[그림 06-3] 깊은 복사

깊은 복사는 두 배열이 서로 다른 공간을 가지고 있습니다. 따라서 한쪽 값을 수정해도 다른 한쪽에는 영향을 주지 않습니다.
그럼 어떻게 선언해야 얕은 복사 또는 깊은 복사가 되는지 예제를 통해 알아보겠습니다.

먼저, 얕은 복사를 구현해보겠습니다.

예제 6-10 얕은 복사   소스 코드 EX06_10.java

```java
01  package section06;
02  import java.util.Arrays;
03
04  public class EX06_10 {
05      public static void main(String[] args) {
06
07          int[] arr01 = {1,2,3};
08
09          // 배열의 얕은 복사
10          int[] arr02 = arr01;
11
12          System.out.println("arr01 배열 : " + Arrays.toString(arr01));
13
14          // arr02 배열 값 변경
15          arr02[1] = 10;
16
17          // arr01 변경 후 배열 출력
18          System.out.println("arr02 배열 : " + Arrays.toString(arr01));
19          System.out.println("arr01 배열 : " + Arrays.toString(arr02));
20      }
21  }
```

실행 결과
```
arr01 배열 : [1, 2, 3]
arr02 배열 : [1, 10, 3]
arr01 배열 : [1, 10, 3]
```

해설

10 : 배열과 같이 변수가 값이 아닌 주소를 가질 때는 대입 연산자는 값의 대입이 아니라, 가지고 있는 값의 주소를 공유합니다. 따라서 arr02는 arr01 배열이 위치한 주소 값을 공유하는데 이를 '얕은 복사'라고 합니다.

15 : arr02 배열의 값을 변경합니다.

18~19 : arr01 값을 변경한 경우 얕은 복사된 arr02 배열의 동일한 위치 값도 변경됩니다.

배열의 깊은 복사는 반복문을 이용해 새로운 배열에 복사하거나, Arrays 클래스 또는 System 클래스가 가진 메서드를 이용합니다. 각각의 예제를 살펴보겠습니다

먼저, 반복문을 이용해서 새롭게 배열에 기존 내용을 복사할 수 있습니다. 다른 클래스의 도움을 받지 않고 기본적으로 가능한 깊은 복사입니다.

예제 6-11 새로운 배열을 생성하여 복사   소스 코드 EX06_11.java

```java
package section06;
import java.util.Arrays;

public class EX06_11 {
    public static void main(String[] args) {

        int[] card = {1, 6, 4, 5, 3, 2};
        int[] newCard = new int[card.length];

        // 새로운 배열에 기존 내용 삽입
        for(int i = 0; i < card.length; i++) {
            newCard[i] = card[i];
        }

        System.out.println("card 배열 : " + Arrays.toString(card));
        System.out.println("newCard 배열 : " + Arrays.toString(newCard));
    }
}
```

실행 결과
```
card 배열 : [1, 6, 4, 5, 3, 2]
newCard 배열 : [1, 6, 4, 5, 3, 2]
```

해설

07 : card 배열을 선언합니다.
08 : card 배열을 복사할 배열을 선언합니다.
11~13 : 반복문을 사용해 새로운 배열에 기존 배열 값을 입력합니다.

Arrays 클래스의 copyOf(복사 대상, 복사 길이) 메서드를 이용하면 쉽게 깊은 복사를 할 수 있습니다.

예제 6-12   Arrays 클래스를 이용한 깊은 복사   소스 코드 EX06_12.java

```java
01  package section06;
02  import java.util.Arrays;
03
04  public class EX06_12 {
05      public static void main(String[] args) {
06
07          int[] card = {3, 1, 4, 5, 10};
08
09          // 배열의 깊은 복사 - Arrays.copyOf(배열, 복사 범위)
10          int[] newCard = Arrays.copyOf(card, card.length);
11
12          System.out.println("card 배열 : " + Arrays.toString(card));
13
14          // card 배열 값 변경
15          card[1] = 10;
16
17          // card 변경 후 배열 출력
18          System.out.println("card 배열 : " + Arrays.toString(card));
19          System.out.println("newCard 배열 : " + Arrays.toString(newCard));
20      }
21  }
```

실행 결과
```
card 배열 : [3, 1, 4, 5, 10]
card 배열 : [3, 10, 4, 5, 10]
newCard 배열 : [3, 1, 4, 5, 10]
```

해설

10 : newCard 배열에 card 배열의 길이만큼 복사합니다. Arrays.copyOf( ) 기능은 기존 배열 위치가 아닌 새로운 배열을 생성한 후 반환합니다.

15 : card 배열의 2번째 값을 변경합니다.

18~19 : 한쪽이 변경돼도 영향을 받지 않습니다.

System 클래스의 arraycopy 메서드를 이용해 배열의 깊은 복사를 할 수 있습니다.

예제 6-13 **System 클래스를 이용한 깊은 복사** 소스 코드 EX06_13.java

```java
package section06;
import java.util.Arrays;

public class EX06_13 {
    public static void main(String[] args) {

        int[] card = {1, 6, 4, 5, 3, 2};
        int[] newCard = new int[card.length];
        // (복사 대상 배열, 복사 시작 위치, 카피할 배열, 시작 위치, 복사할 길이);
        System.arraycopy(card, 0, newCard, 0, card.length);

        System.out.println("card 배열 : " + Arrays.toString(card));
        System.out.println("newCard 배열 : " + Arrays.toString(newCard));
    }
}
```

실행 결과
```
card 배열 : [1, 6, 4, 5, 3, 2]
newCard 배열 : [1, 6, 4, 5, 3, 2]
```

해설

08 : newCard 배열에 card 배열의 길이만큼 복사합니다.
10 : System 클래스의 arraycopy 메서드를 사용해 배열을 복사합니다. 매개변수로는 복사 대상, 시작 위치, 새로운 배열, 시작 위치, 복사할 길이를 부여합니다.

지금까지 깊은 복사 3가지 기능을 살펴봤습니다. 그 중에서 System.arraycopy( )를 사용하면 지정된 범위의 값들을 한꺼번에 복사하므로 보다 간단하고 빠르게 배열을 복사할 수 있어 효율적입니다.

SECTION 06-04 다차원 배열(multi-dimensional array)

2차원 배열의 선언 2차원 배열의 구조 2차원 배열의 활용

지금까지 학습한 배열은 모두 행 하나로 이루어진 '1차원 배열'이었습니다. 배열은 여러 가지 구조로 사용할 수 있는데 2차원 이상의 배열을 '다차원 배열'이라고 부릅니다. 배열은 주로 1차원 또는 2차원 배열이 사용되므로 우리는 다차원 배열 중에서 2차원 배열에 대해 살펴보겠습니다.

[그림 06-4] 1차원 배열과 2차원 배열

1 2차원 배열의 선언

2차원 배열이란, 배열의 요소로 1차원 배열을 가지는 배열입니다. 2차원 배열을 선언하는 방법은 1차원 배열과 같습니다. 다만 대괄호[ ]가 하나 더 추가됩니다.

2차원 배열을 선언하는 방법은 다음과 같습니다.

```
int[][] arr = new int[크기][크기];
                      행 개수  열 개수
```

2차원 배열은 보통 행렬 구조로 많이 묘사합니다. 실제 수학의 행렬과는 원리가 다르지만, 사용 방식이 동일하기 때문에 주로 행렬 구조를 채용하여 표현합니다. 따라서 첫 번째 크기는 행의 개수가 되고, 두 번째 크기는 열의 개수가 지정됩니다.

2차원 배열은 다양한 방식으로 선언할 수 있는데, 다음과 같이 열을 지정하지 않고 선언할 수 있습니다.

```
int[][] arr = new int[크기][];   //열의 값을 지정하지 않고 선언
```

열의 크기를 지정하지 않고 선언한 뒤, 다음과 같이 각 행의 열을 각각 선언하여 사용할 수 있습니다.

```
int[][] arr = new int[3][];
arr[0] = new int[2];
arr[1] = new int[3];
arr[2] = new int[1];
```

위와 같이 선언하면 2차원 배열은 다음과 같은 모양이 됩니다.

2차원 배열을 생성할 때 열을 지정하지 않고 행마다 다른 길이의 배열을 저장할 수 있는 것을 가변 배열(dynamic array)이라고 합니다. 또한 선언과 함께, 크기와 값을 동시에 부여할 수 있습니다.

다음과 같이 선언하면 2×3의 배열이 생성되며 각각의 위치에 값이 입력됩니다.

```
int[][] arr = { {1, 2}, {3, 4}, {5, 6} };
```

이와 같은 방법은 배열을 최초 선언할 때만 가능합니다.

PLUS 학습 코너

배열을 선언할 때 열의 크기는 지정하지 않아도 되지만, 행의 크기는 항상 지정해야 합니다.

```
int[][] arr = new int[크기][]; (O)   // 정상
int[][] arr = new int[][크기]; (X)   // 에러
```

2 2차원 배열의 구조

2차원 배열의 구조에 대해 살펴보겠습니다. 이전 설명에서 배열을 선언할 때 각 행에 대한 열의 크기를 각각 다르게 지정할 수 있었습니다. 그 이유를 배열의 구조를 보면 알 수 있습니다.
2차원 배열의 행은 독립된 공간으로 분리되어 있고, 그 행들이 각각 독립된 열을 가지게 됩니다.
다음 그림은 2차원 배열을 이해하기 쉽도록 도식화한 그림입니다.

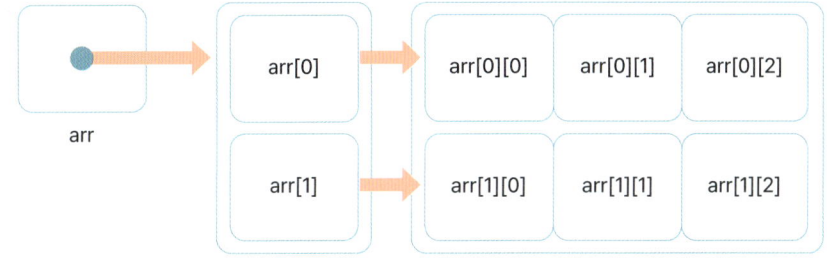

[그림 06-5] 2차원 배열의 구조

그림과 같이 행마다 독립된 별도의 배열 공간(열)을 가지게 되므로 각 행에 대한 열이 서로 다를 수 있게 됩니다.

다음 예제를 통해 확인해 보겠습니다.

예제 6-14 각 행에 대한 열의 크기

소스 코드 EX06_14.java

```java
01  package section06;
02
03  public class EX06_14 {
04      public static void main(String[] args) {
05          // 행과 열을 지정하여 선언
06          int[][] arr = new int[2][3];
07
08          arr[0][0] = 1;
09          arr[0][1] = 2;
10          arr[0][2] = 3;
11
12          arr[1][0] = 11;
13          arr[1][1] = 12;
14          arr[1][2] = 13;
15
16          // 행의 주소 출력
17          System.out.println("2차원 배열 : " + arr);
18          // 1행이 가진 열에 대한 주소 출력
19          System.out.println("2차원 배열 1행 : " + arr[0]);
20
21          // 행의 크기 출력
22          System.out.println("행의 크기 : " + arr.length);
23          // 각 행의 열 크기 출력
24          System.out.println("1 행의 열 크기 : " + arr[0].length);
25          System.out.println("2 행의 열 크기 : " + arr[1].length);
26          // 1행 1열의 값 출력
27          System.out.println("arr[0][0] = " + arr[0][0]);
28      }
29  }
```

실행 결과

```
2차원 배열 : [[I@7dc5e7b4
2차원 배열 1행 : [I@1eb44e46
행의 크기 : 2
1 행의 열 크기 : 3
2 행의 열 크기 : 3
arr[0][0] = 1
```

해설

22~25 : 각 행마다 열의 크기는 다를 수 있습니다.

3 2차원 배열의 활용

2차원 배열을 활용한 예제들을 살펴봅니다.

예제 6-15 **2차원 배열을 활용한 예제 ①** 소스 코드 EX06_15.java

```java
01  package section06;
02
03  public class EX06_15 {
04      public static void main(String[] args) {
05          int[][] arr = new int[5][5];
06
07          int count = 1;
08
09          // 1부터 25까지 차례대로 배열에 값을 넣는다.
10          for(int i = 0; i < 5; i++) {
11              for(int j = 0; j < 5; j++) {
12                  arr[i][j] = count++;
13              }
14          }
15          // 배열 출력하기
16          for(int i = 0; i < 5; i++) {
17              for(int j = 0; j < 5; j++) {
18                  System.out.print(arr[i][j] + " ");
19              }
20              System.out.println();
21          }
22      }
23  }
```

실행 결과
```
1 2 3 4 5
6 7 8 9 10
11 12 13 14 15
16 17 18 19 20
21 22 23 24 25
```

예제 6-16 **2차원 배열을 활용한 로또** 소스 코드 EX06_16.java

```java
01  package section06;
02  import java.util.Scanner;
03
04  public class EX06_16 {
05      public static void main(String[] args) {
06          // 당첨 번호 리스트
07          int[][] lotto = {{2,6,11,33,42,44},
08                           {1,6,17,22,24,33},
09                           {7,16,24,33,42,44},
10                           {11,27,32,34,43,46},
```

```java
11                      {6,17,22,24,33,41}};
12
13          // 키보드 입력을 받기 위한 스캐너
14          Scanner scan = new Scanner(System.in);
15          String myNum = "";
16          System.out.println("당첨 숫자 6개를 연속으로 입력해주세요. >>");
17          myNum = scan.next();
18
19          // 당첨 여부를 나타내는 변수
20          boolean isWin = false;
21
22          for(int i = 0; i < lotto.length; i++) {
23              // 당첨 번호를 만들기 위한 변수
24              String lottoNumber = "";
25              // 한 행의 번호를 더해서 하나의 숫자로 만든다
26              for(int j = 0; j < lotto[i].length; j++) {
27                  lottoNumber += lotto[i][j];
28              }
29              // 문자열을 비교할 때 equals 함수를 사용하여 비교
30              if(myNum.equals(lottoNumber)) {
31                  isWin = true;
32                  break;
33              }
34          }
35
36          if(isWin) {
37              System.out.println(myNum + " 번호 당첨!!");
38          } else {
39              System.out.println(myNum + " 번호는 당첨되지 못했습니다.");
40          }
41          scan.close();
42      }
43  }
```

> **실행 결과**
>
> 당첨 숫자 6개를 연속으로 입력해주세요. >>
> 1617222433
> 1617222433 번호 당첨!!

해설

30 : 문자열은 객체형 데이터 타입이기 때문에 값을 비교할 때 ==(부등호) 비교가 아닌 equals(비교 대상) 함수를 사용해 비교합니다. (같으면 true, 다르면 false)

41 : Scanner는 프로그램 종료 시 닫아주는 것이 좋습니다.

SECTION 06
05 향상된 for 문
향상된 for 문

향상된 for 문은 JDK 1.5부터 새롭게 추가된 기능으로 배열과 컬렉션의 모든 요소를 참조하기 위한 반복문입니다. 배열이나 section 16.에서 학습하게 될 컬렉션 프레임워크에서 유용하게 사용됩니다.
향상된 for 문의 기본 구조는 다음과 같습니다.

```
for (int ②num : ①score) {

        ③ 실행 코드

}
```

- 반복 요소가 있을 경우
- 반복 요소가 없을 경우
- 자료형 / 변수명 / 반복 대상

for 문을 실행할 반복 대상이 있으면 자료형은 반복 대상이 지닌 자료형과 같은 타입으로 지정해야 합니다. 반복 대상의 요소를 하나씩 변수에 대입하면서 진행하고, 반복 대상의 길이만큼 꺼내어 반복합니다.

향상된 for 문을 이용한 다음 예제를 통해 확인해 보겠습니다.

예제 6-17 향상된 for 문 소스 코드 EX06_17.java

```java
01  package section06;
02
03  public class EX06_17 {
04      public static void main(String[] args) {
05
06          int[] score = {90, 92, 93};
07
08          int sum = 0;
09          double avg = 0;
```

```
10
11          for(int val : score) {
12              sum += val;
13          }
14
15          avg = (double) sum / 3;
16
17          System.out.println("총점 : " + sum + ", 평균 : " + avg);
18      }
19  }
```

실행 결과
총점 : 275, 평균 : 91.66666666666667

해설

06 : 3개의 값을 지닌 배열을 선언합니다.
11~13 : 향상된 for 문을 사용해 배열의 값을 추출합니다. 우측의 배열 값을 좌측의 val 변수에 차례대로 대입해 반복합니다.
15 : 합산된 값을 3으로 나누어 평균을 구합니다.

핵심정리

- **배열** 같은 타입의 데이터를 여러 개 저장할 수 있는 자료 구조입니다

- **배열의 선언**

  ```
  int[] arr = new int[크기];    또는   int arr[] = new int[크기];
  int[] arr = { 1, 2, 3, 4, 5 };
  ```

- **index** 생성된 배열의 위치 값을 말합니다. index는 0부터 시작합니다.

- **배열의 길이** 배열이 가지고 있는 length 값으로 배열의 길이를 알 수 있습니다.

- **Arrays** 배열을 지원하는 클래스로 배열과 관련된 다양한 기능을 가지고 있습니다.

- **다차원 배열** 배열은 다차원 배열을 만들 수 있습니다. 다차원 배열 중에서 행렬 구조로 사용되는 2차원 배열이 주로 사용됩니다.

- **다차원(2차원) 배열의 선언**

  ```
  int[][] arr = new int[크기][크기];
  int[][] arr = { {1, 2}, {3, 4}, {5, 6} };
  ```

- **향상된 for 문** JDK 1.5 이후부터 새로운 for문인 향상된 for문을 사용할 수 있습니다

- **향상된 for 문 기본 구조**

  ```
  for (int ②num : ①score) {

          ③ 실행 코드

  }
  ```
  - 데이터 타입 / 변수 명 / 반복 대상
  - 반복 요소가 있을 경우
  - 반복 요소가 없을 경우

응용문제

1. 다음 중 배열을 생성하는 방법으로 틀린 것은 무엇일까요?

   ① int[ ] arr = new int[4];

   ② int arr[ ] = new int[4];

   ③ int arr[ ] = {1,2,3,5};

   ④ int[ ][ ] arr = new int[ ][4];

2. 다음 코드의 빈칸을 완성해 주어진 배열에서 짝수만 더하여 합을 구해보세요.

```
01  package section06;
02
03  public class ArrayExample {
04      public static void main(String[] args) {
05
06          int[] arr = {1,2,3,4,5,6,7,8,9,10};
07          int sum = 0;
08
09          for(int i = 0; i < arr.length; i++) {
10
11
12
13          }
14
15          System.out.println("짝수들의 합 :" + sum);
16      }
17  }
```

3. 철수는 동생과 카드 게임을 했습니다. 카드 게임에 사용된 카드는 중복되는 숫자 없이 총 10장입니다. 배열과 랜덤 함수를 이용해 철수가 게임에 사용했던 카드를 구해보세요.
   카드에 적힌 숫자는 1부터 10이며, 카드는 섞여있으므로 순서는 상관없습니다.

4. 마방진은 숫자가 배열되어 있으며, 가로의 합, 세로의 합, 대각선의 합이 모두 동일하게 설계되어 있습니다.
   2차원 배열을 이용해 마방진을 구현해 보세요.

· 조건 : 배열은 5*5로 합니다.
         시작 위치는 (0, 2)입니다.
         마방진에 들어가는 숫자는 1부터 시작합니다.

· 완성 예시

17	24	1	8	15
23	5	7	14	16
4	6	13	20	22
10	12	19	21	3
11	18	25	2	9

객체 지향 언어의 역사

객체 지향 이론의 탄생 배경은 과학, 군사적 모의실험을 위해
최대한 실제 세계와 유사한 가상 세계를 구현하는 것이었습니다.
1960년대 최초의 객체 지향 언어인 Simula가 탄생했고,
1995년 Java가 발표되면서 객체 지향 언어가 프로그래밍언어의 주류가 되었습니다.

MISSION 1 객체 지향 프로그램 언어를 설명할 수 있습니다. 2 클래스를 적절하게 생성하고 사용할 수 있습니다.

KEYWORD #객체지향프로그래밍 #OOP #클래스 #정적멤버

SECTION **07**

클래스

01	객체 지향 프로그래밍
02	객체와 클래스
03	클래스의 구성
04	정적 멤버와 static

01 객체 지향 프로그래밍

`객체` `객체 지향 프로그래밍`

1 객체와 객체 지향 프로그래밍(OOP : Object-Oriented Programming)

객체 지향 프로그래밍이란, 말 그대로 객체를 지향하는 프로그래밍 방법을 말합니다.

여기서 객체는, 우리 실생활에 존재하는 모든 것으로 생각할 수 있습니다. 예를 들면, 눈에 보이는 컴퓨터, 연필, 책등과 같은 사물부터 학생, 선생님과 같은 인물이 될 수도 있습니다. 또한 수업이나 시험과 같이 눈에 보이지 않는 것도 객체가 될 수 있습니다.

객체는 일반적으로 상태를 표현할 수 있고 우리가 행동으로 실행할 수 있는 모든 것을 말합니다. 우리는 이런 객체를 중심으로 프로그램 구조를 설계하고 프로그래밍 하는 것을 객체 지향 프로그래밍이라고 합니다.

[객체]

자바는 객체를 기반으로 하는 대표적인 프로그램입니다.

> **TIP** 순서대로 일어나는 일을 시간순으로 프로그래밍하는 것을 절차 지향 프로그래밍이라고 합니다. 절차 지향 프로그래밍의 대표적인 프로그램은 C언어가 있습니다.

SECTION 07-02 객체와 클래스(class)

클래스란? | 클래스 선언

1 클래스란?

객체 지향 언어에서 가장 중요한 용어인 클래스는 한마디로 객체를 생성하기 위한 제작 설명서입니다. 쉽게 말해 어떤 물건을 만들기 위한 매뉴얼이라고 생각할 수 있습니다. 우리는 이 클래스를 기반으로 객체를 생성합니다.

하나의 설명서로 여러 개의 물건을 만들 수 있듯이, 자바에서는 하나의 클래스로 여러 개의 객체를 생성하고 사용할 수 있습니다.

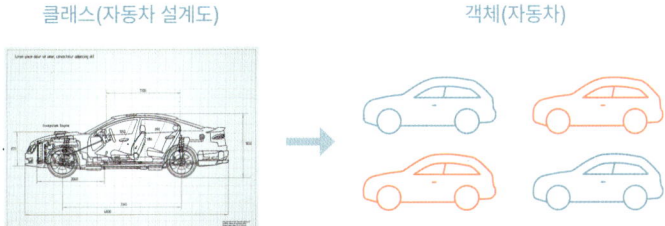

클래스(자동차 설계도) → 객체(자동차)

TIP 만들고자 하는 객체들을 먼저 생각하고, 그 객체들을 대표할 수 있는 또는 공통적인 특징을 클래스로 만들어 사용하면, 하나의 클래스로 더욱 많은 객체를 구현할 수 있습니다.

2 클래스 선언

사실 우리는 이미 자바를 배우기 시작했을 때부터 클래스를 선언해왔습니다. 자바 프로그래밍의 기반이 클래스이기 때문입니다. 우리가 사용해 온 클래스의 기본 구조는 다음과 같습니다.

```
public class Car {   // Car 클래스 선언

}
```

우리가 그동안 사용해왔던 클래스는 "실행용" 클래스로, 프로그램의 실행을 전적으로 맡고 있습니다.

클래스의 용도는 다음과 같이 두 가지가 있습니다.

> - **실행용** : 프로그램 전체에서 단 하나의 클래스로, 프로그램의 실행을 전적으로 맡고 있습니다. 프로그램의 시작 메서드인 main( )을 가지고 있는 클래스를 말하며, 다른 클래스에서 사용하지 않습니다.
> - **라이브러리용** : 다른 클래스에서 이용할 목적으로 선언되는 클래스입니다.

사실, 하나의 클래스가 위 두 가지 용도의 역할을 모두 수행할 수도 있습니다. 하지만 유지 보수와 객체 지향 프로그래밍의 특징인 모듈화를 고려해 별도로 분리하여 작성하는 것이 좋습니다. 따라서 일반적으로 하나의 프로그램에서 실행용 클래스 1개를 제외한 나머지 클래스는 모두 라이브러리용 클래스입니다.

클래스를 선언하는 방법은 어렵지 않습니다. 메서드를 선언하는 것보다 간단하게 느껴질 수 있습니다. 클래스를 선언하는 방법은 다음과 같습니다.

```
접근 제한자 class 클래스 이름 {

}
```

> - **접근 제한자** : 변수와 마찬가지로 클래스의 접근 범위를 제한합니다.
> - **class** : class를 선언함을 뜻합니다.
> - **클래스 이름** : 변수처럼 이름을 가지고, 객체를 생성할 때 사용합니다.

PLUS 학습 코너

> - 클래스 이름을 작성하는 규칙은 자바에서 변수를 작성하는 규칙과 동일합니다.
>   - 영어 대소문자를 사용할 수 있으며 보통 첫 글자는 대문자를 사용합니다.
>   - 숫자를 사용할 수 있으나 첫 글자로는 사용할 수 없습니다.
>   - 특수문자는 $, _만 가능합니다.
>   - 자바 예약어(키워드)는 사용할 수 없습니다.
>
> - 한글도 사용할 수는 있지만, 추후 한글 깨짐과 같은 오류를 방지하기 위해 사용하지 않는 것을 추천합니다. 또한, 카멜 표기법과 같이 2개 이상의 단어를 혼합해 사용할 경우, 각 단어의 첫 글자를 대문자로 작성하는 것이 좋습니다.

간단하게 Cat이라는 클래스를 선언해 보겠습니다.

예제 7-1 클래스 선언 소스 코드 Cat.java

```
01  public class Cat {   // 클래스 선언
02
03  }
```

이제 우리는 선언한 클래스로 객체를 생성할 수 있습니다.
객체를 담을 수 있는 변수부터 선언해 보겠습니다.

```
클래스명 객체명;
```

클래스명은 마치 변수의 자료형처럼, '클래스명'의 데이터를 담을 수 있는 '객체명'이라는 이름을 가진 변수를 선언하는 것과 형태가 비슷합니다.
〈Cat.java〉 코드를 이용해서 객체 변수를 선언하면 다음과 같습니다.

```
Cat c;
```

그럼 이제, 선언한 객체 변수에, 객체를 생성해 대입할 차례입니다.
객체를 생성하고 대입하는 형태는 다음과 같습니다.

```
객체명 = new 클래스명();
```

객체를 생성하는 키워드는 'new'입니다. 클래스를 이용해 객체를 생성할 수 있도록 도와줍니다. 이제 객체를 선언하고 생성하는 방법을 알았으니, 객체를 만들어 보겠습니다. 그런데 어디에서 객체를 만들어야 할까요? A 클래스의 객체를 만들기 위해서는 A가 아닌 다른 클래스에서 객체를 생성해야 합니다.
다음 예제를 통해 main 메서드를 가지고 있는 실행용 클래스인 〈EX07_03.java〉 코드에서 객체를 생성해 보겠습니다.

예제 7-2　클래스 선언　　　　　　　　　　　　　　　　　　　　　소스 코드 Cat.java

```
01  package section07;
02
03  public class Cat {   // 클래스 선언
04
05  }
```

예제 7-3　객체 생성　　　　　　　　　　　　　　　　　　　　　　소스 코드 EX07_03.java

```
01  package section07;
02
03  public class EX07_03 {   // 클래스 선언
04      public static void main() {
05          Cat c = new Cat();   // Cat 클래스를 이용해서 객체 생성
06      }
07  }
```

〈EX07-03.java〉코드와 〈Cat.java〉코드를 살펴보면 하나의 파일이 아니라 2개의 파일로 작성되어 있습니다.

클래스는 일반적으로 하나의 소스 파일에 하나의 클래스를 선언합니다. 다음 예제와 같이 파일의 이름과 동일한 클래스만 public을 사용하고, 다른 클래스는 public을 제외한다면 2개 이상의 클래스를 하나의 소스 파일에 작성할 수도 있습니다.

예제 7-4　하나의 소스 파일에 하나의 클래스 선언　　　　　　　소스 코드 EX07_04.java

```
01  package section07;
02
03  class Cat {   // 클래스 선언
04
05  }
06
07  public class EX07_04 {   // 클래스 선언
08      public static void main() {
09          Cat c = new Cat();   // 클래스 사용 = 객체 생성
10      }
11  }
```

하지만 코드를 컴파일한 결과물은 코드 파일을 각각 작성한 것과 동일하게 각 class 별로 도출되어 2개가 생성됩니다. 파일 분리 여부와 상관없이 결과물이 같기 때문에, 분리 여부는 개발자가 원하는 대로 작성해도 무방합니다. 그러나 추후 유지 보수의 편리성과 클래스 재사용을 고려해 하나의 파일에 한 개의 클래스를 작성하는 것을 추천합니다.

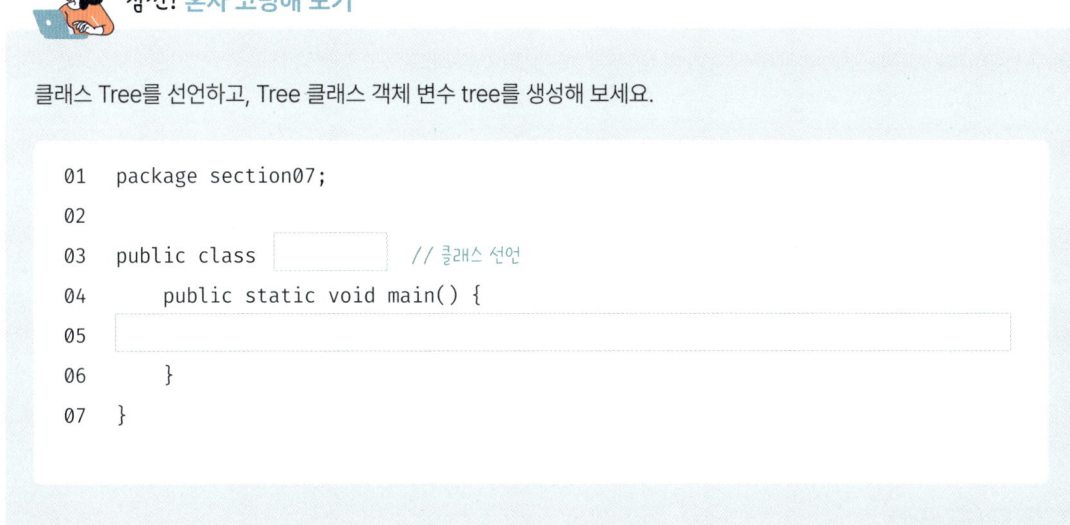

클래스 Tree를 선언하고, Tree 클래스 객체 변수 tree를 생성해 보세요.

```
01    package section07;
02
03    public class ▭         // 클래스 선언
04        public static void main() {
05        ▭
06        }
07    }
```

SECTION 03 클래스의 구성

`클래스 구성` `필드` `메서드` `생성자`

1 클래스 구성

클래스에는 어떤 요소들을 담을 수 있을까요? 클래스를 바탕으로 생성된 객체가 가져야 할 특징과 요소들로 구성됩니다. 클래스를 구성하는 3가지 요소는 다음과 같습니다.

- 필드(field)
- 메서드(method)
- 생성자(constructor)

각 요소들은 필요에 따라 생략하거나 2개 이상 작성할 수 있습니다.

2 필드(Field)

필드는 객체가 가져야 할 데이터 상태를 저장하는 변수를 말합니다. 단, 우리는 변수라고 부르지 않고 필드라고 부릅니다. 클래스 내에 정의되고 객체가 생성될 때 그 객체와 함께 존재하는 데이터입니다.

[Car.java]
```
01  public class Car {   // 클래스 선언
02      int wheel;   // 필드 선언
03  }
```

〈Car.java〉 코드에서 wheel은 아직 초기화되지 않은 상태입니다. 필드는 변수이므로 초기화하는 방법은 다음과 같습니다.

```
01  public class Car {      // 클래스 선언
02      int wheel = 4;      // 필드 선언 & 초기화
03                          // 물론 선언과 초기화를 나눠서 작성할 수 있습니다.
04  }
```

 **PLUS 학습 코너**

만약 클래스를 선언할 때, 필드의 값을 초기화 하지 않으면 객체 생성 시 자동으로 기본값으로 초기화됩니다. 각 자료형 별로 기본값은 다음과 같습니다.

구분	분류	자료형	초기값
기본 자료형	정수형	byte short int long	0 0 0 0L
	문자형(정수)	char	\u0000 (공백)
	실수형	float double	0.0F 0.0
	논리형	boolean	false
참조 자료형		배열	null
		클래스	null

필드의 사용

필드를 선언했으니, 이제 사용해 보겠습니다. 변수와 마찬가지로 필드의 값을 읽거나 변경할 수 있습니다. 클래스 안에 선언된 변수이기 때문에, 클래스 안에서는 기존에 변수를 사용했던 것처럼 사용할 수 있습니다.

```
int wheel = 4;
wheel = 5;   // wheel 필드의 값을 5로 변경합니다.
```

그러나, 필드를 선언한 클래스가 아닌 다른 클래스에서는 어떻게 사용할 수 있을까요?
필드는 클래스에 포함된 요소이자, 객체를 생성한 후 객체가 가지는 데이터이기도 합니다. 따라서 우리는 객체를 생성한 후 그 객체의 필드를 사용할 수 있습니다.
객체의 데이터, 즉 필드에 접근하는 방법은 다음과 같습니다.

```
객체명.필드명
```

- **객체명** : 클래스를 이용해 만든 객체 이름
- **필드명** : 만든 객체가 가지고 있는 필드 이름

예를 들어, Car의 객체 c를 만들어 필드를 사용하는 방법을 다음 예제를 통해 확인해 보겠습니다.

예제 7-5 필드 사용   소스 코드 Car.java

```
01  package section07;
02
03  public class Car {        // 클래스 선언
04      int wheel = 4;        // 클래스 필드 선언 및 초기화
05  }
```

예제 7-6 필드 사용   소스 코드 EX07_06.java

```
01  package section07;
02
03  public class EX07_06 {        // 클래스 선언
04      public static void main(String[] args) {
05          Car c = new Car();    // 클래스를 이용해서 객체 생성
06          System.out.println("wheel의 개수는 " + c.wheel + "개입니다.");   // 필드 값 출력
07
08          c.wheel = 5;    // c 객체의 데이터인 wheel의 값을 5로 변경
09          System.out.println("wheel의 개수는 " + c.wheel + "개입니다.");
10      }
11  }
```

> **실행 결과**
> wheel의 개수는 4개입니다.
> wheel의 개수는 5개입니다.

> **잠깐! 혼자 코딩해 보기**

클래스 Tree에 문자열을 저장하는 name 필드를 선언하고, "자작나무"로 초기화해주세요.
그리고 아래 빈칸에 "나무 이름은 자작나무입니다."를 출력하는 코드를 작성해 보세요.

```
01  package section07;
02
03  public class TreeName {
04      public static void main( ) {
05
06
07      }
08  }
```

3 메서드(method)

메서드란 객체의 기능을 담당하는 중괄호{ } 블록을 말합니다.
특정 기능을 수행하는 코드를 따로 빼서 중괄호 안에 작성하며, 1개의
메서드는 일반적으로 1개의 기능을 수행합니다.

메서드(method)는 'Section 08. 메서드'에서 자세히 다룹니다.

메서드 선언

메서드는 다음과 같이 선언합니다.

```
반환 타입  메서드명( ) {
    // 기능을 수행할 코드 작성
}
```

메서드를 호출하면 블록 안에 있는 코드들이 위에서부터 순차적으로 모두 실행되고 경우에 따라 실행한 결과를 호출한 곳으로 다시 돌려주기도 합니다. 우리는 이를 '반환한다'라고 표현하고, 반환하는 결과값을 '리턴값'이라고 부르기도 합니다.

리턴값이 있을 경우에는 리턴할 데이터의 형태가 무엇인지 메서드명( ) 앞에 반환 타입으로 기재해 주어야 합니다.

- **리턴값이 있을 경우** : 리턴값의 자료형을 반환 타입으로 작성합니다.
- **리턴값이 없을 경우** : 반환 타입을 void라고 작성합니다.

간단하게 아래 예제로 메서드를 구현해 보겠습니다.

예제 7-7 메서드 구현하기 소스 코드 Car.java

```java
01  package section07;
02
03  public class Car {     // 클래스 선언
04      int wheel;   // 필드 선언
05
06      void ride() {   // 메서드 선언
07          System.out.println("달립니다.");
08      }
09  }
```

메서드 사용

구현한 메서드를 사용하는 방법은, 필드의 사용법과 동일합니다.

메서드를 선언한 클래스 안에서 메서드를 사용할 때는 단순히 메서드명만 호출하면 되지만, 다른 클래스에서 메서드를 사용하려면 객체를 먼저 생성한 후 참조 변수를 이용해 그 객체의 메서드를 사용해야 합니다. 객체가 존재해야 메서드도 존재하기 때문입니다.

객체의 메서드에 접근하는 방법은 다음과 같습니다.

```
클래스명 객체명 = 클래스명( );    // 객체 생성
객체명.메서드명( );   // 생성한 객체의 메서드 호출(사용)
```

다음 예제를 통해 확인해 보겠습니다.

예제 7-8 메서드 사용하기 소스 코드 Car.java

```java
01  package section07;
02
03  public class Car {     // 클래스 선언
04      int wheel = 4;   // 클래스 필드 선언 및 초기화
```

```
05
06        void ride( ) {    // 메서드 선언
07            System.out.println("달립니다.");
08            System.out.println("씽씽씽");
09        }
10    }
```

예제 7-9 메서드 사용하기   소스 코드 EX07_09.java

```
01   package section07;
02
03   public class EX07_09 {   // 클래스 선언
04       public static void main(String[] args) {
05           Car c = new Car();   // 클래스를 이용해서 객체 생성
06           c.ride();  // 메서드 사용
07           c.ride();  // 메서드 사용
08           c.ride();  // 메서드 사용
09       }
10   }
```

실행 결과
달립니다.
씽씽씽
달립니다.
씽씽씽
달립니다.
씽씽씽

예제에서 확인한 것과 같이, 메서드를 한 번 선언해 두면 필요할 때마다 여러 번 호출하여 사용할 수 있습니다. 즉, 메서드를 사용하면 반복적인 프로그래밍을 보다 쉽고 간단하게 해결할 수 있습니다.

 PLUS 학습 코너

- 메서드 이름은 그 메서드의 기능을 명확하게 설명해 줄 수 있게 작성하는 것이 좋습니다.
- 메서드 이름을 작성하는 규칙 역시 변수를 작성하는 규칙과 동일하며, 한글도 사용할 수 있습니다.
- 클래스명과는 달리 최근 실무에서는 테스트를 위한 메서드의 이름을 한글로 작명하기도 합니다. 개발자 본인 혼자 확인하기 위한 테스트의 경우 많이 사용하고 있는 추세입니다. 하지만 아무리 테스트용 코드일지라도, 다른 개발자와 공용으로 사용하는 코드에서 한글 이름을 사용하는 것은 협의가 필요합니다.

4 생성자(constructor)

메서드 중에서 객체를 생성할 때 반드시 호출해야 하는 메서드가 있습니다. 이 메서드는 객체를 생성하면서 객체 변수를 초기화하는 역할을 하는데, 이를 생성자라고 부릅니다.

생성자(constructor)는 'Section 09. 생성자'에서 자세히 다룹니다.

```
클래스명 객체명 = new 클래스명( );
                      └── 이 메서드가 바로 생성자입니다!
```

생성자라는 메서드는 클래스명과 이름이 같습니다. 그런데 이상한 점이 있습니다. 우리는 이런 메서드를 생성한 적이 없음에도 생성자를 호출하여 객체를 생성해왔습니다. 그 이유는 우리가 직접 선언하지 않아도 기본 생성자가 자동으로 생성되고 우리 눈에만 보이지 않기 때문입니다.

소스 코드 Car.java

```java
01  package section07;
02
03  public class Car {        // 클래스 선언
04      int wheel = 4;        // 클래스 필드 선언 및 초기화
05
06      Car() {               // 기본 생성자 - 우리 눈에는 보이지 않음
07                            // 안에는 텅 비어있음
08      }
09
10      void ride() {         // 메서드 선언
11          System.out.println("달립니다.");
12          System.out.println("씽씽씽");
13      }
14  }
```

왜, 우리가 보기에는 텅 비어있는 이러한 생성자를 통해 객체를 생성해야 하는 걸까요?

생성자를 통해 객체 변수를 초기화한다는 것은, 단순히 어떠한 값을 초기화한다는 뜻이 아닙니다. 필드와 메서드를 호출하는 등 객체를 사용하기 위해서는 객체 변수가 메모리에 올라가야 하는데, 이렇게 메모리에 객체 변수를 올려주는 역할을 생성자가 해주고 있습니다.

생성자가 없는 클래스는 없습니다! 생략되었다고 해서 클래스에 없는 것이 아니라, 눈에 보이지 않을 뿐입니다.

정적 멤버와 static

SECTION 07 - 04

인스턴스 멤버와 정적 멤버 | 정적 멤버

1 인스턴스 멤버와 정적 멤버

클래스 안에 선언된 필드와 메서드를 클래스 멤버라고도 부릅니다. 클래스에 포함된 요소라는 의미로 '멤버'라는 용어를 사용하고 있습니다.

그럼, 클래스를 이용해서 객체를 생성할 때 모든 클래스 멤버가 각 객체의 멤버로 생성되는 걸까요?

모든 객체가 동일한 값을 가져야 한다는 가정을 해보겠습니다. 예를 들어 한집에 함께 사는 가족 구성원들을 생각해 볼까요? 구성원의 이름과 나이는 모든 객체가 다르겠지만 한집에 함께 살기 때문에 구성원의 주소는 모든 객체가 동일할 것입니다.

다음 예제를 통해 확인해 보겠습니다.

예제 7-10 인스턴스 멤버   소스 코드 Family.java

```java
01  package section07;
02
03  public class Family {   // 클래스 선언
04      String name;   // 구성원 이름
05      int age;   // 구성원 나이
06      String address = "서울";   // 구성원 주소
07  }
```

만약 이러한 경우, 가족들이 A집에서 B집으로 이사를 한다면 어떨까요?

예제 7-11   인스턴스 멤버   소스 코드 EX07_11.java

```java
01  package section07;
02
03  public class EX07_11 {    // 클래스 선언
04      public static void main(String[] args) {
05          Family father = new Family();
06          Family son = new Family();
07
08          father.address = "인천";
09          System.out.println(son.address);
10      }
11  }
```

실행 결과
서울

위 예제에서 살펴봤듯이 같은 집으로 함께 이사를 한 가족이라도 하나의 객체의 주소만 변경했더니 아들 객체의 주소는 바뀌지 않은 것을 알 수 있습니다.

이렇게 모든 객체의 필드 값이 똑같아야 한다면, 어떻게 관리하는 것이 효율적일까요?

우리는 이러한 경우를 효율적으로 대처하기 위해, 모든 객체가 같은 필드 값을 가지게 할 수 있습니다. 일반적으로 각 객체가 가지게 되는 필드와 메서드를 우리는 인스턴스(객체) 멤버라고 말하며, 모든 객체들이 공유하며 사용하는 하나의 필드와 메서드를 정적 멤버라고 부릅니다.

2 정적 멤버

정적 멤버란, 필드와 메서드를 선언할 때 static이라는 키워드가 붙은 멤버들을 말합니다.
그렇다면 static의 기능이 무엇인지, 좀 더 자세히 알아보겠습니다.

```java
class Student {
    static int age;   // 정적 멤버(필드)

    static void introduce() {   // 정적 멤버(메서드)
        System.out.println("안녕하세요");
    }
}
```

static 키워드

static의 사전적 의미는 '고정된(형용사)'이라는 뜻을 가지고 있습니다. 프로그래밍 언어에서 static은 이러한 의미를 바탕으로 '클래스에 고정되었다'라는 의미로 사용되고 있습니다. 쉽게 말해서 객체가 아닌 클래스에 의존적인 요소라고 생각할 수 있습니다.

static이 앞에 붙은 멤버들은 다른 멤버들과는 달리 객체를 생성하지 않고 바로 사용할 수 있습니다. 그 이유는 객체를 생성할 때 메모리에 올라가는 것이 아니라, 프로그램을 시작할 때 메모리에 올라가고 프로그램이 종료될 때 메모리에서 사라지기 때문입니다.

> **TIP** 메서드 안에 지역변수는 static으로 선언할 수 없습니다.

호출 방법은 다음과 같이 클래스 이름을 통해 호출합니다.

```
클래스명.필드;
클래스명.메서드( );
```

다음 예제를 통해 객체 생성 없이 필드와 메서드를 호출할 수 있다는 것을 확인해 보겠습니다.
한 학교 내 학생들의 객체를 만들기 위한 클래스 Student를 선언합니다.

예제 7-12 정적 멤버　　　　　　　　　　　　　　　　　　　　　소스 코드 Student.java

```java
01  package section08;
02
03  public class Student {    // 클래스 선언
04      static String schoolName = "코리아 고등학교";    // 정적 멤버 선언
05
06      static void goToSchool() {    // 정적 메서드 선언
07          System.out.println("학교에 갑니다.");
08      }
09  }
```

예제 7-13 정적 멤버   소스 코드 EX07_13.java

```java
01  package section07;
02
03  public class EX07_13 {    // 클래스 선언
04      public static void main(String[] args) {
05          System.out.println(Student.schoolName);   // 정적 필드 호출
06          Student.goToSchool();    // 정적 메서드 호출
07      }
08  }
```

실행 결과
코리아 고등학교
학교에 갑니다.

정적 멤버의 경우, 객체마다 가지는 데이터 기능이 아니기 때문에 모든 객체가 같은 값을 가져야 할 경우에 사용하는 것이 효율적입니다. 따라서 각 클래스의 멤버를 선언할 때는 충분히 고려한 후 정적 멤버로 선언할지에 대한 결정을 내리는 것이 좋습니다.

예를 들어, 〈Student.java〉 코드에 학생의 이름을 추가해야 한다는 가정을 해보겠습니다. 학생의 이름은 각 객체가 가져야 할 데이터이기 때문에 아래와 같이 정적 필드가 아닌 인스턴스 필드로 선언해야 합니다.

예제 7-14 인스턴스   소스 코드 Student.java

```java
01  package section07;
02
03  public class Student {    // 클래스 선언
04      static String schoolName = "코리아 고등학교";   // 정적 필드 선언
05      String studentName;    // 인스턴스 필드 선언
06
07      static void goToSchool() {    // 정적 메서드 선언
08          System.out.println("오늘은 학교에 가는 날입니다.");
09      }
10
11      void hello() {    // 인스턴스 메서드 선언
12          System.out.println("안녕하세요, 제 이름은 " + studentName + "입니다.");
13      }
14  }
```

예제 7-15 인스턴스 소스 코드 EX07_15.java

```java
01  package section07;
02
03  public class EX07_15 {   // 클래스 선언
04      public static void main(String[] args) {
05          Student stu1 = new Student();
06          stu1.studentName = "김고이";
07          stu1.hello();
08          System.out.println("학교는 " + Student.schoolName + "입니다.");
09          Student.goToSchool();
10
11          Student stu2 = new Student();
12          stu2.studentName = "김고삼";
13          stu2.hello();
14          System.out.println("학교는 " + Student.schoolName + "입니다.");
15          Student.goToSchool();
16      }
17  }
```

실행 결과

안녕하세요, 제 이름은 김고이입니다.
학교는 코리아 고등학교입니다.
오늘은 학교에 가는 날입니다.
안녕하세요, 제 이름은 김고삼입니다.
학교는 코리아 고등학교입니다.
오늘은 학교에 가는 날입니다.

 **PLUS 학습 코너**

정적 멤버를 호출할 때, 아래와 같이 객체 변수로 호출할 수도 있습니다.

```java
Student stu1 = new Student();
System.out.println(stu1.schoolName);   // 코리아 고등학교
```

그러나 클래스명으로 접근하는 것이 자바 세상의 원칙이기 때문에 정적 멤버는 클래스명으로 접근하는 것을 추천합니다. 또한 일부 개발 툴에서는 객체 변수를 통해 호출하면 경고문을 발생시키기도 합니다.

핵심정리

- **객체 지향 프로그래밍** 객체는 일반적으로 상태를 표현할 수 있으며 행동으로 실행할 수 있는 모든 것을 말합니다. 이러한 객체를 중심으로 프로그램 구조를 설계하고 프로그래밍 하는 것을 객체 지향 프로그래밍이라고 합니다.

- **클래스** 클래스는 한마디로 객체를 생성하기 위한 제작 설명서입니다.

- **클래스의 선언**

    ```
    접근 제한자   class   클래스 이름 {
        ...
    }
    ```

- **클래스를 구성하는 3가지 요소**

    필드(field) : 객체가 가져야 할 데이터, 상태를 저장하는 변수
    메서드(method) : 객체의 특정 기능을 수행하는 코드 블록
    생성자(constructor) : 객체를 생성하면서 객체 변수를 초기화 하는 역할(기능)을 하는 메서드

- **인스턴스 멤버 / 정적 멤버** 각 객체가 가지게 되는 필드와 메서드를 인스턴스 멤버라고 말하며, 모든 객체들이 공유하며 사용하는 하나의 필드와 메서드를 정적 멤버라고 부릅니다.

- **static** 정적 멤버는 static 키워드로 선언할 수 있습니다. 객체를 생성할 때 메모리에 올라가는 것이 아니라, 프로그램을 시작할 때 메모리에 올라가고 프로그램이 종료될 때 메모리에서 사라집니다.

응용문제

1. 다음 문장이 맞으면 O표, 틀리면 X표 하세요.

- 객체를 중심으로 프로그램 구조를 설계하고 프로그래밍하는 것을 객체 지향 프로그래밍이라고 합니다. (   )
- 하나의 클래스로 하나의 객체만 만들 수 있습니다. (   )

2. 다음 중 객체가 될 수 있는 것을 모두 고르세요.

   ① 학생   ② 수영장   ③ 꽃   ④ 나이

3. 다음 빈칸에 알맞은 단어를 작성해 보세요.

- 클래스의 3요소는 ☐, ☐, ☐ 입니다.
- 클래스를 선언할 때 ☐ (을)를 이용해 접근 범위를 설정할 수 있습니다.
- 클래스는 크게 ☐ 클래스, ☐ 클래스로 분류할 수 있습니다.

4. 다음 코드는 컴파일 에러가 발생합니다. 그 이유는 무엇이며, 어떻게 해결해야 할까요?

```
01  package section07;
02
03  public class PRACTICE_07_04 {
04      public static void main(String[] args) {
05          Speaker speaker = new Speaker();
06          speaker.turnOn();
07      }
08  }
09
10  class Speaker {
11      void turnOn() {
12          static int volume = 50;
13          System.out.println("스피커의 전원이 켜졌습니다. 기본 볼륨은 " + volume + " 입니다.");
14      }
15  }
```

메서드는 기법, 방법이라는 뜻을
가지고 있어요.

프로그래밍을 하다 보면 같은 내용을 계속해서 반복할 때가 있습니다.
우리는 배열과 반복문을 통해 코드를 간결하게 만드는 방법을 배웠지만
모든 걸 해결해 주지는 못합니다.
이때 메서드를 사용하는데, 과연 메서드는 무엇일까요?

MISSION 1 메서드의 개념을 알고 설명할 수 있습니다. 2 메서드를 생성하고 사용할 수 있습니다. 3 매개 변수와 return을 적절하게 사용할 수 있습니다. 4 getter/setter를 이용해 필드의 값에 접근하고 변경할 수 있습니다.

KEYWORD #메서드 #method #return #getter #setter

SECTION 08

메서드

01 | 메서드
02 | 매개변수와 return
03 | getter와 setter 메서드

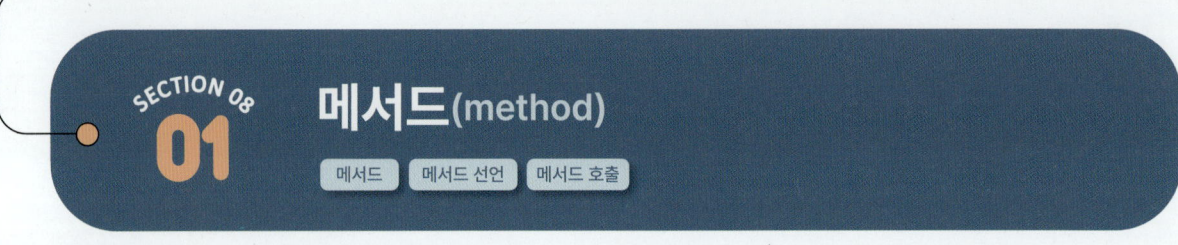

메서드(method)

메서드 메서드 선언 메서드 호출

1 메서드

메서드란, 클래스 안에서 특정 기능을 수행하기 위해 코드들을 따로 하나의 블록으로 묶어 놓은 집합을 말합니다. 필요에 따라 이 집합을 호출해 사용할 수 있습니다.

우리는 메서드를 구현함으로써, 같은 내용의 코드를 반복적으로 사용하는 것을 피할 수 있습니다. 즉, 반복되는 문장들을 묶어서 메서드로 작성해 놓으면 필요할 때마다 재사용이 가능하며 중복된 코드를 제거할 수 있습니다. 이것이 우리가 메서드를 사용하는 이유 중 하나이기도 합니다.

이렇게 메서드처럼 코드들의 집합을 따로 분리하는 것을 "모듈화"라고 부르기도 하는데, 모듈화는 코드를 읽을 때 가독성이 좋으며, 프로그램을 수정할 때 더욱 빠르고 쉽게 수정할 수 있습니다.

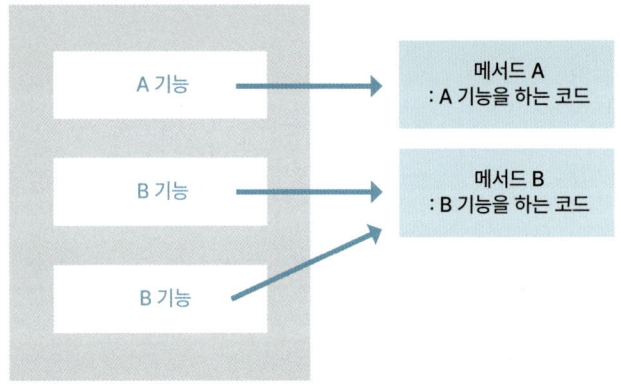

[그림 07-1] 모듈화

2 메서드 선언

메서드는 크게 선언부(signature)와 실행 영역(body)으로 구성되어 있습니다.
메서드를 선언하는 방법은 다음과 같습니다.

```
접근 제한자   반환 타입   메서드 이름 ( ) {     ← 선언부
        //기능을 수행할 코드                   ← 실행 영역
}
```

- **접근 제한자(제어자, access modifier)** : 변수와 마찬가지로 해당 메서드에 접근할 수 있는 범위를 결정합니다. * 접근 제한자는 'Section 10. 상속'에서 자세히 다룹니다.
- **반환 타입 (return type)** : 메서드를 호출하면 메서드는 블록 안에 있는 코드들을 실행한 후 결과값을 반환하는데, 어떤 타입으로 반환할 것인지 타입을 미리 정해줍니다. 반환값이 없는 경우에는 반환 타입으로 'void'를 사용합니다.
- **메서드 이름** : 변수처럼 이름을 가지고, 메서드를 호출할 때 사용합니다.

PLUS 학습 코너

- 접근 제한자는 클래스/ 메서드/ 필드에 대한 접근을 어느 범위까지 제한하느냐에 대한 지시어입니다.
이번 Section에서는 접근 제한자 중에서도 가장 넓은 범위, 즉 모든 클래스에서 접근이 가능한 public만 사용하여 학습해 보겠습니다.

- 메서드를 작성할 때는 하나의 메서드에 하나의 기능만을 수행하도록 작성하는 것이 좋습니다. 또한 메서드의 이름 만으로도 메서드의 기능을 쉽게 알 수 있도록 설정합니다. 예) printHello( ) : 인사말을 출력하는 메서드

메서드는 클래스 안에 선언하고 정의할 수 있습니다. 정의할 수 있는 클래스가 정해져 있는 것이 아니라, 모든 클래스에서 정의할 수 있으며, 해당 메서드를 호출해 사용할 수 있습니다.
다음은 간단하게 인사말을 출력하는 메서드를 선언하고 호출하는 예제입니다.

예제 8-1 메서드 선언 및 호출 소스 코드 EX08_01.java

```java
01  package section08;
02
03  public class EX08_01 {
04      public static void main(String[] args) {
05          printHello();   // main 메서드 안에서 printHello( ) 메서드 호출
06      }
07
08      static void printHello() {   // 왜 static으로 선언되었는지
09                                   // Plus 학습코너에서 확인합니다!
10          System.out.println("안녕하세요");
11          System.out.println("만나서 반갑습니다.");
12      }
13  }
```

실행 결과
안녕하세요
만나서 반갑습니다.

해설

03 : EX08_01 클래스 안에서 선언했습니다.
08 : static : 정적 멤버로 선언합니다.
   void : 반환할 결과가 없을 때, void라고 명시합니다.
   printHello( ) : 해당 메서드를 호출하기 위해 메서드명을 사용합니다.

이와 같이 클래스 안에 메서드를 정의해 놓고, 필요에 따라 호출해서 사용할 수 있습니다.

PLUS 학습 코너

우리는 이미 Section 01부터 메서드를 사용하고 있었습니다. 프로그램이 처음 시작될 때 호출되는 main이 바로 메서드이기 때문입니다.

```java
public static void main(String[] args) {
    // public : 모든 클래스에서 접근할 수 있다.
    // static : 프로그램 시작과 동시에 메모리에 올라가 있다.
    // void : 반환할 것이 없다.
}
```

main 메서드가 static으로 프로그램 시작과 함께 메모리에 올라가 있습니다. 따라서 main 안에서 메서드를 호출하기 위해서는 호출하려는 메서드가 메모리에 올라가 있어야 합니다.

다음과 같이 메서드를 메모리에 올리는 방법을 두 가지로 분류할 수 있습니다.

- 라이브러리 클래스에 있는 메서드
 - 인스턴스 메서드 : 객체를 생성함과 동시에 객체의 멤버(필드, 메서드)들이 메모리에 올라갑니다. 따라서, 객체를 생성한 후 사용할 수 있습니다.
 - 정적 메서드 : 프로그램 시작과 동시에 메모리에 자동으로 올라가기 때문에 바로 사용할 수 있습니다.

- 실행 클래스에 있는 메서드
 - 객체를 생성할 방법이 없기 때문에, 메서드가 무조건 static(정적 메서드)으로 선언되어야 합니다.

3 메서드 호출

〈예제 8-1〉에서 확인한 것처럼, 우리는 main 메서드 안에서 우리가 정의한 메서드를 호출했습니다. 이처럼 메서드는 또 다른 메서드에서 호출되어 사용됩니다.

메서드를 호출하는 방법은 다음과 같습니다.

> 메서드가 있는 클래스 참조변수 = new 클래스( );
> 참조변수.메서드 이름( );
> (단, 같은 클래스에 있는 메서드를 호출할 때는 메서드 이름만 호출합니다.)

메서드는 클래스 안에서 선언되므로 메서드를 사용하기 위해서는 해당 클래스의 객체부터 생성해야 합니다. 예를 들어, Book이라는 클래스에 선언된 read( )라는 메서드를 호출하기 위해서는 다음과 같이 작성합니다.

```
Book b = new Book();
b.read();
```

위에서 확인했던 예제의 경우에는 호출할 때 객체명 또는 클래스명을 따로 작성하지 않았는데, 그 이유는 메서드를 정의(선언)하고 호출하는 부분이 같은 클래스에 있었기 때문입니다.

이번에는 다른 클래스에 있는 메서드를 사용하는 방법을 예제로 확인해 보겠습니다.

예제 8-2 다른 클래스에 있는 메서드 호출하기   소스 코드 Jogger.java

```
01  package section08;
02
03  public class Jogger {
04      void run() {
05          System.out.println("run run run!");
06      }
07  }
```

예제 8-3 다른 클래스에 있는 메서드 호출하기 　　　　소스 코드 EX08_03.java

```java
01  package section08;
02
03  public class EX08_03 {
04      public static void main(String[] args) {
05          Jogger jogger = new Jogger();   // 객체 생성
06          jogger.run();    // jogger 인스턴스의 run( ) 메서드 호출
07      }
08  }
```

실행 결과
```
run run run!
```

메서드는 같은 클래스에 있는 필드를 이용할 수도 있으며, 하나의 클래스에 2개 이상의 메서드를 선언하는 것 역시 가능합니다.

〈Jogger.java〉 코드에 조거의 이름을 저장하는 필드 name을 선언하고, 이름을 출력하는 메서드를 선언한 후 호출해 보겠습니다.

예제 8-4 2개 이상의 메서드 선언하기 ① 　　　　소스 코드 Jogger.java

```java
01  package section08;
02
03  public class Jogger {
04      String name;   // 조거의 이름
05
06      void run() {
07          System.out.println("run run run!");
08      }
09
10      void sayName() {
11          // 필드를 이용해 아래 문장 출력
12          System.out.println("제 이름은 " + name + "입니다.");
13      }
14  }
```

예제 8-5 2개 이상의 메서드 선언하기 ②   소스 코드 EX08_05.java

```java
01  package section08;
02
03  public class EX08_05 {
04      public static void main(String[] args) {
05          Jogger jogger = new Jogger();   // 객체 생성
06          jogger.name = "김나비";
07          jogger.sayName();   // jogger 인스턴스의 sayName( ) 메서드 호출
08          jogger.run();   // jogger 인스턴스의 run( ) 메서드 호출
09      }
10  }
```

실행 결과
제 이름은 김나비입니다.
run run run!

SECTION 08 02 매개변수와 return

`매개변수` `return`

1 매개변수

특정 기능을 수행하기 위한 메서드는 기능을 수행할 때 사용할 인수를 받을 수 있습니다. 우리는 그 인수를 "매개변수"라고 부릅니다. 메서드를 정의할 때, 소괄호() 안에 어떤 형태로 인수를 받을지 작성할 수 있습니다.

```
접근 제한자   반환 타입   메서드 이름(자료형 변수명) {
    // 기능을 수행할 코드들
}
```

매개변수는 다음과 같이 '매개변수의 자료형'과 '매개 변수명'으로 선언할 수 있습니다.

`int number`
- 호출할 때 전달받을 변수의 자료형
- 전달받은 매개변수를 메서드 안에서 사용할 때 이름

메서드를 호출할 때 전달해 줄 변수의 자료형을 명시하고, 그 변수를 메서드 안에서 사용할 때 담아서 사용할 변수 이름을 작성합니다. 쉽게 말해, 메서드를 호출할 때 같이 전달받는 변수를 메서드 안에서 사용할 지역변수에 담는 것입니다.

> 메서드에 전달해 줄 매개변수의 자료형으로는, 자바에서 사용하는 모든 자료형이 가능합니다.

간단한 예제로 확인해 보겠습니다.

예제 8-6 매개변수가 있는 메서드 정의   소스 코드 Book.java

```java
01  package section08;
02
03  public class Book {
04      void count(int bookNum) {
05          System.out.println("책은 " + bookNum + "권 입니다.");
06      }
07  }
```

예제 8-7 매개변수가 있는 메서드 호출   소스 코드 EX08_07.java

```java
01  package section08;
02
03  public class EX08_07 {
04      public static void main(String[] args) {
05          Book myBook = new Book();   // 객체 생성
06          myBook.count(3);   // myBook 인스턴스 count 메서드 호출
07      }
08  }
```

실행 결과
책은 3권 입니다.

매개변수는 개수의 제한이 없습니다. 2개 이상의 매개변수를 정의할 때는 콤마(,)를 이용해서 나열합니다.

```
접근 제한자  반환 타입  메서드 이름(자료형 변수명1, 자료형 변수명2 ...) {
    // 기능을 수행할 코드들
}
```

다음 예제를 통해 확인해 보겠습니다.

예제 8-8 매개변수가 2개 이상인 메서드 정의   소스 코드 Calc.java

```java
01  package section08;
02
03  public class Calc {
04      void sum(int num1, int num2) {
05          System.out.println("두 수의 합은 " + (num1 + num2) + "입니다.");
06      }
07  }
```

| 예제 8-9 | 매개변수가 2개 이상인 메서드 호출 | 소스 코드 EX08_09.java |

```java
01  package section08;
02
03  public class EX08_09 {
04      public static void main(String[] args) {
05          Calc calc = new Calc();    // 객체 생성
06          calc.sum(5, 3);     // calc 인스턴스 sum 메서드 호출
07          calc.sum(10, 7);    // calc 인스턴스 sum 메서드 호출
08      }
09  }
```

실행 결과
두 수의 합은 8입니다.
두 수의 합은 17입니다.

2개의 정수형 변수를 매개변수로 받아서, 두 수의 합을 결과로 출력하는 예제를 구현해 봤습니다. 2개 이상의 매개변수를 받아야 할 때, 반드시 같은 자료형을 사용해야 하는 것은 아닙니다.

이번에는 다른 자료형 2개를 매개변수로 받는 메서드를 예제로 확인해 보겠습니다.

| 예제 8-10 | 다른 자료형 2개를 매개변수로 받는 메서드 정의 | 소스 코드 Person.java |

```java
01  package section08;
02
03  public class Person {
04      void introduce(String name, int age) {
05          System.out.println("제 이름은 " + name + "이고, 나이는 " + age + "세입니다.");
06      }
07
08      void hello() {
09          System.out.println("안녕하세요.");
10      }
11  }
```

예제 8-11 다른 자료형 2개를 매개변수로 받는 메서드 호출　　　　　소스 코드 EX08_11.java

```java
01  package section08;
02
03  public class EX08_11 {
04      public static void main(String[] args) {
05          Person hong = new Person();    // 객체 생성
06          hong.introduce("홍길동", 20);   // hong 인스턴스 introduce 메서드 호출
07          hong.hello();
08      }
09  }
```

실행 결과
제 이름은 홍길동이고, 나이는 20세입니다.
안녕하세요.

자바의 기본 자료형을 매개변수로 받아봤으니 이번에는 우리가 만든 배열을 매개변수로 받는 메서드를 작성해 보겠습니다.

숫자 2개를 가진 배열 nums를 생성하여, 메서드의 매개변수로 전달해 보겠습니다.

예제 8-12 매개변수를 배열로 받는 메서드 정의　　　　　소스 코드 Calc.java

```java
01  package section08;
02
03  public class Calc {
04      void sum(int[] nums) {
05          int result = 0;
06          for(int i = 0; i < nums.length; i++) {
07              result += nums[i];      // 매개변수로 받은 배열의 요소 값을 하나씩
08                                      // result 값에 더함
09          }
10
11          System.out.println("숫자들의 합은 " + result + "입니다.");
12      }
13  }
```

| 예제 8-13 | 매개변수를 배열로 받는 메서드 호출 | 소스 코드 EX08_13.java |

```java
01   package section08;
02
03   public class EX08_13 {
04       public static void main(String[] args) {
05           int nums[] = {100, 200};       // 배열 생성
06           Calc calc = new Calc();         // Calc 객체 생성
07           calc.sum(nums);     // calc 인스턴스의 sum 메서드 호출
08       }
09   }
```

실행 결과
숫자들의 합은 300입니다.

2 return

메서드를 호출할 때 매개변수를 전달해 준 것처럼, 필요에 따라 메서드로부터 실행한 결과값을 되돌려 받을 수도 있습니다. 우리는 이것을 "리턴값(return value)"이라고 부릅니다.

앞에서 확인한 메서드 기본 형태에서 반환 타입(return type)은 메서드를 호출했을 때 결과값으로 돌려받을 데이터의 자료형을 명시합니다. 예를 들어, sum( )이라는 함수의 결과값으로 정수를 돌려받는다면, 반환 타입으로 int를 작성합니다.

여기서 중요한 것은, 메서드가 반환할 값이 있다면 반드시 return 구문을 통해서 결과값을 반환해 주고 메서드를 종료해야 합니다. 만약 return 문이 없으면 컴파일 에러가 발생합니다.

```
접근 제한자   반환 타입   메서드 이름( ) {
    // 기능을 수행할 코드들
    ...
    return 결과값;
}
```

매개변수와 마찬가지로 리턴값의 자료형은 제한이 없습니다. 자바에서 사용하는 모든 자료형을 반환 타입으로 사용할 수 있습니다.

- 기본 자료형
  - 정수형 : byte, short, int, long
  - 문자형(정수) : char
  - 실수형 : float, double
  - 논리형 : boolean

- 참조 자료형
  - 배열, 클래스 등

자료형의 크기에 따라 실제로 던질 리턴값보다 작은 자료형으로 자동 형 변환 되어 반환하는 것도 가능합니다. 예를 들어, 반환 타입이 int라면 정수형인 byte, short, int를 리턴할 수 있고, 자동으로 int 타입으로 변환되어 리턴됩니다.

하지만, 앞에서 학습했듯이 자동 형 변환보다는 개발자가 명확하게 명시해 주는 것이 좋습니다.

〈EX08_13.java〉에서 매개변수로 받은 숫자들의 합 result를 메서드 안에서 출력하지 않고, 리턴값으로 수를 반환하여 main 메서드에서 출력해 보겠습니다.

예제 8-14 result를 반환하는 메서드 정의   소스 코드 Calc.java

```java
01  package section08;
02
03  public class Calc {
04      public int sum(int[] nums) {
05          int result = 0;
06          for(int i = 0; i < nums.length; i++) {
07              result += nums[i];
08          }
09
10          return result;   // 매개변수로 받은 값을 모두 더한 result 값을 다시 반환함
11      }
12  }
```

예제 8-15   result를 반환하는 메서드 호출   소스 코드 EX08_15.java

```java
01  package section08;
02
03  public class EX08_15 {
04      public static void main(String[] args) {
05          int[] nums = {500, 200};    // 배열 생성
06          Calc calc = new Calc();     // Calc 객체 생성
07          // calc 인스턴스의 sum 메서드를 호출하여 return된 결과값을 출력
08          System.out.println("숫자들의 합은 " + calc.sum(nums) + "입니다.");
09      }
10  }
```

실행 결과
숫자들의 합은 700입니다.

예제에서 확인했듯이, 메서드를 호출한 위치가 메서드를 실행하고 반환된 결과값으로 치환되었습니다. 이렇게 따로 변수에 저장하지 않고 바로 치환하여 사용할 수도 있으며, 필요에 따라 변수에 저장하여 결과값을 활용할 수도 있습니다.

이때, 결과값을 저장할 변수의 자료형은 결과값의 자료형과 동일하거나 자동 형 변환이 될 수 있는 자료형이어야 합니다.

다음은 호출한 메서드에서 리턴한 값을 변수에 저장하는 예제입니다.

예제 8-16   리턴한 값을 변수에 저장하는 메서드 정의   소스 코드 MidTerm.java

```java
01  package section08;
02
03  public class MidTerm {
04      public int score(int[] scores) {
05          int result = 0;
06          for(int i = 0; i < scores.length; i++) {
07              result += scores[i];
08          }
09
10          return result;
11      }
12  }
```

예제 8-17 리턴한 값을 변수에 저장하는 메서드 호출　　　　　소스 코드 EX08_17.java

```java
01  package section08;
02
03  public class EX08_17 {
04      public static void main(String[] args) {
05          int[] studentA = {97, 53};
06          int[] studentB = {95, 66};
07
08          MidTerm mid = new MidTerm();   // MidTerm 객체 생성
09          int sumA = mid.score(studentA);   // 메서드를 호출한 결과값을 sumA에 저장
10          int sumB = mid.score(studentB);   // 메서드를 호출한 결과값을 sumB에 저장
11
12          if(sumA > sumB) {
13              System.out.println("A학생의 중간고사 총점이 더 높습니다.");
14          } else if(sumA < sumB) {
15              System.out.println("B학생의 중간고사 총점이 더 높습니다.");
16          } else {   // sumA == sumB
17              System.out.println("두 학생의 중간고사 총점이 같습니다.");
18          }
19      }
20  }
```

실행 결과
B학생의 중간고사 총점이 더 높습니다.

PLUS 학습 코너

return 문은 결과값 반환과 동시에 메서드를 종료시키는 구문입니다. 따라서 return 문 뒤에 코드를 작성하면 컴파일 에러가 발생합니다.

```java
01  public class Calc {
02      public int sum(int[] nums) {
03          int result = 0;
04          for(int i = 0; i < nums.length; i++) {
05              result += nums[i];
06          }
```

```
07          return result;   // 숫자를 더한 결과값을 반환
08          System.out.println(result);   // 컴파일 에러 발생
09      }
10  }
```

리턴값이 없는 메서드의 경우, 앞에서 확인했던 것처럼 반환 타입으로 void를 사용합니다. 이 경우에는 return 문으로 결과값을 반환해 주지 않습니다.
단, 메서드를 종료하기 위해서 반환값이 없는 return 문을 사용할 수 있습니다.

```
return;
```

while 문을 빠져나갈 때 break를 사용했던 것처럼, 메서드를 빠져나가기 위해 return을 사용합니다. 예제를 통해 확인해 보겠습니다.

예제 8-18 return으로 메서드 빠져나가기 　　　　　　　　　　　　　　　　소스 코드 Bus.java

```
01  package section08;
02
03  public class Bus {
04      void take(int m) {
05          // return; 이 나올 때까지 무한 반복
06          while(true) {
07              if(m < 3000) {
08                  System.out.println("교통카드를 충전하러 갑니다.");
09                  return;
10              }
11              System.out.println("버스를 탑니다.");
12              m -= 1250;
13          }
14      }
15  }
```

예제 8-19 return으로 메서드 빠져나가기   소스 코드 EX08_19.java

```java
01   package section08;
02
03   public class EX08_19 {
04       public static void main(String[] args) {
05           int money = 10000;
06
07           Bus bus = new Bus();      // Bus 객체 생성
08           bus.take(money);   // bus 인스턴스의 take 메서드 호출
09       }
10   }
```

실행 결과
버스를 탑니다.
버스를 탑니다.
버스를 탑니다.
버스를 탑니다.
버스를 탑니다.
버스를 탑니다.
교통카드를 충전하러 갑니다.

return 문을 통해서, 무한 루프를 돌고 있는 while 문은 물론 take( ) 메서드를 완전히 종료하고 빠져나왔습니다.

SECTION 08
03 getter와 setter 메서드

`setter 메서드` `getter 메서드`

우리는 지금까지 객체의 필드를 객체의 내부뿐만 아니라 객체 밖에서도 마음껏 사용할 수 있었고, 마음대로 값을 바꿀 수도 있었습니다.

하지만, 아래 코드를 한 번 확인해 볼까요?

예제 8-20 마음대로 접근 가능한 필드   소스 코드 Person.java

```java
01  package section08;
02
03  public class Person {
04      int age;
05  }
```

예제 8-21 마음대로 수정 가능한 필드   소스 코드 EX08_21.java

```java
01  package section08;
02
03  public class EX08_21 {
04      public static void main(String[] args) {
05          Person kim = new Person();
06          kim.age = -30;
07          System.out.println("kim의 나이는 " + kim.age + "세입니다.");
08      }
09  }
```

실행 결과
kim의 나이는 -30세입니다.

사람의 나이는 음수가 될 수 없음에도 age 값을 음수로 바꿀 수 있었습니다. 이처럼 객체 밖에서 필드에 마음대로 접근할 수 있고 값을 변경할 수 있다면, 문제가 생길 가능성이 있어 보입니다.

이런 문제를 예방하기 위해 객체 지향 프로그래밍에서는 메서드를 통해서 필드의 값을 불러오고, 필드의 값을 변경하는 방법을 이용합니다. 즉, 필드를 사용하려면 메서드를 이용하도록 설계할 수 있습니다.

이 방법은, 다음과 같은 장점이 있습니다.

- 필드를 보호할 수 있습니다.
- 메서드에서 필드에 들어갈 값을 검증한 후 필드에 대입할 수 있습니다.
- 외부에서 사용할 필드의 값을 정제한 후 값을 제공할 수 있습니다.

1 setter 메서드

〈EX08_21.java〉 코드에서 age 값을 1 이상의 값으로만 받고 싶다면, 아래와 같은 메서드를 만들어 줄 수 있을 것입니다.

```java
void setAge(int num) {
    if(num <= 0) {   // 만약, age에 넣으려는 값이 0보다 작거나 같다면,
        // 값이 잘못되었음을 출력하여 알려줍니다.
        System.out.println("잘못된 수를 입력하셨습니다. 1 이상의 값으로 설정하세요.");
        return;   // 메서드 종료
    } else {
        age = num;   // age 필드에 num 값 저장
    }
}
```

setAge 메서드를 이용해서 age 값을 저장한다면, 우리는 필드에 값을 저장하기 전에 검증을 먼저 할 수 있습니다. 이러한 메서드를 'setter'라고 부릅니다.

일반적으로 setter 메서드를 사용할 때는, 필드의 값을 객체 외부에서 직접 넣지 못하도록 필드에 접근을 제한합니다. 필드가 선언되어 있는 클래스에서만 접근 가능한 필드를 우리는 private 하다고 표현할 수 있으며, private 필드는 다음과 같이 필드 앞에 private을 작성하여 선언합니다.

```java
private int age;
```

TIP 접근 제한자 중에서 가장 좁은 범위로 접근을 제한하는 지시어가 private입니다. 자세한 설명은 'Section 10. 상속'에서 학습합니다.

필드를 private로 선언함으로써 필드를 한층 더 보호할 수 있게 되었습니다. 하지만 그만큼 우리는 객체의 외부에서 그 필드에 대한 값을 불러오는 것도 불가능해졌습니다.

2 getter 메서드

private 필드를 객체 외부에서 값을 불러오기 위해 구현하는 메서드를 'getter'라고 합니다.

private 필드는 객체 외부에서는 접근이 불가능하지만, 필드가 선언된 클래스에서는 어디서든 접근할 수 있습니다. 따라서 메서드를 통해서 값을 전달해 줄 수 있습니다.

예를 들어, setter 메서드로 값을 저장했던 age의 값을 불러오기 위해 다음과 같은 메서드를 구현합니다.

```java
void getAge() {
    return age;
}
```

〈Person.java〉 코드에 setter와 getter를 구현하여 필드에 대한 접근 제한을 강화해 보겠습니다.

예제 8-22 필드에 대한 접근 강화하기 　　　　　　　　　　　　　　　　소스 코드 Person.java

```java
01  package section08;
02
03  public class Person {
04      private int age;   // Person 클래스에서만 접근 가능한 age 필드 선언
05
06      void setAge(int num) {
07          if(num <= 0) {   // 만약, age에 넣으려는 값이 0보다 작거나 같다면,
08                           // 값이 잘못되었음을 출력하여 알려줌
09              System.out.println("잘못된 수를 입력하셨습니다. 1이상의 값으로 설정하세요.");
10              return;   // 메서드 종료
11          } else {
12              age = num;   // age 필드에 num 값 저장
13          }
14      }
15
16      int getAge() {
17          return age;
18      }
19  }
```

예제 8-23 필드에 대한 접근 강화하기 소스 코드 EX08_23.java

```java
01  package section08;
02
03  public class EX08_23 {
04      public static void main(String[] args) {
05          Person kim = new Person();
06          kim.setAge(-30);
07          kim.setAge(30);
08          System.out.println("kim의 나이는 " + kim.getAge() + "세입니다.");
09      }
10  }
```

실행 결과

잘못된 수를 입력하셨습니다. 1이상의 값으로 설정하세요.
kim의 나이는 30세입니다.

핵심정리

- **메서드** 메서드란, 클래스 안에서 특정 기능을 수행하기 위해 코드들을 하나의 블록으로 따로 묶어 놓은 집합을 말합니다. 메서드를 구현함으로써 특정 기능이 여러 번 필요할 때, 코드를 반복적으로 사용하는 것을 피할 수 있습니다.

- **메서드의 기본 구조** 메서드는 매개변수를 받아서 블록 안에서 사용할 수 있습니다.

  ```
  접근 제한자   반환 타입   메서드 이름(자료형 변수명1, 자료형 변수명2 ...) {
        // 기능을 수행할 코드들
  }
  ```

- **메서드 호출** 메서드는 또 다른 메서드에서 호출되어 사용됩니다.

  ```
  메서드가 있는 클래스 참조변수 = new 클래스( );
  참조변수.메서드 이름( );
  (단, 같은 클래스에 있는 메서드를 호출할 때는 메서드 이름만 호출합니다.)
  ```

- **리턴값(return)** 메서드를 호출할 때, 매개변수를 전달해 준 것처럼 필요에 따라 메서드로부터 실행한 결과값을 되돌려 받을 수 있습니다. 메서드가 반환할 값이 있다면 반드시 return 구문을 통해서 결과값을 반환해 주고 메서드를 종료해야 합니다. 만약 return 문이 없다면 컴파일 에러가 발생합니다.

  ```
  접근 제한자   반환 타입   메서드이름( ) {
        // 기능을 수행할 코드들
        ...
        return 결과값;
  }
  ```

- **setter/getter** private 필드의 값을 대입하는 방법으로 setter 메서드를 사용합니다. 반대로 객체 외부에서 private 필드의 값을 구하기 위해 getter 메서드를 사용합니다.

응용문제

1. 다음 빈칸에 알맞은 단어를 작성해 보세요.

   · ☐ (이)란, 클래스 안에서 특정 기능을 수행하기 위한 코드를 하나의 블록으로 묶어 놓은 집합을 말합니다.

   · 코드를 따로 분리하는 것을 일종의 ☐ (이)라고 부르는데, 이는 가독성과 유지 보수의 효율성을 높여줍니다.

2. 다음 코드를 실행했을 때 콘솔창에 출력되는 결과는 무엇입니까?

```java
01  package section08;
02
03  public class PRACTICE_08_02 {
04      public static void main(String[] args) {
05          Person p = new Person();
06          for(int i = 0; i < 3; i++) {
07              p.printHello();
08          }
09      }
10  }
11
12  class Person {
13      void printHello() {
14          System.out.println("Hello");
15      }
16  }
```

PRACTICE 응용문제

3. 다음과 같은 결과가 나오도록 빈칸에 알맞은 코드를 작성해 보세요.

```
01   package section08;
02
03   public class PRACTICE_08_03 {
04       public static void main(String[] args) {
05           Student stu = new Student();
06           stu.introduce("철수");
07           stu.introduce("영희");
08       }
09   }
10
11   class Student {
12       void introduce(          ) {
13           
14       }
15   }
```

실행 결과

안녕하세요, 제 이름은 철수입니다.
안녕하세요, 제 이름은 영희입니다.

4. 다음 코드는 컴파일 에러가 발생합니다. 그 이유는 무엇이며, 어떻게 해결해야 할까요?

```
01   package section08;
02
03   public class PRACTICE_08_04 {
04       public static void main(String[] args) {
05           Calc c = new Calc();
06           int result = c.plus(1,2);
07           System.out.println("반환받은 결과는 " + result + "입니다.");
08       }
09   }
10
11   class Calc {
```

```
12          int plus(int num1, int num2) {
13              int res = num1 + num2;
14              return res;
15          }
16          System.out.println("계산 결과는 " + res + "입니다.");
17      }
18  }
```

5. 다음과 같은 결과가 나오도록 코드를 수정해 보세요.

```
01  package section08;
02
03  class Person {
04      private int age;
05
06      void setAge(int num) {
07          age = num;
08      }
09
10      int getAge() {
11          return age;
12      }
13
14  public class PRACTICE_08_05 {
15      public static void main(String[] args) {
16          Person lee = new Person();
17          lee.setAge(-10);
18          lee.setAge(30);
19          System.out.println("lee의 나이는 " + lee.getAge() + "세입니다.");
20      }
21  }
```

> **실행 결과**
> 잘못된 수를 입력하셨습니다. 1 이상의 값으로 설정하세요.
> lee의 나이는 30세입니다.

생성자를 사용하는 이유는 무엇일까?

생성자는 자바 창시자가 생성자로 변수를 초기화하고 메서드는 기능만 담당하도록 설정하고 싶어 개발되었다고 합니다. 하지만 개발자가 생성자를 생성하지 않고도 자바를 사용하는데 문제가 없다고 하는데, 그 이유는 무엇일까요?

MISSION 1 생성자의 개념을 알고 설명할 수 있습니다. 2 생성자 오버로딩을 적절하게 사용할 수 있습니다.
3 this와 this( )를 사용해 생성자를 구현할 수 있습니다.

KEYWORD #생성자 #오버로딩 #constructor #this

SECTION 09

생성자

01 | 생성자의 특징
02 | 생성자 오버로딩
03 | this와 this( )

생성자의 특징

생성자란? 기본 생성자 생성자 선언 이유

1 생성자란?

클래스를 구성하는 구성요소 중 하나인 생성자는, 객체를 생성할 때 호출되어 객체의 초기화를 담당하는 특별한 메서드입니다. 객체를 생성하고 초기화하기 위해서는 반드시 생성자를 호출해야 합니다. 따라서, 객체를 생성해야 하는 라이브러리용 클래스는 모두 생성자를 가지고 있습니다.

생성자는 일반 메서드와 달리 반환 타입이 없으며, 메서드 이름은 클래스 이름과 동일합니다. 생성자의 기본 구조는 다음과 같습니다.

```
클래스명(매개변수1, 매개변수2 ...) {

}
```

생성자 호출 위치

일반 메서드들과는 다르게, 생성자는 호출할 수 있는 곳이 정해져 있습니다.
생성자는 클래스를 기반으로 객체를 생성할 때, 객체의 초기화를 담당하는 역할을 하므로 객체를 생성할 때만 호출할 수 있습니다.

생성자 호출 방법

생성자를 호출할 때는 new 키워드를 함께 사용합니다.

> TIP new 키워드는 생성자와 함께 객체를 생성하는 중요한 역할을 하는 연산자입니다.

생성자를 통해 객체를 생성하는 방법은 다음과 같습니다.

> 클래스명 객체명 = new 클래스명( );
> └─ 이 메서드가 바로 생성자입니다!

예제를 통해 확인해 보겠습니다.

예제 9-1 생성자   소스 코드 Snack.java

```java
01  package section09;
02
03  public class Snack {     // 클래스 선언
04      int price;
05
06      void info() {
07          System.out.println("과자의 가격은 " + price + "원입니다.");
08      }
09  }
```

예제 9-2 생성자   소스 코드 EX09_02.java

```java
01  package section09;
02
03  public class EX09_02 {   // 클래스 선언
04      public static void main(String[] args) {
05          Snack chip = new Snack();    // 객체 생성 및 초기화
06          chip.price = 2000;           // 객체 필드 설정
07          chip.info();                 // 객체 메서드 호출
08      }
09  }
```

실행 결과
과자의 가격은 2000원입니다.

우리는 이렇게 객체의 필드에 데이터를 삽입하고, 메서드를 사용하기 위해 생성자를 통해 객체를 생성하고 사용할 준비를 합니다. 하지만 이상한 점이 있습니다. 우리는 클래스에서 Snack( )이라는 생성자를 선언한 적이 없습니다. 그런데 어떻게 사용할 수 있는 걸까요? 지금부터 알아보겠습니다.

2 기본 생성자

자바의 모든 클래스에는 하나 이상의 생성자가 정의되어 있어야 합니다. 클래스를 생성하면서 개발자가 직접 생성자를 선언하지 않았지만, 자바 컴파일러가 기본 생성자를 자동으로 제공해 줍니다. 다만, 컴파일러의 눈에만 보일 뿐 우리가 보는 코드에는 생략되어 있습니다.
〈Snack.java〉 코드를 다시 한 번 살펴보겠습니다.

소스 코드 Snack.java
```
01   package section09;
02
03   public class Snack {    // 클래스 선언
04       int price;
05
06       Snack() {    // 기본 생성자
07                    // 안에는 텅 비어있음
08       }
09
10       void info() {
11           System.out.println("과자의 가격은" + price + "원입니다.");
12       }
13   }
```

우리가 직접 생성자를 선언하지 않으면, 위와 같이 컴파일러가 자동으로 생성자를 추가해서 객체 생성에 활용합니다. 우리는 이를 '기본 생성자'라고 부릅니다.

```
클래스명() {    // 매개변수도 없음
               // 안에는 텅텅 비어있음
}
```

기본 생성자는 매개변수가 별도로 없으며, 중괄호{ } 블록 안에도 코드가 없는 비어있는 생성자를 말합니다. 기본 생성자는 개발자가 직접 생성자를 선언하지 않았을 때만 컴파일러가 자동으로 추가합니다.
만약 개발자가 직접 생성자를 선언한다면, 컴파일러는 선언된 생성자를 사용할 것입니다.

3 생성자 선언 이유

생성자는 객체를 생성함과 동시에 객체를 초기화할 수 있습니다. 생성자를 통해 객체를 초기화한다는 것은 필드와 메서드를 호출하는 등 객체를 사용하기 위해 객체를 메모리에 올린다는 의미가 있습니다.

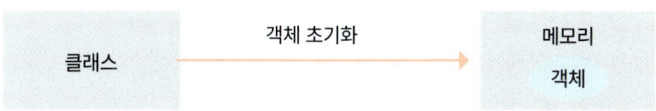

우리는 생성자를 통해서 객체를 메모리에 올림과 동시에, 더 나아가 객체 멤버에 접근이 가능하므로 일반 메서드처럼 객체 멤버의 데이터를 초기화할 수도 있습니다. 우리는 이러한 이유로 직접 생성자를 선언하여 사용합니다.

메서드를 호출하면서 매개변수를 통해 값을 전달했던 것처럼, 생성자 역시 매개변수를 통해 값을 전달할 수 있습니다.

앞에서 작성했던 〈Snack.java〉 코드에 생성자를 직접 추가하고 매개변수를 통해 price 필드에 값을 대입해 보겠습니다.

예제 9-3 생성자 추가하고 사용하기 소스 코드 Snack.java

```java
package section09;

public class Snack {    // 클래스 선언
    int price;

    Snack(int p) {    // 직접 선언한 생성자
        price = p;    // 매개변수로 받은 값을 필드 price에 대입
    }

    void info() {
        System.out.println("과자의 가격은 " + price + "원입니다.");
    }
}
```

생성자에 매개변수로 int p를 받아서 필드 price에 값을 대입해 주었습니다.
이렇게 선언된 생성자를 사용해 보겠습니다.

예제 9-4 생성자 추가하고 사용하기   소스 코드 EX09_04.java

```
01  package section09;
02
03  public class EX09_04 {   // 클래스 선언
04      public static void main(String[] args) {
05          Snack chip = new Snack(5000);   // 객체 생성 및 필드 초기화
06          // chip.price = 2000;
07          chip.info();   // 객체 메서드 호출
08      }
09  }
```

실행 결과
과자의 가격은 5000원입니다.

생성자를 통해 필드를 초기화했으므로 chip.price로 필드에 접근하여 값을 주지 않아도 필드에 값이 들어가 있음을 확인했습니다.

생성자를 통한 필드 초기화

물론, 생성자를 통하지 않고 클래스에서 필드를 선언할 때 필드를 초기화할 수도 있습니다.

```
public class Snack {
    int price = 2000;
    …
}
```

위와 같은 클래스로 객체를 만들 경우 모든 과자의 가격이 2,000원으로 생성됩니다. 과자의 가격이 모두 2,000원으로 동일하다면 효과적인 방법일 수 있습니다. 하지만 과자마다 가격이 다르다면 생성자를 통해 가격을 전달하고 객체를 생성하는 것이 조금 더 효율적일 수 있습니다.

그럼 아래와 같이 과자들은 각각 다른 가격을 가질 수 있습니다.

```
Snack potatochip = new Snack(2000);
Snack chocolate = new Snack(1800);
```

일반 메서드와 마찬가지로, 매개변수는 생략할 수 있으며, 2개 이상 전달할 수도 있습니다.
다음 예제에서는 매개변수 2개를 전달받아 객체를 생성해 보겠습니다.

예제 9-5 매개변수 2개로 객체 생성하기   소스 코드 Person.java

```java
01  package section09;
02
03  public class Person {    // 클래스 선언
04      String name;
05      int age;
06
07      Person(String n, int a) {
08          name = n;
09          age = a;
10      }
11
12      void introduce() {
13          System.out.println("안녕하세요. 저는 " + age + "세 " + name + "입니다.");
14      }
15  }
```

예제 9-6 매개변수 2개로 객체 생성하기   소스 코드 EX09_06.java

```java
01  package section09;
02
03  public class EX09_06 {    // 클래스 선언
04      public static void main(String[] args) {
05          Person p1 = new Person("김자바", 20);
06          Person p2 = new Person("이코딩", 40);
07
08          p1.introduce();
09          p2.introduce();
10      }
11  }
```

실행 결과
안녕하세요. 저는 20세 김자바입니다.
안녕하세요. 저는 40세 이코딩입니다.

SECTION 09 - 02 생성자 오버로딩

오버로딩

1 오버로딩

그럼, 생성자에 전달할 매개변수가 부족하면 어떻게 해야 할까요? 다음 예제를 통해 함께 확인해 보겠습니다.

예제 9-7 생성자 매개변수 부족   소스 코드 Phone.java

```java
package section09;

public class Phone {    // 클래스 선언
    String brand;
    int series;
    String color = "검정색";   // 필드 기본값 초기화

    Phone(String b, int s, String c) {
        brand = b;
        series = s;
        color = c;
    }

    void phoneInfo() {
        System.out.println(color + " " + brand + " " + series);
    }
}
```

예제 9-8 매개 변수 부족 컴파일 오류
소스 코드 EX09_08.java

```java
01  package section09;
02
03  public class EX09_08 {   // 클래스 선언
04      public static void main(String[] args) {
05          Phone p1 = new Phone("갤럭시", 1, "흰색");
06          Phone p2 = new Phone("아이폰", 2);    // 컴파일 오류
07      }
08  }
```

위와 같이 생성자에 전달할 매개변수가 부족하면, 객체를 생성할 수 없습니다. 선언된 생성자의 형태에 맞게 매개변수를 전달해 줘야 하기 때문입니다.

하지만 외부에서 전달하는 값을 이용하지 않고, 내부에서 선언된 필드의 기본값을 그대로 사용하고 싶었다면, 매개변수가 부족하다고 객체를 생성하지 못할 이유가 없을 것입니다.

이러한 경우를 해결하기 위해, 자바는 생성자를 여러 개 선언하는 것을 허용하고 있습니다. 상황에 따라 매개변수 없이 또는 1개, 2개 등 외부에서 제공할 수 있는 데이터만큼만 매개변수로 전달하여 객체를 생성할 수 있게 하는 방법입니다.

이렇게 생성자를 다양한 형태로 선언하는 것을 '생성자 오버로딩(constructor overloading)'이라고 합니다.

> **TIP** 자바에서 오버로딩은 생성자에 국한되지 않고, 메서드에도 적용됩니다. 'Section 11. 다형성과 타입 변환'에서 자세히 다룹니다.

다음은 〈Phone.java〉 코드에서 color에 전달할 매개변수가 없는 생성자를 추가한 코드입니다.

예제 9-9 생성자 추가
소스 코드 Phone.java

```java
01  package section09;
02
03  public class Phone {   // 클래스 선언
04      String brand;
05      int series;
06      String color = "검정색";   // 필드 기본값 초기화
07
08      Phone(String b, int s) {   // 매개변수를 2개 받는 생성자
09          brand = b;
10          series = s;
11      }
```

```
12
13      Phone(String b, int s, String c) {   // 매개변수를 3개 받는 생성자
14          brand = b;
15          series = s;
16          color = c;
17      }
18
19      void phoneInfo() {
20          System.out.println(color + " " + brand + " " + series);
21      }
22  }
```

예제 9-10 생성자 추가   소스 코드 EX09_10.java

```
01  package section09;
02
03  public class EX09_10 {   // 클래스 선언
04      public static void main(String[] args) {
05          Phone p1 = new Phone("갤럭시", 1, "흰색");
06          Phone p2 = new Phone("아이폰", 2);
07
08          p1.phoneInfo();
09          p2.phoneInfo();
10      }
11  }
```

실행 결과
흰색 갤럭시 1
검정색 아이폰 2

이렇게 생성자를 오버로딩할 수 있게 되면서, 우리는 다양한 객체를 생성할 수 있게 되었습니다. 사실 오버로딩은 단순히 개수의 차이에만 다양성을 제공하는 것은 아닙니다. 매개변수의 개수가 같을 때도, 매개변수의 자료형을 달리하여 오버로딩을 구현할 수 있습니다.

PLUS 학습 코너

생성자 오버로딩은 생성자 매개변수의 자료형, 개수, 순서로 생성자를 구분하여 선언할 수 있도록 제공되고 있습니다. 아래 예시를 통해 오버로딩이 가능한 형태를 확인해 봅니다.

[오버로딩 가능]

```
public class Book {
    Book() { … };
    Book(String title) { … };
    Book(String title, int page) { … };
    Book(int series, String title) { … };   // 오버로딩 가능
}
```

[오버로딩 불가능]

```
public class Book {
    Book(String title, int page) { … };
    Book(String title, int series) { … };   // 오버로딩 불가능
}
```

다음은 Book 생성자를 여러 경우로 오버로딩하고 객체를 생성하는 예제입니다.

예제 9-11 오버로딩 소스 코드 Book.java

```
01  package section09;
02
03  public class Book {    // 클래스 선언
04      String title = "제목없음";
05      int series = 1;
06      int page = 100;
07
08      Book() {    // ← 생성자 1
09
10      }
11
12      Book(String t) {    // ← 생성자 2
13          title = t;
14      }
15
16      Book(String t, int p) {    // ← 생성자 3
```

SECTION 09 - 생성자   237

```
17            title = t;
18            page = p;
19        }
20
21        Book(int s, String t) {    // ← 생성자 4
22            series = s;
23            title = t;
24        }
25    }
```

예제 9-12 오버로딩   소스 코드 EX09_12.java

```
01  package section09;
02
03  public class EX09_12 {    // 클래스 선언
04      public static void main(String[] args) {
05          Book b1 = new Book();    // ← 생성자 1
06          System.out.println("b1.title : " + b1.title);
07          System.out.println("b1.series : " + b1.series);
08          System.out.println("b1.page : " + b1.page);
09
10          Book b2 = new Book("멘토시리즈 자바");    // ← 생성자 2
11          System.out.println("b2.title : " + b2.title);
12          System.out.println("b2.series : " + b2.series);
13          System.out.println("b2.page : " + b2.page);
14
15          Book b3 = new Book("신데렐라", 170);    // ← 생성자 3
16          System.out.println("b3.title : " + b3.title);
17          System.out.println("b3.series : " + b3.series);
18          System.out.println("b3.page : " + b3.page);
19
20          Book b4 = new Book(5, "노인과 바다");    // ← 생성자 4
21          System.out.println("b4.title : " + b4.title);
22          System.out.println("b4.series : " + b4.series);
23          System.out.println("b4.page : " + b4.page);
24      }
25  }
```

실행 결과

b1.title : 제목없음
b1.series : 1
b1.page : 100
b2.title : 멘토시리즈 자바
b2.series : 1
b2.page : 100
b3.title : 신데렐라
b3.series : 1
b3.page : 170
b4.title : 노인과 바다
b4.series : 5
b4.page : 100

03 this 와 this( )

this this( )

1 this

우리는 변수 이름을 지을 때, 최대한 구체적이고 명확하게 작명하는 것이 보다 효율적인 코드를 작성하는 데 도움이 된다는 것을 알고 있습니다. 그렇다면 매개변수에 대해서 다시 한 번 생각해 볼 필요가 있습니다.

학생의 이름, 나이 그리고 학번을 매개변수로 받아 생성자로 초기화하는 Student 클래스를 예로 들어보겠습니다.

```
class Student {
    String name;
    int age;
    int studentID;

    Student(String n, int a, int sid) {
        name = n;
        age = a;
        studentID = sid;
    }
}
```

클래스 필드로 선언된 name, age, studentID는 보다 직관적으로 명명되어 있는데 비해, 생성자의 매개변수로 선언된 n, a, sid는 어떤 의미의 변수인지 작성자만 명확히 이해할 수 있습니다.

사실 클래스 필드를 명명할 때 이미 그 필드의 뜻을 내포하도록 작명하였기 때문에, 같은 뜻을 가지는 변수의 이름을 다르게 짓는 것은 논리적으로 모순일지도 모릅니다.

그렇다고 필드와 같은 이름의 매개변수를 사용하면 어떻게 될까요?

```
Student(String name, int age, int studentID) {
    name = name;
    age = age;
    studentID = studentID;
}
```

아쉽게도 위의 경우에는 중괄호{} 안에서 사용하기 위해 선언된 지역변수가 클래스 필드보다 우선순위가 높아서, 대입 연산자를 기준으로 왼쪽/오른쪽 변수 모두 매개변수를 뜻하게 됩니다. 즉, 매개변수에 매개변수를 넣는 의미 없는 코드가 됩니다.

우리는 이러한 상황을 해결하기 위해 this 키워드를 사용합니다.

this : 객체 자기 자신 스스로 참조

this 참조 변수는 인스턴스가 바로 자기 자신을 참조하는 데 사용하는 변수입니다. this를 필드에 붙여서 사용하면, 중괄호{} 안에서도 같은 이름의 매개변수와 필드를 구분해서 사용할 수 있습니다.

this의 사용 방법은 다음과 같습니다.

```
this.필드 = 매개변수명;
```

this 키워드를 사용하면, 우리는 Student 생성자를 다음과 같이 수정할 수 있습니다.

```
class Student {
    String name;
    int age;
    int studentID;

    Student(String name, int age, int studentID) {
        this.name = name;
        //  필드      매개변수
        this.age = age;
        this.studentID = studentID;
    }
}
```

> **TIP** 일반적으로 특정 필드에 값을 대입하기 위해 매개변수를 전달받는 경우, 필드와 같은 이름의 매개변수를 사용합니다.

2 this( )

〈Phone.java〉 코드에서 생성자 부분을 this 키워드를 사용해서 수정해 보겠습니다.

소스 코드 Phone.java
```
07      …
08      Phone(String brand, int series) {    // 매개변수를 2개 받는 생성자
09          this.brand = brand;
10          this.series = series;
11      }
12
13      Phone(String brand, int series, String color) {    // 매개변수를 3개 받는 생성자
14          this.brand = brand;
15          this.series = series;
16          this.color = color;
17      }
…       …
```

매개변수를 2개 받는 생성자(08행)와 매개변수를 3개 받는 생성자(13행)는 사실 코드가 중복되고 있음을 확인할 수 있습니다. 중복되는 코드를 줄일 수 있는 방법은 없을까요?
이러한 경우에 우리는 this( )라는 메서드를 활용할 수 있습니다.

this(매개변수1, 매개변수2, …)

this( ) 메서드는 같은 클래스 안에 있는 생성자 중 매개변수의 개수, 자료형, 순서에 맞는 다른 생성자를 호출하는 메서드로 생성자 내부에서만 사용할 수 있습니다.

> **TIP** 생성자 오버로딩의 규칙이 있기 때문에, 별도로 명시하지 않아도 매개변수의 개수/자료형/순서를 가지고 원하는 생성자를 호출해 사용할 수 있습니다.

this( ) 메서드를 사용하면, 다음과 같이 코드를 수정할 수 있습니다.

소스 코드 Phone.java

```
07      …
08      Phone(String brand, int series) {   // 매개변수를 2개 받는 생성자
09          this.brand = brand;
10          this.series = series;
11      }
12
13      Phone(String brand, int series, String color) {   // 매개변수를 3개 받는 생성자
14          this(brand, series);
15          this.color = color;
16      }
…       …
```

TIP this( ) 메서드는 반드시 생성자의 첫 줄에서만 사용할 수 있습니다.

핵심정리

- **생성자** 클래스를 구성하는 구성요소 중 하나인 생성자는 객체를 생성할 때 호출되어 객체의 초기화를 담당하는 특별한 메서드 입니다.

- **생성자의 기본 구조** 생성자는 일반 메서드와 달리 반환 타입이 없으며, 메서드 이름은 클래스 이름과 동일합니다.

  ```
  클래스명 (매개변수1, 매개변수2 ...) {

  }
  ```

- **생성자 호출** 생성자를 호출할 때는 new 키워드를 함께 사용합니다.

  ```
  클래스명 객체명 = new 클래스명( );
  ```

- **생성자 오버로딩** 매개변수의 개수와 자료형의 형태를 달리하여 생성자를 여러 개 선언할 수 있는데, 이를 생성자 오버로딩 이라고 합니다.

- **this** this 키워드로 객체 자기 자신 스스로를 참조할 수 있습니다. 따라서 필드와 생성자 매개변수의 이름이 동일해도 구분하여 구현할 수 있습니다.

  ```
  this.필드 = 매개변수명;
  ```

- **this 메서드** 같은 클래스 안에 있는 생성자들 중 매개변수의 개수/자료형/순서에 맞는 다른 생성자를 호출하는 메서드입니다.

응용문제

1. 다음 빈칸에 알맞은 단어를 작성해 보세요.

   • 클래스의 이름과 동일하고 반환 타입이 없는 특별한 메서드를 ☐ (이)라고 합니다.

2. 다음 문장이 맞으면 O표, 틀리면 X표 하세요.

   • 생성자를 호출 할 때는 반드시 new 키워드를 사용해야 합니다. (　)

   • 매개변수가 1개인 생성자를 기본 생성자라고 부릅니다. (　)

   • 생성자를 코드로 명시하지 않으면 기본 생성자는 생략되어 있습니다. (　)

3. 다음 코드를 실행했을 때 콘솔창에 출력되는 결과는 무엇입니까?

```
01   package section09;
02
03   public class PRACTICE_09_03 {
04       public static void main(String[] args) {
05           Computer computer1 = new Computer("삼송");
06           computer1.logo();
07       }
08   }
09
10   class Computer {
11       String brand;
12
13       Computer(String name) {
14           brand = name;
15       }
16       void logo() {
17           System.out.println("사랑해요 " + brand);
18       }
19   }
```

4. 위 3번 코드에서 Computer 클래스의 brand 필드명을 name으로 변경하면, 다음 빈칸에 들어갈 코드는 무엇입니까?

```
01   class Computer {
02       String name;
03
04       Computer(String name) {
05           
06       }
```

5. 다음 코드는 컴파일 에러가 발생합니다. 그 이유는 무엇이며, 어떻게 해결해야 할까요?

```
01   package section09;
02
03   public class PRACTICE_09_05 {
04       public static void main(String[] args) {
05           Book b1 = new Book("어린왕자", 300);
06           Book b2 = new Book();
07       }
08   }
09
10   class Book {
11       String title;
12       int pages;
13
14       Book(String title, int pages) {
15           this.title = title;
16           this.pages = pages;
17       }
18   }
```

자바에서도
상속을 받을 수 있다고??

부모가 재산을 자식에게 물려주는 것처럼
JAVA 또한 무언가를 물려주는 상속이 있답니다.

MISSION 1 상속의 개념을 알고 설명할 수 있습니다. 2 접근 제한자 4가지의 종류를 알고 사용할 수 있습니다.

KEYWORD #상속 #extends #부모클래스 #자식클래스 #재사용

SECTION 10

상속

01 | 상속
02 | 상속에서의 생성자
03 | 오버라이딩
04 | 접근 제한자
05 | 2차 상속
06 | final 클래스와 final 메서드

SECTION 10 01 상속(inheritance)

상속이란?

1 상속이란?

상속은 우리가 일반적으로 알고 있는 의미와 비슷합니다. 부모가 자식에게 무언가를 물려주는 것을 상속이라고 부르는 것처럼, 자바에서도 부모 역할을 하는 클래스가 자식 역할을 하는 클래스에게 클래스 멤버와 메서드를 물려주는 것을 상속이라고 합니다.

상속은 클래스를 재사용하기 때문에 중복을 줄여주고 수정을 최소화하는 특징을 가지고 있습니다.

> **PLUS 학습 코너**
>
> 상속해 주는 클래스를 부모 클래스(parent class) 또는 상위 클래스(super class), 기반 클래스(base class)라고 하며, 상속받는 클래스를 자식 클래스(child class) 또는 하위 클래스(sub class), 파생 클래스(derived class)라고 합니다.

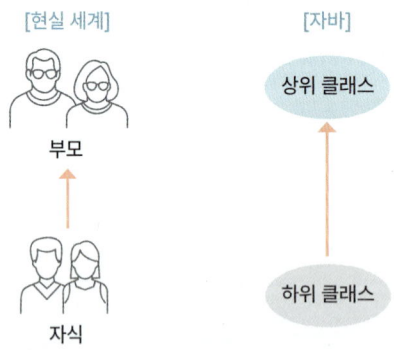

[그림 10-1] 상속 관계도

자바에서 상속을 구현하는 방법은 자식 클래스를 선언할 때, extends라는 키워드를 사용해 상속받을 클래스를 지명합니다. 자식 클래스에서 선택받은 클래스는 부모 클래스 역할을 하게 됩니다.

```
class A {    // 부모 클래스는 자식 클래스에서 지명받기 전에는 부모 클래스 역할을 하지 않습니다.
    …
}

class B extends A {    // B 클래스에서 extends A를 작성함으로써 A는 B의 부모 클래스가 되고,
                       // B 클래스는 A 클래스의 자식 클래스가 됩니다.
    …
}
```

자바는 다중 상속을 허용하지 않으므로 extends 뒤에 하나의 부모 클래스만 허용합니다.

이렇게 부모 클래스의 상속을 받은 자식 클래스는 부모 클래스의 모든 멤버를 그대로 가져다 쓸 수 있습니다. 다음 예제를 통해 확인해 보겠습니다.

예제 10-1 상속   소스 코드 Book.java

```
01  package section10;
02
03  public class Book {    // 클래스 선언
04      String title;
05      int price;
06
07      void info() {
08          System.out.println("책의 제목은 " + title + "이고, 가격은 " + price + "원입니다.");
09      }
10  }
```

예제 10-2 상속   소스 코드 Comic.java

```
01  package section10;
02
03  public class Comic extends Book {    // Book 클래스를 상속받는 자식 클래스 Comic
04      // Comic 클래스에서 구현한 것은 아무것도 없음
05  }
```

예제 10-3 상속 　　　　　　　　　　　　　　　　　　　　소스 코드 EX10_03.java

```
01  package section10;
02
03  public class EX10_03 {    // 클래스 선언
04      public static void main(String[] args) {
05          Comic comicBook = new Comic();
06          comicBook.title = "포켓몬";
07          comicBook.price = 4500;
08          comicBook.info();
09      }
10  }
```

실행 결과
책의 제목은 포켓몬이고, 가격은 4500원입니다.

위 예제를 통해서 Comic 클래스에서 구현하지 않은 멤버지만, Book에 있는 멤버들을 사용할 수 있다는 것을 확인했습니다. 이처럼 자식 클래스는 부모 클래스의 멤버들을 상속받아서 그대로 사용할 수 있습니다.

SECTION 10
02 상속에서의 생성자
`super( ) 메서드`

우리는 지난 학습을 통해서 모든 클래스는 생성자를 가진다는 것을 알고 있습니다.
그렇다면, 상속 관계에서 부모 클래스의 생성자와 자식 클래스의 생성자는 어떻게 사용해야 할까요?

자식 클래스의 객체를 생성할 때, 자식 클래스는 자식의 생성자를 통해 자식 객체를 생성합니다.
〈Comic.java〉 코드에서 Comic에 생략되어 있는 기본 생성자를 확인해 보겠습니다.

```
Comic comicBook = new Comic();
```

특별한 역할을 하지 않는 기본 생성자는 비어있는 것이 맞습니다.
하지만 자식 클래스의 기본 생성자는 다릅니다. 필드 초기화와 같은 특별한 역할을 하고 있지 않더라도, super( )라는 메서드를 가지고 있습니다.

super( )

this( ) 메서드가 같은 클래스의 다른 생성자를 호출할 때 사용된다면, super( ) 메서드는 부모 클래스의 생성자를 호출할 때 사용합니다.

```
Comic() {
    super();   // Book() 기본 생성자 호출
}
```

자식 클래스로 객체를 생성하기 위해 기본 생성자가 호출되면, super( )라는 메서드를 통해 Book(부모 클래스)의 기본 생성자를 호출합니다. 그렇게 부모 객체를 먼저 생성한 후, 부모 객체를 감싸고 자식 객체를 생성합니다. 즉, 자식 객체 안에는 부모 객체가 들어있게 됩니다.

따라서, 개발자가 직접 생성자를 선언할 때도 자식 클래스에서는 반드시 부모 클래스의 생성자를 호출해 줘야 합니다.

만약, 부모 클래스의 생성자가 호출될 때 매개변수로 값을 전달받아 부모 클래스의 필드들을 초기화 하도록 구현되어 있다면,

```
부모 클래스(매개변수1, 매개변수2) {
    this.필드1 = 매개변수1;
    this.필드2 = 매개변수2;
}
```

자식 클래스의 생성자에서 부모 클래스의 생성자를 호출할 때도 부모 클래스 대신 값을 매개변수로 받아서 부모 생성자에 넣어줘야 합니다.

```
자식 클래스(매개변수1, 매개변수2, … ) {
    super(매개변수1, 매개변수2, … );
}
```

TIP super( ) 메서드는 자식 생성자의 첫 줄에서 호출해야 합니다.

다음 예제를 통해 확인해 보겠습니다.

예제 10-4 상속에서 생성자   소스 코드 Person.java

```
01  package section10;
02
03  public class Person {        // 클래스 선언
04      String name;
05      int age;
06
07      Person(String name, int age) {
08          this.name = name;
09          this.age = age;
10      }
11  }
```

예제 10-5 상속에서 생성자 　　　　　　　　　　　　　　　　　　　소스 코드 Customer.java

```java
01  package section10;
02
03  public class Customer extends Person {   // 자식 클래스 선언
04      int memberID;
05
06      Customer(String name, int age, int memberID) {
07          super(name, age);  // super 메서드를 통해서 부모 생성자에 매개변수 전달
08                             // 부모 객체 생성!
09          this.memberID = memberID;
10      }
11
12      void enter() {
13          System.out.println("회원번호 : " + memberID
14                      + " (" + name + ", " + age + "세) 님 입장하셨습니다.");
15          // name, age는 부모 클래스에게 상속받은 필드입니다.
16      }
17  }
```

예제 10-6 상속에서 생성자 　　　　　　　　　　　　　　　　　　　소스 코드 EX10_06.java

```java
01  package section10;
02
03  public class EX10_06 {   // 클래스 선언
04      public static void main(String[] args) {
05          Customer c1 = new Customer("박자바", 25, 11111);
06          c1.enter();
07
08          Customer c2 = new Customer("송코딩", 20, 22222);
09          c2.enter();
10      }
11  }
```

실행 결과
회원번호 : 11111 (박자바, 25세) 님 입장하셨습니다.
회원번호 : 22222 (송코딩, 20세) 님 입장하셨습니다.

Customer 클래스로 객체를 만들기 위해서는, Person 객체부터 생성해야 합니다. Person 생성자는 name, age를 매개변수로 받아서 객체를 생성합니다. 따라서 Customer 생성자에서 Person 생성자를 호출할 때, 매개변수로 받은 name, age 값을 전달하여 부모 객체를 먼저 생성한 뒤, Customer 객체에 필요한 memberID를 추가해 Customer 객체를 완성합니다.

SECTION 10.03 오버라이딩(overriding)

> 오버라이딩

부모 클래스를 상속받은 자식 클래스는 부모 클래스의 필드와 메서드를 가져와서 그대로 사용할 수 있습니다. 하지만 필요하다면, 자식 클래스가 상속받은 메서드의 내용을 변경해서 사용할 수도 있습니다. 우리는 이렇게 상속받은 메서드를 변경해서 다시 구현하는 것을 '오버라이딩(overriding)'이라고 합니다.
메서드 오버라이딩을 위해서는 다음과 같은 제약 사항을 지켜야 합니다.

- 부모 클래스의 메서드 이름/반환 타입/매개변수와 동일해야 합니다.
- 부모 클래스의 메서드 보다 접근 제한을 줄일 수는 있으나 (범위를 넓힐 수 있으나) 접근 제한을 늘릴 수는 없습니다. (범위를 좁힐 수는 없습니다) 예) default → public (O), public → private (X)

TIP 부모 클래스의 메서드보다 많은 수의 예외를 추가하거나 새로운 예외를 만들 수 없습니다. 'section 14. 예외 처리'에서 자세히 다룹니다.

메서드 오버라이딩을 구현해 자식 객체를 생성하여 해당 메서드를 호출하면 자식 클래스에서 구현한 메서드가 실행됩니다.
다음 예제를 통해 확인해 보겠습니다.

예제 10-7 메서드 오버라이딩 소스 코드 Computer.java

```java
01  package section10;
02
03  public class Computer {    // 클래스 선언
04      void powerOn() {
05          System.out.println("삑- 컴퓨터가 켜졌습니다.");
06      }
07
08      void powerOff() {
09          System.out.println("컴퓨터가 종료됩니다.");
10      }
11  }
```

예제 10-8 메서드 오버라이딩   소스 코드 Samsong.java

```java
package section10;

public class Samsong extends Computer {   // 클래스 선언
    @Override
    void powerOn() {
        System.out.println("아이 러브 삼송");
    }
}
```

예제 10-9 메서드 오버라이딩   소스 코드 EX10_09.java

```java
package section10;

public class EX10_09 {   // 클래스 선언
    public static void main(String[] args) {
        Samsong s = new Samsong();
        s.powerOn();     // Samsong 클래스에서 오버라이딩된 메서드가 호출
        s.powerOff();    // Computer 클래스의 메서드가 호출

        Computer c = new Computer();
        c.powerOn();     // Computer 클래스의 메서드가 호출
        c.powerOff();    // Computer 클래스의 메서드가 호출
    }
}
```

실행 결과
```
아이 러브 삼송
컴퓨터가 종료됩니다.
삑- 컴퓨터가 켜졌습니다.
컴퓨터가 종료됩니다.
```

이렇게 자식 클래스에서 오버라이딩된 메서드는 자식 객체를 통해 호출하면 자식 클래스에서 구현한 메서드가 실행되고, 부모 객체를 통해 호출하면 자식 클래스와는 상관없이 부모 클래스의 원래 메서드로 호출되는 것을 확인할 수 있습니다.

PLUS 학습 코너

- **오버로딩(overloading)과 오버라이딩(overriding)**
  오버로딩과 오버라이딩은 단어가 유사하여 혼동하기 쉽지만 개념은 확실히 다릅니다.
  오버로딩은 새로운 메서드를 정의하는 것이고, 오버라이딩은 상속받은 기존의 메서드를 재정의하는 것입니다.

- **@Override 애노테이션**
  자바에서 @ 키워드를 애노테이션(annotation)이라고 부릅니다. 주석(comments)과 마찬가지로 코드를 실행하는 데 직접적인 영향을 미치지 않습니다. 자동 완성으로 메서드 오버라이딩을 구현하면, 자동으로 @Override가 메서드 상단에 추가됩니다.

  단축키 `Ctrl` + `Space bar`

  개발자가 이클립스의 도움 없이 직접 메서드 오버라이딩을 구현하고자 할 때, 이를 생략해도 괜찮습니다. 하지만, 정확히 컴파일러에게 한 번 더 체크 포인트로 짚어 줌으로써 컴파일러가 개발자의 실수를 줄여줄 수 있습니다.
  예를 들어, 메서드 이름 한 글자가 오타일 때 @Override를 작성하지 않았다면 그냥 새로운 메서드로 받아들이겠지만, @Override를 작성하면 컴파일 에러가 발생해 오류를 확인할 수 있습니다.

  @Override 외 주로 사용하는 표준 애노테이션은 다음과 같습니다.

@FuctionalInterface	함수형 인터페이스라는 정보를 제공합니다.
@Deprecated	이후 버전에서 사라지게 될 클래스 메서드에 사용됩니다.
@SuppressWarnings	컴파일러가 발생시키는 경고를 나타내지 않도록 합니다.

super 키워드

〈EX10_09.java〉 코드에서 Samsong 컴퓨터가 켜질 때 "삑- 컴퓨터가 켜졌습니다."라는 문구도 함께 출력하고 싶다면 어떻게 해결해야 할까요?

```java
…
@Override
void powerOn() {
    System.out.println("삑- 컴퓨터가 켜졌습니다.");
    System.out.println("아이 러브 삼송");
}
…
```

위와 같이 단순히 코드를 똑같이 작성할 수도 있으나 상속 관계에서 사용할 수 있는 super 키워드를 활용하면 중복을 줄일 수 있습니다.

super 키워드는 부모 클래스에서 상속받은 필드나 메서드를 자식 클래스에서 참조하는 데 사용하는 참조 변수입니다.

사용 방법은 다음과 같습니다.

```
super.부모 메서드();
```

〈Samsong.java〉 코드에만 적용해 결과를 확인해 보겠습니다.

예제 10-10 super 　　　　　　　　　　　　　　　　　　　　　　　소스 코드 Samsong.java

```java
01  package section10;
02
03  public class Samsong extends Computer {   // 클래스 선언
04      @Override
05      void powerOn() {
06          super.powerOn();   // 부모 클래스(Computer)의 powerOn( ) 메서드 호출
07          System.out.println("아이 러브 삼송");
08      }
09  }
```

실행 결과

```
삑- 컴퓨터가 켜졌습니다.  ← super.powerOn( )에 의해 호출된 Computer의 powerOn( )
아이 러브 삼송
컴퓨터가 종료됩니다.
삑- 컴퓨터가 켜졌습니다.
컴퓨터가 종료됩니다.
```

이렇게 자바에서는 super 참조 변수를 사용해 부모 클래스의 멤버에 접근할 수 있습니다.

this와 마찬가지로 super 참조 변수를 사용할 수 있는 대상도 인스턴스 메서드뿐이며, 클래스 메서드에서는 사용할 수 없습니다.

SECTION 10-04 접근 제한자(access modifier)

제한자   접근 제한자

1 제한자(modifier)

제한자란 클래스, 변수 또는 메서드의 선언부에 함께 사용해 부가적인 의미를 부여하는 키워드를 의미합니다. 자바에서 제한자는 접근 제한자와 기타 제한자로 구분합니다.

제한자는 경우에 따라 여러 개를 함께 조합해 사용할 수 있지만, 접근 제한자의 경우 하나만 선택해서 사용해야 합니다. 지금부터 접근 제한자에 대해 알아보겠습니다.

2 접근 제한자

우리는 모든 클래스와 모든 멤버에 외부에서 접근하지 못하도록 접근 권한을 제한할 수 있습니다. 접근이 필요하지 않은 곳에서의 사용을 막거나, 특정 범위에서만 접근할 수 있게 하기 위함입니다. 이는 객체 지향 프로그래밍의 특징 중에 한 가지인 정보 은닉을 지키기 위한 중요한 부분이기도 합니다.

사실 지금까지 우리는 접근 제한자를 사용해왔습니다.

〈Person.java〉 코드에서 접근 제한자를 찾아보도록 하겠습니다.

소스 코드 Person.java

```java
package section10;

public class Person {    // 클래스 선언
    String name;
    int age;

    Person(String name, int age) {
        this.name = name;
        this.age = age;
    }
}
```

말 그대로 '공공의'라는 뜻을 가지는, 대표적인 접근 제한자 public이 있습니다.
또 하나의 접근 제한자 default가 있습니다. 접근 제한자를 별도로 명시하지 않았다면 자동으로 default가 접근 제한자가 되며, 이는 생략되어 있습니다.

```
(default) String name;
(default) int age;
(default) Person(String name, int age) {
    …
}
```

자바에서는 다음과 같이 public과 default를 포함한 4가지의 접근 제한자를 제공합니다.

- **public** : 제한 없이 모든 패키지, 모든 클래스에서 접근 가능합니다.
- **protected** : 같은 패키지 안에서 접근 가능하며, 다른 패키지라도 자식 클래스라면 접근 가능합니다.
- **default** : 같은 패키지 내에서만 접근 가능합니다.
- **private** : 같은 클래스 내에서만 접근 가능합니다.

접근 제한자를 접근 범위가 넓은 쪽에서 좁은 쪽의 순으로 나열하면 다음과 같습니다.

```
public > protected > default > private
```

접근 제한자의 선언 위치는 다음과 같습니다.

```
접근 제한자 class 클래스명 {    // 클래스 접근 제한자 선언 위치
    …
    접근 제한자 자료형 필드명;    // 클래스 필드 접근 제한자 선언 위치

    접근 제한자 클래스명() {    // 생성자 접근 제한자 선언 위치
        …
    }

    접근 제한자 반환 타입 메서드명() {    // 메서드 접근 제한자 선언 위치
        …
    }
}
```

SECTION 10 · 상속

PLUS 학습 코너

클래스의 접근 제한자

클래스는 접근 제한자로 public과 default만 가질 수 있습니다.
private와 protected의 경우, 클래스 멤버들을 위한 접근 제한자로 클래스 외부에서 접근을 막을지 말지에 대한 접근을 제한하는 용도로 사용되기 때문에 클래스의 접근 제한자로 사용될 수 없습니다.

public

public은 접근 제한자 중에서 가장 사용 범위가 큰 제어자입니다. public으로 선언된 클래스와 멤버들은 같은 패키지는 물론 다른 패키지의 클래스에서도 접근할 수 있습니다.

- public 클래스/생성자 : 모든 패키지, 모든 클래스 어디서나 해당 클래스로 객체를 생성할 수 있습니다.
- public 멤버(필드, 생성자, 메서드) : 모든 패키지, 모든 클래스 어디서나 객체를 통해서 접근할 수 있습니다.

다음 예제를 통해 확인해 보겠습니다.

예제 10-11 접근 제한자 public   소스 코드 `PublicA.java`

```
01  package section10.access1;  //section10 패키지 밑에 access1 패키지를 하나 더 만들어주세요.
02
03  public class PublicA {   // 클래스 선언
04      public int a;
05
06      public PublicA(int a) {
07          this.a = a;
08      }
09
10      public void printA() {
11          System.out.println("PublicA 클래스의 printA() 메서드입니다.");
12      }
13  }
```

예제 10-12 접근 제한자 public   소스 코드 PublicB.java

```
01  package section10.access2;
02  import section10.access1.PublicA;   // 다른 패키지의 클래스를 사용하기 위한 import
03
04  public class PublicB {   // 클래스 선언
05      public static void main(String[] args) {
06          PublicA a = new PublicA(10);
07          a.printA();
08      }
09  }
```

실행 결과

PublicA 클래스의 printA( ) 메서드입니다.

TIP 'Section 12. 추상 클래스와 인터페이스'에서 학습할 인터페이스는 무조건 public으로 선언되어야 합니다.
이는 회사, 기관 외부에서 내부 데이터와 기능을 사용할 수 있도록 소스 코드를 오픈해 주는 오픈 소스 API와 같은 경우를 생각할 수 있습니다.

PLUS 학습 코너

객체 지향의 특징

- 캡슐화
  객체 내부의 멤버(필드, 메서드 등)를 객체 외부에서 볼 수 없도록 캡슐화 합니다.
  접근이 필요한 값의 경우 public 메서드를 활용하여 접근을 허용하고, 이외의 값들은 모두 캡슐화를 통해 정보를 은닉합니다.
- 추상화
  공통된 기능과 정보를 추출해 객체화합니다.
- 상속
  미리 정의된 부모 클래스의 모든 멤버를 자식 클래스가 물려받습니다.
- 다형성
  하나의 방법으로 여러 객체를 호출하여 사용할 수 있습니다.

default

접근 제한자를 명시하지 않으면 클래스와 멤버들은 자동으로 default라는 접근 제한자를 가집니다. default로 선언된 클래스와 멤버들은 같은 패키지 안에서는 어디서든 접근 및 사용이 가능하지만 다른 패키지에서는 접근이 불가능합니다.

protected의 이해를 돕기 위해, default를 먼저 학습합니다.

- default 클래스/생성자 : 같은 패키지 내에서 어디서나 호출이 가능하며, 객체를 생성할 수 있습니다.
- default 필드/메서드 : 같은 패키지 내에서 제한 없이 접근 및 사용할 수 있습니다.

예제 10-13 접근 제한자 default 　　　　　　　　　　　　　　　　소스 코드 DefaultC.java

```
01  package section10.access1;
02
03  class DefaultC {    // 클래스 선언
04      public int variableC;
05  }
```

예제 10-14 접근 제한자 default 　　　　　　　　　　　　　　　　소스 코드 PublicA.java

```
01  package section10.access1;
02
03  public class PublicA {    // 클래스 선언
04      DefaultC dc = new DefaultC();    // 같은 패키지이기 때문에 객체 생성 가능
05      void methodA() {
06          dc.variableC = 20;    // public으로 선언된 필드도 객체를 통해 접근 가능
07      }
08  }
```

예제 10-15 접근 제한자 default 　　　　　　　　　　　　　　　　소스 코드 PublicB.java

```
01  package section10.access2;
02  import section10.access1.*;    // access1 패키지의 모든 클래스를 사용하기 위한 import
03
04  public class PublicB {    // 클래스 선언
05      public static void main(String[] args) {
```

```
06          DefaultC c = new DefaultC();   ← 에러 : The type PublicA is not visible
07          // c.variableC = 10; ← 필드가 public이더라도 객체를 생성하지 못하기 때문에
08          // 사용할 수 없습니다.
09      }
10  }
```

protected

클래스 멤버를 위한 제한자로, 클래스의 접근 제한자로 사용하지 않는 protected는 이번 Section의 주제인 상속과 관련있는 제한자입니다.

protected라는 이름처럼 조금 특별하게 클래스 멤버를 보호하고 있습니다. default 제한자와 동일하게 같은 패키지 안에서 접근과 사용을 허용하지만, 다른 패키지에서의 접근을 완전히 제한하는 것이 아닌 "해당 클래스와 상속 관계에 있는 자식 클래스"라면 다른 패키지라도 접근 및 사용이 가능합니다.

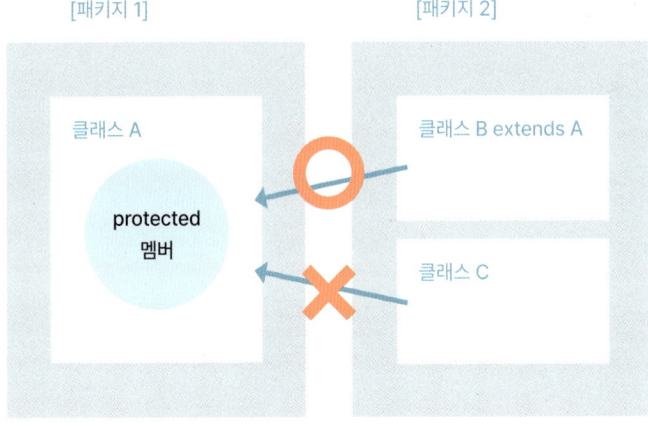

[그림 10-2] protected 접근 제한

즉, 같은 패키지에서 접근이 가능하며, 다른 패키지라면 자식 클래스만 접근을 허용한다는 뜻입니다.

- **protected 생성자** : 같은 패키지의 클래스에서 생성자를 호출해 객체를 생성할 수 있습니다. 또한, 다른 패키지더라도 해당 클래스의 자식 클래스라면 생성자를 호출해 객체를 생성할 수 있습니다.
- **protected 필드/메서드** : 같은 패키지의 클래스에서 접근 및 사용할 수 있으며, 해당 클래스의 자식 클래스라면 다른 패키지에서라도 사용할 수 있습니다.

예제 10-16 접근 제한자 protected　　　　　　　　　　　　　　　　　　　　　소스 코드 `Parent.java`

```
01  package section10.access1;
02
03  public class Parent {   // 클래스 선언
04      protected void accessProtected() {
05          System.out.println("Protected 멤버에 접근하였습니다.");
06      }
07  }
```

예제 10-17 접근 제한자 protected　　　　　　　　　　　　　　　　　　　　　소스 코드 `Child.java`

```
01  package section10.access2;
02  import section10.access1.*;
03
04  public class Child extends Parent {   // 클래스 선언
05      void accessTest() {
06          super.accessProtected();   // 이렇게 접근이 가능합니다.
07          Parent p1 = new Parent();
08          // p1.accessProtected(); ← 자식 클래스더라도, 객체로 접근하는것은 불가능합니다.
09          // 에러 : The method accessProtected( ) from the type Parent is not visible
10      }
11  }
```

예제 10-18 접근 제한자 protected　　　　　　　　　　　　　　　　　　　　　소스 코드 `NotChild.java`

```
01  package section10.access2;
02  import section10.access1.*;
03
04  public class NotChild {   // 클래스 선언
05      void accessTest() {
06          Parent p2 = new Parent();
07          // p2.accessProtected( ); 에러 :
08          // The method accessProtected() from the type Parent is not visible
09      }
10  }
```

private

private는 접근 제한자 중에서 가장 사용 범위가 좁은 클래스 멤버를 위한 제한자입니다.

클래스가 public/default이더라도, private로 선언된 멤버들은 클래스 외부에서 접근이 전혀 불가능합니다. 오직 선언된 클래스 내부에서만 접근하여 사용할 수 있습니다. 따라서 private 멤버는 public 인터페이스를 직접 구성하지 않고, 클래스 내부의 세부적인 동작을 구현하는 데 사용됩니다.

protected와 마찬가지로 클래스의 접근 제한자로 사용하지 않습니다.

- **private 생성자** : 클래스 외부에서 객체를 생성할 수 없으며, 클래스 내부에서만 생성자를 호출해 객체를 생성할 수 있습니다.
- **private 필드/메서드** : 클래스 외부에서 접근할 수 없으며, 클래스 내부에서만 사용할 수 있습니다.

예제 10-19 접근 제한자 private 소스 코드 PublicA.java

```java
01  package section10.access1;
02
03  public class PublicA {   // 클래스 선언
04      public int a;
05
06      private PublicA(int a) {
07          this.a = a;
08      }
09
10      public void printA() {
11          System.out.println("PublicA클래스의 printA() 메서드입니다.");
12      }
13  }
```

예제 10-20 접근 제한자 private 소스 코드 PublicD.java

```java
01  package section10.access1;
02
03  public class PublicD {   // 클래스 선언
04      public static void main(String[] args) {
05          PublicA a = new PublicA(10);   // 에러 : PublicA is not visible
06      }
07  }
```

SECTION 10 05 2차 상속
N차 상속

현실에서 우리는 누군가의 자식도 될 수 있지만 누군가의 부모도 될 수 있듯이, 상속 역시 원한다면 다음 세대에게, 그리고 또 다음 세대로 이어질 수 있습니다. 자바 세상에서도 마찬가지로, 우리는 한 번의 상속에서 끝내지 않고 2차, 3차.. N차까지 원하는 만큼 상속을 이어서 받을 수 있습니다.

> A 클래스 ← B 클래스 extends A 클래스 ← C 클래스 extends B 클래스 … ← …

간단하게 예제로 확인해 보겠습니다.

예제 10-21 N차 상속   소스 코드 Car.java

```java
01  package section10;
02
03  public class Car {
04      void ride() {
05          System.out.println("달립니다.");
06      }
07  }
```

예제 10-22 N차 상속   소스 코드 Bus.java

```java
01  package section10;
02
03  public class Bus extends Car {
04      int peopleNum;   // 승객 수
05
06      Bus(int peopleNum) {
07          this.peopleNum = peopleNum;   // 승객 수 초기화
08      }
09
10      void takePerson() {
11          System.out.println("승객이 버스에 탔습니다.");
12          peopleNum++;
```

```
13        System.out.println("지금까지 탑승한 승객은 " + peopleNum + "명입니다.");
14    }
15 }
```

예제 10-23 N차 상속   소스 코드 SchoolBus.java

```
01 package section10;
02
03 public class SchoolBus extends Bus {
04     SchoolBus(int peopleNum) {
05         super(peopleNum);    // Bus 클래스의 생성자 호출
06     }
07
08     @Override
09     void takePerson() {   // Bus 클래스의 takePerson() 오버라이딩
10         super.takePerson();   // Bus 클래스의 takePerson() 메서드 호출
11         System.out.println("학생들이 자리에 모두 착석하고 출발합니다.");
12     }
13
14     @Override
15     void ride() {   // Car 클래스의 ride() 오버라이딩
16         System.out.println("시속 50km/h로 천천히 달립니다.");
17     }
18 }
```

예제 10-24 N차 상속   소스 코드 EX10_24.java

```
01 package section10;
02
03 public class EX10_24 {
04     public static void main(String[] args) {
05         SchoolBus sb = new SchoolBus(10);
06         sb.takePerson();
07         sb.ride();
08     }
09 }
```

실행 결과

승객이 버스에 탔습니다.
지금까지 탑승한 승객은 11명입니다.
학생들이 자리에 모두 착석하고 출발합니다.
시속 50km/h로 천천히 달립니다.

SECTION 06 final 클래스와 final 메서드

`final 클래스` `final 메서드`

그렇다면 우리는 모든 클래스를 상속받아 사용할 수 있는 걸까요?

final 키워드는 상수를 뜻하는 키워드로, 필드 앞에 선언하여 사용합니다. 초기화 이후 값을 바꿀 수 없으며 시간이 지나도 처음 정의된 상태가 변하지 않는다는 의미를 가지고 있습니다.

우리는 이 키워드를 메서드와 클래스에서도 사용할 수 있으며, 효과는 상속에서 확인할 수 있습니다.

1 final 클래스

클래스 앞에 final을 추가할 경우, 이 클래스는 상속의 마지막 클래스임을 뜻합니다. 어떠한 클래스도 이 클래스의 자식 클래스가 될 수 없고, 자연스럽게 이 클래스는 어떤 클래스의 부모 클래스가 될 수 없음을 의미합니다.

final 클래스를 선언하는 방법은 다음과 같습니다.

```
접근 제한자 final class 클래스명 {
    ...
}
```

만약 final 클래스를 상속받고자 시도한다면 다음과 같은 컴파일 에러가 발생합니다.

```
public final class Parent {
    ...
}
class Child extends Parent {
    ...                  The type Child cannot subclass the final class Parent
}
```

2 final 메서드

메서드 앞에 final을 추가하면 어떤 의미를 가질까요? 이 메서드는 상속받더라도, 오버라이딩할 수 없는 메서드임을 뜻합니다.

즉, 자식 클래스이더라도 부모 클래스에 final로 선언된 메서드는 자식 클래스에서 오버라이딩하지 못하고 있는 그대로 사용해야 한다는 뜻입니다.

final 메서드를 선언하는 방법은 다음과 같습니다.

```
접근 제한자  final  리턴 타입  메서드( 매개변수1, 매개변수2, ... ) {
    ...
}
```

다음 예제로 확인해 보겠습니다.

예제 10-25 final 메서드 소스 코드 Book.java

```java
01  package section10;
02
03  public class Book {    // 클래스 선언
04      String title;
05      String author;
06
07      Book(String title, String author) {
08          this.title = title;
09          this.author = author;
10      }
11
12      final void info_title() {
13          System.out.println("책의 제목은 " + title + "입니다.");
14      }
15
16      void info_author() {
17          System.out.println("책의 저자는 " + author + "입니다.");
18      }
19  }
```

예제 10-26 final 메서드 　　　　　　　　　　　　　　　　　　　소스 코드 Comic.java

```java
01  package section10;
02
03  public class Comic extends Book {   // Book 클래스를 상속받는 자식 클래스 Comic
04      boolean isColor;
05
06      Comic(String title, String author, boolean isColor) {
07          super(title, author);
08          this.isColor = isColor;
09      }
10
11      /*@Override
12      void info_title() {   // 부모 클래스에서 final로 선언된 메서드를 오버라이딩 시도하면
13                            Cannot override the final method from Parent
14                            // 이러한 에러가 발생합니다.
15          System.out.println("이 만화책의 제목은" + title +"입니다.");
16      }*/
17
18      @Override
19      void info_author() {   // 이 메서드는 Override가 가능합니다.
20          System.out.println("이 만화책의 저자는 " + author + "입니다.");
21      }
22
23      void info_color() {
24          if(isColor) {
25              System.out.println("이 만화책은 컬러입니다.");
26          } else {
27              System.out.println("이 만화책은 흑백입니다.");
28          }
29      }
30  }
```

예제 10-27 final 메서드   소스 코드 EX10_27.java

```java
01  package section10;
02
03  public class EX10_27 {   // 클래스 선언
04      public static void main(String[] args) {
05          Comic comicBook = new Comic("주머니 괴물", "미상", true);
06          comicBook.info_title();
07          comicBook.info_author();
08          comicBook.info_color();
09      }
10  }
```

실행 결과
책의 제목은 주머니 괴물입니다.
이 만화책의 저자는 미상입니다.
이 만화책은 컬러입니다.

 PLUS 학습 코너

생성자에는 final을 추가할 수 없습니다.

생성자는 접근 제한자인 public, protected, (default), private만 추가할 수 있습니다. 따라서, 클래스를 final로 선언하더라도 생성자를 final로 선언할 수는 없습니다.
만약 final을 추가하면 아래와 같은 에러 메시지가 나타납니다.

```
Illegal modifier for the constructor in type Parent; only public, protected & private are permitted
```

핵심정리

- **상속** 부모 (역할을 하는) 클래스가 자식 (역할을 하는) 클래스에게 클래스 멤버를 물려주는 것을 상속이라고 합니다.

- **자식 클래스 선언** extends 키워드를 사용해 상속받을 클래스를 지명할 수 있습니다. 자식 클래스는 부모 클래스의 모든 멤버를 그대로 가져다 쓸 수 있습니다.

    ```
    class A {        // 부모 클래스는 자식 클래스에서 지명받기 전에는 부모 클래스 역할을 하지 않습니다.

        …
    }

    class B extends A {    // B 클래스에서 extends A를 작성함으로써 A는 B의 부모 클래스가 되고,
                           // B 클래스는 A 클래스의 자식 클래스가 됩니다.

        …
    }
    ```

- **super()** 자식 클래스에서 부모 클래스의 생성자를 호출하는 키워드로 super()를 사용합니다.
  필요에 따라 매개변수를 전달할 수도 있습니다. 개발자가 직접 생성자를 선언할 때는 자식 클래스에서 반드시 부모 클래스의 생성자를 호출해줘야 합니다.

- **자바는 4가지 접근 제한자를 사용합니다.**

    ```
    public : 모든 패키지, 모든 클래스에서 접근 가능
    protected : 같은 패키지 안에서 접근 가능 / 다른 패키지라도 자식 클래스라면 접근 가능
    default : 같은 패키지 내에서만 접근 가능
    private : 클래스 외부에서 접근 불가능
    ```

- **오버라이딩** 자식 클래스가 상속받은 메서드의 내용을 변경해서 사용할 수 있습니다. 상속받은 메서드를 변경해서 다시 구현하는 것을 오버라이딩(overriding)이라고 합니다.

- **부모 클래스의 메서드 호출** super 키워드를 사용해 부모 클래스의 메서드를 호출할 수 있습니다.

    ```
    super.부모 메서드();
    ```

응용문제

1. 다음 중 상속과 관련된 단어를 모두 고르세요.

   ① super
   ② super( )
   ③ this
   ④ extends

2. 다음 코드를 실행했을 때 콘솔창에 출력되는 결과는 무엇입니까?

```
01  package section10;
02
03  class Person {
04      void printHello() {
05          System.out.println("안녕하세요.");
06      }
07  }
08
09  class Student extends Person {
10  }
11
12  public class PRACTICE_10_02 {
13      public static void main(String[] args) {
14          Person p = new Person();
15          p.printHello();
16
17          Student s = new Student();
18          s.printHello();
19      }
20  }
```

응용문제

3. <PRACTICE_10_02.java> 코드에서 class Student가 Person의 printHello()를 다음과 같이 오버라이드 했을 때, 콘솔창에 출력되는 결과는 무엇입니까?

```
01   class Student extends Person {
02       @Override
03       void printHello() {
04           System.out.println("안녕하세요, 저는 자바를 공부하는 학생입니다.");
05       }
06   }
```

4. 다음 코드는 컴파일 에러가 발생합니다. 그 이유는 무엇이며 어떻게 해결해야 할까요?

[ClassA.java]

```
01   package section10;
02
03   public class ClassA {
04       private int a;
05
06       private ClassA(int a) {
07           this.a = a;
08       }
09
10       public void methodA() {
11           System.out.println("ClassA클래스의 methodA() 메서드입니다.");
12           System.out.println("필드 a의 값은 " + a + "입니다.");
13       }
14   }
```

[ClassB.java]

```
01  package section10;
02
03  public class ClassB {
04      public static void main(String[] args) {
05          ClassA ca = new ClassA(3);
06          ca.methodA();
07      }
08  }
```

5. 다음 두 개의 클래스는 상속 관계에 있으나, 다른 패키지에 속해 있습니다. Child 클래스에서 Parent 클래스의 parentMethod 메서드를 호출하기 위해 어떤 코드를 작성해야 할까요?

[Parent.java]

```
01  package section10.access1;
02
03  public class Parent {
04      protected void parentMethod() {
05          System.out.println("parentMethod is called.");
06      }
07  }
```

[Child.java]

```
01  package section10.access2;
02  import section10.access1.*;
03
04  public class Child {
05      void accessParentMethod() {
06          
07      }
08  }
```

다형성은
무엇일까요?

무슨 종류의 그래픽카드를 사용하느냐에 따라 컴퓨터의 성능이 달라질 수 있습니다.
이렇게 역할은 같지만 다양한 종류를 이용해서 실행 결과가 나오도록 하는 것을
다형성이라고 합니다.

MISSION 1 클래스 자동 타입 변환과 강제 타입 변환을 설명하고 활용할 수 있습니다. 2 다형성의 개념을 설명할 수 있습니다. 3 instanceof 연산자를 필요에 따라 사용할 수 있습니다.

KEYWORD #클래스타입변환 #다형성 #instanceof #overloading #overriding

SECTION 11

다형성과 타입 변환

01 | 클래스에서의 타입 변환
02 | 다형성
03 | instanceof 연산자
04 | 오버로딩과 오버라이딩

SECTION 01 클래스에서의 타입 변환

클래스의 자동 타입 변환   클래스의 강제 타입 변환

타입 변환은 타입을 다른 타입으로 변환하는 것으로 자바에서는 다음과 같이 두 가지의 대표적인 타입 변환이 있습니다.

- 자료형(타입) 변환
- 클래스의 객체 타입 변환

자료형 변환은 우리가 이미 'Section 02. 변수와 자료형'에서 함께 학습했던 내용으로 자동 형 변환과 강제 형 변환이 있습니다.

클래스의 타입 변환도 마찬가지로 자동 형 변환과 강제 형 변환이 있습니다. 단, 자료형에 비해 타입 변환이 가능한 범위가 상당히 좁습니다. 클래스의 타입 변환은, 서로 상속 관계에 있는 클래스 사이에서만 변환할 수 있습니다. 이번 Section에서는 클래스의 타입 변환에 대해 학습해 보겠습니다.

1 클래스의 자동 타입 변환

자료형에서의 자동 형 변환과 마찬가지로 개발자가 직접 명시하지 않아도 자동으로 타입 변환이 일어나는 것을 '클래스 자동 타입 변환'이라고 부릅니다.

클래스 자동 타입 변환은 상속 관계에 있는 자식 클래스의 객체를 부모 타입의 객체로 변환하는 것을 말합니다. 클래스의 자동 타입 변환을 구현하는 방법을 알아보겠습니다.

자식 객체를 만들면서 바로 부모 타입으로 변환할 때는 다음과 같이 구현합니다.

```
부모 클래스(타입) 객체 변수 = new 자식 클래스( );
```

만들어진 자식 객체를 부모 타입으로 변환할 때는 다음과 같이 구현합니다.

```
부모 클래스(타입) 객체 변수 = 자식 객체;
```

다음 예제를 통해 확인해 보겠습니다.

예제 11-1   클래스의 자동 타입 변환 ①   소스 코드 EX11_01.java

```java
01  package section11;
02
03  class Parent { }
04  class Child extends Parent { }
05
06  public class EX11_01 {
07      public static void main(String[] args) {
08          Parent p1 = new Parent();   // p1 객체 생성
09          Child c1 = new Child();     // c1 객체 생성
10
11          Parent p2 = new Child();    // 자동 타입 변환
12          Parent p3 = c1;             // 자동 타입 변환
13          // Child c2 = p1; <-- 자동 타입 변환 X
14
15          if(p3 == c1) {
16              System.out.println("p3와 c1은 같은 객체를 참조하고 있습니다.");
17          }
18      }
19  }
```

실행 결과
p3와 c1은 같은 객체를 참조하고 있습니다.

해설

13 : p1을 Child 타입으로 변환을 시도하면 오류가 발생합니다.
15~16 : p3와 c1이 참조하는 객체가 같은지 확인했을 때, true가 반환되어 if 문 블록 내 코드가 실행되었습니다.

> **TIP**   '==' 연산자는 'Section 03. 연산자'에서 학습한 내용처럼 다음과 같이 동작합니다.
> 변수 A == 변수 B
> • A와 B가 참조하고 있는 객체가 같으면 true를 반환
> • A와 B가 참조하고 있는 객체가 다르면 false를 반환

실행 결과를 통해, 우리는 c1과 p3 변수가 같은 객체를 참조하고 있음을 알 수 있습니다. 즉, Child 타입의 Child 객체 c1의 타입을 Parent로 변환해 만든 p3는 여전히 c1 객체라는 것을 확인할 수 있습니다. 타입을 변환한다고 객체가 바뀌는 것이 아니라, 객체는 보존되고 사용만 부모 객체처럼 사용합니다.

또한 앞에서 확인한 것처럼 클래스 자동 타입 변환은 자식 타입에서 부모 타입 방향으로만 가능합니다. 따라서 부모 타입을 자식 타입으로 변환하려고 하면 다음과 같은 오류가 발생합니다.

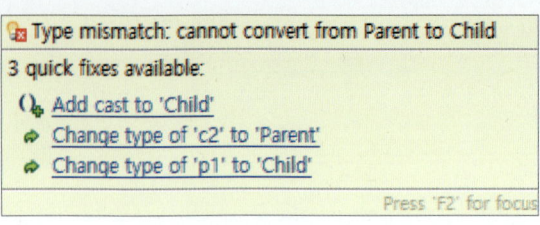

자바에서 제공하는 해결 방안 중 Add cast to 'Child'라는 방법이 있습니다. Add cast to 'Child'는 뒤에서 자세히 다룹니다.

[그림 11-1] 자동 타입 변환 오류 메시지

자동 타입 변환은 반드시 상속 관계에 있는 자식 클래스의 객체를 부모 타입으로 변환할 때 적용할 수 있습니다. 1차 상속 관계가 아니더라도 상위 계층의 타입으로 변환할 수 있습니다.
하지만 같은 상위 계층을 가지고 있더라도, 타입 변환을 시도하려는 두 클래스 간의 상속 관계가 없다면 타입 변환은 불가능합니다.

예제 11-2   클래스의 자동 타입 변환 ②   소스 코드 EX11_02.java

```java
01  package section11;
02
03  class Car {}
04  class Bus extends Car {}
05  class SchoolBus extends Bus {}
06
07  class OpenCar extends Car {}
08  class SportsCar extends OpenCar {}
09
10  public class EX11_02 {
11      public static void main(String[] args) {
12          Car c1 = new SchoolBus();      // 1차 상속 관계가 아니더라도
13                                          // 자동 타입 변환 가능
14          Bus b1 = new Bus();             // 자동 타입 변환
15          Bus b2 = new SchoolBus();       // 자동 타입 변환
16
17          Car c2 = new OpenCar();         // 자동 타입 변환
18          OpenCar oc = new SportsCar();   // 자동 타입 변환
19          // Bus b3 = new OpenCar(); ← 오류
```

```
20            // Bus b4 = new SportsCar(); ← 오류
21        }
22    }
```

해설

17 : OpenCar 클래스는 Car 클래스와 2차 상속 관계를 가지고 있기 때문에 자동 타입 변환이 가능합니다.
19~20 : OpenCar 클래스와 SportsCar 클래스는 Bus 클래스와 같은 상위 계층의 클래스 Car와 상속 관계는 맞지만, Bus 클래스와 직접적인 상속 관계가 아니므로 자동 타입 변환을 할 수 없습니다.

프로그래밍에서 타입 변환은 상속 관계의 개념에서 자연스레 뻗어 나온 특징으로 볼 수 있습니다. 예를 들어, Car 클래스를 상속받은 Bus 클래스로 객체를 만든다면, "Bus는 Bus다."라고 표현할 수 있음과 동시에 Bus가 Car의 특징을 모두 가지고 있기 때문에 "Bus는 Car이다."라고도 표현할 수 있습니다.

PLUS 학습 코너

자료형 변환에서는 자동 형 변환 시에도 명시적으로 변환을 작성하는 것을 추천했습니다.
하지만, 클래스의 타입 변환에서는 명시하는 것이 불가능한 것은 아니지만, 일반적으로 자식 타입에서 부모 타입으로 변환하는 경우에는 타입 형태를 작성하지 않습니다.

- Bus b = (Bus) new SchoolBus( );
- OpenCar oc = (OpenCar) new SportsCar( );

이는 반대 방향으로의(부모 타입 → 자식 타입) 타입 변환인 강제 타입 변환과 가시적인 차이점을 두기 위함이기도 합니다.

- Bus b = new SchoolBus( );
- OpenCar oc = new SportsCar( );

타입을 부모 타입으로 변환한 객체는, 더 이상 자신의 클래스에 부모 클래스와 별개로 추가한 멤버들을 사용할 수 없으며, 부모 클래스에 선언된 멤버(필드와 메서드)들만 사용할 수 있습니다.
단, 부모 클래스의 메서드를 오버라이딩한 메서드의 경우에는 자식 객체의 것을 호출할 수 있습니다.
다음 예제를 통해 확인해 보겠습니다.

예제 11-3 클래스의 자동 타입 변환 ② 　　　　　　　　　　　　　　　　소스 코드 Calendar.java

```java
package section11;

public class Calendar {
    String color;
    int months;

    Calendar(String color, int months) {
        this.color = color;
        this.months = months;
    }

    void info() {
        System.out.println(color + " 달력은 " + months + "월까지 있습니다.");
    }

    void hanging() {
        System.out.println(color + " 달력을 벽에 걸 수 있습니다.");
    }
}
```

예제 11-4 클래스의 자동 타입 변환 ③ 　　　　　　　　　　　　　　　　소스 코드 DeskCalendar.java

```java
package section11;

public class DeskCalendar extends Calendar {

    DeskCalendar(String color, int months) {
        super(color, months);
    }

    @Override
    void hanging() {
```

```java
11          System.out.println(color + " 달력을 벽에 걸기 위해 고리가 추가로 필요합니다.");
12      }
13
14      void onTheDesk() {
15          System.out.println(color + " 달력을 책상에 세울 수 있습니다.");
16      }
17  }
```

예제 11-5 클래스의 자동 타입 변환 ③   소스 코드 EX11_05.java

```java
01  package section11;
02
03  public class EX11_05 {   // 클래스 선언
04      public static void main(String[] args) {
05
06          DeskCalendar dc = new DeskCalendar("보라색", 6);
07          dc.info();
08          dc.hanging();
09          dc.onTheDesk();
10
11          System.out.println();
12
13          Calendar c = new DeskCalendar("검은색", 12);
14          c.info();
15          c.hanging();   // 오버라이드한 메서드를 호출합니다.
16          // c.onTheDesk(); ← 에러
17      }
18  }
```

실행 결과

보라색 달력은 6월까지 있습니다.
보라색 달력을 벽에 걸기 위해 고리가 추가로 필요합니다.
보라색 달력을 책상에 세울 수 있습니다.

검은색 달력은 12월까지 있습니다.
검은색 달력을 벽에 걸기 위해 고리가 추가로 필요합니다.

위 예제를 통해 2가지 포인트를 확인할 수 있었습니다.

① 오버라이딩한 메서드는 클래스 타입 변환을 했어도 자식 메서드를 호출했습니다. 〈EX11_05.java〉 코드의 13행에서 타입 변환으로 생성된 c 객체는 Calendar 타입을 가졌지만, DeskCalendar의 객체이기 때문에 DeskCalendar의 hanging( ) 메서드를 호출했습니다.

② 클래스 타입 변환을 한 클래스는, 더 이상 자식 클래스만의 멤버들을 호출할 수 없습니다. 〈EX11_05.java〉 코드의 c 객체와 같이, 자신의 멤버를 호출하고자 하면 다음과 같은 메시지가 나타납니다.

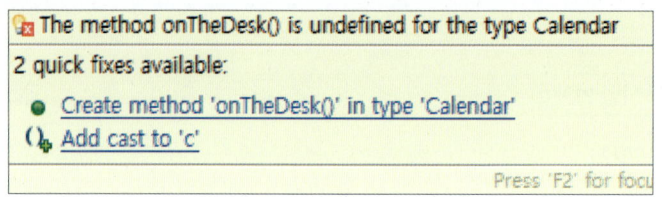

[그림 11-2] 오류 메시지

DeskCalendar 객체임에도 Calendar 타입을 가졌기 때문에, DeskCalendar의 멤버에는 접근할 수 없습니다.

그럼, 부모 타입으로 변환한 객체가 다시 자신의 멤버에 접근하고 싶을 때 어떻게 해야 할까요?

2 클래스의 강제 타입 변환

〈EX11_05.java〉 코드의 객체 c처럼 자식 타입에서 부모 타입으로 자동 타입 변환을 했지만 자식 클래스의 멤버들에게 접근하고 싶을 때가 생길 수 있습니다. 자바의 규약으로 부모 타입에서는 자식 클래스의 멤버에 접근할 수 없으므로 이러한 경우 다시 DeskCalendar 타입으로 변경해서 접근할 수 있도록 제공하고 있습니다.

우리는 이를 '클래스 강제 타입 변환'이라고 부릅니다. 자식 객체가 부모 타입으로 자동 타입 변환을 한 후, 다시 자식 타입으로 변환하는 것을 말합니다.

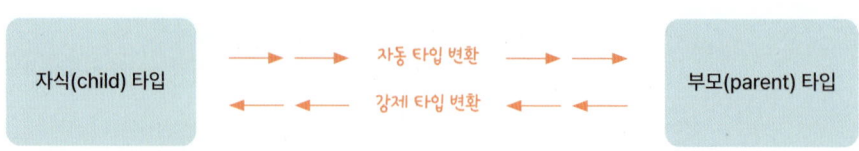

클래스 타입 변환에서 강제 타입 변환은 자동 타입 변환과는 달리, 개발자가 직접 명시해야만 타입 변환을 할 수 있습니다.

자식 타입을 부모 타입으로 변환할 때는 별도 명시가 없어도 프로그램이 실행되면서 자동으로 타입을 변환해 주지만, 부모 타입에서 자식 타입으로 변환하려면 우리는 반드시 변환하고자 하는 타입 형태를 직접 작성해야 합니다.

일회성으로 타입 변환이 필요할 때는, 다음과 같이 사용할 수 있습니다.

```
((자식 타입) 부모 타입).메서드( );
```

자식 클래스의 멤버들에 대한 접근이 여러 번 필요한 경우에는 다음과 같이 자식 타입 변수에 담아서 사용하기도 합니다.

```
자식 타입 변수 = (자식 타입) 부모 타입;
```

다음 예제를 통해 확인해 보겠습니다.

예제 11-6　강제 형 변환 ①　　　　　　　　　　　　　　　　　　　소스 코드 Bike.java

```java
01  package section11;
02
03  public class Bike {
04      String riderName;
05      int wheel = 2;
06
07      Bike(String riderName) {
08          this.riderName = riderName;
09      }
10
11      void info() {
12          System.out.println(riderName + "의 자전거는 " + wheel + "발 자전거입니다.");
13      }
14
15      void ride() {
16          System.out.println("씽씽");
17      }
18  }
```

예제 11-7 강제 형 변환 ❷　　　　　　　　　　　　　　　　소스 코드 FourWheelBike.java

```java
01  package section11;
02
03  public class FourWheelBike extends Bike {
04      FourWheelBike(String riderName) {
05          super(riderName);
06      }
07
08      @Override
09      void info() {
10          super.info();
11      }
12
13      void addWheel() {
14          if(wheel == 2) {
15              wheel = 4;
16              System.out.println(riderName + "의 자전거에 보조 바퀴를 부착하였습니다.");
17          } else {
18              System.out.println(riderName + "의 자전거에 이미 보조 바퀴가 부착되어 있습니다.");
19          }
20      }
21  }
```

예제 11-8 강제 형 변환 ❸　　　　　　　　　　　　　　　　소스 코드 EX11_08.java

```java
01  package section11;
02
03  public class EX11_08 {
04      public static void main(String[] args) {
05          Bike b = new FourWheelBike("윤기");
06          b.info();
07          b.ride();
08          // b.addWheel(); ← 부모 타입으로는 호출 불가
09
10          System.out.println();
11
```

```
12          FourWheelBike fwb = (FourWheelBike) b;   // 강제 타입 변환
13          fwb.addWheel();   // 자식 메서드 사용 가능
14          fwb.info();
15          fwb.ride();
16      }
17  }
```

실행 결과

윤기의 자전거는 2발 자전거입니다.
씽씽

윤기의 자전거에 보조 바퀴를 부착하였습니다.
윤기의 자전거는 4발 자전거입니다.
씽씽

예제처럼, 자식 타입으로 다시 타입 변환을 해줌으로써 부모 타입에서는 사용하지 못했던 자식의 멤버들을 모두 사용할 수 있게 되었습니다.

단, 모든 부모 타입 객체를 자식 타입으로 변환할 수 있는 것은 아닙니다. 반드시 부모 타입으로 자동 타입 변환되었던 자식 객체를 다시 자식 타입으로 변환할 때만 강제 타입 변환을 사용할 수 있습니다.

SECTION 11
02 다형성(polymorphism)
다형성 활용

다형성은 객체 지향 프로그래밍의 대표적인 특징 중 하나로, 하나의 타입으로 다양한 객체를 사용할 수 있는 것을 의미합니다.

자바에서는 앞에서 학습한 클래스 타입 변환을 통해, 부모 클래스의 타입 하나로 여러 가지 자식 객체들을 참조하여 사용함으로써 다형성을 구현할 수 있습니다. 결과적으로 클래스 타입 변환이 존재하는 이유는 다형성을 구현하기 위함이라고 할 수도 있겠습니다.

하지만 타입 변환은 다형성을 구현하는 방법의 하나일 뿐, 혼자 다형성을 완전히 구현해낼 수는 없습니다. 다형성을 구현하는 데 큰 역할을 하는 다음 세 가지 특징이 힘을 합쳐야 합니다.

다형성을 활용할 수 있는 방법은 말 그대로 다양합니다. 다형성을 사용하면 어떤 장점이 있는지 확인해 보겠습니다. 객체가 특정 클래스의 필드가 되면서, 하나의 부품처럼 사용될 수도 있습니다. 이때, 부품을 교체할 일이 생긴다면 우리는 다형성을 구현함으로써 코드 수정을 최소화할 수 있습니다.

'Section 10'에서 확인한 예제에서 다형성을 추가로 구현해 보겠습니다.

우선, 다형성을 완전히 구현하지 않은 예제를 살펴보겠습니다.

예제 11-9 부모 클래스 역할을 하는 Computer 클래스 소스 코드 Computer.java

```java
01  package section11;
02
03  public class Computer {
04      void powerOn() {
05          System.out.println("삑- 컴퓨터가 켜졌습니다.");
06      }
07
08      void powerOff() {
09          System.out.println("컴퓨터가 종료됩니다.");
10      }
11  }
```

예제 11-10 Samsong 컴퓨터 객체를 만들어줄 클래스 소스 코드 Samsong.java

```java
01  package section11;
02
03  public class Samsong extends Computer {
04      @Override
05      void powerOn() {
06          super.powerOn();
07          System.out.println("아이 러브 삼송");
08      }
09  }
```

예제 11-11 ComputerRoom 객체를 만들어줄 클래스 소스 코드 ComputerRoom.java

```java
01  package section11;
02
03  public class ComputerRoom {
04      Samsong computer1;
05      Samsong computer2;
06
07      void allPowerOn() {
08          computer1.powerOn();
09          computer2.powerOn();
10      }
11
12      void allPowerOff() {
13          computer1.powerOff();
14          computer2.powerOff();
15      }
16  }
```

예제 11-12 Samsong 컴퓨터 객체를 만들어줄 클래스 소스 코드 EX11_12.java

```java
01  package section11;
02
03  public class EX11_12 {
04      public static void main(String[] args) {
05          ComputerRoom cr = new ComputerRoom();
06          cr.computer1 = new Samsong();   // Samsong computer1
```

```
07          cr.computer2 = new Samsong();    // Samsong computer2
08
09          cr.allPowerOn();
10          cr.allPowerOff();
11
12          System.out.println();
13      }
14  }
```

실행 결과

삑- 컴퓨터가 켜졌습니다.
아이 러브 삼송
삑- 컴퓨터가 켜졌습니다.
아이 러브 삼송
컴퓨터가 종료됩니다.
컴퓨터가 종료됩니다.

지금까지는 아무런 불편함을 느끼지 못했습니다. 그런데 혹시 ComputerRoom에 있는 Samsong 컴퓨터 2대를 LZ 컴퓨터로 바꾸고 싶다면 어떻게 해야 할까요?
우선, LZ 컴퓨터 객체를 만들어 줄 클래스를 생성하겠습니다.

예제 11-13 클래스 생성 소스 코드 LZ.java

```
01  package section11;
02
03  public class LZ extends Computer {
04      @Override
05      void powerOn() {
06          super.powerOn();
07          System.out.println("사랑해요 LZ");
08      }
09  }
```

⟨ComputerRoom.java⟩ 코드와 ⟨EX11_12.java⟩ 코드를 다음과 같이 수정합니다.

소스 코드 ComputerRoom.java

```
…   …
03  public class ComputerRoom {
04      LZ computer1;
05      LZ computer2;
…   …
```

소스 코드 EX11_12.java

```
…    …
05         ComputerRoom cr = new ComputerRoom();
06         cr.computer1 = new LZ();  // LZ computer1
07         cr.computer2 = new LZ();  // LZ computer2
…    …
```

객체를 변경하기 위해서 여러 가지 코드를 수정하는 것은 상당히 위험도가 높은 작업입니다. 실무에서의 프로그램은 코드의 양이 많아지고, 수많은 객체가 서로 얽혀서 복잡한 로직으로 구현되어 있습니다. 이런 경우, 어떻게 하면 수정을 최소화하고 실수를 줄일 수 있을까요?

〈Computer.java〉, 〈Samsong.java〉, 〈LZ.java〉, 〈EX11_12.java〉 코드는 동일합니다.

사실 지금 위 예제도 상속과 메서드 오버라이딩의 적용으로, 다형성의 50%는 구현되어 있다고 볼 수 있습니다. 위 코드에 클래스 타입 변환까지 적용한다면 보다 간결하게 해결할 수 있습니다.

〈ComputerRoom.java〉 코드에서 클래스 타입 변환까지 적용한 코드는 다음과 같습니다.

소스 코드 ComputerRoom.java

```
01    package section11;
02
03    public class ComputerRoom {
04        Computer computer1;
05        Computer computer2;
06
07        void allPowerOn() {
08            computer1.powerOn();
09            computer2.powerOn();
10        }
11
12        void allPowerOff() {
13            computer1.powerOff();
14            computer2.powerOff();
15        }
16    }
```

객체를 필드로 가지는 클래스에서 객체 타입을 부모 클래스 타입으로 수정하면 간단하게 다형성을 적용한 코드가 됩니다. 이렇게 구현해 놓으면 아무리 computer1, computer2의 객체를 다양한 객체들로 변경해야 할 경우가 생겨도 〈EX11_12.java〉 코드에서 하나만 수정하면 됩니다.

ComputerRoom 클래스를 포함한 다른 클래스들은 코드의 수정이 필요 없습니다.

예제 11-14 ComputerRoom 객체를 만들어줄 클래스 　　　　　소스 코드 EX11_14.java

```java
package section11;

public class EX11_14 {
    public static void main(String[] args) {
        ComputerRoom cr = new ComputerRoom();
        cr.computer1 = new LZ();   // LZ computer1
        cr.computer2 = new LZ();   // LZ computer2

        cr.allPowerOn();
        cr.allPowerOff();
    }
}
```

실행 결과
삑- 컴퓨터가 켜졌습니다.
사랑해요 LZ
삑- 컴퓨터가 켜졌습니다.
사랑해요 LZ
컴퓨터가 종료됩니다.
컴퓨터가 종료됩니다.

SECTION 11.03 instanceof 연산자

객체 instanceof 타입

부모 타입으로 타입이 변환되어 저장된 변수는 안에 어떤 객체가 담겨 있는지 직접 확인해 보지 않는 이상 내부 객체를 알기가 쉽지 않습니다. 오버라이딩된 메서드가 있다면 확인이 쉽겠지만, 만약 부모 클래스를 같이 상속받고 있는 다른 클래스, 또는 부모 클래스와 구별할 수 있는 특정 멤버가 없다면 어떻게 구별해야 할까요?

예를 들어, Animal이라는 부모 클래스 타입으로 자식 객체를 매개변수로 받아서 돼지라면 "꿀꿀"을, 소라면 "음메"를 출력하고 싶다면 우리는 다음과 같은 로직을 구현하고 싶을 것입니다.

```java
void cry(Animal animal) {
    if(Animal이 참조하고 있는 객체가 돼지 타입이라면) {
        System.out.println("꿀꿀");
    } else { // 소라면
        System.out.println("음메");
    }
}
```

자바에서는 위 조건문을 해결할 수 있는 instanceof 연산자를 제공하여 참조 변수가 참조하고 있는 인스턴스의 실제 타입을 확인할 수 있도록 해줍니다.

객체 instanceof 타입(클래스명)

instanceof 연산자의 특징은 다음과 같습니다.

- instanceof 기준으로 왼쪽 객체가 생성될 때 오른쪽 타입으로 생성되었는지 확인하는 연산자입니다.
- 맞으면 true, 아니면 false를 반환하며 만약 null을 가리키고 있으면 false를 반환합니다.

instanceof를 적용하여 다음 예제를 함께 구현해 보겠습니다.

예제 11-15 **instanceof 연산자**　　　소스 코드 EX11_15.java

```java
01  package section11;
02
03  class Animal { }
04  class Pig extends Animal { }
05  class Cow extends Animal { }
06
07  class Farm {
08      void sound(Animal animal) {
09          if(animal instanceof Pig) {   // animal 변수에 담긴 객체의 타입이 Pig이면,
10              System.out.println("꿀꿀");
11          } else {   // animal 변수에 담긴 객체의 타입이 Pig가 아니면,
12              System.out.println("음메");
13          }
14      }
15  }
16
17  public class EX11_15 {
18      public static void main(String[] args) {
19          Farm f = new Farm();
20          Pig p = new Pig();
21          Cow c = new Cow();
22          f.sound(p);
23          f.sound(c);
24      }
25  }
```

실행 결과
꿀꿀
음메

PLUS 학습 코너

instanceof 연산자와 '==' 연산자의 차이

- A instanceof B : 객체 변수 A가 객체의 타입 B로 생성된 것인지 확인합니다.
- C == D : 객체 변수 C와 객체 변수 D가 같은 객체를 참조하고 있는지 확인합니다.

<예제 11-16> 소스 코드 EX11_16.java

```java
01  package section11;
02
03  class Animal {}
04  class Pig extends Animal {}
05
06  public class EX11_16 {
07      public static void main(String[] args) {
08          Pig p1 = new Pig();
09          Pig p2 = new Pig();
10          Animal a = p1;
11
12          if(a instanceof Pig) {
13              System.out.println("객체 변수 a는 Pig 타입으로 생성된 객체입니다.");
14          }
15
16          if(a == p1) {
17              System.out.println("a와 p1은 같은 객체를 참조하고 있습니다.");
18          }
19
20          if(a != p2) {
21              System.out.println("a와 p2는 같은 객체를 참조하고 있지 않습니다.");
22          }
23      }
24  }
```

실행 결과

객체 변수 a는 Pig 타입으로 생성된 객체입니다.
a와 p1은 같은 객체를 참조하고 있습니다.
a와 p2는 같은 객체를 참조하고 있지 않습니다.

사실 instanceof 연산자를 사용하지 않고도, 우리는 같은 문제를 다음과 같이 메서드 오버라이딩으로 해결할 수 있습니다.

예제 11-17 메서드 오버라이딩 소스 코드 EX11_17.java

```java
01  package section11;
02
03  class Animal {
04      void cry() {}     // ← 텅 빈 메서드
05                        // 'Section 12. 추상 클래스와 인터페이스'에서 자세히 다룹니다.
06  }
07
08  class Pig extends Animal {
09      @Override
10      void cry() {
11          System.out.println("꿀꿀");
12      }
13  }
14
15  class Cow extends Animal {
16      @Override
17      void cry() {
18          System.out.println("음메");
19      }
20  }
21
22  class Farm {
23      void sound(Animal animal) {
24          animal.cry();   // ← 매개변수 참조 객체의 오버라이딩된 메서드를 호출
25      }
26  }
27
28  public class EX11_17 {
29      public static void main(String[] args) {
30          Farm f = new Farm();
31          Pig p = new Pig();
32          Cow c = new Cow();
33          f.sound(p);
34          f.sound(c);
35      }
36  }
```

실행 결과
꿀꿀
음메

SECTION 11-04 오버로딩과 오버라이딩

`오버로딩` `오버라이딩`

객체 지향 프로그래밍에서 다형성을 얘기할 때 빼놓을 수 없는 것이 바로 오버로딩과 오버라이딩입니다. 비슷한 기능을 하고 중복되는 구현이 필요하지만 우리는 오버로딩과 오버라이딩을 적절히 사용할 수 있다면, 중복이 없는 최소한의 코드로 원하는 기능을 모두 구현해낼 수 있습니다.

 PLUS 학습 코너

오버로딩과 오버라이딩

오버로딩과 오버라이딩은 자바의 탄생부터 지금까지 다음과 같은 특징들 때문에 프로그래밍 입문자들이 혼동하기 쉬운 용어입니다.
 - 메서드 이름이 같다
 - 용어 생김새가 비슷하다

하지만 앞에서 학습한 바와 같이 두 용어의 개념은 확실히 다르며 간혹 두 용어를 비교하라는 질문을 만날 수 있는데, 이는 개념의 취지와 거리가 있는 질문이라할 수 있습니다.

- **오버로딩** : 자바는 매개변수의 자료형/개수/순서를 기반으로 메서드를 구별하므로 하나의 클래스 안에서 같은 이름의 메서드를 여러 개 구현하고 필요에 따라 메서드를 선택해 사용할 수 있습니다.
- **오버라이딩** : 부모 클래스에게 상속받은 메서드를 재정의하여 자식 클래스용 메서드를 구현하고 자식 객체를 통해 메서드를 호출하면 오버라이딩된 메서드가 호출됩니다.

간단히 정리하면 오버로딩은 새로운 메서드를 정의하는 것이며, 오버라이딩은 상속받은 기존의 메서드를 재정의하는 것을 말합니다.

<예제 11-18> 소스 코드 Inheritance06.java

```java
01  package section11;
02
03  class Parent {
04      public void display() {
05          System.out.println("부모 클래스의 display() 메서드입니다.");
06      }
07  }
```

```java
08  class Child extends Parent {
09      // 오버라이딩된 display() 메서드
10      public void display() {
11          System.out.println("자식 클래스의 display() 메서드입니다.");
12      }
13      //오버로딩된 display() 메서드
14      public void display(String str) {
15          System.out.println(str);
16      }
17  }
18
19  public class Inheritance06 {
20      public static void main(String[] args) {
21          Child ch = new Child();
22          ch.display();
23          ch.display("오버로딩된 display() 메서드입니다.");
24      }
25  }
```

실행 결과

자식 클래스의 display() 메서드입니다.
오버로딩된 display() 메서드입니다.

핵심정리

- **타입 변환** 자바에서는 다음과 같이 두 가지의 대표적인 타입 변환이 있습니다.

  > 자료형(타입) 변환
  > 클래스의 객체 타입 변환

  - 클래스의 타입 변환은, 상속 관계의 클래스들 간에서만 가능합니다.

- **클래스 자동 타입 변환** 개발자가 직접 명시해주지 않아도 자동으로 타입 변환이 일어나는 것을 클래스 자동 타입 변환이라고 부릅니다. 상속 관계에 있는 자식 클래스의 객체를 부모 타입의 객체로 변환합니다.

- **클래스 강제 타입 변환** 자식 객체가 부모 타입으로 자동 타입 변환을 한 후, 다시 자식 타입으로 변환하는 것을 강제 타입 변환이라고 부릅니다. 개발자가 직접 명시해야만 타입 변환이 가능합니다

- **다형성** 다형성은 객체 지향 프로그래밍의 대표적인 특징 중 하나로, 하나의 타입으로 다양한 객체를 사용할 수 있는 것을 의미합니다.

- 자바는 매개변수의 자료형/개수/순서를 기반으로 메서드를 구별하므로 하나의 클래스 안에서 같은 이름의 메서드를 여러 개 구현할 수 있으며, 필요에 따라 메서드를 선택해 사용할 수 있습니다.

- 부모 클래스에게 상속받은 메서드를 재정의하여 자식 클래스용 메서드를 구현하고 자식 객체를 통해 메서드를 호출할 땐 오버라이딩된 메서드가 호출됩니다.

응용문제

1. 다음 코드는 컴파일 에러가 발생합니다. 컴파일 에러가 발생하는 곳을 모두 찾아 수정해 보세요.

```
01  package section11;
02
03  class Car { }
04  class Bus extends Car { }
05  class SchoolBus extends Bus { }
06
07  class OpenCar extends Car { }
08  class SportsCar extends OpenCar { }
09
10  public class PRACTICE_11_01 {
11      public static void main(String[] args) {
12          Car c1 = new SchoolBus();
13          Bus b1 = new Bus();
14          SchoolBus sb = new Car();
15
16          Car c2 = new OpenCar();
17          OpenCar oc = new SportsCar();
18          Bus b3 = new OpenCar();
19          Bus b4  = new SportsCar();
20      }
21  }
```

2. 다음 설명에 해당하는 용어는 무엇입니까?

> 부모 클래스에게 상속받은 메서드를 재정의하여 자식 클래스용 메서드를 구현하고 자식 객체를 통해 메서드를 호출할 때는 부모의 메서드가 아니라 자식의 메서드가 호출된다.

① 오버라이딩
② 오버로딩
③ 오버플로우

3. 다음과 같은 결과가 나오도록 아래 클래스를 구현해 주세요.

- class Speaker
- class RedSpeaker
- class BlueSpeaker

```
01  package section11;
02
03  class Person {
04      Speaker speaker;
05
06      Person(Speaker speaker) {
07          this.speaker = speaker;
08      }
09
10      void turnOn() {
11          System.out.println(speaker.getName() + "이 켜졌습니다.");
12      }
13  }
14
15  public class PRACTICE_11_03 {
16      public static void main(String[] args) {
17          Speaker s1 = new RedSpeaker();
18          Person p1 = new Person(s1);
19          p1.turnOn();
20
21          Speaker s2 = new BlueSpeaker();
22          Person p2 = new Person(s2);
23          p2.turnOn();
24      }
25  }
```

실행 결과

빨간 스피커가 켜졌습니다.
파란 스피커가 켜졌습니다.

SECTION 12
01 추상 클래스와 추상 메서드

추상 메서드 | 추상 클래스 | 추상 클래스와 추상 메서드의 용도

'Section11. 다형성과 타입 변환'의 〈EX11_17.java〉 코드에서 instanceof 연산자 대신 메서드 오버라이딩을 활용해 다형성을 구현했던 코드를 다시 한번 확인해 보겠습니다.

소스 코드 EX11_17.java
```java
01  package section11;
02
03  class Animal {
04      void cry() {}    // ← 텅 빈 메서드
05  }
06
07  class Pig extends Animal {
08      @Override
09      void cry() {
10          System.out.println("꿀꿀");
11      }
12  }
…    …
22  class Farm {
23      void sound(Animal animal) {
24          animal.cry();   // ← 매개변수 참조 객체의 오버라이딩된 메서드를 호출
25      }
26  }
…    …
```

Animal 클래스의 cry( ) 메서드가 텅 비어있는 것을 확인할 수 있습니다.

우리는 왜 이렇게 비어있는 메서드를 구현했었나요? Animal 객체를 통해서 직접 cry( ) 메서드를 호출할 일은 없었지만, Animal 클래스를 상속받은 자식 클래스들이 cry( ) 메서드를 오버라이딩하여 재정의하고, 타입 변환을 통해서 그 메서드를 각각 사용하기 위함이었습니다.

1 추상 메서드(abstract method)

다형성을 위해 메서드의 선언은 통일해야 하지만, 실제로 구현하는 내용은 자식 클래스마다 달라야 할 때, 부모 클래스의 메서드는 비워두고 자식 클래스에서 오버라이딩하여 구현해낼 수 있습니다.

자바는 이와 같은 경우를 공식 지원하며 방법을 제공하고 있습니다. 우리는 선언부만 작성하고 구현부는 작성하지 않고 남겨둔 미완성 메서드를 '추상 메서드'라고 부릅니다.

추상 메서드를 선언할 때는 abstract 키워드를 함께 표기해야 합니다. 또한 메서드 구현부인 중괄호{ } 대신 구현부가 없다는 의미로 선언부 끝에 세미콜론(;)을 사용합니다.

추상 메서드를 선언하는 방법은 다음과 같습니다.

> [접근 제한자] abstract 반환 타입 메서드 이름 (매개변수1, 매개변수2, ...);

Animal 클래스의 cry( ) 메서드를 추상 메서드로 수정해 보겠습니다.

```java
public class Animal {
    abstract void cry();
}
```

하지만, 다음과 같은 에러가 발생합니다. 'abstract 메서드는 반드시 abstract class 안에 정의되어야 한다'라는 오류 메시지입니다.

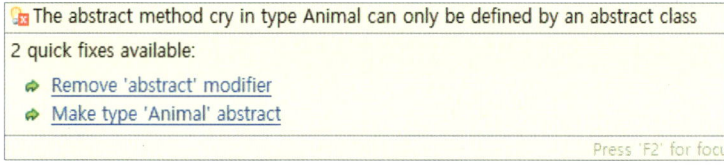

[그림 12-1] 에러 메시지

이렇게 추상 메서드의 형태를 갖추게 되면 따라야 하는 제약 조건이 있습니다.

> • 추상 메서드를 1개 이상 선언하면, 그 클래스는 추상 클래스로 선언되어야 합니다.

TIP 추상(abstract)의 사전적 의미 : 구체성 없이 일반적인 것

2 추상 클래스(abstract class)

자바에서는 하나 이상의 추상 메서드를 포함하는 클래스를 가리켜 추상 클래스라고 합니다. 추상 클래스는 추상 메서드를 포함하고 있다는 것을 제외하고는 일반 클래스와 다르지 않습니다. 추상 클래스에도 생성자가 있으며, 멤버변수와 메서드도 가질 수 있습니다.

추상 클래스를 선언하는 방법은 추상 메서드와 유사합니다.

```
[접근 제한자] abstract class 클래스이름 {
    // 필드
    // 생성자
    // 메서드 (추상 메서드 포함)
}
```

추상 클래스로 선언되는 클래스는 다음과 같은 제약 조건을 가집니다.

- 일반 클래스처럼 독립적으로 생성자를 호출해 객체를 생성할 수 없습니다.
- 자식 클래스의 생성자에서 super()를 통해 추상 클래스의 생성자를 호출하여 부모 객체를 생성한 후 자식 객체를 생성합니다.

다음 예제를 통해 간단하게 확인해 보겠습니다.

예제 12-1 추상 클래스 소스 코드 Receipt.java

```
01  package section12;
02
03  public abstract class Receipt {
04      String chef;
05
06      Receipt(String chef) {
07          this.chef = chef;
08      }
09
10      void info() {
11          System.out.println("이 레시피는 " + chef + " 셰프님의 레시피입니다.");
12      }
13  }
```

예제 12-2 추상 클래스 — 소스 코드 PastaReceipt.java

```java
01  package section12;
02
03  public class PastaReceipt extends Receipt {
04      PastaReceipt(String chef) {
05          super(chef);   // 부모 클래스(추상 클래스) 생성자 호출
06      }
07
08      void makeSource() {
09          System.out.println("파스타 소스를 직접 만듭니다.");
10      }
11  }
```

예제 12-3 추상 클래스 — 소스 코드 StakeReceipt.java

```java
01  package section12;
02
03  public class StakeReceipt extends Receipt {
04      StakeReceipt(String chef) {
05          super(chef);
06      }
07
08      void grillStake() {
09          System.out.println("스테이크를 맛있게 굽습니다.");
10      }
11  }
```

예제 12-4 추상 클래스 — 소스 코드 EX12_04.java

```java
01  package section12;
02
03  class EX12_04 {
04      public static void main(String[] args) {
05          // Receipt r = new Receipt(); ← 에러 : 추상 클래스는 직접 객체를 생성할 수 없음
06
07          PastaReceipt pr = new PastaReceipt("최연석");
08          pr.info();   // 자식 객체를 통해 추상 클래스의 메서드를 호출할 수 있음
09          pr.makeSource();
```

```
10
11          System.out.println();
12
13          StakeReceipt sr = new StakeReceipt("이현복");
14          sr.info();
15          sr.grillStake();
16      }
17  }
```

실행 결과
이 레시피는 최연석 셰프님의 레시피입니다.
파스타 소스를 직접 만듭니다.

이 레시피는 이현복 셰프님의 레시피입니다.
스테이크를 맛있게 굽습니다.

위 예제는 추상 메서드가 없는 추상 클래스로 사실 일반 클래스와 다를 것이 없어 보이지만, 직접 부모 클래스 객체를 생성하지 못한다는 큰 특징을 확인할 수 있습니다.

> **TIP**
> - 추상 클래스가 반드시 추상 메서드를 가져야 하는 것은 아닙니다.
> - <Receipt.java> 코드에서 확인한 추상 클래스를 사용하는 이유는 다음과 같습니다.
>   - 자식 클래스들이 공통으로 가져야 하는 메서드를 가져야 할 때
>   - 부모 클래스의 객체를 생성할 일이 없을 때

그럼 우리는 언제 추상 클래스에 추상 메서드를 구현해야 할까요?

자식 클래스들이 반드시 구현해야 하는 메서드가 있다면, 우리는 추상 메서드로 해당 메서드를 부모 클래스(추상 클래스)에 선언해 둘 수 있습니다.

추상 메서드가 선언된 추상 클래스는 다음과 같은 힘을 가집니다.

> - 추상 클래스를 상속받은 모든 자식 클래스는 반드시 추상 메서드를 오버라이딩 및 재정의하여 구현해야 합니다. ⇒ 그렇지 않으면 컴파일 에러가 발생합니다.

다음 예제를 통해 확인해 보겠습니다.

예제 12-5 추상 메서드 오버라이딩 및 재정의   소스 코드 `Phone.java`

```
01  package section12;
02
03  public abstract class Phone {
04      abstract void openingLogo();
05
```

```
06      void powerOn() {
07          openingLogo();    // 자식 클래스들이 구현한 오버라이딩 메서드가 호출됨
08          System.out.println("핸드폰이 켜집니다.");
09      }
10
11      void powerOff() {
12          System.out.println("핸드폰이 꺼집니다.");
13      }
14 }
```

예제 12-6 추상 메서드 오버라이딩 및 재정의 　　　　　소스 코드 PineapplePhone.java

```
01 package section12;
02
03 public class PineapplePhone extends Phone {
04     @Override
05     void openingLogo() {    // 구현하지 않으면 에러 발생
06         System.out.println("@@@");
07     }
08 }
```

예제 12-7 추상 메서드 오버라이딩 및 재정의 　　　　　소스 코드 ThreeStarPhone.java

```
01 package section12;
02
03 public class ThreeStarPhone extends Phone {
04     @Override
05     void openingLogo() {    // 구현하지 않으면 에러 발생
06         System.out.println("★★★");
07     }
08 }
```

예제 12-8 추상 메서드 오버라이딩 및 재정의   소스 코드 EX12_08.java

```java
package section12;

public class EX12_08 {
    public static void main(String[] args) {
        // Phone p = new Phone(); ← 에러 : 추상 클래스는 직접 객체를 생성할 수 없음

        PineapplePhone pp = new PineapplePhone();
        pp.powerOn();   // 자식 객체를 통해 추상 클래스의 일반 메서드를 호출할 수 있음
        pp.powerOff();

        System.out.println();

        Phone tp = new ThreeStarPhone();   // 자동 타입 변환도 가능
        tp.powerOn();
        tp.powerOff();
    }
}
```

실행 결과

@@@
핸드폰이 켜집니다.
핸드폰이 꺼집니다.

★★★
핸드폰이 켜집니다.
핸드폰이 꺼집니다.

해설

- **PineapplePhone.java, ThreeStarPhone.java**
  05 : 자식 클래스는 반드시 부모 클래스의 추상 메서드를 구현해야 합니다.
- **EX12_08.java**
  08 : 자식 객체를 통해 추상 클래스의 일반 메서드를 호출할 수 있습니다.
  13 : 추상 클래스로 자동 타입 변환도 가능합니다.

3 추상 클래스와 추상 메서드의 용도

지금까지 예제들을 통해 우리가 추상 클래스와 메서드를 사용하는 이유를 다음과 같이 확인할 수 있었습니다.

- 자식 클래스 간의 공통적인 필드와 메서드 이름을 통일할 수 있습니다.
- 반드시 구현해야 하는 메서드를 선언함으로써 공통 규격을 제공합니다.

결과적으로 자식 클래스들의 규격과 내용을 통일하기 위함이며, 이는 곧 객체 지향 프로그래밍의 다형성을 구현하기 위한 탄탄한 기반이 될 것입니다.

실무에서는 이러한 용도가 업무 효율성에 큰 영향을 미칩니다. 간단하게는 같은 클래스를 상속받는 자식 클래스들을 각각 다른 개발자들이 구현한다고 가정할 때, 공통된 규격을 제공하고 반드시 구현해야 하는 메서드를 알게 함으로써 보다 통일감 있는 코드를 완성할 수 있습니다.

이는 곧 개발 시간을 단축시키는 방법이기도 하며, 객체를 변경해야 할 경우 큰 효율을 느낄 수 있습니다.

[추상 클래스의 용도]

전구 규격은 동일하고 색상이나 유리 모양만 다른 것처럼, 추상 클래스는 A, B, C 클래스에 동일한 규격을 제공하고 자식 클래스들은 각각 독립적인 메서드를 가질 수 있습니다.

SECTION 12 02 인터페이스(interface) 구현

인터페이스 선언

모든 메서드가 추상 메서드인 일종의 추상 클래스를 우리는 '인터페이스'라고 부릅니다. 인터페이스는 추상 메서드와 상수로만 이루어져 있으며, 추상 클래스와 마찬가지로 스스로 객체를 생성할 수 없습니다. 언뜻 보면 인터페이스와 추상 클래스가 같은 역할을 하는 것처럼 느껴질 수 있지만, 취지는 완전히 다릅니다.

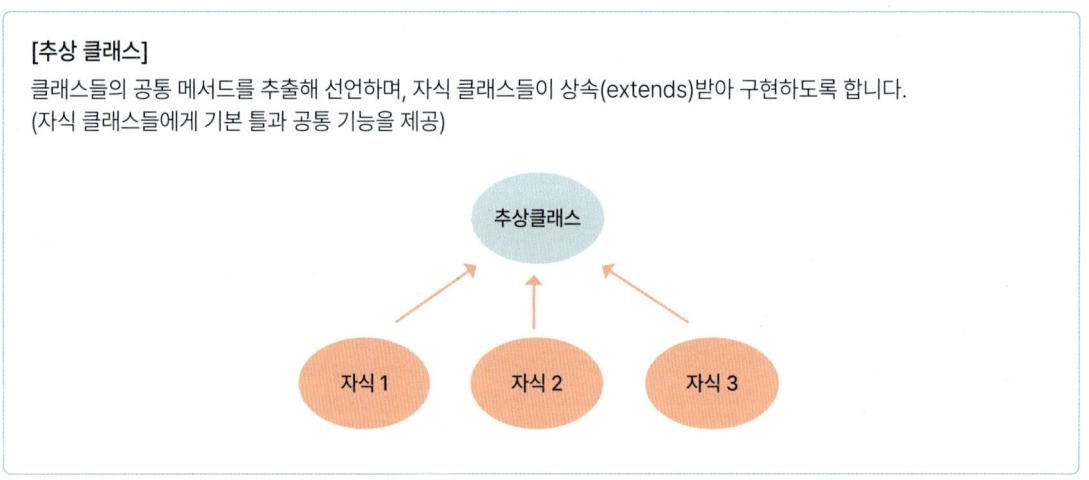

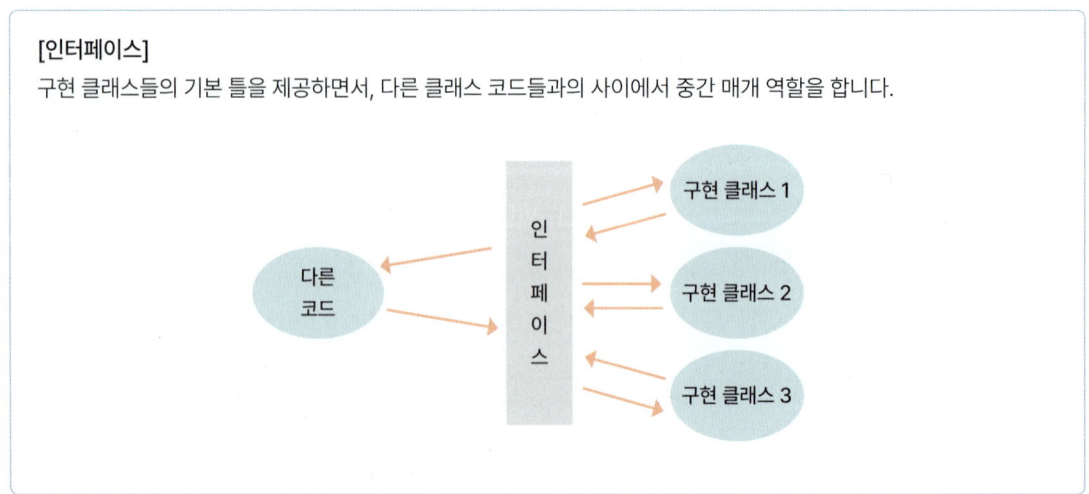

추상 클래스는 자식 클래스들의 공통적 특징을 추출하고 제공하는 것이 주된 역할이었다면, 인터페이스는 그뿐 아니라 다른 클래스 코드들과의 중간 매개 역할을 하는 것을 중점으로 생각할 수 있습니다.

1 인터페이스 선언

인터페이스는 클래스가 아닙니다. 클래스는 객체를 만들기 위한 설계도 역할을 하는 코드의 블록을 클래스라고 부르기 때문입니다. 추상 클래스는 스스로 객체를 생성할 수는 없지만, 자식 클래스의 생성자를 통해서 객체를 생성해낼 수 있었습니다. 하지만 인터페이스는 어떤 형태로도 객체를 만들 수 없기 때문에 클래스라고 부를 수 없습니다.

인터페이스는 객체의 매개체, 즉 객체를 사용하는 방법을 제공하는 새로운 블록이라고 할 수 있습니다. 인터페이스를 선언할 때는 interface 키워드를 함께 사용하며, 다음과 같이 선언합니다.

```
[접근 제한자] interface 인터페이스이름 {
    ...
    접근 제한자 abstract 메서드이름(매개변수1, 매개변수2, ...)
    ...
}
```

> **TIP** 인터페이스는 필드와 생성자를 가지지 않습니다. 이는 객체를 생성할 수 없기에, 필드에 값을 수정할 수도 없고 생성자도 필요 없기 때문입니다. 인터페이스는 오직 추상 메서드와 상수만을 포함할 수 있습니다.

인터페이스를 선언하는 방법은 클래스를 작성하는 방법과 동일하며 class 키워드 대신 interface를 작성합니다. 또한 인터페이스의 추상 메서드는 다른 클래스들과의 매개체 역할을 하므로 누구나 접근할 수 있어야 합니다. 따라서 항상 public으로 구현합니다.

만약 접근 제한자를 default로 구현했다면 자동으로 public으로 인식할 것입니다. 클래스와 달리 인터페이스의 모든 필드는 public / static / final이어야 하며, 모든 메서드는 public / abstract이어야 합니다. 이는 모든 인터페이스에 공통으로 적용되는 사항이므로 생략할 수 있으며 생략된 제한자는 컴파일 시 자동으로 추가됩니다.

인터페이스 이름 또한 클래스 이름을 명명하는 것과 동일합니다.

> **TIP** JDK 1.8부터 인터페이스에 static과 default 메서드의 추가를 허용하고 있습니다.

추상 클래스 〈예제 12-5〉의 〈Phone.java〉코드를 인터페이스로 선언해 보겠습니다.

예제 12-9 인터페이스 선언   소스 코드 Phone.java

```
01  package section12;
02
03  public interface Phone {
04      abstract void openingLogo();
05      abstract void powerOn();    // ← 공통 구현부가 사라짐
06      abstract void powerOff();   // ← 공통 구현부가 사라짐
07      abstract void charge();     // 새로운 메서드 추가
08  }
```

추상 클래스와의 차이점이 느껴지나요? 추상 클래스였을 때 구현했던 메서드들까지 모두 구현부를 삭제하고 추상 메서드로 변경했습니다.

인터페이스는 추상 클래스와는 다르게 모든 메서드가 추상 메서드라는 점을 확인할 수 있고, 더 나아가 공통 구현부를 추출해 만들어 두는 것이 아닌 '공통 틀'만 제공한다는 것을 알 수 있습니다. 인터페이스의 추상 메서드가 호출되면, 그 추상 메서드를 직접 구현해 준 객체의 메서드가 호출됩니다.

> **TIP** interface 안에서 abstract 키워드는 생략할 수 있습니다. interface라는 뜻이 내부 모든 메서드가 abstract라는 의미를 내포하고 있기 때문입니다.

상수 선언

인터페이스에서는 필드 대신 상수를 선언할 수 있습니다. 단, 상수이기 때문에 인터페이스는 고정된 값만 선언할 수 있어 충분한 고민을 통해 선언해야 합니다.

상수를 선언하는 방법은 다음과 같습니다.

```
[접근 제한자]  interface  인터페이스 이름 {
    public static final 자료형 상수명 = 값;
    ...
}
```

- **public** : 인터페이스는 다른 클래스들의 접근이 가능해야 하므로 public을 작성합니다.
- **static** : 객체가 생성되지 않는 인터페이스이기 때문에, 내부 상수에 접근하려면 클래스 변수처럼 static으로 선언되어 메모리에 올라가 있어야 합니다.
- **final** : 상수를 뜻하는 키워드입니다.

> **TIP** 메서드에 public을 명시하지 않아도 자동으로 public이 붙는 것처럼, 상수 역시 public static final을 명시하지 않아도 자동으로 작성됩니다.
>
> • 상수 명명 규칙
> - 영문 대문자로 작성해야 합니다.
> - 2개 이상의 단어를 조합할 때는 언더바(_)로 연결합니다.

다음 예제를 통해 상수를 추가하여 Phone 인터페이스에 최대 배터리 용량을 추가해 보겠습니다.

예제 12-10 상수 추가 소스 코드 `Phone.java`

```java
01  package section12;
02
03  public interface Phone {
04
05      public static final int MAX_BATTERY_CAPACITY = 100;
06
07      abstract void powerOn();      // ← 공통 구현부가 사라짐
08      abstract void powerOff();     // ← 공통 구현부가 사라짐
09      abstract boolean isOn();      // 새로운 메서드 추가
10      abstract void watchUtube();   // 새로운 메서드 추가
11      abstract void charge();       // 새로운 메서드 추가
12  }
```

SECTION 12.03 인터페이스(interface) 사용

`인터페이스 사용` `다중 인터페이스 구현`

추상 클래스는 앞에서 확인한 것처럼 추상 메서드가 비어있기 때문에 객체 생성을 스스로 할 수 없었습니다. 대신 자식 클래스의 생성자의 힘을 빌려 객체 생성을 할 수 있었습니다. 추상 클래스와 마찬가지로, 인터페이스 역시 추상 메서드가 비어있기 때문에 객체 생성을 스스로 할 수 없습니다. 따라서 인터페이스도 자신이 가지고 있는 추상 메서드를 구현해 줄 클래스를 작성해야만 합니다.

이렇게 인터페이스를 구현해 주는 클래스를 '구현 클래스'라고 합니다.

> **TIP** 추상 클래스는 자식 클래스들이 상속받아 구현하지만, 인터페이스에서는 구현된 멤버들을 상속받는 의미가 아니기 때문에 상속이라는 단어를 사용하지 않습니다. 따라서 자식/부모 클래스라는 용어도 사용하지 않습니다.

인터페이스는 상속한다는 말 대신에 구현한다는 말을 사용합니다.

구현 클래스는 인터페이스를 사용해 구현하겠다는 선언을 해야 합니다. 구현한다는 의미를 가지고 있는 implements 키워드를 사용하여 명시할 수 있으며, 선언 방법은 다음과 같습니다.

```
[접근 제한자] class 클래스이름 implements 인터페이스이름 {
    // 필드
    // 생성자
    // 구현 메서드 (추상 메서드 오버라이딩)
}
```

다음은 Phone 인터페이스를 기반으로 〈PineapplePhone.java〉코드를 구현 클래스로 구현하는 예제입니다.

예제 12-11 구현 클래스 　　　　　　　　　　　　　　　　　소스 코드 PineapplePhone.java

```
01  package section12;
02
03  class PineapplePhone implements Phone {
04      int batteryCapacity = 40;
05      boolean isOn = false;
06
07      @Override
08      public void powerOn() {    // 오버라이딩 하지 않으면 에러가 발생합니다.
```

```
09          if(batteryCapacity > 30) {
10              System.out.println("ⓐⓐⓐPower On!!ⓐⓐⓐ\n");
11              isOn = true;
12          } else {
13              System.out.println("Low Battery...");
14          }
15      }
16
17      @Override
18      public void powerOff() {    // 오버라이딩 하지 않으면 에러 발생
19          System.out.println("ⓐⓐⓐPower Off!!ⓐⓐⓐ\n");
20          isOn = false;
21      }
22
23      @Override
24      public boolean isOn() {   // 오버라이딩 하지 않으면 에러 발생
25          if(isOn) {
26              return true;
27          } else {
28              return false;
29          }
30      }
31
32      @Override
33      public void watchUtube() {   // 오버라이딩 하지 않으면 에러 발생
34          if(batteryCapacity > 10) {
35              System.out.println("--- watching Utube ---");
36              batteryCapacity -= 10;
37              System.out.println("battery is..." + batteryCapacity + "%\n");
38          } else {
39              System.out.println("Low battery...");
40              powerOff();
41          }
42      }
43
44      @Override
45      public void charge() {   // 오버라이딩 하지 않으면 에러 발생
46          if(batteryCapacity < Phone.MAX_BATTERY_CAPACITY - 20) {
47              System.out.println("--- charging ---");
```

```
48            batteryCapacity += 5;
49            System.out.println("Charged... " + batteryCapacity + "%\n");
50        } else {
51            System.out.println("You don't have to charge...");
52            System.out.println("It's enough... " + batteryCapacity + "%");
53        }
54    }
55 }
```

해설

03 : 인터페이스의 구현 클래스를 명시하기 위해 implements Phone이라 선언합니다.

인터페이스의 모든 추상 메서드를 오버라이딩하지 않으면 다음과 같은 에러가 발생합니다. 즉, 인터페이스를 구현하려면 모든 추상 메서드를 구현해야 합니다.

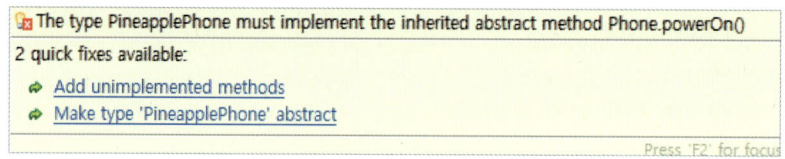

[그림 12-2] 에러 메시지

만약 추상 메서드를 오버라이딩한 메서드의 접근 제한자를 public으로 지정하지 않으면 다음과 같은 에러가 발생합니다. 즉, 구현 클래스에서 추상 메서드를 구현할 때는 반드시 접근 제한자를 public으로 지정해야 합니다.

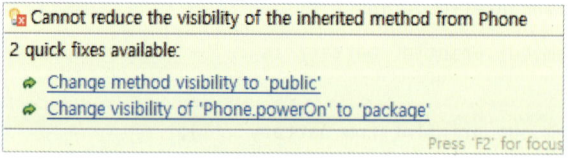

[그림 12-3] 에러 메시지

인터페이스의 상수를 가져와 사용하려면 Phone.MAX_BATTERY_CAPACITY와 같이 호출해야 합니다.

> 인터페이스 이름.상수 이름

그럼 이제, 다형성을 고려한 전체 예제를 함께 구현해 보겠습니다.

※ <Phone.java> 코드와 <PineapplePhone.java> 코드는 앞의 코드를 그대로 사용합니다.

예제 12-12 다형성 소스 코드 ThreeStarPhone.java

```java
01  package section12;
02
03  public class ThreeStarPhone implements Phone {
04      int batteryCapacity = 35;
05      boolean isOn = false;
06
07      @Override
08      public void powerOn() {
09          if(batteryCapacity > 30) {
10              System.out.println("★★★폰이 켜졌습니다.★★★\n");
11              isOn = true;
12          } else {
13              System.out.println("배터리가 부족합니다...");
14          }
15      }
16
17      @Override
18      public void powerOff() {
19          System.out.println("★★★폰이 꺼졌습니다.★★★\n");
20          isOn = false;
21      }
22
23      @Override
24      public boolean isOn() {
25          if(isOn) {
26              return true;
27          } else {
28              return false;
29          }
30      }
31
32      @Override
33      public void watchUtube() {
34          if(batteryCapacity > 15) {
35              System.out.println("--- U튜브 시청 중 ---");
```

```java
36              batteryCapacity -= 10;
37              System.out.println("잔여 배터리... " + batteryCapacity + "%\n");
38          } else {
39              System.out.println("배터리가 부족합니다...");
40              powerOff();
41          }
42      }
43
44      @Override
45      public void charge() {
46          if(batteryCapacity < Phone.MAX_BATTERY_CAPACITY - 20) {
47              System.out.println("--- 충전 중 ---");
48              batteryCapacity += 10;
49              System.out.println("잔여 배터리... " + batteryCapacity + "%\n");
50          } else {
51              System.out.println("충전할 필요가 없습니다.");
52              System.out.println("잔여 배터리... " + batteryCapacity + "%");
53          }
54      }
55  }
```

예제 12-13 다형성 · 소스 코드 Person.java

```java
01  package section12;
02
03  class Person {
04      Phone p;
05
06      Person (Phone p) {    // 타입 변환을 통해 다형성을 구현할 수 있음
07          this.p = p;
08      }
09
10      void buyNewPhone(Phone p) {
11          this.p = p;
12          System.out.println("= = = = = = = = = = = = = = = =");
13          System.out.println("새 폰을 샀습니다!");
14      }
15
```

```java
16      void turnOnPhone() {
17          p.powerOn();
18      }
19
20      void turnOffPhone() {
21          p.powerOff();
22      }
23
24      void watchUtube() {
25          if(p.isOn()) {
26              p.watchUtube();
27          } else {
28              System.out.println("폰이 꺼져 있기 때문에 U튜브를 볼 수 없습니다.");
29          }
30      }
31
32      void chargePhone() {
33          p.charge();
34      }
35  }
```

예제 12-14 다형성   소스 코드 EX12_14.java

```java
01  package section12;
02
03  public class EX12_14 {
04      public static void main(String[] args) {
05          Person jimin = new Person(new PineapplePhone());
06          jimin.turnOnPhone();
07          for(int i = 1; i < 6; i++) {
08              jimin.watchUtube();
09
10              if(i % 3 == 0) {
11                  jimin.chargePhone();
12              }
13          }
14
```

```
15          jimin.buyNewPhone(new ThreeStarPhone());
16          jimin.turnOnPhone();
17
18          for(int i = 1; i < 5; i++) {
19              jimin.watchUtube();
20
21              if(i % 3 == 0) {
22                  jimin.chargePhone();
23              }
24          }
25      }
26  }
```

실행 결과

@@@Power On!!@@@

--- watching Utube ---
battery is...30%

--- watching Utube ---
battery is...20%

--- watching Utube ---
battery is...10%

--- charging ---
Charged...15%

--- watching Utube ---
battery is...5%

Low battery...
@@@Power Off!!@@@

==================
새 폰을 샀습니다!
★★★폰이 켜졌습니다.★★★

--- U튜브 시청 중 ---
잔여 배터리...25%

--- U튜브 시청 중 ---
잔여 배터리...15%

배터리가 부족합니다...
★★★폰이 꺼졌습니다.★★★

--- 충전 중 ---
잔여 배터리...25%

폰이 꺼져 있기 때문에 U튜브를 볼 수 없습니다.

우리는 인터페이스를 사용함으로써 아래와 같은 장점을 발견할 수 있습니다.

- 실제 구현 클래스의 내용을 전혀 보지 않고도 개발 코드로 객체를 사용할 수 있습니다.
  ⇒ 정보 은닉
- 구현 클래스들이 독립적으로 구현되고 사용될 수 있습니다. 개발 코드에서 객체 변경이 필요할 때, 개발 코드의 수정을 최소화할 수 있습니다.
  ⇒ 모듈화

 PLUS 학습 코너

추상 클래스와 인터페이스의 공통점

추상 클래스와 인터페이스는 각각의 장점을 가지고 있지만, 사실 서로의 장점을 공유하기도 합니다. 정보 은닉, 모듈화, 추상화 등은 추상 클래스와 인터페이스가 공통으로 가진 장점입니다.

하지만, 추상 클래스의 특징이 추상화와 모듈화에 중점을 맞췄다면, 인터페이스는 추상화의 특징도 가지고 있지만 정보 은닉과 모듈화에 좀 더 초점을 맞췄다고 할 수 있습니다.

또한, 추상 클래스와 인터페이스 모두 다형성을 구현할 수 있는 기반을 제공하며, 추상 메서드 구현에 대한 강제성을 반영하고 있습니다.

다중 인터페이스 구현

우리는 하나의 클래스로 여러 개의 인터페이스를 구현할 수 있습니다.

다중 인터페이스를 선언하는 방법은 간단합니다. implements 키워드 뒤에 인터페이스 이름을 기재할 때 콤마(,)를 이용해 여러 개를 붙여 선언합니다.

단, 선언한 모든 인터페이스에 대한 추상 메서드를 모두 구현해 줘야 합니다.

```
[접근 제한자] class 클래스이름 implements 인터페이스1, 인터페이스2, ... {
    // 필드
    // 생성자
    // 인터페이스1에 대한 구현 메서드 (추상 메서드 오버라이딩)
    // 인터페이스2에 대한 구현 메서드 (추상 메서드 오버라이딩)
}
```

다음 예제를 통해 확인해 보겠습니다.

예제 12-15 다중 인터페이스   소스 코드 Microphone.java

```java
01  package section12;
02
03  public interface Microphone {
04      abstract void sing();
05  }
```

예제 12-16 다중 인터페이스   소스 코드 Speaker.java

```java
01  package section12;
02
03  public interface Speaker {
04      abstract void music();
05  }
```

예제 12-17 다중 인터페이스   소스 코드 BluetoothMIC.java

```java
01  package section12;
02
03  public class BluetoothMIC implements Microphone, Speaker {
04      @Override
05      public void sing() {
06          System.out.println("마이크에 대고 노래를 부릅니다.");
07      }
08
09      @Override
10      public void music() {
11          System.out.println("마이크에 장착된 스피커로 반주가 나옵니다.");
12      }
13  }
```

예제 12-18 다중 인터페이스   소스 코드 EX12_18.java

```java
01  package section12;
02
03  public class EX12_18 {
04      public static void main(String[] args) {
05          BluetoothMIC bm = new BluetoothMIC();
06
07          bm.music();
08          bm.sing();
09          Microphone m = bm;
10          Speaker s = bm;
11      }
12  }
```

실행 결과
마이크에 장착된 스피커로 반주가 나옵니다.
마이크에 대고 노래를 부릅니다.

이와 같이 우리는 2개 이상의 인터페이스를 하나의 구현 클래스에서 구현할 수 있으며, 이렇게 구현 클래스로 생성된 객체는 Microphone과 Speaker 클래스로 타입 변환이 가능합니다.

단, Microphone으로 타입이 변환되면 void sing() 메서드에만 접근할 수 있으며, 반대로 Speaker 타입으로 변환되면 void music() 메서드에만 접근할 수 있습니다.

SECTION 12.04 인터페이스(interface) 상속

인터페이스 상속

인터페이스 역시 인터페이스끼리 상속 관계를 만들 수 있습니다. 클래스의 상속과 마찬가지로 extends 키워드를 사용하며, 다중 상속이 가능하기 때문에 콤마(,)를 이용해서 다음과 같이 선언합니다.

```
[접근 제한자] interface 인터페이스이름 extends 인터페이스1, 인터페이스2, ... {
    ...
    // 추상 메서드
}
```

TIP 클래스는 다중 상속이 불가능합니다.

클래스의 상속과 마찬가지로 인터페이스 상속을 선언하면, 하위 클래스는 상위 클래스의 모든 멤버를 상속받게 됩니다. 따라서 만약 하위 인터페이스를 구현하는 클래스가 있다면, 해당 클래스는 하위 인터페이스의 추상 메서드를 포함하여 상위 인터페이스의 추상 메서드까지 구현해야 합니다.

다중 인터페이스 구현 예제를 상속으로 변형하여 확인해 보겠습니다.

예제 12-19 인터페이스 상속 — 소스 코드 Microphone.java

```java
01  package section12;
02
03  public interface Microphone {
04      abstract void sing();
05  }
```

예제 12-20 인터페이스 상속 — 소스 코드 Speaker.java

```java
01  package section12;
02
03  public interface Speaker {
04      abstract void music();
05  }
```

예제 12-21 인터페이스 상속   소스코드 `BluetoothMIC.java`

```java
01  package section12;
02
03  public interface BluetoothMIC extends Microphone, Speaker {
04      abstract void connect();
05  }
```

예제 12-22 인터페이스 상속   소스코드 `TJmic.java`

```java
01  package section12;
02
03  public class TJmic implements BluetoothMIC {
04      @Override
05      public void sing() {   // Microphone 인터페이스의 추상 메서드
06          System.out.println("마이크에 대고 노래를 부릅니다.");
07      }
08
09      @Override
10      public void music() {   // Speaker 인터페이스의 추상 메서드
11          System.out.println("마이크에 장착된 스피커로 반주가 나옵니다.");
12      }
13
14      @Override
15      public void connect() {   // BluetoothMIC 인터페이스의 추상 메서드
16          System.out.println("핸드폰과 블루투스 연결이 되었습니다.");
17      }
18  }
```

예제 12-23 인터페이스 상속   소스코드 `EX12_23.java`

```java
01  package section12;
02
03  public class EX12_23 {
04      public static void main(String[] args) {
05          System.out.println("---TJmic 객체---");
06          TJmic tj = new TJmic();
07          tj.connect();
08          tj.music();
09          tj.sing();
```

```java
10
11          System.out.println("\n---TJmic 객체를 BluetoothMIC로 타입 변환---");
12          BluetoothMIC bm = tj;
13          bm.connect();
14          bm.music();
15          bm.sing();
16
17          System.out.println("\n---TJmic 객체를 Microphone으로 타입 변환---");
18          Microphone m = tj;
19          // m.connect();  ← 호출 불가능
20          // m.music();    ← 호출 불가능
21          m.sing();
22
23          System.out.println("\n---TJmic 객체를 Speaker로 타입 변환---");
24          Speaker s = tj;
25          // s.connect(); ← 호출 불가능
26          s.music();
27          // s.sing();     ← 호출 불가능
28      }
29  }
```

실행 결과

---TJmic 객체---
핸드폰과 블루투스 연결이 되었습니다.
마이크에 장착된 스피커로 반주가 나옵니다.
마이크에 대고 노래를 부릅니다.

---TJmic 객체를 BluetoothMIC로 타입 변환---
핸드폰과 블루투스 연결이 되었습니다.
마이크에 장착된 스피커로 반주가 나옵니다.
마이크에 대고 노래를 부릅니다.

---TJmic 객체를 Microphone으로 타입 변환---
마이크에 대고 노래를 부릅니다.

---TJmic 객체를 Speaker로 타입 변환---
마이크에 장착된 스피커로 반주가 나옵니다.

핵심정리

- **추상 메서드** 구현 내용 없이 구현부가 비어있는 메서드를 추상 메서드라고 합니다.

- **추상 메서드 선언** abstract 키워드를 사용하여 다음과 같이 선언합니다.

  [접근 제한자] abstract 반환 타입 메서드 이름 (매개변수1, 매개변수2 ...);

- 추상 메서드를 1개 이상 선언하면, 그 클래스는 추상 클래스로 선언되어야 합니다.

- 추상 클래스로 선언되는 클래스는 다음과 같은 제약 조건을 가집니다.

  - 일반 클래스처럼 독립적으로 생성자를 호출해 객체를 생성할 수 없습니다.
  - 자식 클래스의 생성자에서 super( )를 통해 추상 클래스의 생성자를 호출하여 부모 객체를 생성한 후 자식 객체를 생성합니다.

- 인터페이스는 모든 메서드가 추상 메서드입니다.

- **인터페이스 선언** interface 키워드를 사용해 선언합니다. 어떤 형태로도 객체를 만들 수 없으므로 클래스라고 부를 수 없습니다. 따라서 별도의 필드와 생성자도 존재하지 않으며 필드 대신 상수를 선언하여 사용합니다.

- **구현 클래스** 인터페이스를 구현해주는 클래스를 구현 클래스라고 합니다. implements 키워드를 사용해 선언합니다.

  [접근 제한자] class 클래스이름 implements 인터페이스이름 {
      // 필드
      // 생성자
      // 구현 메서드 (추상 메서드 오버라이딩)
  }

PRACTICE 응용문제

1. 다음 빈칸에 알맞은 단어를 작성해 보세요.

  · 구현 내용이 없이 비어있는 메서드를 [   ] (이)라고 부릅니다.

  · 위 메서드를 선언할 때는 [   ] 키워드를 사용해야 합니다.

  · 이러한 메서드를 1개 이상 가지고 있는 클래스를 [   ] 클래스라고 부릅니다.

2. 다음 코드는 컴파일 에러가 발생합니다. 컴파일 에러가 발생하는 곳을 모두 찾아 수정해 보세요.

```
01   package section12;
02
03   abstract class Bike {
04       int wheel;
05
06       Bike(int wheel) {
07           this.wheel = wheel;
08       }
09
10       void info() {
11           System.out.println("이 자전거는 " + wheel + "발 자전거입니다.");
12       }
13   }
14
15   class ChildBike extends Bike {
16       ChildBike(int wheel) {
17       }
18   }
19
20   class PRACTICE_12_02{
```

```
21      public static void main(String[] args) {
22          Bike b = new Bike(2);
23
24          ChildBike cb = new ChildBike(4);
25          cb.info();
26      }
27  }
```

3. 다음 문장이 맞으면 O표, 틀리면 X표 하세요.

- 추상 클래스는 자식 클래스들이 상속(extends)받아 구현합니다. (   )

- 인터페이스는 다른 클래스 코드들과의 사이에서 중간 매개체 역할을 합니다. (   )

- 인터페이스 안에서 상수를 선언할 때, final을 명시하지 않으면 syntax error가 발생합니다. (   )

- 추상 클래스와 인터페이스의 추상 메서드는 구현부가 있으면 안됩니다. (   )

- 클래스 간 다중 상속이 불가능한 것처럼 인터페이스도 다중 상속이 불가능합니다. (   )

4. 2번 예제 코드에서 Bike 클래스 안에 아래 메서드를 추가했습니다. ChildBike 클래스를 어떻게 수정해야 할까요?

```
abstract int getWheel();
```


5. 인터페이스를 사용함으로써 다음과 같은 객체 지향의 특징을 가질 수 있습니다. 각 용어의 개념에 대해 이해하고 있는 것을 간략히 서술해 보세요.

- 정보 은닉 :

- 모듈화 :

클래스에는
내부 클래스라는 것이 있어요

긴밀한 관계를 맺고 있는 사람들을 내부 사람들이라고 부르기도 합니다.
자바에서도 내부 클래스가 있는데, 과연 이들도 긴밀한 관계를 가지고 있을까요?

MISSION 1 클래스 안에 또다른 클래스를 넣을 수 있습니다. 2 내부 클래스의 종류와 사용법을 알고 있습니다. 3 클래스를 응용할 수 있습니다.

KEYWORD #내부클래스 #클래스제한 #익명클래스

SECTION **13**

내부 클래스

01	내부 클래스
02	내부 클래스의 종류
03	내부 클래스의 접근 제한
04	익명 클래스

SECTION 13
01 내부 클래스
내부 클래스

내부 클래스는 클래스 안에 만들어진 또 다른 클래스로 중첩 클래스라고도 부릅니다. 클래스에 다른 클래스를 선언하는 이유는 두 개의 클래스가 서로 긴밀한 관계를 맺고 있기 때문입니다. 내부 클래스는 다음과 같은 장점이 있습니다.

- 두 클래스 멤버들 간에 손쉽게 접근할 수 있습니다.
- 불필요한 클래스를 감춰서 코드의 복잡성을 줄일 수 있습니다.

보통 바깥쪽의 클래스를 '외부 클래스', 안쪽의 클래스를 '내부 클래스'라고 합니다. 외부 클래스를 한 대의 자동차로 가정한다면, 내부 클래스는 그 자동차를 구성하는 엔진, 기어, 방향지시등처럼 독립적으로 존재하지만 자동차를 완성하는데 반드시 필요한 부품에 속합니다.

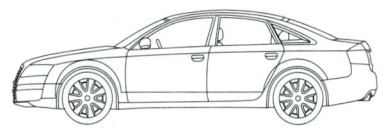
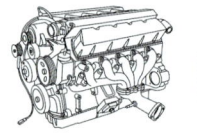

외부 클래스   내부 클래스

```
public class OuterClass {    // 외부 클래스
    ...
    class InnerCalss {    // 내부 클래스
        ....
    }
}
```

코드를 살펴보면 OuterClass가 외부 클래스가 되고 클래스 안에 선언된 InnerCalss가 내부 클래스가 됩니다. 내부 클래스는 클래스 간의 긴밀한 관계가 필요할 때 사용합니다.
내부 클래스는 외부 클래스 안에 선언된다는 점만 제외하면 일반 클래스와 같은 성격과 모습을 지니고 있습니다.
내부 클래스에는 여러 종류가 존재하는데 어떠한 것들이 있으며 사용법은 어떻게 되는지 알아보겠습니다.

SECTION 13 - 02 내부 클래스의 종류

인스턴스 클래스 정적 내부 클래스 지역 클래스

내부 클래스는 클래스 안에서 선언된 위치에 따라 인스턴스 클래스(instance class), 정적 클래스(static class), 지역 클래스(local class), 익명 클래스(anonymous class)로 구분됩니다.

메서드	설명
인스턴스 클래스	외부 클래스의 멤버 변수와 같은 위치에 선언 주로 외부 클래스의 멤버 변수와 관련된 작업에 사용될 목적으로 선언
정적 클래스	외부 클래스의 클래스 변수와 같이 static 키워드 부여
지역 클래스	외부 클래스의 메서드 내부에서 선언하여 사용 메서드 영역에서 선언되기 때문에 메서드 내부에서만 사용 가능

<표 13-1> 내부 클래스의 종류

지금부터 각 클래스의 사용법에 대해 자세히 알아보겠습니다.

1 인스턴스 클래스(instance class)

인스턴스 클래스는 외부 클래스 내부에서 생성하고, 선언되어 사용하는 클래스를 의미합니다. 인스턴스 변수와 같은 위치에 선언하며, 외부 클래스의 인스턴스 멤버처럼 다루어집니다. 주로 외부 클래스의 인스턴스 멤버들과 관련된 작업에 사용될 목적으로 선언됩니다.

인스턴스 클래스 생성

다음과 같이 인스턴스 클래스는 인스턴스 멤버와 동일한 위치에 생성됩니다.

```
public class Outer {
    private String name;        ── 인스턴스 멤버

    ...

    public class Inner {        ── 인스턴스 클래스
        private String name;
        ...
    }
}
```

내부 클래스도 외부 클래스 안에 생성되는 것 외에는 별도의 클래스이기 때문에, 파일이 컴파일되면 별도로 생성됩니다.

[컴파일 된 파일]

```
Outer $ Inner.class
외부 클래스  내부 클래스
```

컴파일 된 파일은 $ 기호를 기준으로 왼쪽은 외부 클래스, 오른쪽은 내부 클래스로 표현합니다.

인스턴스 클래스 선언

인스턴스 클래스는 기본적인 내부 클래스입니다. 외부 클래스 안에 생성되기 때문에, 클래스를 사용하려면 외부 클래스 객체가 생성된 상태에서 객체 생성을 할 수 있습니다.

인스턴스 클래스 객체를 선언하는 방법은 다음과 같습니다.

```
Outer outer = new Outer();          // 외부 클래스 객체 생성
Outer.Inner in = outer.new Inner(); // 외부 클래스를 이용해 내부 클래스 객체 생성
```

위와 같이 인스턴스 클래스를 생성하기 위해서는 외부 클래스가 반드시 선언된 후, 외부 클래스의 인스턴스를 이용해 선언합니다.

다음 예제를 통해 확인해 보겠습니다.

예제 13-1 인스턴스 클래스   소스 코드 CalculatorExample.java

```
01  package section13;
02
03  class Calculator {
04      private int val1;   // 인스턴스 멤버
05      private int val2;
06
07      // 생성자를 통한 데이터 입력
08      public Calculator(int val1, int val2) {
09          this.val1 = val1;
10          this.val2 = val2;
```

```java
11      }
12      public class Calc {
13          public int add() {
14              return val1 + val2;
15          }
16      }
17  }
18  public class CalculatorExample {
19      public static void main(String[] args) {
20          Calculator cal = new Calculator(10, 11);   // 외부 클래스 선언
21          Calculator.Calc c = cal.new Calc();   // 인스턴스 클래스 선언
22          System.out.println("합 : " + c.add());
23      }
24  }
```

실행 결과
합 : 21

해설

08 : 생성자를 통해 데이터를 입력받습니다.
12 : 인스턴스 클래스를 구현합니다.
14 : 외부 클래스의 멤버를 이용해 계산합니다.
20 : 계산기 클래스를 선언합니다. 매개변수로 10과 11을 줍니다.
21 : 인스턴스 클래스 객체를 생성합니다.
22 : 메서드 실행 결과를 출력합니다.

 PLUS 학습 코너

인스턴스 클래스는 반드시 외부 클래스를 생성한 후 사용해야 합니다. 또한 외부 클래스의 인스턴스 변수를 사용할 수 있으나 정적 변수나 메서드를 호출할 수는 없습니다.

```java
public class Calculator {
    static int sum = 0;
    class AddClass {
        public int add() {
            sum = x+y;   // 에러 발생
        }
        ...
```

2 정적 내부 클래스(static class)

클래스 안에 정적 변수를 선언할 수 있는 것처럼 클래스도 정적 클래스를 만들 수 있습니다. 인스턴스 변수와 마찬가지로 static 키워드를 사용해 클래스를 선언한 후 정적 내부 클래스를 생성합니다. 주로 외부 클래스의 static 메서드에서 사용될 목적으로 선언됩니다.

정적 내부 클래스 생성

다음과 같이 정적 내부 클래스는 인스턴스 멤버와 동일한 위치에 선언합니다.

```
public class Outer {
    private String name;   ← 인스턴스 멤버

    public static class Inner {
        private String name;   ← 정적 내부 클래스
        …
    }
}
```

클래스 앞에 static 키워드를 사용해 정적 내부 클래스를 선언했습니다. 정적 변수와 마찬가지로 클래스에 속하지만 독립적으로 존재합니다. 또한 외부 클래스의 존재와 상관없이 정적 변수를 사용할 수 있습니다. 그러나 외부 클래스의 인스턴스 변수 또는 메서드를 정적 내부 클래스 안에서는 사용할 수 없습니다.

```
public class OuterClass {   // 외부 클래스

    private int val1;   // 인스턴스 변수

    static class innerCalss {   // 정적 내부 클래스
        public void add() {

            int result = val1 +10;   ← 오류! 사용 불가

        }
    }
}
```

위와 같이 정적 내부 클래스는 정적 변수 또는 정적 메서드를 호출하는 것은 가능하지만 외부 클래스의 인스턴스 변수나 메서드를 사용할 수 없습니다.

```java
public class OuterClass {     // 외부 클래스
    private int val;     // 인스턴스 변수
    private static int cnt = 1;     // 클래스 변수 (static)

    public static class NestedClass {
        public void displayOuterInfo() {
            // 오류 발생
            // 인스턴스 멤버는 정적 내부 클래스 내의 메서드에서 사용 불가
            // System.out.println(val);
            // 정적 변수는 사용 가능
            System.out.println(cnt);
        }
    }
}
```

정적 내부 클래스 선언

정적 내부 클래스는 인스턴스 클래스와 다르게 외부 클래스 객체를 생성하지 않아도 선언할 수 있습니다. 정적 내부 클래스 객체를 선언하는 방법은 다음과 같습니다.

```java
Outer.Inner in = new Oute.Inner();     // 외부 클래스 없이 바로 객체 생성.
```

위와 같이 정적 내부 클래스는 외부 클래스의 선언 없이 바로 클래스의 객체를 선언하여 사용할 수 있습니다.
다음 예제를 통해 확인해 보겠습니다.

예제 13-2 정적 내부 클래스 선언하기   소스 코드 StaticClassExam.java

```java
01  package section13;
02
03  class PrintOut {
04      // 정적 내부 클래스 선언
05      public static class Out {
06          public void println(String str) {
07              System.out.println(str);
08          }
09      }
```

```
10    }
11
12    public class StaticClassExam {
13        public static void main(String[] args) {
14            String str = "정적 내부 클래스 테스트";
15            PrintOut.Out out = new PrintOut.Out();
16            out.println(str);
17        }
18    }
```

실행 결과
정적 내부 클래스 테스트

해설
03 : 외부 클래스를 선언합니다.
05 : 정적 내부 클래스를 선언합니다.
12 : 메인 클래스를 선언합니다.
15 : 외부 클래스 없이 정적 클래스 객체를 생성합니다.
16 : 정적 내부 클래스 함수를 호출하여 출력합니다.

3 지역 클래스(local class)

지역 클래스는 외부 클래스의 메서드 내에서 선언되어 사용하는 클래스입니다. 메서드 내에서 선언되기 때문에 해당 클래스는 메서드 내에서만 사용할 수 있습니다. 또한 메서드의 실행이 끝나면 해당 클래스도 사용이 종료됩니다.

지역 클래스 생성

지역 클래스는 다음과 같이 메서드 내에서 선언하고 사용합니다.

```
public class LocalClass {
    ...
    public void print() {
        ...
        class A {          ── 지역 클래스 선언
            ...
        }
        A a= new A();      ── 메서드 내에서 사용
    }
}
```

이처럼 메서드 내에서 선언하여 사용하기 때문에 접근 제한자와 정적 키워드(static)를 붙일 수 없습니다.

예제 13-3   지역 클래스 예제   소스 코드 `LocalClassExample.java`

```java
01  package section13;
02
03  public class LocalClassExample {
04      private int speed = 10;
05
06      public void getUnit(String unitName) {
07
08          class Unit {
09              public void move() {
10                  System.out.println(unitName + "이 " + speed + " 속도로 이동합니다.");
11              }
12          }
13          Unit unit = new Unit();
14          unit.move();
15      }
16
17      public static void main(String[] args) {
18          LocalClassExample local = new LocalClassExample();
19          local.getUnit("마린");
20      }
21  }
```

> **실행 결과**
> 마린이 10 속도로 이동합니다.

해설

04 : 인스턴스 변수를 선언합니다.
06 : 유닛의 이름을 매개변수로 하는 메서드를 선언합니다.
08 : 메서드 내부에 Unit 클래스를 생성합니다.
13~14 : 지역 클래스를 선언하여 사용합니다.

유닛을 생산하는 메서드를 만들고, 그 안에 Unit 클래스를 선언하여 구현했습니다. 지역 클래스인 유닛 안에는 이동 메서드가 존재합니다. 지역 클래스는 메서드 내에서 만든 것이므로 13행처럼 메서드 내에서 선언하여 사용해야 합니다.

SECTION 13
03 내부 클래스의 접근 제한

접근 제한자 지역 클래스의 접근 제한

멤버 클래스 내부에서 외부 클래스의 필드와 메서드에 접근할 때는 제한이 따릅니다. 또한 내부 클래스의 선언 위치에 따라서 생기는 제약들도 존재합니다.

1 접근 제한자

내부 클래스도 클래스이기 때문에 접근 제한자를 붙여서 사용할 수 있습니다. 우리가 앞에서 배웠던 접근 제한자들을 사용해 외부에서의 접근을 제한할 수 있습니다.
다음 예제를 통해 확인해 보겠습니다.

예제 13-4 내부 클래스의 접근 제한 소스 코드 `PermitExample.java`

```java
01  package section13;
02
03  public class PermitExample {
04      private class InClass {
05          public void print() {
06              System.out.println("접근을 private로 제한합니다.");
07          }
08      }
09
10      public InClass getInClass() {
11          // 인스턴스 클래스를 선언하여 리턴
12          return new InClass();
13      }
14      public static void main(String[] args) {
15          PermitExample permit = new PermitExample();
16          permit.getInClass().print();
17      }
18  }
```

실행 결과
접근을 private로 제한합니다.

해설
04 : 인스턴스 클래스를 private로 선언합니다.
10~13 : private로 선언된 객체를 받기 위해 메서드를 생성합니다.
16 : 메서드를 통해서 인스턴스 클래스를 받습니다.

인스턴스 클래스를 private로 선언하여 getter를 통해서 클래스를 얻도록 제한했습니다. 이처럼 내부 클래스도 접근 제한자를 통해 제한할 수 있습니다.

2 지역 클래스의 접근 제한

지역 클래스는 메서드 내에서 선언되어 사용합니다. 보통 메서드가 종료되면 클래스도 함께 종료되지만 메서드와 실행되는 위치가 다르기 때문에 종료되지 않고 남아 있을 수도 있습니다. 그래서 지역 클래스에서 메서드 내의 변수를 사용할 때는 변수를 복사해 사용합니다. 이러한 이유로 지역 클래스에서 메서드의 변수를 사용할 때 해당 변수가 변경되면 오류가 발생합니다.

예제 13-5 지역 클래스의 접근 제한   소스 코드 LocalClassExample.java

```java
package section13;

public class LocalClassExample {
    private int speed = 10;

    public void getUnit(String unitName) {
        unitName = unitName + " 님";
        class Unit {
            public void move() {
                // unitName에서 오류 발생
                System.out.println(unitName + "이 " + speed + " 속도로 이동합니다.");
            }
        }
        Unit unit = new Unit();
        unit.move();
    }

    public static void main(String[] args) {
        LocalClassExample local = new LocalClassExample();
        local.getUnit("마린");
    }
}
```

지역 클래스를 소개할 때 사용했던 예제입니다. 7행에서 매개변수로 넘어온 unitName 변수에 '님'이라는 글자를 추가했더니 11행의 print( ) 메서드에서 오류가 발생했습니다. 자바 7버전까지는 지역 클래스에서 메서드의 변수를 사용하려면 final 키워드를 붙여서 사용하도록 했으나 자바 8부터는 해당 변수를 변경하지 않는다는 조건하에 effective final이라는 기능이 추가되어 키워드를 사용하지 않아도 final 변수로 인정됩니다.

SECTION 13-04 익명 클래스(anonymous class)

익명 클래스

익명 클래스는 다른 내부 클래스와는 달리 이름이 없는 클래스를 의미합니다. 익명 클래스는 클래스의 선언과 객체의 생성을 동시에 하므로 단 한 번만 사용할 수 있으며 오직 하나의 객체만을 생성할 수 있는 일회용 클래스입니다. 따라서, 생성자를 선언할 수도 없으며, 둘 이상의 인터페이스를 구현할 수도 없습니다. 오직 단 하나의 클래스를 상속받거나 단 하나의 인터페이스를 구현해야만 합니다.

그럼 자바에서 익명 클래스를 어떻게 사용하는지 확인해 보겠습니다. 보통, 우리는 부모 클래스를 상속받아 처리하려면 다음과 같이 부모 클래스를 상속받는 자식 클래스를 만들어 처리합니다.

[부모 클래스 생성]

```java
public class Person {
    public void  mySelf() {
        System.out.println("나는 인간입니다.");
    }
}
```

[자식 클래스 생성]

```java
public class Student extends Person {
    @Override
    public void mySelf() {
        System.out.println("I'm child");
    }
}
```

위 코드처럼 Person 클래스를 확장하기 위해 자식 클래스를 만들어 사용합니다. 그런데 만약 Person을 상속받아 처리해야 하는 클래스가 또 필요하다면 매번 하위 클래스를 만들어야 할까요? 하위 클래스를 한 번만 사용하고 말 것이라면 굳이 상속할 필요가 없겠죠. 이때, 유용하게 사용할 수 있는 것이 바로 익명 클래스입니다.

그럼 익명 클래스를 선언하는 방법을 알아보겠습니다. 기존에 객체를 생성하는 방법은 다음과 같았습니다.

```java
Person p = new Person();
```

익명 클래스를 선언하고 객체를 생성하는 방법은 다음과 같습니다.

```
Person p = new Person() {
    @Override
    void method() {
    }
    …
};
```

클래스 생성자 뒤에 코드 블록{…}이 추가되고, 해당 클래스가 가진 메서드들을 override하여 구현하는 방식입니다. 해당 클래스 자체를 재정의하여 구현합니다. 구현된 문법 마지막에는 세미콜론(;)을 붙입니다. 익명 클래스는 보통 인터페이스의 기능을 구현할 때 사용합니다. 인터페이스를 상속하여 하위 클래스를 통해 구현하는 것이 아니라 인터페이스를 익명 클래스로 선언하여 기능을 직접 구현합니다.
다음 예제를 통해 확인해 보겠습니다.

예제 13-6 익명 내부 클래스 예제 소스 코드 `AnonymousExample.java`

```
01  package section13;
02
03  interface buttonClickListener {
04      public void click();
05  }
06
07  public class AnonymousExample {
08      // 버튼 객체를 내부 클래스로 선언
09      public class Button {
10          private buttonClickListener listener;
11          // 리스너를 파라미터를 통해 받는다.
12          public void setButtonListner(buttonClickListener listener) {
13              this.listener = listener;
14          }
15
16          // 버튼 클릭 기능
17          public void click() {
18              if(listener != null) {
19                  this.listener.click();
20              }
```

```
21              }
22          }
23
24      public static void main(String[] args) {
25          AnonymousExample exam = new AnonymousExample();
26          AnonymousExample.Button button = exam.new Button();
27
28          button.setButtonListner(new buttonClickListener() {
29              @Override
30              public void click() {
31                  System.out.println("버튼을 눌렀습니다.");
32              }
33          });
34
35          button.click();
36      }
37  }
```

> 실행 결과
> 버튼을 눌렀습니다.

해설

03 : 버튼 클릭 이벤트를 지닌 인터페이스를 선언합니다.
09 : 인스턴스 클래스로 버튼 객체를 선언합니다.
12 : 버튼 리스너를 외부로부터 받는 메서드를 구현합니다.
17~21 : 버튼을 클릭하는 메서드를 구현합니다. 리스너가 있을 때만 동작하도록 제어합니다.
25~26 : 외부 클래스를 통해서 버튼 클래스를 선언합니다.
28~33 : 인터페이스를 익명 클래스로 선언하여 버튼 기능을 구현해 추가합니다.
35 : 버튼을 클릭합니다.

해당 예제는 안드로이드의 버튼 기능을 모방하여 만들어본 예제입니다. 안드로이드는 자바를 기반으로 만든 언어입니다. 해당 언어에서는 위처럼 동작과 관련된 이벤트를 구현할 때 익명 클래스를 자주 사용하여 구현합니다.

 **PLUS 학습 코너**

익명 클래스는 일반적인 클래스보다는 추상 클래스 또는 인터페이스를 상속을 통해 구현하지 않고 직접 구현할 때 주로 사용합니다. 추상 클래스와 인터페이스는 구현되지 않은 추상 메서드가 있기 때문에 객체 선언을 할 수 없습니다. 그러나 익명 클래스의 선언 형식을 이용하면 따로 상속 없이 구현할 수 있습니다.

핵심정리

- **내부 클래스** 두 클래스 간에 서로 쉽게 접근하여 사용할 수 있도록 만든 것을 말하며 중첩 클래스라고도 합니다. 보통 바깥쪽의 클래스를 외부 클래스, 안쪽의 클래스를 내부 클래스라고 합니다.

- **내부 클래스 구분**

메서드	설명
인스턴스 클래스	외부 클래스의 멤버 변수와 같은 위치에 선언합니다. 주로 외부 클래스의 멤버 변수와 관련된 작업에 사용될 목적으로 선언됩니다.
정적 클래스	외부 클래스의 클래스 변수와 같이 static 키워드가 부여됩니다.
지역 클래스	외부 클래스의 메서드 내부에서 선언하여 사용합니다. 메서드 영역에서 선언되기 때문에 메서드 내부에서만 사용할 수 있습니다.

- 내부 클래스에도 접근 제한자를 부여하여, 클래스의 접근에 대한 기능을 제한할 수 있습니다.

- **익명 클래스** 다른 내부 클래스와는 달리 이름이 없는 클래스를 의미합니다. 익명 클래스는 클래스의 선언과 객체의 생성을 동시에 하므로 단 한 번만 사용할 수 있으며 오직 하나의 객체만을 생성할 수 있는 일회용 클래스입니다. 따라서 익명 클래스는 보통 인터페이스를 상속하지 않고, 일회성으로 기능을 구현하여 사용할 때 주로 사용됩니다.

응용문제

1. 다음 중 중첩 클래스에 대한 설명으로 틀린 것은 무엇일까요?

   ① 인스턴스 클래스는 외부 클래스 안에 선언됩니다.
   ② 인스턴스 클래스의 위치는 인스턴스 변수와 같습니다.
   ③ 정적 내부 클래스는 인스턴스 필드를 사용할 수 있습니다.
   ④ 정적 내부 클래스는 외부 클래스 없이 객체를 선언할 수 있습니다.

2. 다음 중 로컬 클래스에 대한 설명으로 틀린 것은 무엇일까요?

   ① 로컬 클래스는 메서드 내부에 선언된 클래스를 말합니다.
   ② 로컬 클래스는 외부 클래스의 모든 필드와 메서드를 사용할 수 있습니다.
   ③ 로컬 클래스는 static 키워드를 이용해서 정적 클래스로 만들 수 없습니다.
   ④ 로컬 클래스는 메서드에서 선언된 변수의 값을 변경하여 사용할 수 있습니다.

3. 다음 빈칸에 알맞은 코드를 작성해 보세요.

```
01  public class MyCar {
02      private int price;
03      private String myName;
04      public MyCar(String myName, int price) {
05          this.myName = myName;
06          this.price = price;
07      }
08
09      public String getInfo() {
10          String str = "차량: " + myName + ", 가격 :" + price;
11          return str;
12      }
13
14      public class Promotion {
15          public int discount() {
16              int discount = 0;
```

```
17              discount = price / 100;
18              return discount;
19          }
20      }
21  }
```

```
01  public class MycarMain {
02      public static void main(String[] args) {
03
04
05          System.out.println(mycar.getInfo() + ", 할인금액 :" + promotion.discount());
06      }
07  }
```

4. 다음 코드를 실행하면 오류가 발생합니다. 오류의 원인을 찾아 수정해 보세요.

```
01  public class InnerExam {
02
03      public int plus(int value) {
04          class Cal {
05              public int add() {
06                  return value++;
07              }
08          }
09          Cal cal = new Cal();
10          return cal.add();
11      }
12
13      public static void main(String[] args) {
14          InnerExam ie = new InnerExam();
15          System.out.println(ie.plus(10));
16      }
17  }
```

예외는 예기치 못한
사고와 같습니다.

프로그램은 항상 잘 동작하는 것처럼 보여도 종종 이유 모를 문제가 발생합니다.
개발자가 의도하지 않은 문제가 발생하는 것들을 예외라고 합니다.
이런 예기치 못한 예외를 처리하여 프로그램이 정상적으로 동작하도록 하는 것을
예외 처리라고 합니다.

MISSION 1 예외 처리의 의미와 왜 필요한지 알 수 있습니다. 2 예외 처리의 다양한 코드를 작성할 수 있습니다.

KEYWORD #예외처리 #에러 #오류 #예외

SECTION **14**

예외 처리

01 | 예외 처리
02 | 예외 클래스
03 | 예외 처리 문법
04 | 예외 던지기
05 | 사용자 정의 예외 처리

SECTION 14
01 예외 처리
에러와 예외 · 에러 · 예외

1 에러(error)와 예외(exception)

자바 프로그램을 실행하다 보면 갑자기 프로그램이 종료되거나, 어떤 원인에 의해 잘못 동작하여 오류 메시지가 나타나는 등 예기치 못한 오류가 발생합니다.

전자는 우리가 해결할 수 없는 시스템에 에러가 발생해 프로그램이 종료된 경우이며 후자는 프로그램 사용 중 발생한 오류를 개발자가 처리해 메시지가 출력된 경우입니다.

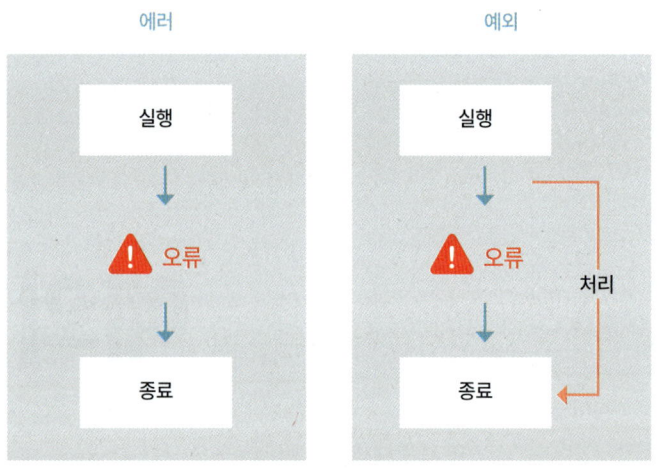

[그림 14-1] 에러와 예외

자바는 에러 또는 예외가 발생할 경우, 해당 사항을 클래스로 관리합니다. 컴파일 또는 실행 중에 문제가 발생하면 해당 문제에 따른 클래스 객체를 생성합니다. 우리는 이 클래스를 이용해서 프로그램 동작 중에 발생하는 예외들을 처리할 수 있습니다.

2 에러(error)

에러는 시스템에 비정상적인 상황이 생겼을 때 발생합니다. 외부 요인일 수도 있고, 프로그램 구동 중에 발생하는 치명적 오류일 수도 있습니다. 이러한 에러들은 개발자가 예측하거나 처리할 수 없는 영역입니다.

에러의 종류는 다음과 같습니다.

에러의 종류	상황
OutOfMemoryError	프로그램 실행 중 메모리 부족
IOError	입출력 에러
StackOverFlowError	가용 메모리 부족 현상, 재귀 호출 문제 시 발생

<표 14-1> 에러의 종류

3 예외(exception)

예외란 대체로 프로그램 구동 중에 나타나는 오류들을 말합니다. 문법적으로는 문제없어 보이지만 실제 운영 중에 생기는 문제들입니다.

예외는 체크 예외(checked exception)와 비체크 예외(unchecked exception) 두 가지가 있습니다. 체크 예외는 자바 소스를 컴파일하는 과정에서 검사하며, 보통 문법적으로 강제하여 예외 처리를 해야 하는 경우이고, 비체크 예외는 컴파일 과정에서 검사하지 않으므로 사용자의 경험이나 테스트로 찾아야 하는 경우가 있습니다. 보통 개발자를 힘들게 하는 경우가 이 비체크 예외들입니다.

체크 예외는 일반 예외, 비체크 예외는 실행 예외라고도 부릅니다.

체크 예외와 비체크 예외를 구분하는 기준은 다음과 같습니다.

구분	체크 예외	비체크 예외
처리 여부	문법적으로 예외 처리를 강제함 반드시 처리 해야 함	문법적으로 강제하지 않음 개발자의 판단에 의해 처리
확인 시점	컴파일 단계	실행 단계
예외 클래스	Runtime Exception을 제외한 모든 예외 IOException SQLException 등	Runtime Exception의 자식 클래스 모두 포함 NullPointerException IndexOutOfBoundException ClassNotFoundException 등

<표 14-2> 체크 예외 처리와 비체크 예외 처리

SECTION 02 예외 클래스

NullPointerException NumberFormatException ArrayIndexOutOfBoundsException

자바는 객체 지향 언어입니다. 따라서 프로그램에서 발생하는 예외들은 클래스의 형태로 제공됩니다. 다음은 예외 처리에 대한 클래스 관계도입니다.

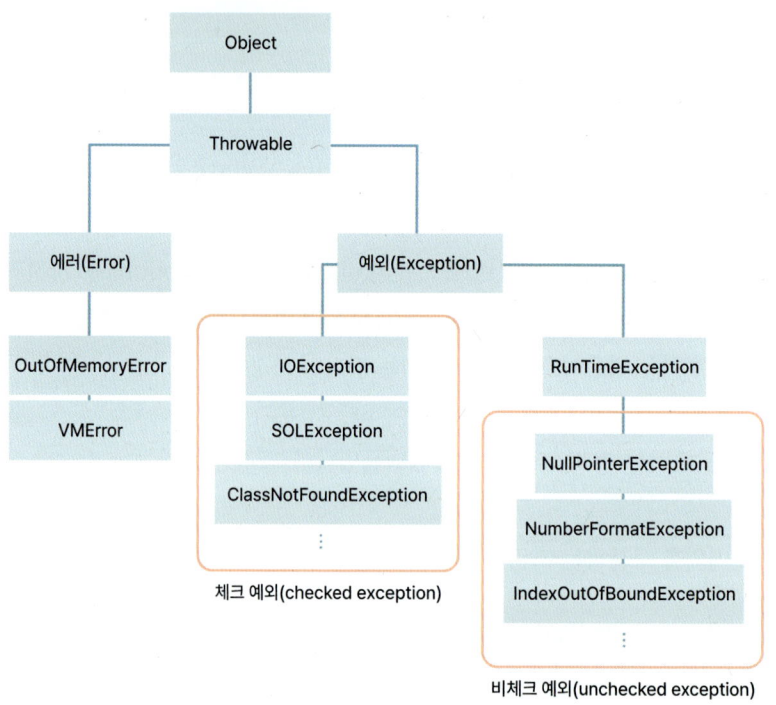

[그림 14-2] 예외 클래스의 구조

최상위의 Throwable을 상속받은 에러와 예외가 있습니다. 에러는 시스템상의 심각한 수준의 오류이기 때문에 수습될 수 없는 반면에, 예외는 개발자가 로직을 추가하여 처리할 수 있습니다. 우리는 예외를 다룰 것입니다. 예외는 또다시 체크 예외와 비체크 예외로 구분됩니다. 그림에 표기된 예외 클래스 중 자주 사용되는 예외에 대해 자세히 살펴보겠습니다.

PLUS 학습 코너

어떤 예외를 처리해야 하는지 알 수 있다!

프로그램을 구동할 때 예외가 발생하면 시스템은 무슨 이유로 예외가 발생했는지 예외 클래스를 에러 메시지로 출력해 줍니다. 해당 메시지를 살펴보면 우리가 어떤 예외를 처리해야 하는지 알 수 있습니다. 따라서 모든 예외 클래스를 암기하지 않아도 됩니다.

예 Exception in thread "main" java.lang.NullPointerException:
..이하 생략

1 NullPointerException

NullPointerException은 자바 프로그램에서 가장 빈번하게 발생하는 실행 예외입니다. 객체가 제대로 생성되지 않은 상태에서 사용할 경우 발생합니다. 우리가 객체를 선언하면 인스턴스는 객체의 주소를 가지게 되고, 그것을 통해 객체에 접근해 값을 가져옵니다.

그런데 객체는 정의되었는데 실제 메모리에 생성되지 않았을 경우, 예외가 발생합니다.

다음 예제를 통해 확인해 보겠습니다.

예제 14-1 NullPointException 예외 소스 코드 `NullPointExceptionExample.java`

```java
01  package section14;
02
03  public class NullPointExceptionExample {
04      public static void main(String[] args) {
05
06          //배열을 변수를 만들기만 하고 선언하지 않음
07          String[] strArray = null ;
08
09          //생성되지 않은 배열을 출력하려고 함
10          System.out.println("strArray[0] = " + strArray[0]);
11      }
12  }
```

실행 결과

```
Exception in thread "main" java.lang.NullPointerException: Cannot load from object array because "strArray" is null
    at NullPointExceptionExample.main(NullPointExceptionExample.java:10)
```

2 NumberFormatException

NumberFormatException은 잘못된 문자열을 숫자로 형 변환할 때 발생합니다. 숫자 형태('111')의 문자열은 정수 타입으로 변환할 수 있으나 문자가 포함되거나 실수 형태('11.11')의 문자열은 변환할 수 없습니다.

다음 예제를 통해 확인해 보겠습니다.

예제 14-2 NumberFormatException 예외 　　　　　　　　　　　　　　　　소스 코드 `EX14_02.java`

```java
01  package section14;
02
03  public class EX14_02 {
04      public static void main(String[] args) {
05
06          String str01 = "11";
07          String str02 = "11.2";
08
09          // 정수 형태의 문자열을 정수로 변환
10          int num01 = Integer.parseInt(str01);
11
12          System.out.println("String to int :" + num01);
13
14          // 실수 형태의 문자열을 정수로 변환
15          int num02 = Integer.parseInt(str02);
16
17          System.out.println("String to int :" + num02);
18      }
19  }
```

실행 결과

```
String to int :11
Exception in thread "main" java.lang.NumberFormatException: For input string: "11.2"
    at java.base/java.lang.NumberFormatException.forInputString(NumberFormatException.java:67)
    at java.base/java.lang.Integer.parseInt(Integer.java:668)
    at java.base/java.lang.Integer.parseInt(Integer.java:786)
    at section14.EX14_02.main(EX14_02.java:15)
```

> **해설**
>
> 15 : 정수는 실수를 포함하지 않기 때문에 소수점(.)을 문자로 인식합니다.

3 ArrayIndexOutOfBoundsException

ArrayIndexOutOfBoundsException은 배열에서 인덱스(index) 범위를 초과해 사용할 때 발생합니다. 다음 예제를 통해 확인해 보겠습니다.

예제 14-3 ArrayIndexOutOfBoundException 예외 소스 코드 EX14_03.java

```
01  package section14;
02
03  public class EX14_03 {
04      public static void main(String[] args) {
05          int[] arr = {1, 6, 7, 9, 10};
06          System.out.println(arr[6]);
07      }
08  }
```

실행 결과

```
Exception in thread "main" java.lang.ArrayIndexOutOfBoundsException: Index 6 out of bounds for length 5
    at section14.EX14_03.main(EX14_03.java:6)
```

SECTION 14.03 예외 처리 문법

예외 처리 과정 | try – catch 구문 | 다중 catch 사용하기 | finally

지금까지 예외 처리란 무엇이며 어떠한 것들이 있는지 살펴봤습니다. 지금부터는 예외가 발생했을 때, 어떻게 예외 처리를 하는지 방법에 대해 알아보겠습니다.

1 예외 처리 과정

자바에서 예외가 발생했을 때 시스템은 어떤 방법으로 처리할까요? 다음은 내부에서 발생하는 예외를 처리하는 과정을 나타낸 그림입니다.

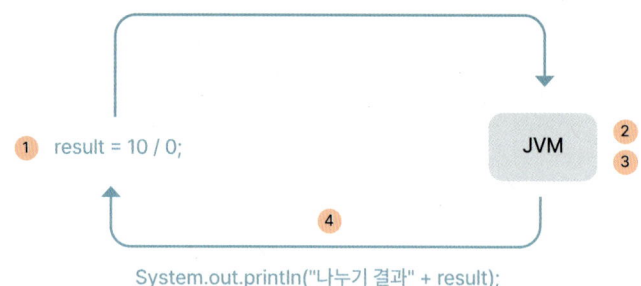

① 코드 진행 중 예외가 발생하면 JVM에게 알린다.
② JVM은 발생한 예외를 분석하여 알맞은 예외 클래스를 생성한다.
③ 생성된 예외 객체를 발생한 지점으로 보낸다.
④ 예외가 발생한 지점에서 처리하지 않으면 프로그램은 비정상 종료된다.

위와 같이 예외가 발생하면 시스템(JVM)에서 분석하여 우리가 배운 예외 클래스 중 알맞은 것을 발생시키고 발생 지점으로 던지게 됩니다. 이를 처리하지 않으면 프로그램은 비정상으로 종료됩니다. 그래서 우리는 넘어온 예외를 처리해 프로그램을 비정상으로 종료되지 않고, 구동할 수 있도록 해야 합니다.

2 try – catch 구문

예외를 처리하는 가장 기본 문법은 try-catch 문입니다.
try-catch 문의 기본 구조는 다음과 같습니다.

```
try {
    // 예외가 발생할 가능성이 있는 코드

} catch(예외 클래스명 e) {
    // 예외 처리 코드
}
```

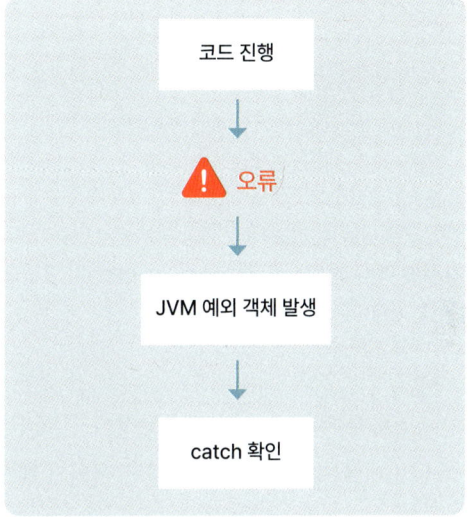

[그림 14-3] try-catch 문의 구조

발생한 예외를 처리하기 위해서 우리는 try-catch 구문을 사용하게 됩니다. 예외가 발생할 가능성이 있는 코드는 try {…} 안에 작성하고 catch 메서드는 시스템으로부터 넘어오는 예외 클래스를 받아서 처리합니다.
다음 예제를 통해 확인해 보겠습니다.

예제 14-4 예외 처리 ① 소스 코드 EX14_04.java

```java
01  package section14;
02
03  public class EX14_04 {
04      public static void main(String[] args) {
05          int result = 0;
06
07          try {
08              result = 10 / 0;
09              System.out.println("나누기 결과" + result);
```

```
10              } catch(ArithmeticException e) {
11                  System.out.println("0으로 나누기 할 수 없습니다.");
12              }
13              System.out.println("프로그램 종료.");
14          }
15      }
```

> **실행 결과**
> 0으로 나누기 할 수 없습니다.
> 프로그램 종료.

해설

08 : 정수 타입은 0으로 나눌 수 없습니다. 해당 부분에서 오류가 발생합니다.
10~12 : 나누기 관련 예외 처리는 ArithmeticException이 발생합니다. catch가 파라미터로 받으면 시스템이 발생한 예외를 잡을 수 있습니다.

위 예제와 같이 try 블록에는 예외 발생 가능성이 있는 코드가 위치합니다. catch 메서드에는 처리할 예외의 클래스를 파라미터로 둡니다. 그러면 해당 예외가 발생했을 때, catch를 통해서 제어 및 처리를 할 수 있습니다.
다음 예제를 통해 한 번 더 확인해 보겠습니다.

예제 14-5 예외 처리 ②   소스 코드 EX14_05.java

```
01  package section14;
02  import java.util.InputMismatchException;
03  import java.util.Scanner;
04
05  public class EX14_05 {
06      public static void main(String[] args) {
07          Scanner scan = new Scanner(System.in);
08
09          try {
10              System.out.println("점수를 입력하세요 : ");
11              int score  = scan.nextInt();
12
13              if(score >= 65) {
14                  System.out.println("합격입니다.");
```

```
15              } else {
16                  System.out.println("합격입니다.");
17              }
18
19          } catch(InputMismatchException e) {
20              System.out.println("키보드 입력이 잘못되었습니다.");
21          }
22
23          scan.close();
24          System.out.println("프로그램 종료");
25      }
26  }
```

실행 결과

점수를 입력하세요 :
일
키보드 입력이 잘못되었습니다.
프로그램 종료

해설

11 : Scanner를 통해 정수 타입 값을 입력받아야 합니다. 정수 외의 값을 입력하면 예외가 발생합니다.
19 : Scanner를 통한 키보드 입력이 잘못되면 InputMismatchException 예외가 발생합니다.

예외를 처리할 때 Exception 클래스를 이용하면 모든 예외를 처리할 수 있습니다. Exception은 모든 예외 클래스의 최상위 객체이기 때문에 catch에서 사용하면 모든 예외 처리가 가능합니다.

부모 클래스는 자식을 수용할 수 있으니까요!

3 다중 catch 사용하기

프로그램을 구동할 때 하나의 예외만 발생한다면 처리하기는 어렵지 않습니다. 하지만 try 구문 안에서 예외는 다양하게 발생할 수 있습니다. 만약 기존과 같은 방법으로 처리한다면 하나의 예외를 제외하고는 제대로 처리할 수 없습니다. 이때, 다중 catch 문을 사용합니다. 다중 catch 문은 예외별로 예외 처리 코드를 다르게 하여 다양한 예외 처리를 할 수 있습니다. 지금부터 다중 catch 문에 대해 알아보겠습니다.

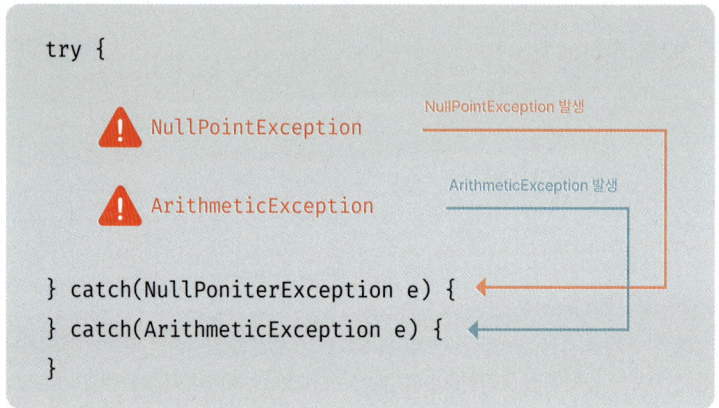

[그림 14-4] 다중 catch 문의 구조

catch 문은 하나의 예외를 처리하도록 되어있습니다. 코드에서 하나의 예외가 발생하면 그 위치에서 실행을 멈추고 해당 예외를 처리하는 catch 블록으로 이동하게 됩니다.
다음 두 개의 예제를 통해 다중 catch 문이 필요한 이유를 알아보겠습니다.

예제 14-6 예외 처리가 한 개인 경우 소스 코드 EX14_06.java

```java
01  package section14;
02  import java.util.InputMismatchException;
03  import java.util.Scanner;
04
05  public class EX14_06 {
06      public static void main(String[] args) {
07          Scanner scan = new Scanner(System.in);
08
09          try {
10              int[] cards = {4, 5, 1, 2, 7, 8};
11              System.out.println("몇 번째 카드를 뽑으시겠습니까? >> ");
```

```
12
13                  int cardIndex = scan.nextInt();
14                  System.out.println("뽑은 카드 번호는 : " + cards[cardIndex]);
15
16          } catch(InputMismatchException e) {
17              System.out.println("잘못 입력하셨습니다. 숫자만 가능합니다.");
18          }
19
20          System.out.println("프로그램 종료");
21          scan.close();
22      }
23  }
```

실행 결과

실행 1
몇 번째 카드를 뽑으시겠습니까? 〉〉
1
뽑은 카드 번호는 : 5
프로그램 종료

실행 2
몇 번째 카드를 뽑으시겠습니까? 〉〉
a
잘못 입력하셨습니다. 숫자만 가능합니다.
프로그램 종료

실행3
몇 번째 카드를 뽑으시겠습니까? 〉〉
6
Exception in thread "main" java.lang.ArrayIndexOutOfBoundsException: Index 6 out of bounds for length 6
    at section14.EX14_06.main(EX14_06.java:14)

해설

10 : 배열에 숫자를 입력하여 생성합니다.
11~13 : 카드를 뽑을 배열의 위치를 입력합니다. (잘못 입력되었을 경우 16~18행에서 예외 처리 발생)
14 : cardIndex가 배열의 범위를 넘어갈 경우 예외 처리 없이 중단합니다.

위의 예제를 살펴보면 문제 없이 동작하는 것처럼 보입니다. 카드의 번호를 입력할 때 숫자가 아닌 문자를 입력할 경우 예외 처리도 정상적으로 동작합니다. 그러나 배열의 길이가 7개, 즉 배열의 index가 6까지 있는데 실수로 더 많은 번호를 입력한다면 배열의 위치가 잘못되어 예외가 발생하게됩니다. 위 예제는 해당 처리가 되어 있지 않아 프로그램이 비정상으로 동작하게 됩니다. 그럼, 모든 예외가 정상 처리되려면 어떻게 해야 하는지 다음 예제를 통해 확인해 보겠습니다.

예제 14-7 다중 예외 처리
소스 코드 EX14_07.java

```java
package section14;
import java.util.InputMismatchException;
import java.util.Scanner;

public class EX14_07 {
    public static void main(String[] args) {

        Scanner scan = new Scanner(System.in);

        try {
            int[] cards = {4, 5, 1, 2, 7, 8};
            System.out.println("몇 번째 카드를 뽑으시겠습니까? >>");

            int cardIndex = scan.nextInt();
            System.out.println("뽑은 카드 번호는 :" + cards[cardIndex]);

        } catch(InputMismatchException e) {
            System.out.println("잘못 입력하셨습니다. 숫자만 가능합니다.");
        } catch(ArrayIndexOutOfBoundsException e) {
            System.out.println("해당 번호의 카드는 없습니다.");
        }

        System.out.println("프로그램 종료");
        scan.close();
    }
}
```

실행 결과
```
몇 번째 카드를 뽑으시겠습니까? >>
11
해당 번호의 카드는 없습니다.
프로그램 종료
```

해설
19~21 : 배열의 인덱스 선택이 잘못됐을 경우 예외를 처리합니다.

위와 같이 예외를 다중 처리하여 프로그램을 구성하면 코드에서 발생하는 다양한 예외를 처리할 수 있습니다. 따라서 보다 안정적인 프로그래밍이 가능해집니다.

PLUS 학습 코너

다중 catch 문을 사용할 때는 순서에 유의해야 합니다. Exception을 catch 문 맨 앞에 사용하면 문법 에러가 발생합니다. 그 이유는 Exception은 예외 객체의 최상위 클래스이기 때문에 맨 앞에서 예외를 처리하게 되면 뒤에 있는 다른 예외들은 불필요해지기 때문입니다.
따라서 Exception처럼 상위 예외 클래스를 처리하는 코드는 catch 문 맨 마지막에 작성합니다.

```
try {
} catch(Exception e) {
} catch((ArrayIndexOutOfBoundsException e) {
}
```
✗

↓

```
try {
} catch((ArrayIndexOutOfBoundsException e) {
} catch(Exception e) {
}
```
○

4 finally

finally 블록은 예외 발생 유무와 상관없이 실행되는 구문이며 생략할 수 있습니다. 예외 처리를 할 때, 예외와 상관없이 반드시 처리해야 하는 구문들을 작성할 때 사용되며, 보통 외부 연동이나 예외가 발생해도 정상 종료되어야 할 구문들에서 사용합니다.

```
01  public class ArithmeticExceptionExample {
02      public static void main(String[] args) {
03
04          try {
05
06                          실행 코드
07          } catch(ArithmeticException e) {
08
09                          예외 처리
10          } finally {
11
12          }
13      }
14  }
```

위의 코드처럼 catch 구문 다음에 finally를 작성합니다. 해당 구문 안에는 예외 처리와 상관없이 구동되어야 하는 로직이 입력됩니다.

예제 14-8   finally 문법   소스 코드 EX14_08.java

```
01  package section14;
02  import java.util.InputMismatchException;
03  import java.util.Scanner;
04
05  public class EX14_08 {
06      public static void main(String[] args) {
07          Scanner scan = new Scanner(System.in);
08
09          try {
10              System.out.println("점수를 입력하세요 >>");
11              int score = scan.nextInt();
```

```java
12              if(score >= 60) {
13                  System.out.println("합격입니다.");
14              } else {
15                  System.out.println("아쉽네요. 불합격입니다.");
16              }
17
18          } catch(InputMismatchException e) {
19              System.out.println("키보드 입력이 올바르지 않습니다.");
20
21          } finally {
22              scan.close();
23              System.out.println("프로그램 종료");
24          }
25      }
26  }
```

실행 결과

점수를 입력하세요 >>
87
합격입니다.
프로그램 종료

해설

11 : Scanner로 숫자를 입력합니다.
18~19 : 숫자 외 입력 시 예외 처리합니다.
21~24 : 예외 유무와 상관없이 실행되며 프로그램을 종료합니다.

위 예제는 Scanner를 사용해 점수를 입력받고 결과를 출력하는 간단한 예제입니다. 우리가 만약 키보드를 잘못 입력했다면 예외 처리가 발생할 것입니다. 그러면 프로그램 종료 시 Scanner를 종료시키는 구문을 실행할 수 없게 됩니다. 따라서 finally 블록에서 처리해 Scanner를 안전하게 종료하고 프로그램을 마쳐야 합니다.

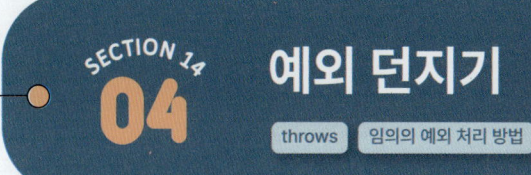

우리가 호출한 메서드에서 예외가 발생할 경우, 학습한 대로 메서드 내부에서 try-catch 문으로 예외를 처리할 수 있었습니다. 그런데 메서드 내부에서 예외를 처리하지 않고 미룬 후, 해당 메서드를 호출한 쪽에서 예외를 처리하도록 하는 방법도 있습니다. 우리는 그것을 '예외 던지기' 또는 '예외의 전가'라고 합니다. 때로는 직접 처리하는 것보다 해당 메서드를 사용한 곳에서 처리하도록 하는 것이 효율적일 때가 있습니다. 지금부터 예외 던지기에 대해 알아보겠습니다.

throws 키워드

예외 던지기는 throws 키워드를 사용합니다. 메서드 뒤에 throws 키워드를 사용하여 던지기 할 예외 객체를 붙여주면 됩니다. 예외 객체는 여러 개를 던질 수 있으며, 여러 개를 던질 시에는 콤마(,)로 구분해서 나열해 줍니다.

```java
public static void main(String[] args) {
    int result = divide(10,0);
    System.out.println("나누기 : " + result);
}
```

```java
public int divide(int x, int y) {
    int result = 0;
    try {
        result = x/y;
    } catch(ArithmeticException e) {
        System.out.println("0으로 나눌 수 없습니다.");
    }
}
```

[예외를 직접 처리하는 경우]

↓

```java
public int divide(int x, int y) throws ArithmeticException {
    Return x/y;
}
```

```java
public static void main(String[] args) {
    int result = 0
    try {
        result = divide(10, 0);
    } catch(ArithmeticException e) {
        System.out.println("0으로 나눌 수 없습니다.");
    }
}
```

[예외를 던져서 호출한 쪽에 전가하는 경우]

상단의 구문은 앞에서 학습한 기본적인 예외 처리 방법이며 하단은 같은 코느로 예외 던지기를 구현한 코드입니다.

자, 그럼 예외 던지기를 하는 이유는 무엇일까요? try-catch 구문으로 각자 처리하면 깔끔할 텐데요. 그 이유는 메서드에서 예외를 각각 처리하면 메서드 자체의 코드가 길어지거나, 유지 보수 측면에서 효율이 떨어질 수 있습니다. 이때, 메서드를 호출하는 쪽에서 예외를 처리해 주면 좀 더 수월하게 처리할 수 있습니다.
다음 예제를 통해 확인해 보겠습니다.

예제 14-9   예외 던지기   소스 코드 ThrowsExceptionExample.java

```java
01  package section14;
02  import java.util.InputMismatchException;
03  import java.util.Scanner;
04  
05  public class ThrowsExceptionExample {
06      // 성격 유형 검사를 위한 메서드
07      public static void checkYourSelf (Scanner scan) throws InputMismatchException {
08          System.out.println("1. 사람과 어울리는 것이 좋다. 2. 혼자 있는 것이 좋다.");
09          System.out.print("선택 >> ");
10          int check = scan.nextInt();
11          // 성격 체크 후 출력
12          if(check == 1) {
13              System.out.println("당신은 ENFP");
14          } else {
15              System.out.println("당신은 ISFP");
16          }
17      }
18  
19      public static void main(String[] args) {
20          // 스캐너 선언
21          Scanner scan = new Scanner (System.in);
22          try {
23              System.out.println("======성격 유형 검사를 시작합니다.======");
24              // 메서드 호출
25              ThrowsExceptionExample.checkYourSelf(scan);
26  
27          } catch(InputMismatchException e) {
28              System.out.println("키보드 입력이 잘못되었습니다.");
29          } finally {
30              if(scan != null) {
31                  scan.close();
```

```
32              }
33          }
34          System.out.println("프로그램 종료");
35      }
36  }
```

> **실행 결과**
>
> 정상 동작 시
> ===============성격 유형 검사를 시작합니다.===============
> 1. 사람과 어울리는 것이 좋다. 2. 혼자 있는 것이 좋다.
> 선택 〉〉 1
> 당신은 ENFP
> 프로그램 종료
>
> 예외 발생 시
> ===============성격 유형 검사를 시작합니다.===============
> 1.사람과 어울리는 것이 좋다. 2. 혼자 있는 것이 좋다.
> 선택 〉〉 1a
> 키보드 입력이 잘못되었습니다.
> 프로그램 종료

해설

07 : 예외 발생 시 호출한 대상으로 떠넘깁니다.
10 : Scanner로 숫자를 입력합니다.
12~16 : 키보드 입력을 처리합니다.
25 : 메서드를 호출합니다.
27~29 : 예외 처리를 합니다.

 PLUS 학습 코너

예외 던지기는 예외 클래스를 여러 개 던질 수 있습니다.

```
void 메서드명 throws NullPointerException, ClassNotFoundException, ..{ }
```

위와 같은 메서드를 호출하는 쪽에서는 다중 catch 문을 사용해 처리해야 합니다.

1 임의의 예외 처리 방법

프로그램을 작성하다 보면 코드의 오류로 발생하는 예외도 있지만, 프로그램의 규칙에 위배되어 예외를 발생해야 하는 경우도 있습니다. 만약, 프로그램의 규칙에 위배되어 예외를 발생해야 할 경우, 임의로 예외를 발생시킬 수 있습니다.

임의의 예외 처리는 다음과 같은 특징을 가지고 있습니다.

정의	예외 발생 상황이 아니더라도, 필요에 의해 강제로 예외를 발생시키는 기능
발생 방법	throw new 예외 객체(메시지);
발생 위치	try-catch 내부 또는 메서드에 예외 던지기가 있는 경우
용도	개발자가 예외를 의도하는 위치

<표 14-3> 임의의 예외 처리

표와 같이 임의로 발생시키는 예외 처리는 개발자의 의도로 인해 발생합니다. try-catch 문의 내부 또는 예외 던지기가 구현된 메서드 안에서 발생시킬 수 있습니다.

다음 예제를 통해 확인해 보겠습니다.

예제 14-10 임의의 예외 처리   소스 코드 EX14_10.java

```java
01  package section14;
02  import java.util.Scanner;
03
04  public class EX14_10 {
05      public static void main(String[] args) {
06
07          Scanner scan = new Scanner(System.in);
08          int val = 0;
09          while(true) {
10              try {
11                  System.out.println("숫자를 입력하세요(0 ~ 50) : ");
12                  val = scan.nextInt();
13
14                  if(val == -1) {
15                      break;
16                  }
17
```

```
18                  if(val < 0 || val > 50) {
19                      // 임의의 예외 발생
20                      throw new Exception("숫자의 허용범위가 아닙니다.");
21                  }
22
23              } catch(Exception e) {
24                  scan.nextLine();    // 라인 단위 스트링 쓰기 및 버퍼 지우개용
25                  System.out.println("에러 메시지 : " + e.getMessage());
26              }
27          }
28
29          scan.close();
30          System.out.println("프로그램 종료.");
31      }
32  }
```

실행 결과

숫자를 입력하세요(0 ~ 50) :
51
에러 메시지 : 숫자의 허용범위가 아닙니다.
숫자를 입력하세요(0 ~ 50) :
-1
프로그램 종료.

해설

14 : -1 이 들어오면 프로그램을 멈춥니다.

20 : 예외를 발생시킵니다.

24 : 키보드 입력은 마지막에 버퍼가 남기 때문에 비워주어야 합니다. nextLine() 은 문자열을 입력받는 기능이지만 버퍼를 지우는 기능도 있습니다.

25 : getMessage()는 시스템이 발생하는 예외 메시지를 출력합니다.

SECTION 14-05 사용자 정의 예외 처리

사용자 정의 예외 객체

자바가 제공하는 예외 객체 외에도 개발자의 목적에 의해서 예외 객체를 만들 수 있으며, 이를 사용할 수 있습니다. 자바가 제공하는 예외 객체는 다양하지만 모든 예외를 처리하기는 어렵습니다. 또한 목적에 따라 공통기능을 지니는 예외 처리도 필요하기 때문에 개발자가 직접 예외를 생성하여 처리합니다.

```
public class CustomException extends Exception {
}
```
체크 예외(checked exception)

```
public class CustomException extends RuntimeException {
}
```
비체크 예외(unchecked exception)

위와 같이 사용자가 만든 클래스에 Exception 또는 RuntimeException을 상속하면 해당 클래스를 예외 처리 객체로 사용할 수 있습니다. 체크 예외를 만들고 싶다면, 최상위 객체인 Exception을, 비체크 예외를 만들고 싶을 때는 RuntimeException을 상속합니다. 사용자 정의 예외 객체는 개발자가 직접 만든다는 점을 제외하면 사용 방법은 기존 예외 객체들과 동일합니다.

다음 예제를 통해 확인해 보겠습니다. 먼저 사용자 정의 예외 클래스를 만들겠습니다.

예제 14-11 사용자 정의 객체 소스 코드 `InputErrorException.java`

```java
01  package section14;
02
03  public class InputErrorException extends Exception {
04      private String message;
05      public InputErrorException(String message) {
06          this.message = message;
07      }
08
09      @Override
10      public String getMessage() {
11          return this.message;
12      }
13  }
```

해설

03 : Exception 객체를 상속받습니다.
05~07 : 객체를 선언할 때 예외 메시지를 입력받도록 합니다.
10~12 : Exception이 지닌 getMessage() 메서드를 오버라이드하여 재정의합니다. 입력받은 메시지를 리턴합니다.

최상위 객체인 Exception을 상속하여 입력 오류 시 처리할 예외 클래스를 만들었습니다. 다음 예제를 통해 만들어진 InputErrorException을 사용해 보겠습니다.

예제 14-12 메인 소스   소스 코드 EX14_12.java

```java
01  package section14;
02  import java.util.Scanner;
03
04  public class EX14_12 {
05      public static void main(String[] args) {
06          // 스캐너 생성
07          Scanner scan = new Scanner(System.in);
08          try {
09              // 나이 입력
10              System.out.print("당신의 나이를 입력하세요 >>");
11              int age = scan.nextInt();
12
13              if(age < 0) {
14                  // 1살 미만인 경우 입력 실패
15                  throw new InputErrorException("입력이 잘못되었습니다.");
16              }
17
18              if(age > 19) {
19                  System.out.println("성인입니다.");
20              } else if(age > 13) {
21                  System.out.println("청소년입니다.");
22              } else if(age > 6) {
23                  System.out.println("어린이입니다.");
24              } else {
25                  System.out.println("아동입니다.");
26              }
```

```
27            } catch(InputErrorException e) {
28                System.out.println(e.getMessage());
29            } finally {
30                if(scan != null) {
31                    scan.close();
32                }
33            }
34        }
35    }
```

실행 결과

당신의 나이를 입력하세요 >> -1
입력이 잘못되었습니다

해설

15 : 개발자가 만든 InputErrorException을 임의로 예외 발생시킵니다.
27~29 : 발생한 예외를 처리합니다.

핵심정리

- **예외처리**   프로그램 구동 중에 예외가 발생했을 경우 프로그램의 갑작스러운 종료를 막고 정상 동작할 수 있도록 처리하는 과정을 말합니다.

- **Error / Rutime Error**   프로그램에서의 오류는 Error와 Rutime Error가 있습니다. Error는 수습할 수 없는 치명적인 오류를 의미하며 Runtime Error는 예측할 수 있고 처리 가능한 오류를 의미합니다.

- **try-catch**   예외 처리는 try-catch 구문을 사용합니다. try 영역에는 예외가 발생할 수 있는 코드를 입력하며 catch 영역에는 발생 예상되는 예외 클래스를 매개변수로 선언하여, 예외 발생 시 처리할 코드를 입력합니다.

- **catch** 구문은 여러 개 사용하여 처리할 수 있습니다. 여러 개의 catch 문이 있더라도 차례로 하나씩 실행되며 동시에 발생하지 않습니다.

- **finally**   finally 키워드는 예외 발생 유무와 상관없이 실행됩니다.

- **throws**   throws 키워드를 사용하면 메서드에서 발생하는 예외를 직접 처리하지 않고 호출한 곳에서 처리하도록 할 수 있습니다. 메서드 뒤에 throws 예외 클래스를 붙여서 처리합니다.

- 문법적인 예외가 발생하지 않았더라도, 프로그램의 규칙에 맞지 않거나 흐름에 문제가 생기면 사용자가 직접 예외를 발생시킬 수 있습니다.

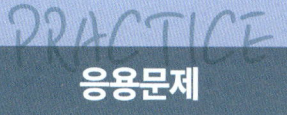

응용문제

1. 다음 코드는 컴파일 오류가 발생합니다. 오류를 확인하고 예외 처리 문법을 사용하여 해결해 보세요.

```
01  public class ValueExceptionExample {
02      public static void main(String[] args) {
03
04          int data = 10;
05          double result = 0;
06
07          result = (double)data / 0;
08
09          System.out.println("결과는 : " + result);
10      }
11  }
```

2. 다음 코드에서 사용자가 음수를 입력할 경우 임의로 예외를 발생시켜 음수의 값을 합산에 포함되지 않도록 처리해 보세요.

```
01  import java.util.Scanner;
02  public class MinusValueExceptionExample {
03      public static void main(String[] args) {
04          Scanner scan = new Scanner(System.in);
05          int count = 5;
06          int data = 0;
07          int sum = 0;
08          while(count < 5) {
09              System.out.println("숫자를 입력하세요:");
10              data = scan.nextInt();
11              sum += data;
12          }
13          System.out.println("숫자 합 : " + sum);
14      }
15  }
```

API 는 훌륭한 도구입니다.

어떤 일을 할 때 필요한 도구들을 직접 만들어 사용하던 시대가 있었습니다.
그러나 현재는 편리하게 일할 수 있도록 도와주는 훌륭한 도구들이 존재합니다.
프로그램도 마찬가지로 모든 것을 직접 만드는 것이 아니라 편의성을 위해 제공하는 도구들이 있습니다.
이를 API라고 부릅니다.

MISSION 1 자비 API 문서를 알고 활용할 수 있습니다. 2 java.lang 패키지와 java.util 패키지를 사용할 수 있습니다.

KEYWORD #API #자바API #자바기본클래스

SECTION 15

기본 API 클래스

01 | 자바 API 문서
02 | java.lang 패키지
03 | java.util 패키지

SECTION 15
01 자바 API(Application Programming Interface) 문서

자바 API 문서

자바에서 제공하는 API(Application Programming Interface)는 프로그램 개발에 자주 사용되는 클래스 및 인터페이스의 모음을 말하며 라이브러리라고도 부릅니다. 이전에는 자바 개발도구를 설치할 때 함께 설치되었으나, 지금은 분리되어 따로 설치하거나, 사이트를 이용해 확인할 수 있습니다.

자바에서 제공하는 API를 확인하려면, 검색 사이트에서 'java api doc'를 검색하거나 주소 표시줄에 'https://docs.oracle.com/en/java/javase/버전/index.html'을 입력하여 해당 사이트에 접속한 후 문서를 확인합니다.

TIP 버전에는 원하는 자바의 버전을 기재합니다.

PLUS 학습 코너

자바 API 문서 확인하기

① 포털 사이트에서 java11 api doc를 검색하여 'JDK 11 Documentation'을 선택하거나 주소 표시줄에 https://docs.oracle.com/en/java/javase/11/index.html을 입력하여 해당 사이트에 접속합니다.

② 화면 좌측에 [API Documentation] 메뉴를 클릭하면 자바가 가진 모듈의 리스트 화면이 나타납니다. 우리가 주로 자바에서 사용하는 기능들은 java.base에 있습니다.

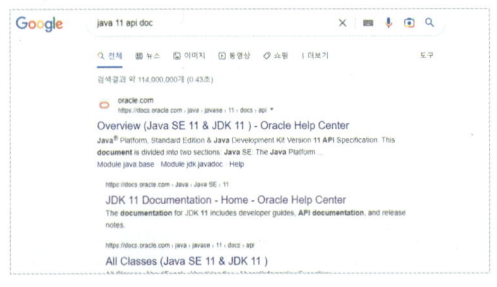

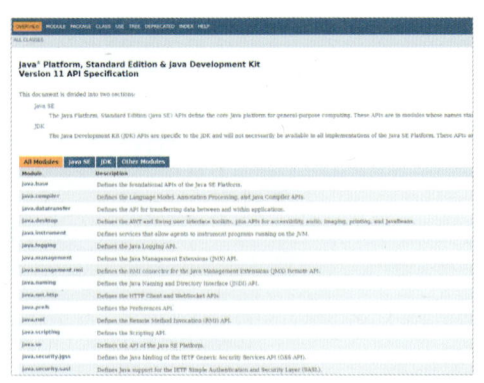

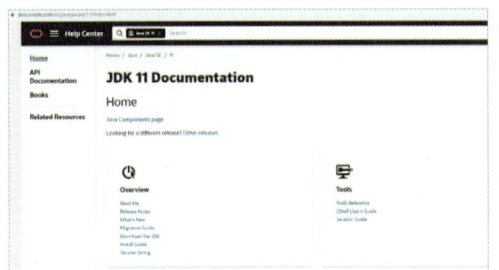

③ java.base를 클릭하면 패키지별로 정리되어 있습니다.

특정 클래스를 찾아 선택하면 다음과 같은 화면이 나타나며 상단 메뉴들을 선택하여 원하는 항목을 찾아볼 수 있습니다.

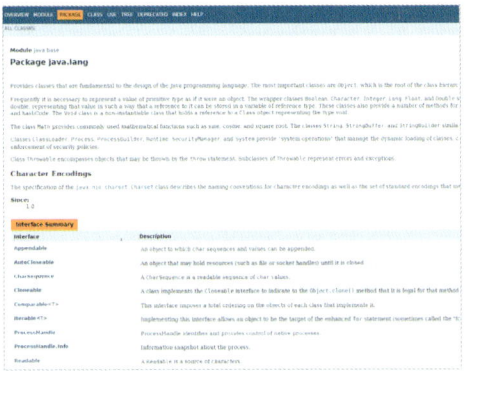

자바는 이렇게 방대한 API 문서를 제공하고 있습니다. API 문서를 잘 활용하면 개발 능력을 향상하는 데 도움이 됩니다.

지금부터 자바 API 문서에는 무엇이 있는지 알아보겠습니다.

SECTION 15 02 java.lang 패키지

`Object 클래스` `String 클래스` `Math 클래스` `Warpper 클래스`

java.lang 패키지는 자바 프로그램의 기본적인 클래스를 담고 있는 패키지입니다. 가령 우리가 Scanner를 사용하려 한다면 스캐너를 import해줘야 사용할 수 있었습니다. 그러나 System, String 등과 같은 클래스는 따로 선언 없이 사용이 가능했습니다. 그 이유는 기본으로 제공해 주는 java.lang 패키지에 속해 있었기 때문입니다.

해당 패키지에는 무엇이 있으며 언제 사용하는지 살펴보겠습니다.

java.lang 패키지는 import 없이 클래스와 인터페이스를 사용할 수 있습니다.

클래스	용도
Object	자바 클래스의 최상위 클래스로 사용
System	시스템의 표준 입력/출력 장치로부터 데이터를 입력받거나 출력하기 위해 사용 자바 가상 기계를 종료할 때 사용
String	문자열을 저장하고 여러 가지 정보를 얻을 때 사용
StringBuffer / StringBuilder	문자열을 저장하고 내부 문자열을 조작할 때 사용
Math	수학 함수를 이용할 때 사용

<표 15-1> java.lang 패키지

위의 표와 같이 java.lang 패키지는 자바의 다양한 기본 클래스들을 제공합니다. 지금부터 기본 패키지가 제공하는 자바 클래스들에 대해 자세히 알아봅니다.

1 Object 클래스

Object 클래스는 자바의 최상위 클래스입니다. 자바에서 생성되는 모든 클래스는 생성될 때 상속을 하지 않아도 Object를 자동으로 상속받게 되어있습니다. 따라서 클래스를 생성하면 Object가 가지고 있는 여러 메서드를 그대로 사용하거나 override하여 사용할 수 있게 됩니다.

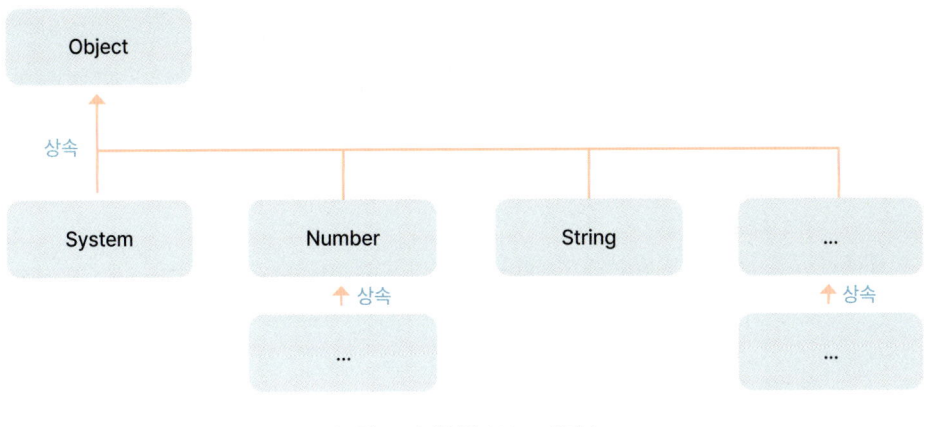

[그림 15-1] 최상위 Object 클래스

Object 클래스가 지닌 대표적인 메서드는 다음과 같습니다.

메서드	설명
protected Object clone( )	객체 자신을 복사한 후 반환
boolean equals(Object obj)	다른 객체와 자신이 가진 실제 값을 비교
int hashCode( )	객체의 hashCode 값을 반환
String toString( )	객체 자신의 정보를 반환

<표 15-2> object 클래스의 메서드

Object 클래스에는 더욱 다양한 메서드가 존재하지만, 대표적인 메서드만 표기했습니다. 해당 메서드들에 대한 사용법을 알아보겠습니다.

객체 비교 equals( ) 메서드

자바에서는 기본 데이터들의 동등 비교를 위해서 '==' 비교 연산자를 사용합니다. 하지만 객체에서의 의미는 조금 다릅니다. 객체를 동등 비교할 경우, 해당 객체의 값을 비교하는 것이 아니라, 객체가 메모리에 있는 위치를 비교하게 됩니다. 따라서 참조형 데이터의 비교 연산에는 적절치 못하므로 객체의 데이터를 비교할 때는 equals( ) 메서드를 override하여 사용합니다. 대표적인 예로 우리가 사용하는 String 클래스가 있습니다. String 클래스는 데이터를 비교할 때 equals를 사용해 비교합니다.

다음은 문자열 변수를 선언한 후 비교하는 예제입니다.

예제 15-1　문자열 비교　　　　　　　　　　　　　　　　　　　　소스 코드 EX15_01.java

```java
package section15;

public class EX15_01 {
    public static void main(String[] args) {

        String str1 = "hello";
        String str2 = "hello";
        String str3 = new String("hello");

        //문자열 변수 비교
        System.out.println("str1 vs str2 : " + (str1 == str2));
        System.out.println("str2 vs str3 : " + (str2 == str3));

        // 각 문자열 변수가 있는 위치의 값을 출력
        System.out.println("str1 hashCode : " + System.identityHashCode(str1));
        System.out.println("str2 hashCode : " + System.identityHashCode(str2));
        System.out.println("str3 hashCode : " + System.identityHashCode(str3));
    }
}
```

실행 결과
```
str1 vs str2 : true
str2 vs str3 : false
str1 hashCode : 2060468723
str2 hashCode : 2060468723
str3 hashCode : 622488023
```

해설

08 : 문자열 변수는 객체를 선언할 때 부여합니다.
15~17 : 문자열 변수가 메모리에 저장된 각각의 위치를 출력합니다. 위치 값은 실행 시마다 다르게 출력됩니다.

String은 객체형 데이터이기 때문에 문자열 데이터를 비교할 때 어떻게 값을 부여했느냐에 따라 동등 비교의 결과가 같거나 또는 다르게 나오는 것을 볼 수 있습니다. 그 이유는 객체를 동등 비교 연산자로 비교한다면, 그것은 객체가 지니고 있는 값의 비교가 아닌 객체가 위치하는 값의 비교가 되기 때문입니다.
그럼, 이번에는 equals()를 사용하여 비교해 보겠습니다.

예제 15-2   equals 객체 비교   소스 코드 EX15_02.java

```java
01  package section15;
02
03  public class EX15_02 {
04      public static void main(String[] args) {
05
06          String str1 = "hello";
07          String str2 = "hello";
08          String str3 = new String("hello");
09
10          //문자열 변수 비교
11          System.out.println("str1 vs str2 : " + (str1.equals(str3)));
12          System.out.println("str2 vs str3 : " + (str2 .equals(str3)));
13      }
14  }
```

실행 결과
```
str1 vs str2 : true
str2 vs str3 : true
```

해설

11~12 : equals( ) 메서드를 사용해 값을 비교합니다.

이번에는 equals( ) 메서드를 사용하여 값을 비교해 봤습니다. 두 번 모두 결과가 같음을 얻을 수 있습니다.

TIP   객체 비교 equals( )는 두 객체가 논리적으로 동일한 객체라면 true를, 그렇지 않으면 false를 리턴합니다.

PLUS 학습 코너

문자열 중에서 영문을 비교할 때 대소문자로 인해 문제가 발생할 수 있습니다. 자바는 대소문자에 엄격한 언어입니다. 만약 같은 단어라 할지라도 equals( )로 비교할 경우 대소문자가 다르다면 서로 다른 문자로 인식합니다.

예   apple == Apple (X)

이때, 대소문자를 무시하고 단어만으로 비교할 수 있는 방법이 있는데 equalsIgnoreCase( ) 메서드를 이용하는 방법입니다. 해당 메서드는 대소문자 구분 없이 영문의 철자만 비교하여 값의 동등 여부를 얻을 수 있습니다.

객체 해시코드 hashCode() 메서드

사람은 태어나면 누구든지 주민등록번호를 부여받습니다. 주민등록번호는 사람에게 부여되는 고유번호입니다. 자바 프로그래밍에서 new 키워드를 사용해 인스턴스를 만들 경우, 주민등록번호처럼 객체를 식별하는 하나의 정수값을 'hashCode'라고 부릅니다. 이는 객체마다 고유한 값을 가지게 됩니다. hashCode() 메서드는 그것을 반환하는 메서드입니다. 앞으로 학습하게 될 HashMap 또는 HashSet에서 객체형 데이터를 저장할 때 equals() 메서드와 함께 동일한 객체인지를 판별하는 데 사용됩니다.

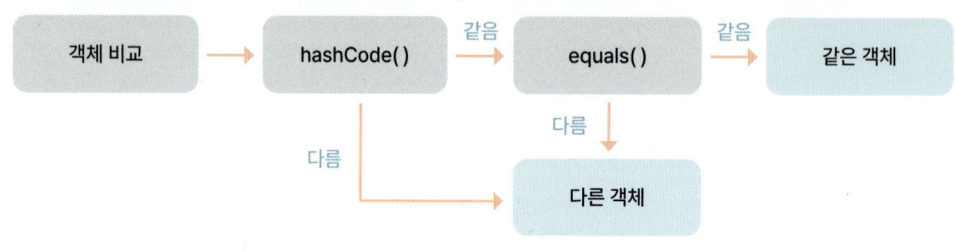

[그림 15-2] hashCode() 객체 비교

위 그림과 같이 hashCode()는 객체 비교의 처음 조건으로 두 객체가 같은 객체인지 비교할 때 사용합니다. 해시코드 값이 다르면 다른 객체로 판단하고, 해시코드 값이 같으면 equals() 메서드로 같은 값을 지녔는지 다시 비교합니다. 그러므로 hashCode() 메서드가 true가 나와도 equals()의 리턴 값이 다르면 다른 객체가 됩니다.

따라서 Hash 관련 컬렉션을 사용해 데이터를 저장할 경우, 해당 메서드들을 override하여 구현해 주어야 정확한 객체 비교를 할 수 있습니다.

다음 예제를 통해 확인해 보겠습니다.

예제 15-3 hashCode() 객체 비교   소스 코드 EX15_03.java

```java
01  package section15;
02
03  public class EX15_03 {
04      public static void main(String[] args) {
05          String str1 = "hello";
06          String str2 = "hello";
07          String str3 = "apple";
08
09          System.out.println("str1 hashCode : " + str1.hashCode());
```

```
10        System.out.println("str2 hashCode : " + str2.hashCode());
11        System.out.println("str3 hashCode : " + str3.hashCode());
12    }
13 }
```

실행 결과
```
str1 hashCode : 99162322
str2 hashCode : 99162322
str3 hashCode : 93029210
```

해설

09~11 : String 객체가 가지고 있는 해시코드 값을 출력합니다.

String 객체에 변수를 대입하고 각각의 hashCode 값을 비교해 봤습니다. str1과 str2는 같은 값을 지니고 있기에 hashCode 값이 같으며 str3은 다르게 출력됩니다. 원래 hashCode 값은 고유해서 객체마다 달라야 하는데 말이죠. 이는 String 객체가 객체의 비교를 위해서 Object가 제공하는 hashCode( ) 메서드를 override하여 사용하고 있음을 의미합니다. 이렇듯 우리도 필요에 따라 해당 메서드를 사용해 객체를 비교할 수 있습니다.

다음 예제를 통해 hashCode( )를 어떻게 이용할 수 있는지 확인해 보겠습니다.

예제 15-4 회원정보를 담는 Member 객체 만들기   소스 코드 Member.java

```
01 package section15;
02
03 public class Member {
04     private int memberId;
05     private String memName;
06
07     public int getMemberId() {
08         return memberId;
09     }
10
11     public void setMemberId(int memberId) {
12         this.memberId = memberId;
13     }
```

```java
14
15      public String getMemName() {
16          return memName;
17      }
18
19      public void setMemName(String memName) {
20          this.memName = memName;
21      }
22
23      // hashCode() 메서드를 override하여
24      // 객체의 고유 ID 반환
25      @Override
26      public int hashCode() {
27          return memberId;
28      }
29
30      @Override
31      public boolean equals(Object obj) {
32          // 비교 대상 객체가 Member 클래스이면
33          if(obj instanceof Member) {
34              // 타입 변환
35              Member compare = (Member)obj;
36              // 두 객체의 고유 ID를 비교
37              if(this.memberId == compare.memberId) {
38                  return true;
39              } else {
40                  return false;
41              }
42          }
43          return false;
44      }
45 }
```

해설

26~28 : hashCode() 메서드를 override 하여 고유값인 ID를 반환합니다.
31~44 : equals() 메서드를 override 하여 객체가 지닌 ID 값을 비교하여 반환합니다.

위와 같이 Member 객체를 선언했습니다. 해당 객체에서 hashCode( )와 equals( )를 override하여 객체 비교 시 ID 값을 기준으로 비교할 수 있도록 했습니다.

예제 15-5 객체를 저장하는 메인 클래스   소스 코드 MemberCompareExample.java

```java
01  package section15;
02  import java.util.HashSet;
03  import java.util.Set;
04
05  public class MemberCompareExample {
06
07      public static void main(String[] args) {
08          Member mem1 = new Member();
09          Member mem2 = new Member();
10
11          mem1.setMemberId(100);
12          mem1.setMemName("홍길동");
13
14          mem2.setMemberId(100);
15          mem2.setMemName("홍길동");
16
17          // Set은 데이터를 저장하는 자료 구조
18          // 중복 데이터를 허용하지 않는다.
19          Set<Member> list =  new HashSet<>();
20          list.add(mem1);  //데이터(객체)를 삽입
21          list.add(mem2);  //데이터(객체)를 삽입
22
23          // Set 객체에 저장된 데이터 크기 출력
24          System.out.println("데이터 크기 : " + list.size());
25      }
26  }
```

실행 결과
데이터 크기 : 1

해설

19~21 : Set은 'Section 16. 컬렉션 프레임워크'에서 다루는 자료 구조 중 하나입니다. 데이터의 중복을 허용하지 않는 특징을 가지고 있습니다.
24 : Set에 저장된 데이터의 크기(개수)를 출력합니다.

차후에 자세히 다룰 내용이므로 현재는 데이터를 중복 없이 저장하는 배열이라고만 알아둡니다.

예제에서 사용된 HashSet은 배열과 마찬가지로 여러 데이터를 저장하는 자료 구조입니다. 'Section 16'에서 배우게 될 'Collections Framework'에 속해 있기도 합니다. 해당 자료 구조는 데이터를 저장할 때 배열과 다르게 저장한 만큼 크기가 지정됩니다. 또한 중복 데이터가 저장될 경우 처음 데이터를 제외하고 중복을 무시하는 기능도 있습니다. 따라서 위의 예제에서는 Member 클래스를 생성하고 hashCode( )와 equals( ) 메서드를 재정의하여 ID 값을 기준으로 비교하도록 했습니다. HashSet을 통해 데이터를 저장할 때 객체 비교를 위해 사용되는 것을 예제를 통해 알 수 있었습니다.

객체 문자 정보 toString( ) 메서드

toString( ) 메서드는 객체의 문자 정보를 반환해 주는 클래스입니다.

print 문을 사용해 객체를 출력할 경우, 해당 메서드가 자동으로 실행되어 객체의 정보를 반환해 주고 출력됩니다. 따라서 해당 메서드를 재정의해서 사용하면 원하는 객체의 정보를 쉽게 출력할 수 있습니다.

```
Object obj = new Object();
System.out.println(obj);
```

위와 같이 Object 클래스를 선언한 후 출력문에 그대로 삽입하면 toString( ) 메서드가 자동으로 실행됩니다. 결과는 다음과 같습니다.

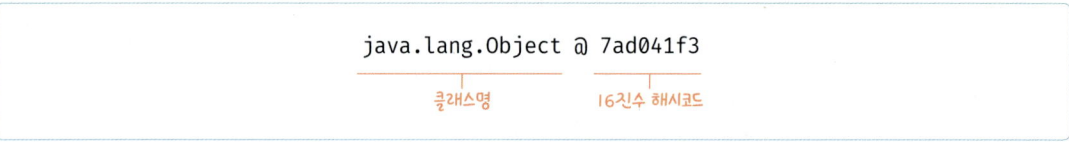

내용 자체는 크게 의미 있는 것은 아니지만, 출력문에 객체를 그대로 넣어도 정보를 출력할 수 있어서 override 하여 객체의 내용 출력에 이용합니다.

다음 예제를 통해 확인해 보겠습니다.

예제 15-6 toString() 메서드를 재정의하여 객체의 정보를 반환   소스 코드 Car.java

```java
01  package section15;
02
03  public class Car {
04
05      private String carName;
06      private String company;
07
08      public Car(String carName, String company) {
09          this.carName = carName;
10          this.company = company;
11      }
12
13      @Override
14      public String toString() {
15          String str = "차량 이름 : " + this.carName + ", 제조사 : " + this.company;
16          return str;
17      }
18  }
```

해설

13~17 : toString() 메서드를 override 하여 Car 객체가 지닌 정보를 반환하도록 수정했습니다.

예제 15-7 toString() 메서드를 재정의하여 객체의 정보를 반환   소스 코드 CarMainClass.java

```java
01  package section15;
02
03  public class CarMainClass {
04      public static void main(String[] args) {
05
06          Car car = new Car("소나타", "현대");
07          System.out.println(car);
08      }
09  }
```

실행 결과

차량 이름 : 소나타, 제조사 : 현대

2 String 클래스

String 클래스는 문자열을 처리하는 객체형 데이터 타입입니다. 일반적으로 기본 데이터 타입들과 마찬가지로 문자열 데이터를 담는 간단한 형식으로 사용하지만, 문자열을 처리하기 위한 다양한 기능들을 가지고 있습니다. String 인스턴스는 한 번 생성되면 그 값을 읽기만 하고 변경할 수 없습니다.
String 클래스가 지닌 대표적인 메서드는 다음과 같습니다.

C언어에서는 문자열을 char형 배열로 표현하지만, 자바에서는 문자열을 위한 String 클래스를 별도로 제공합니다.

메서드	설명
int length( )	문자열의 길이를 반환
char charAt(int index)	문자열을 하나의 단어 단위로 출력 파라미터로는 추출할 문자열의 위치를 받음
int indexOf(String ch) int indexOf(int ch)	문자열에 포함된 단어 또는 문자열의 위치를 앞에서부터 검색했을 때 일치하는 위치의 인덱스 값을 반환 (없을 경우에는 -1을 반환)
String replace(변경할 문자, 변경 문자)	단어 또는 문장에 있는 특정 단어를 변경
String substring(int beginIndex)	문자열을 원하는 위치에서 자를 때 사용 입력된 시작 위치부터 문자열의 마지막까지 반환
String substring(int beginIndex, int endIndex)	문자열을 입력된 시작 위치부터 마지막 위치 전까지의 값을 리턴

<표 15-3> string 메서드

String 객체는 위 표에 기재된 것보다 더욱 다양한 기능들이 있으나 대표적으로 많이 사용되는 기능을 정리했습니다. 해당 기능들에 대해 살펴보겠습니다.

문자 추출 charAt( ) 메서드

문자열 클래스는 내부에서 데이터를 저장할 때, 문자 타입의 배열을 사용하여 우리가 입력한 문자열을 저장하고 있습니다. 따라서 우리가 원하는 위치의 문자를 문자열에서 추출할 수 있습니다.

```
String str = "Hello world";
```

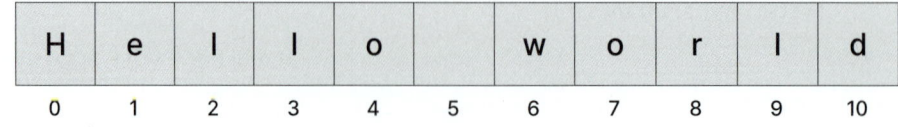

[그림 15-3] 문자열 추출하기

그림과 같이 'Hello world'를 입력하면 해당 단어들은 내부에서 그 크기에 맞게 저장되며 인덱스를 매길 수 있게 됩니다. 여기서 인덱스는 0부터 문자열의 길이 -1까지의 번호를 말합니다.

다음 예제를 통해 확인해 보겠습니다.

예제 15-8 charAt() 메서드   소스 코드 EX15_08.java

```java
package section15;

public class EX15_08 {
    public static void main(String[] args) {

        String word = "1I2LOVE6YOU";

        // 문자열에서 숫자를 찾아 제거하고 문자만 출력
        String text = "";

        // length()는 해당 문자열의 길이를 반환해 주는 메서드
        for(int i = 0; i < word.length(); i++) {
            // charAt(index) 메서드는 문자열을 하나의 문자로 각각 반환
            char ch = word.charAt(i);
            int asciiNum = ch;   // 문자를 아스키코드에 의한 10진수 값으로 변환

            // 소문자 a~z는 97~122, 대문자는 65~90 사이
            if((asciiNum >= 65 && asciiNum <= 90) || (asciiNum >= 97 && asciiNum <= 122)) {
                text += ch;
            } else {
                text += " ";
            }
        }

        System.out.println(text);
    }
}
```

실행 결과
I LOVE YOU

문자열 찾기 indexOf() 메서드

우리는 예제를 통해 String 객체에 저장되는 문자열에는 인덱스를 매길 수 있다는 것을 알았습니다. indexOf() 메서드는 저장된 문자열 중에서 우리가 찾는 특정 단어 또는 문장의 시작 위치를 알려주는 메서드입니다. 만약 찾는 단어가 없으면 해당 메서드는 -1을 반환합니다. 사용 방법은 매우 간단합니다. 다음 예제를 통해 확인해 보겠습니다.

예제 15-9 indexOf() 메서드 소스 코드 EX15_09.java

```java
01  package section15;
02
03  public class EX15_09 {
04      public static void main(String[] args) {
05
06          String str = "HelloWorld_MyWorld";
07          // 처음 위치에서 검색
08          System.out.println("World 단어 위치 : " + str.indexOf("World"));
09          // 10번째 위치부터 시작하여 검색
10          System.out.println("World 단어 위치 : " + str.indexOf("World", 10));
11      }
12  }
```

실행 결과
World 단어 위치 : 5
World 단어 위치 : 13

단어 World의 위치를 찾는 예제입니다. 위 예제처럼 단어가 중복으로 있으면, indexOf() 메서드는 처음 검색되는 단어의 위치를 나타냅니다.

 PLUS 학습 코너

문자열에서 검색하는 단어의 마지막 위치를 찾고 싶을 때는 lastIndexOf() 메서드를 사용합니다. 해당 메서드는 뒤에서부터 검색하여 찾는 문자의 위치를 알려줍니다.

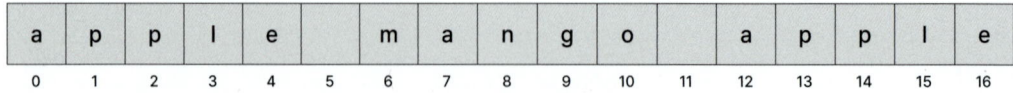

위와 같이 글자가 위치할 경우 출력 결과는 마지막 단어의 시작점인 12번째가 출력됩니다.

```
lastIndexOf("apple");
System.out.println(str.lastIndexOf("apple"));
```

문자열 변환 replace( ) / replaceAll 메서드

replace( ) 또는 reaplceAll 메서드는 특정 문자 및 문자열을 원하는 단어로 변경해 주는 메서드입니다. replace보다 기능상의 이점이 있어서 replaceAll을 주로 사용합니다. 프로그래밍은 텍스트 형식의 데이터를 수정하는 것이 쉽지 않은데, replace 기능은 원하는 텍스트 형식의 데이터로 쉽게 변경하는 데 도움을 줍니다.

replaceAll을 구현하는 방법은 다음과 같습니다.

> replaceAll (변경 대상, 변경할 단어);

앞에는 변경 대상을, 뒤에는 변경할 단어를 입력하여 원하는 대상을 변경합니다.
다음 예제를 통해 확인해 보겠습니다.

예제 15-10 **replace 메서드** 소스 코드 EX15_10.java

```java
01  package section15;
02
03  public class EX15_10 {
04      public static void main(String[] args) {
05          String str = "자바 프로그래밍은 어렵지만 자바를 배울수록 재미있습니다.";
06          // 단어 '자바'를 'Java'로 변경
07          String newStr = str.replaceAll("자바", "Java");
08
09          System.out.println(str);
10          System.out.println(newStr);
11      }
12  }
```

실행 결과
자바 프로그래밍은 어렵지만 자바를 배울수록 재미있습니다.
Java 프로그래밍은 어렵지만 Java를 배울수록 재미있습니다.

substring 메서드

substring 메서드는 원하는 위치에서 문자열을 잘라서 사용할 수 있는 메서드입니다. 입력된 문자열 중에서 특정 위치의 문자를 추출할 수 있습니다. substring 메서드는 다음과 같이 매개변수에 따라서 두 가지 타입이 존재합니다.

> substring(int beginIndex)
> substring(int beginIndex, int endIndex)

인자로 beginIndex만 전달하면 beginIndex가 포함된 문자부터 마지막까지 추출하여 반환합니다.

```
String str = "안녕하세요 날씨가 좋네요";
str.substring(6);
```

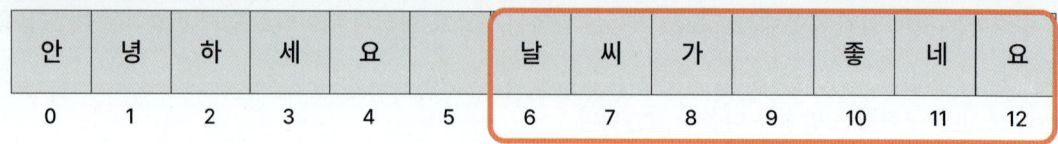

[그림 15-3] 문자열 추출하기

인자로 beginIndex와 endIndex를 전달하면 beginIndex가 포함된 문자부터 endIndex 위치 전까지의 문자를 추출하여 반환합니다.

```
String str = "안녕하세요 날씨가 좋네요";
str.substring(0, 6);
```

[그림 15-4] 문자열 추출하기

예제를 통해 사용법을 확인해 보겠습니다.

예제 15-11 substring 메서드 소스 코드 EX15_11.java

```
01  package section15;
02
03  public class EX15_11 {
04      public static void main(String[] args) {
05          //문자열 선언
06          String str = "1234-5687";
07          //4번째 위치부터 문장끝까지 가져온다.
08          String subStr = str.substring(5);
09
10          System.out.println("4번째 위치부터 추출 : " + subStr);
11
12          //범위 내에서 문자를 추출한다
13          String rangeStr = str.substring(0, 4);
14          System.out.println("범위 내에서 추출 : " + rangeStr);
15      }
16  }
```

실행 결과
4번째 위치부터 추출 : 5687
범위 내에서 추출 : 1234

3 StringBuffer와 StringBuilder

자바에서 문자열을 처리하는 변수는 String 객체입니다. String 클래스는 최초 지정된 문자열 이후에 값이 추가되면 내부적으로 새로운 메모리를 할당해 새롭게 문자열을 등록합니다.

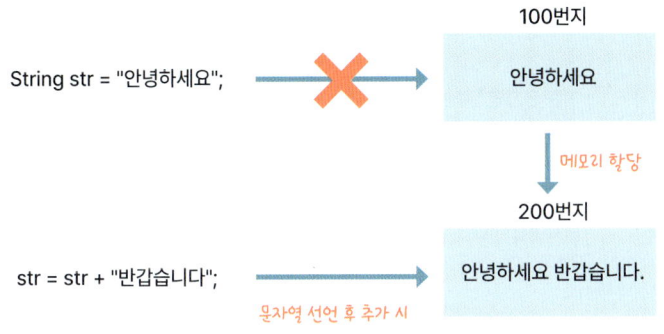

[그림 15-5] String 문자 등록

위의 그림처럼 처음 문자열을 선언한 후 추가하면 기존의 메모리 주소가 아닌 새로운 주소에 추가된 문자가 저장됩니다. 따라서 문자열을 많이 사용할수록 메모리 사용이 늘어나 메모리가 낭비될 수 있습니다. 이런 문제점을 해결하기 위해 가변 속성을 지닌 StringBuffer 또는 StringBuilder 클래스를 사용합니다. StringBuffer와 StringBuilder는 내부에 여유 공간을 두기 때문에 문자열을 합칠 때 메모리에 새롭게 생성하는 과정을 String보다 현저히 생략할 수 있습니다.

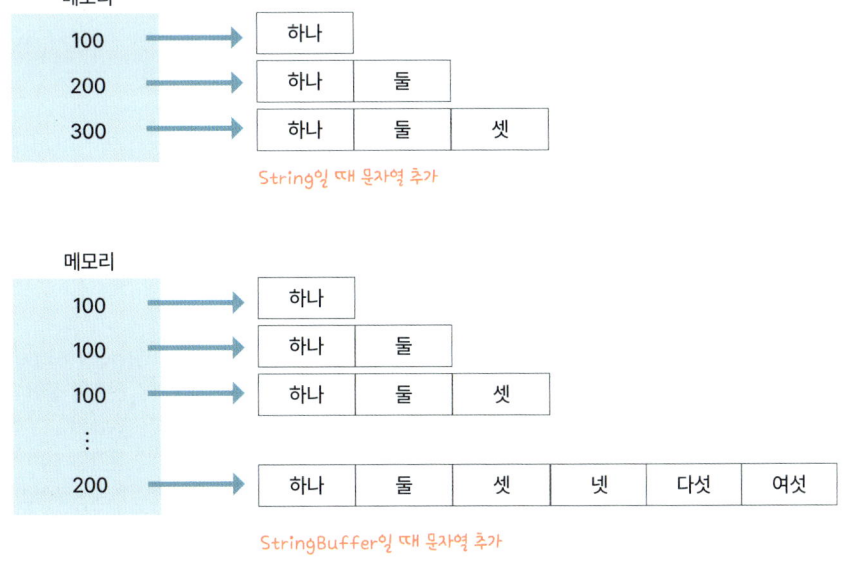

[그림 15-6] String과 StringBuffer 문자 등록

StringBuffer와 StringBuilder는 사용하는 기능에서는 차이가 없으나 StringBuffer의 경우 뒤에서 배울 스레드 환경에서 안정성 기능을 추가로 가지고 있습니다. 다만 스레드 환경이 아닌 경우에는 StringBuilder의 성능이 좋으므로 일반적인 프로그래밍에서는 StringBuilder를 사용하는 것을 권장합니다.

StringBuilder 클래스가 지닌 대표적인 메서드는 다음과 같습니다.

메서드 명	설명
append(String str)	기존 문자열 뒤에 더하여 반환
delete(int start, int end)	시작 위치부터 끝 위치 전까지 삭제
insert(int offset, String str)	시작 위치부터 문자열을 삽입
reverse( )	문자열을 반대로 출력

<표 15-4> StringBuilder 클래스의 메서드

다음 예제를 통해 대표 StringBuilder 메서드에 대한 기능을 살펴보겠습니다.

예제 15-12 StringBuilder 클래스 　　　　　　　　　　　소스 코드 EX15_12.java

```java
package section15;

public class EX15_12 {
    public static void main(String[] args) {
        StringBuilder str = new StringBuilder("Hello");
        // 기존 문자열 뒤에 삽입
        str.append(" World");
        System.out.println(str);
        System.out.println("문자열 길이 : " + str.length());
        // 문자열 삭제
        str.delete(0, 6);
        System.out.println(str);
        System.out.println("문자열 길이 : " + str.length());
        
        // 원하는 위치에 문자열 삽입
        str.insert(0, "Hello");
        System.out.println(str);
        System.out.println("문자열 길이 : " + str.length());
        // 문자를 반대로 출력
        str.reverse();
        System.out.println(str);
    }
}
```

실행 결과
```
Hello World
문자열 길이 : 11
World
문자열 길이 : 5
HelloWorld
문자열 길이 : 10
dlroWolleH
```

해설

05 : StringBuilder를 생성하고 생성자를 통해 매개변수를 받을 수 있습니다.
07 : 기존 문자열 뒤에 새로운 문자열을 추가합니다.
11 : 원하는 길이만큼 문자열을 삭제합니다.
16 : 원하는 위치에 문자열을 삽입합니다.
20 : 문자열을 반대로 출력합니다.

4 Math 클래스

Math 클래스는 수학에서 자주 사용하는 상수들과 함수들을 미리 구현해 놓은 클래스로 자바에서 수학 계산이 필요할 때 주로 사용됩니다. 객체를 선언하지 않고 바로 사용할 수 있도록 해당 클래스가 제공하는 모든 메서드는 모두 정적 메서드로 이루어져 있습니다.

Math 클래스가 지닌 대표적인 메서드는 다음과 같습니다.

메서드	설명
int abs(int a) double abs(double a)	절대값 계산
double ceil(double a)	올림 계산
double floor(double a)	버림 계산
double round(double a)	반올림 계산
int max() double max()	최대값을 구하는 계산
int min(int a, int b) double max(double a, double b)	최소값을 구하는 계산
double random()	랜덤값을 반환

<표 15-5> Math 클래스의 메서드

예제를 통해 대표 메서드들에 대한 기능을 살펴보겠습니다.

예제 15-13 Math 클래스 소스 코드 EX15_13.java

```java
package section15;

public class EX15_13 {
    public static void main(String[] args) {
        // 올림
        System.out.println("3.51 올림 : " + Math.ceil(3.51));
        // 내림
        System.out.println("13.61 버림 : " + Math.floor(13.61));
        // 반올림
        System.out.println("12.8 반올림 : " + Math.round(12.8));
        // 절대값 구하기
        System.out.println("절대값 1 : " + Math.abs(-4.55));
        System.out.println("절대값 2 : " + Math.abs(-50));
        // 최대값 구하기
        int maxValue = Math.max(30, 60);
        // 최소값 구하기
        int minValue = Math.min(40, 70);
        
        System.out.println("40, 70 최소값 : " + minValue);
        System.out.println("30, 60 최대값 : " + maxValue);
    }
}
```

실행 결과

```
3.51 올림 : 4.0
13.61 버림 : 13.0
12.8 반올림 : 13
절대값 1 : 4.55
절대값 2 : 50
40, 70 최소값 : 40
30, 60 최대값 : 60
```

Math 클래스에서 자주 사용하는 Math.random() 메서드는 프로그램이 실행될 때마다 특정 범위 내에서 하나의 값을 반환해 줍니다.

```
double randValue = Math.random()
```

Math.random() 메서드를 사용하여 그냥 값을 받아 보면 출력 데이터의 범위는 다음과 같습니다.

```
0 <= x < 1
```

Math.random() 메서드를 사용하면 0부터 1 미만 사이에 존재하는 실수값 중 하나가 부여됩니다. 이대로는 의미 있는 값으로 사용하기 힘들기 때문에 다음과 같은 과정을 거쳐야 합니다.

랜덤값에 곱셈을 하여 정수화합니다.

```
int randValue = (int)(Math.random() * 30)
```

↓ 0 <= x < 30.0

값의 범위를 1부터 하기 위해서 곱셈 결과에 1을 더합니다.

```
int randValue = (int)(Math.random() * 30) + 1
```

최종 범위 : 1 <= x <= 30

다음과 같은 과정을 거치면 랜덤 함수는 1에서 30 사이의 값에서 특정 값을 반환하는 수식이 됩니다. 결과적으로 곱한 숫자가 최대값이 되고, 더하기 한 1이 최소값이 됩니다. 해당 수식은 공식과 같아서 외워서 사용하면 좋습니다.

5 Wrapper 클래스

프로그램에 따라 기본 타입의 데이터를 객체형으로 표현해야 하는 경우가 있습니다. 이를 위해 자바에서는 기본 자료형을 객체로 다루기 위한 클래스를 제공하는데, 이러한 클래스를 'Wrapper 클래스'라고 합니다. Wrapper 클래스라고 부르는 이유는 기본형의 데이터 타입을 클래스로 포장했기 때문입니다.

자바의 기본 자료형에 대응하여 제공되는 Wrapper 클래스의 종류는 다음과 같습니다.

wrap는 '포장하다'라는 뜻을 가지고 있습니다.

기본 데이터 타입	Wrapper 클래스
byte	Byte
short	Short
int	Integer
long	Long
float	Float
double	Double
char	Character
boolean	Boolean

<표 15-6> 자바의 기본 데이터 타입과 Wrapper 클래스

Wrapper 클래스는 java.lang 패키지에 포함되어 있습니다. 정수형 데이터 int는 Integer로, 문자형 데이터 char는 Character로 자신의 기본 타입과 이름이 다르며 나머지는 자신의 자료형 이름에서 첫 글자를 대문자로 변경합니다.

그럼 기본 사용 방법을 예제를 통해 살펴보겠습니다.

예제 15-14 Wrapper 클래스 　　　　　　　　　　　　　　　　　　　소스 코드 EX15_14.java

```java
01  package section15;
02
03  public class EX15_14 {
04      public static void main(String[] args) {
05          // 정수형 타입 선언
06          // 생성자를 통한 선언은 JDK 1.9부터 사용하지 않는 것을 권장
07          Integer num01 = new Integer(10);
08          Integer num02 = Integer.valueOf(10);
09
10          // 실수형 타입 선언
11          Double doubleNum01 = Double.valueOf(30.11);
12
13          // 문자형 타입 선언
14          Character ch = Character.valueOf('A');
15
16          System.out.println("정수형1 : " + num01);
17          System.out.println("정수형2 : " + num02);
18          System.out.println("실수형 : " + doubleNum01);
19          System.out.println("문자형 : " + ch);
20      }
21  }
```

실행 결과
정수형1 : 10
정수형2 : 10
실수형 : 30.11
문자형 : A

해설

07 : Wrapper 클래스를 생성자를 통해 선언하는 방식입니다. JDK 1.9부터는 사용하는 것을 권장하지 않습니다.

오토박싱(AutoBoxing)과 오토언박싱(AutoUnBoxing)

지금까지 우리는 클래스를 사용할 때 객체를 선언한 후에 사용했습니다. Wrapper 클래스도 데이터 타입이지만 기본적으로 클래스이기 때문에 객체를 선언해서 사용해야 합니다.

```
Integer num01 = new Integer(1);   // JDK 1.9부터 사용하지 않도록 권고
또는
Integer num02 = Integer.valueOf(10);
```

위와 같이 Wrapper 클래스를 선언하여 사용했습니다. 기본 타입의 데이터를 Wraper 클래스의 인스턴스로 변환하는 과정을 '박싱(Boxing)'이라고 하고, 반대로 Wraper 클래스의 인스턴스에 저장된 값을 기본 타입의 데이터로 꺼내는 과정을 '언박싱(UnBoxing)'이라고 합니다. JDK 1.5부터는 박싱과 언박싱이 필요한 상황에 자바 컴파일러가 자동으로 처리해 주는데, 이를 '오토박싱'과 '오토언박싱'이라고 부릅니다.

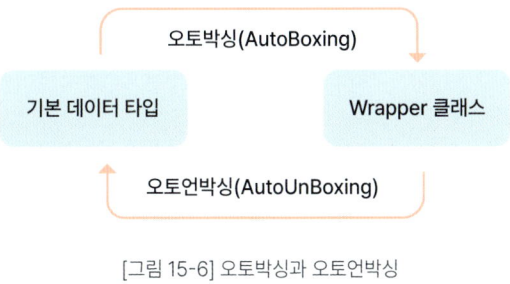

[그림 15-6] 오토박싱과 오토언박싱

오토박싱은 다음과 같이 일반 변수처럼 선언하고 대입하여 사용합니다.

```
Integer num01 = 10;   // 정수를 대입하여 객체 타입 데이터로 감싸준다.
```

문자 타입의 데이터를 숫자 타입의 데이터로 변환

프로그램을 개발하다 보면 외부로부터 데이터를 받는 경우가 종종 있습니다. 이러한 데이터 중에는 숫자로 표기되어 있지만 전송의 편의상 모든 데이터를 문자 또는 문자열 타입으로 전송하는 경우들이 있습니다. 이런 경우, 받는 쪽에서는 데이터 타입을 변경하여 사용해야 합니다. Wrapper 클래스에는 문자 타입의 데이터를 숫자(정수 또는 실수) 타입의 데이터로 변경할 수 있는 기능이 있습니다.

다음과 같이 문자 타입을 숫자 타입으로 변환합니다.

데이터 타입	문자형 → 숫자형
byte형	Byte.parseByte("10");
short형	Short.parseShort("10");
int형	Integer.parseInt("100");
long형	Long.parseLong("100");
float형	Float.parseFloat("10.33");
double형	Double.parseDouble("30.23");
boolean형	Boolean.parseBoolean("true");

<표 15-7> 문자 타입을 숫자 타입으로 변환

parse + 기본 타입 명의 메서드를 사용해 각각에 맞는 데이터 형태의 문자열을 변경할 수 있습니다. 다음 예제를 통해 확인해 보겠습니다.

예제 15-15 문자 타입 변환   소스 코드 EX15_15.java

```java
01  package section15;
02
03  public class EX15_15 {
04      public static void main(String[] args) {
05
06          String intStr = "70";
07          String doubleStr = "60.5";
08
09          int myScore = Integer.parseInt(intStr);
10          double cutLineScore = Double.parseDouble(doubleStr);
11
12          if(myScore >= cutLineScore) {
13              System.out.println("합격입니다.");
14          } else {
15              System.out.println("불합격입니다.");
16          }
17      }
18  }
```

실행 결과
합격입니다.

해설

09 : parseInt 메서드를 통해 문자 타입의 정수를 기본 타입으로 변경합니다.
10 : parseDouble 메서드를 통해 문자 타입의 실수를 기본 타입으로 변경합니다.

SECTION 15
03 java.util 패키지
Calendar

java.util 패키지에는 프로그램을 개발하는 데 사용할 수 있는 유용한 유틸리티 클래스가 포함되어 있습니다. 특히 날짜와 시간 정보를 제공해 주는 Date 클래스와 Calendar 클래스가 있습니다. 최근에는 날짜를 표현할 때 Date 클래스보다는 Calendar 클래스를 사용하는 것을 권장하고 있으며, Date 클래스는 많은 기능이 종료를 기다리고 있습니다. 따라서 우리는 Calendar 클래스의 사용 방법에 대해 알아보겠습니다.

> **TIP**
> - Date 클래스 : 특정 시점의 날짜를 표현하는 클래스로 날짜와 시간 정보를 저장
> - Calendar 클래스 : 달력을 표현한 클래스로 운영체제의 날짜와 시간 정보를 얻음

1 Calendar 클래스 선언

Calendar 클래스는 추상 클래스입니다. 따라서 다른 객체 선언처럼 new 키워드를 이용하여 선언하지 않고, 생성된 인스턴스를 받아오는 형식으로 선언됩니다.

Calendar가 추상 클래스로 선언된 이유는 나라, 지역마다 날짜 및 시간 계산이 다르기 때문입니다.

```
Calendar cal = new Calendar();        // 에러!!
Calendar cal = Calendar.getInstance();  // OK
```

2 Calendar 클래스 속성

Calendar 클래스에는 여러 가지 상수 필드들이 존재합니다. 날짜를 표시하기 위해 자주 사용하는 값들을 상수화하여 관리합니다.

대표적으로 사용하는 상수값은 다음과 같습니다.

상수 필드	
YEAR, MONTH, DATE	연도, 월(0-11), 일(1-31)을 나타내는 상수
DAY_OF_MONTH	현재 달의 몇 번째 날인지를 나타내는 상수(1-31)
DAY_OF_WEEK	현재 주의 몇 번째 날인지를 나타내는 상수(1-7), 1은 일요일을 의미
HOUR, MINUTE	시(0-11), 분(0-59)을 나타내는 상수
SECOND, MILLISECOND	초(0-59)와 1/1000초를 나타내는 상수
HOUR_OF_DAY	현재 날의 시각을 의미하는 상수(0-23)
AM_PM	HOUR가 정오보다 이전이면 0을, 이후이면 1의 값을 가지는 상수
WEEK_OF_MONTH	현재 달의 몇 번째 주인지를 나타내는 상수
WEEK_OF_YEAR	현재 해의 몇 번째 주인지를 나타내는 상수

<표 15-8> Calendar 상수 필드

다음 예제를 통해 살펴보겠습니다.

예제 15-16 Calendar 클래스   소스 코드 EX15_16.java

```java
package section15;
import java.util.Calendar;

public class EX15_16 {
    public static void main(String[] args) {

        Calendar cal = Calendar.getInstance();

        int year = cal.get(Calendar.YEAR);
        int month = cal.get(Calendar.MONTH) + 1;
        int day = cal.get(Calendar.DAY_OF_MONTH);

        System.out.println("오늘 날짜는 " + year + "년 " + month + "월 " + day + "일 입니다.");
    }
}
```

실행 결과
오늘 날짜는 2023년 3월 2일 입니다.

해설

09~11 : 상수 필드 값을 이용해 원하는 날짜의 정보를 얻습니다. 이때, MONTH의 매개변수로 +1을 넘겨주는 이유는 Calendar 클래스는 0~11을 월의 값으로 반환해 주기 때문입니다.

예제 15-17 Calendar 클래스를 이용해 달력 만들기 소스 코드 EX15_17.java

```java
01 package section15;
02 import java.util.Calendar;
03 import java.util.Scanner;
04
05 public class EX15_17 {
06     public static void main(String[] args) {
07         // Calendar 객체 생성 (오늘의 정보)
08         Calendar cal = Calendar.getInstance();
09
10         Scanner scan = new Scanner(System.in);
11
12         System.out.println("연도를 입력하세요");
13         int year = scan.nextInt();
14
15         System.out.println("월을 입력하세요");
16         int month = scan.nextInt();
17
18         // Calendar 클래스는 월의 시작이 0부터 시작
19         cal.set(year, month - 1, 1);
20
21         System.out.printf("일\t월\t화\t수\t목\t금\t토\n");
22         // 달의 마지막 날짜를 구함
23         int lastOfDate = cal.getActualMaximum(Calendar.DATE);
24         // 지정한 달의 시작하는 요일을 구함
25         int week = cal.get(Calendar.DAY_OF_WEEK);
26
27         // 달력 시작 날의 주말 처리
28         for(int i = 1; i < week; i++) {
29             System.out.print("\t");
30         }
31
32         for(int i = 1; i <= lastOfDate; i++) {
33             System.out.printf("%d\t", i);
34             // 토요일에 날짜를 표시하고 줄 바꿈 하는 코드
35             if(week % 7 == 0) {
36                 System.out.println();
```

```
37                }
38                week++;
39            }
40
41            scan.close();
42        }
43    }
```

실행 결과

연도를 입력하세요
2023
월을 입력하세요
06

일	월	화	수	목	금	토
				1	2	3
4	5	6	7	8	9	10
11	12	13	14	15	16	17
18	19	20	21	22	23	24
25	26	27	28	29	30	

해설

23 : 월의 마지막 일자를 반환합니다.
25 : 시작하는 주의 위치를 구합니다.
28~30 : 시작하는 위치 전까지 공백을 넣습니다.
32~39 : 달력 날짜를 입력합니다.

핵심정리

- **자바 API 문서** 프로그램 개발에 자주 사용되는 클래스 및 인터페이스의 모음을 말하며 라이브러리라고도 합니다. https://docs.oracle.com/en/java/javase/버전/index.html 경로를 통해 문서를 확인할 수 있습니다.

- **Object 클래스** 자바에서 사용되는 모든 클래스에 자동으로 상속되는 최상위 클래스입니다.

- **equals( ) 메서드 / hashCode( ) 메서드** 두 객체가 같음을 비교하기 위해 사용됩니다.

- **toString( ) 메서드를 Override하여 사용하면 객체의 정보를 쉽게 출력할 수 있습니다.**

- **String 클래스** 문자열을 처리하는 객체형 데이터 타입으로 문자열을 처리하기 위한 다양한 기능들을 가지고 있습니다. String 객체는 비교할 때 동등비교(==)를 사용하지 않고 equals( ) 메서드를 이용해 비교합니다.

- **Wrapper 클래스** 기본 데이터 타입(int, float, long 등)의 값을 갖는 객체로 외부에서 변경할 수 없습니다. Wrapper 클래스는 AutoBoxing 기능이 있어서 객체화하지 않고 일반 데이터 타입과 마찬가지로 값을 선언하여 사용할 수 있습니다.

    예) Integer number = 30;
    Long longNumber = 140;

- **Math 클래스** 자바에서 수학 계산에 사용할 수 있는 기능을 가지고 있는 객체입니다. 대표적으로 범위 내 랜덤 값을 부여할 수 있는 random( ) 메서드가 있습니다.

- **Calendar 클래스** 날짜를 처리하기 위한 클래스입니다.

PRACTICE 응용문제

1. 다음 코드에서 Object 클래스의 toString() 메서드를 재정의하여 User가 실행 결과와 같이 출력되도록 알맞은 코드를 작성해 보세요.

```
01  class User {
02      private String name;
03      private int age;
04
05      public User(String name, int age) {
06          this.name = name;
07          this.age = age;
08      }
09      // 코드를 작성해 보세요
10
11  }
12
13  public class UserExmaple {
14      public static void main(String[] args) {
15          User user = new User("김철수", 22);
16          System.out.println(user);
17      }
18  }
```

실행 결과
이름: 김철수, 나이: 22

2. 다음 코드를 실행했을 때 콘솔 창에 출력되는 결과는 무엇입니까?

```
01  public class StringCompareExample {
02      public static void main(String[] args) {
03
04          String sentence1 = "사과";
05          String sentence2 = new String("사과");;
06          String sentence3 = "망고";
07
08          System.out.println(sentence1 == sentence2);
09          System.out.println(sentence2 == sentence3);
10      }
11  }
```

3. 다음 빈 칸에 문자열 '100'을 정수로 변환하는 코드를 삽입하여 더하기 기능을 완성해 보세요.

```
01  public class ValueConvertExample {
02      public static void main(String[] args) {
03
04          String str = "100";
05          int data1 = 200;
06          int result = 0;
07
08          result = 100 + ⬚         ;
09
10          System.out.println("숫자 합 : " + result);
11      }
12  }
```

4. 1부터 30 사이의 숫자를 생성하여 숫자 맞추기 게임을 랜덤 함수를 사용해 만들어보세요.
   (단, 숫자를 맞출 수 있는 기회는 10번입니다.)

```
01  import java.util.Scanner;
02  public class UpDownGame {
03      public static void main(String[] args) {
04          Scanner scan = new Scanner(System.in);
05          int count = 0;
06          int matchValue = 0;
07          int value = 0;
08
09          matchValue = (int)(Math.random() * 30) + 1;
10          while(count < 10) {
11              System.out.println("맞출 숫자 입력 : ");
12              value = scan.nextInt();
13
14              // 이어서 코드를 작성해 보세요
.
.
.
```

프로그래밍은
데이터를 잘 다뤄야 합니다.

우리는 배열을 통해서 데이터를 다루는 법을 배웠습니다.
하지만 배열 외에도 다양하게 데이터를 다룰 수 있는 방법이 있습니다.
바로 자료 구조입니다.

MISSION 1 자바에서 제공하는 다양한 자료 구조를 알고 있습니다. 2 자료 구조를 사용해 데이터를 저장하고 사용할 수 있습니다.

KEYWORD #컬렉션프레임워크 #제네릭 #List #Set #Map

SECTION **16**

컬렉션 프레임워크

01 | 컬렉션 프레임워크
02 | 제네릭
03 | List 컬렉션
04 | Set 컬렉션
05 | 반복자 Iterator
06 | Map 컬렉션

SECTION 16
01 컬렉션 프레임워크(Collection Framework)

컬렉션 프레임워크

우리는 배열을 통해 자료 구조를 배웠습니다. 자료 구조는 프로그램 실행 시 메모리에 자료를 유지하고 관리하기 위해 사용합니다. 배열은 정한 크기를 변경하거나 삭제할 수 없습니다. 또한 별도의 기능이 없기 때문에 직접 index를 이용해 데이터를 저장해야 했습니다. 자바는 이러한 불편함을 해결하기 위해 필요한 자료구조를 미리 구현하여 java.util 패키지에서 제공하고 있습니다. 이를 '컬렉션 프레임워크'라고 합니다. 컬렉션은 기존에 있던 List(리스트), Queue(큐), Tree(트리) 등의 자료 구조를 뜻하고 프레임워크는 클래스와 인터페이스를 묶어 놓은 개념입니다.

즉, 컬렉션 프레임워크란 기존에 존재했던 자료 구조에 인터페이스로 설계된 기능을 클래스를 통해 제공하여 데이터 관리에 용이한 자료 구조 객체를 구조화한 것을 말합니다.

컬렉션 프레임워크에서는 데이터를 저장하는 자료구조에 따라 다음과 같이 주요 인터페이스를 정의하고 있습니다.

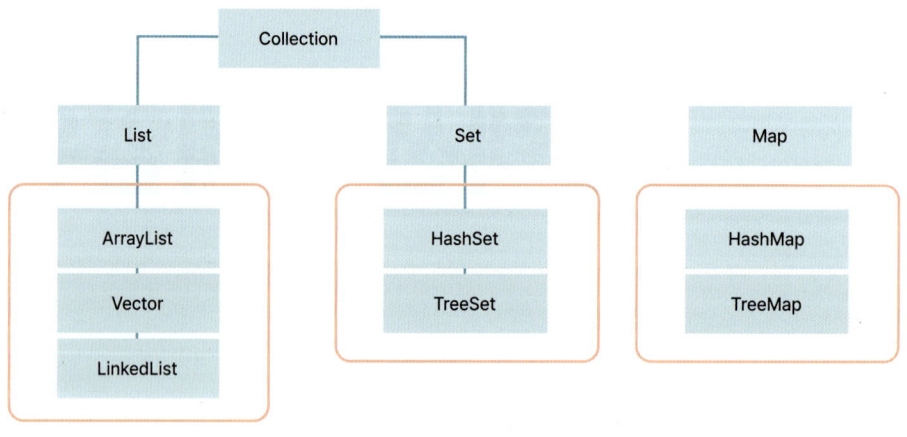

[그림 16-1] 컬렉션 프레임워크 인터페이스

List와 Set 인터페이스는 모두 컬렉션 인터페이스를 상속받지만, Map 인터페이스는 구조상의 차이로 별도로 정의됩니다.

인터페이스	설명	특징	대표 구현 클래스
List	순서가 있는 데이터의 집합	데이터 중복 허용 O	ArrayList, LinkedList
Set	순서를 유지하지 않는 데이터의 집합	데이터 중복을 허용 X	HashSet, LinkedHashSet
Map	키(key)와 값(value)의 쌍으로 이루어진 데이터의 집합	순서 유지 X, 키 중복 X, 값 중복 O	HashMap, LinkedHashMap, Properties

<표 16-1> 컬렉션 프레임워크 인터페이스의 종류와 특징

SECTION 16-02 제네릭(Generic)

`Generic을 사용하는 이유` `Generic 선언 및 생성`

Integer형 배열, String형 배열 등 배열에 포함되는 원소의 타입마다 추가, 삭제, 정렬과 같은 함수를 정의하고 사용하는 것은 분명 비효율적인 일입니다. 자바의 제네릭(Generic)은 데이터의 타입을 일반화한다는 것을 의미합니다. 클래스나 메서드 정의 시 일반화하여 사용할 데이터 타입을 컴파일할 때 미리 지정하는 방법입니다.

JDK 1.5 이전에는 여러 타입을 사용하는 대부분의 클래스나 메서드에서 반환값으로 Object 타입을 사용했습니다. 이러한 경우 잘못된 캐스팅으로 인해 런타임 오류가 발생할 가능성이 있었습니다.

하지만 JDK 1.5부터 도입된 제네릭을 사용하면 컴파일할 때 타입이 미리 정해지므로 타입 검사나 변환과 같은 번거로운 작업을 생략할 수 있으며 클래스나 메서드 내부에 사용될 데이터 타입의 안정성을 높일 수 있습니다.

1 제네릭을 사용하는 이유

제네릭을 사용하면 편리한 이유는 무엇일까요? 다음 예제를 통해 제네릭을 사용했을 때와 그렇지 않았을 때를 비교해 그 이유를 알아보겠습니다.

예제 16-1 데이터 저장 클래스   소스 코드 `DataList.java`

```java
01  package section16;
02
03  public class DataList {
04      private Object[] data;
05      private int size;
06      private int defaultSize = 10;
07
08      public DataList() {
09          data = new Object[defaultSize];
10      }
11
12      public DataList(int size) {
13          data = new Object[size];
```

```
14      }
15
16      public void add(Object value) {
17          data[size++] = value;
18      }
19
20      public Object get(int index) {
21          return data[index];
22      }
23
24      public int size() {
25          return size;
26      }
27  }
```

해설

04 : Object 타입 배열을 선언합니다.
05 : 배열 크기 변수를 선언합니다.
06 : 기본 배열 사이즈를 선언합니다.
08~10 : 기본 생성자를 통해 배열을 기본 사이즈로 생성합니다.
12~14 : 클래스 선언 시 받은 크기로 배열을 생성합니다.
16~18 : 데이터가 들어오면 배열에 저장합니다.
20~22 : 배열에 데이터가 있으면 반환하고 아니면 null을 반환합니다.
24~26 : 저장된 데이터의 크기를 반환합니다.

데이터를 저장할 수 있는 클래스를 만들었습니다. 해당 클래스 내부의 배열 타입은 Object입니다. Object는 모든 클래스의 최상위 클래스이므로 어떠한 데이터 형태라도 저장이 가능합니다. 하지만 데이터를 저장한 후 실제 꺼내어 사용하려면 어떤 데이터 타입을 지녔는지 일일이 확인해야 하고, 약속한 데이터가 입력되지 않아 에러가 발생할 수도 있습니다.

예제 16-2 데이터 저장 예제   소스 코드 `DataListExample.java`

```java
01  package section16;
02
03  public class DataListExample {
04      public static void main(String[] args) {
05
06          DataList list = new DataList();
07
08          // 정수 입력
09          list.add(10);
10          // 문자 저장
11          list.add("문자");
12          // 숫자 저장
13          list.add(10.33);
14
15          // 데이터 출력
16          for(int i = 0; i < list.size(); i++) {
17              // 데이터 가져오기
18              Object data = list.get(i);
19
20              // 저장된 데이터 타입이 어떤 타입인지 검사
21              if(data instanceof Integer) {
22                  System.out.println("정수 : " + (int)data);
23              } else if(data instanceof Double) {
24                  System.out.println("실수 : " + (double)data);
25              } else if(data instanceof String) {
26                  System.out.println("문자열 : " + (String)data);
27              }
28          }
29      }
30  }
```

실행 결과
정수 : 10
문자열 : 문자
실수 : 10.33

해설

06 : DataList 객체를 선언합니다.
09~13 : 다양한 타입의 데이터를 저장합니다.
21~22 : 어떤 타입의 데이터인지 검사한 후 타입에 맞게 형 변환하여 출력합니다.

DataList를 이용해 데이터를 저장하여 출력했습니다. 저장 데이터 타입이 Object이므로 어떤 타입의 데이터라도 저장할 수 있지만 데이터를 사용할 때는 타입 변환을 위한 검사를 해야 하는 번거로움이 있습니다. 이때, 제네릭을 사용하면 원하는 데이터 타입을 자유롭게 지정하여 저장할 수 있습니다.

2 Generic 선언 및 생성

제네릭 타입은 타입을 파라미터로 가지는 클래스와 인터페이스를 말하며, 다음과 같이 선언합니다. 클래스 또는 인터페이스 이름 뒤에 〈 〉 기호를 추가하고 안에 타입 파라미터를 입력합니다.

```
public class 클래스명<T> { ... }
public interface 인터페이스명<T> { ... }
```

위에서 사용된 'T'를 타입 변수(type variable)라고 하며, 이를 이용해 타입을 제한합니다. 여러 개의 타입 변수는 쉼표(,)로 구분하여 명시할 수 있습니다. 타입 파라미터는 정해진 규칙은 없지만 일반적으로 알파벳 대문자 한 글자로 표현합니다.

다음은 제네릭에서 자주 사용하는 타입의 인자와 의미입니다. 제네릭을 표현할 때 사용합니다.

타입 변수	의미
<T>	Type
<E>	Element
<K>	Key
<N>	Number
<V>	Value

<표 16-2> 제네릭 타입 변수

자, 그럼 〈DataList.java〉 코드를 제네릭을 사용하여 변경해 보겠습니다.

예제 16-3 제네릭을 통한 저장 객체 선언   소스 코드 `DataList.java`

```java
01  package section16;
02
03  public class DataList<T> {
04      private Object[] data;
05      private int size;
06      private int defaultSize = 10;
```

```
07
08      public DataList() {
09          data = new Object[defaultSize];
10      }
11
12      public DataList(int size) {
13          data = new Object[size];
14      }
15
16      public void add(T value) {
17          data[size++] = value;
18      }
19
20      public T get(int index) {
21          return (T)data[index];
22      }
23
24      public int size() {
25          return size;
26      }
27  }
```

해설

03 : 클래스에 제네릭 <T>를 부여합니다. 타입 <T>는 클래스 선언 시 타입을 지정합니다.
16 : 객체 선언 시 지정된 타입의 데이터를 저장합니다.
20~22 : 객체 반환 타입 <T>는 클래스 선언 시 지정합니다.

위 예제에서 <T>로 표현한 것이 바로 제네릭입니다. 클래스에 제네릭을 부여하면 해당 클래스를 선언할 때 데이터 타입을 부여하게 됩니다. 그러면 객체를 생성할 때 타입이 지정된 부분이 대체되어 해당 클래스는 지정된 객체만을 저장할 수 있게 되고, 따로 타입을 변환할 필요 없이 데이터를 출력할 수 있습니다. 또한, 클래스를 사용해 다른 데이터를 저장하고 싶다면, DataList 클래스를 다시 선언하여 원하는 데이터 타입을 부여한 후 사용하면 됩니다. 이렇듯 제네릭을 이용하면 하나의 객체로 다양한 데이터를 사용할 수 있습니다.

SECTION 16-03 List 컬렉션
ArrayList   LinkedList

List는 배열과 유사한 자료 구조로 중복이 허용되면서 저장 순서가 유지되는 구조를 제공합니다. 즉 배열처럼 index를 사용해 데이터를 저장하고 찾게 됩니다. 다만, 배열과는 다르게 크기의 제한이 없으며 삽입, 삭제, 변경의 기능이 자유롭습니다. 데이터의 크기를 특정할 수 없는 다량의 데이터를 저장할 때 용이하게 사용할 수 있는 자료 구조입니다.

대표적인 List 컬렉션에 속하는 클래스는 다음과 같습니다.

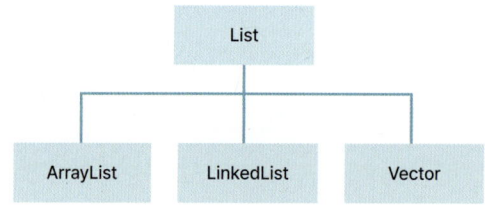

[그림 16-2] List 컬렉션의 클래스

List 컬렉션은 그림과 같이 List 인터페이스를 생성하여 기능을 정의하고 하위 클래스에 상속해 그 기능을 구현하도록 합니다. 대표적으로 List 인터페이스를 상속하여 구현한 ArrayList, LinkedList, Vector 등을 List 계열 자료 구조로 사용합니다.

다음은 List가 제공하는 주요 메서드입니다.

메서드	동작	기능 설명
void add(E e)	삽입	데이터를 순차적으로 삽입
void add(int index, E e)	중간 삽입	원하는 index 위치에 삽입
void set(int index, E e)	치환	원하는 index 위치의 값 변경
E get(int index)	반환	선택된 index 위치의 값 반환
void remove(int index)	삭제	선택된 index 위치의 값 삭제
void clear( )	전체 삭제	모든 데이터 삭제
int size( )	크기	저장된 데이터의 개수 반환
boolean contains(Object o)	검색	데이터 존재 여부 확인

<표 16-3> List 주요 메서드

메서드의 매개변수 또는 메서드 반환 타입에 E라는 타입이 있는데, 이는 List 컬렉션을 생성할 때 지정한 저장 데이터 타입을 반영하게 됩니다.

1 ArrayList

ArrayList는 가장 많이 사용하는 List 인터페이스의 대표적인 구현 클래스입니다. JDK 1.2부터 제공된 ArrayList는 내부적으로는 배열을 이용해 구현되어 배열과의 호환성이 좋은 자료 구조입니다.
ArrayList를 선언하는 방법은 다음과 같습니다.

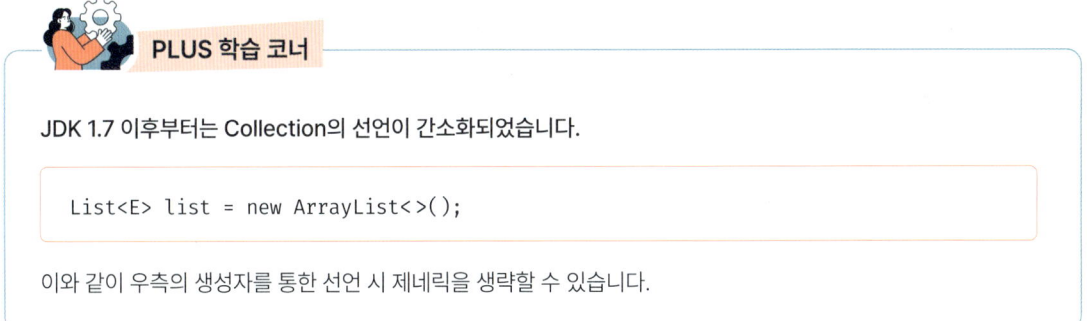

자료 구조 선언 시 저장할 데이터의 타입을 명시해야 하는데, 지정되는 데이터는 항상 객체형으로 지정해야 합니다. int형, long형, double형과 같은 기본 자료형은 대응하는 Wrapper 클래스를 이용하여 지정합니다.

> **PLUS 학습 코너**
>
> JDK 1.7 이후부터는 Collection의 선언이 간소화되었습니다.
>
> ```
> List<E> list = new ArrayList<>();
> ```
>
> 이와 같이 우측의 생성자를 통한 선언 시 제네릭을 생략할 수 있습니다.

ArrayList 데이터 저장

ArrayList에 데이터를 추가하는 기능에 대해 알아보겠습니다. 데이터를 추가하려면 add(E e), 또는 add(int index, E e) 메서드를 사용합니다. 여기서 E는 리스트 선언 시 지정한 저장 데이터 객체를 의미합니다.
일반적인 add(E e) 메서드를 이용해 데이터를 삽입하면 그림과 같이 기존에 존재하는 마지막 데이터의 뒤에 차례대로 삽입됩니다. 삽입 시에는 index가 부여되며 배열과 마찬가지로 순차적으로 부여됩니다.

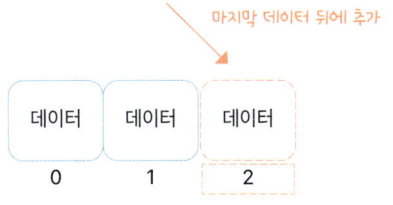

[그림 16-3] add(E e) 메서드를 이용한 데이터 삽입

add(int index, E) 메서드는 원하는 index 위치에 데이터를 삽입할 수 있습니다. 그러나 연속성 없이 순서를 부여해 삽입하는 것은 불가능합니다.

만약 데이터가 3개 들어 있는 List가 있다고 가정하겠습니다. 해당 리스트에서 index가 1인, 즉 2번째 위치에 데이터를 삽입할 경우 아래 그림과 같이 진행됩니다.

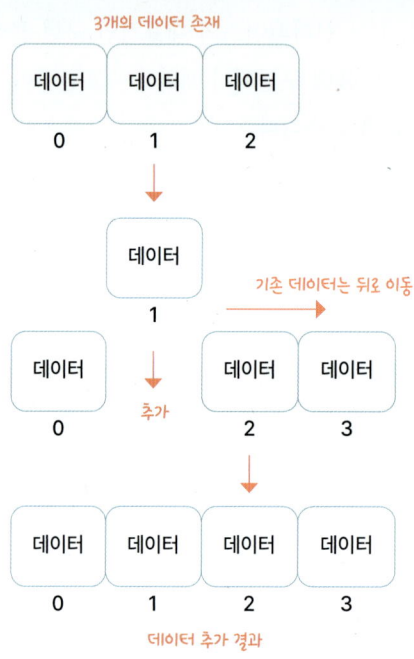

[그림 16-4] 원하는 index 위치에 데이터 삽입

그림과 같이 데이터 삽입을 원하는 위치에 기존 데이터가 존재한다면, 기존 데이터는 뒤로 이동하게 되고, 새로운 데이터가 그 자리에 추가됩니다. 하지만 추가를 원하는 위치가 연속성이 없는 위치라면 문법적으로는 오류가 발생하지 않지만 실행 시 오류가 발생합니다.

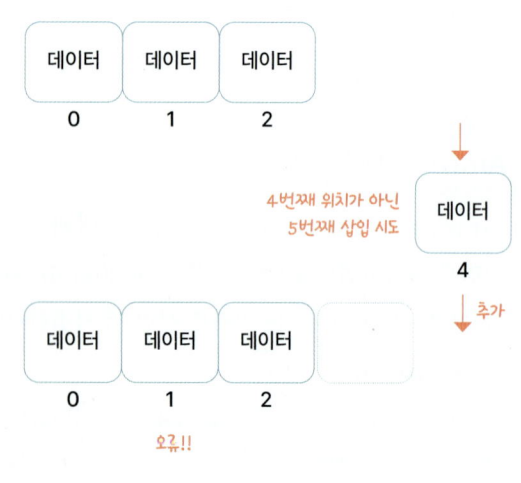

[그림 16-5] 데이터 삽입 오류

다음 예제를 통해 확인해 보겠습니다.

예제 16-4   **ArrayList 추가**   소스코드 EX16_04.java

```java
01  package section16;
02  import java.util.ArrayList;
03  import java.util.List;
04
05  public class EX16_04 {
06      public static void main(String[] args) {
07
08          // 리스트 선언
09          List<String> list = new ArrayList<>();
10
11          // 데이터 삽입
12          list.add("딸기");
13          list.add("바나나");
14          list.add("망고");
15
16          // 리스트 출력
17          System.out.println("리스트 내용1 : " + list);
18
19          // 3번째 위치에 삽입
20          list.add(2, "수박");
21
22          System.out.println("리스트 내용2 : " + list);
23      }
24  }
```

실행 결과

리스트 내용1 : [딸기, 바나나, 망고]
리스트 내용2 : [딸기, 바나나, 수박, 망고]

해설

09 : String 타입의 데이터를 저장하는 리스트를 선언합니다.
12~14 : 데이터 삽입
17 : 리스트는 toString()이 Override 되어 있으므로 그대로 출력할 수 있습니다.

ArrayList 데이터 치환

List에 저장된 데이터를 변경할 수 있습니다. 변경을 원하는 index 위치와 치환할 값 또는 객체를 지정하면 해당 위치의 값이 변경됩니다. 이때, 사용하는 메서드는 다음과 같습니다.

```
void set(int index, E value);
```

set() 메서드를 사용해 원하는 위치의 값을 변경할 수 있습니다. 다음 예제를 통해 확인해 봅니다.

예제 16-5 ArrayList 데이터 치환   소스 코드 EX16_05.java

```
01  package section16;
02  import java.util.ArrayList;
03  import java.util.List;
04
05  public class EX16_05 {
06      public static void main(String[] args) {
07
08          // 리스트 선언
09          List<String> list = new ArrayList<>();
10
11          // 데이터 삽입
12          list.add("딸기");
13          list.add("바나나");
14          list.add("망고");
15
16          // 리스트 출력
17          System.out.println("리스트 내용1 : " + list);
18
19          // 데이터 변환
20          list.set(1, "복숭아");
21          list.set(0, "딸기");
22
23          System.out.println("리스트 내용2 : " + list);
24      }
25  }
```

실행 결과
리스트 내용1 : [딸기, 바나나, 망고]
리스트 내용2 : [딸기, 복숭아, 망고]

ArrayList 데이터 삭제

List의 데이터 삭제는 단지 데이터만 삭제되는 것이 아니라 해당 위치의 공간까지 삭제됩니다. 배열의 경우 공간이 생성되면 삭제할 수 없지만, List는 원하는 위치의 공간을 삭제할 수 있으며 빈 공백을 메우기 위해 뒤의 데이터들이 앞으로 이동합니다.

[그림 16-6] ArrayList 데이터 삭제

데이터를 삭제할 때는 remove( ) 메서드를 이용합니다. 해당 메서드는 remove(int index)와 remove(Object o) 두 가지가 있는데, remove(int index)는 index를 이용해 특정 위치의 데이터를 삭제하고 remove(Object o)는 저장한 데이터를 삭제합니다.

예제 16-6 ArrayList 데이터 삭제　　　　　　　　　　　　　　　　　　　소스 코드 EX16_06.java

```
01  package section16;
02  import java.util.ArrayList;
03  import java.util.List;
04
05  public class EX16_06 {
06      public static void main(String[] args) {
07
08          List<Integer> list = new ArrayList<>();
09
10          // 2의 배수를 넣는다
11          for(int i = 1; i < 10; i++) {
12              int temp = 2 * i;
```

```
13                list.add(temp);
14            }
15            // 출력
16            System.out.println("리스트 값 : " + list);
17
18            // 3번째 인덱스 내용 삭제
19            list.remove(3);
20            // 숫자 타입의 데이터는 객체화 후 삭제
21            list.remove(Integer.valueOf(10));
22
23            // 출력
24            System.out.println("리스트 값 : " + list);
25        }
26    }
```

실행 결과

리스트 값 : [2, 4, 6, 8, 10, 12, 14, 16, 18]
리스트 값 : [2, 4, 6, 12, 14, 16, 18]

해설

19 : 3번 인덱스 위치에 있는 값을 삭제합니다.
21 : 정수형 데이터는 index 번호와 구별할 수 없으므로 값을 통한 삭제를 할 경우에는 객체를 선언하여 삭제합니다.

ArrayList 데이터 얻기

List에 담긴 값을 가져올 때는 E get(int index) 메서드를 이용해 원하는 index 위치에 저장되어 있는 값을 출력할 수 있습니다.

예제 16-7 데이터 가져오기 소스 코드 EX16_07.java

```
01  package section16;
02  import java.util.ArrayList;
03  import java.util.List;
04
05  public class EX16_07 {
06      public static void main(String[] args) {
07
08          List<Integer> list = new ArrayList<>();
09
```

```
10          // List에 랜덤 함수를 이용해 값을 넣는다.
11          for(int i = 1; i < 10; i++) {
12              int temp = (int)(Math.random() * 30) + 1;
13              list.add(temp);
14          }
15
16          System.out.println("전체 데이터 : " + list);
17
18          // List에 담긴 데이터 중 짝수만 출력
19          System.out.print("짝수 : ");
20          for(int i = 0; i < list.size(); i++) {
21              // List에서 각 index에 위치하는 값 가져오기
22              int value = list.get(i);
23              if(value %2 == 0) {
24                  System.out.print(value + " ");
25              }
26          }
27      }
28  }
```

실행 결과

전체 데이터 : [21, 19, 5, 24, 9, 9, 23, 2, 4]
짝수 : 24 2 4

해설

11~14 : 랜덤 함수를 이용해 List에 값을 대입합니다.
20~26 : 저장된 값들 중에서 짝수만 출력합니다.

랜덤 값이므로
실행 결과는 직접 확인하세요.

 **PLUS 학습 코너**

List의 출력은 'Section 06. 배열'에서 학습했던 향상된 for 문을 이용해 출력할 수도 있습니다.

```
for(int value : list) {
    System.out.println("값 : " + value);
}
```

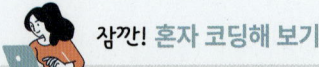

> 랜덤 함수를 이용해 10개의 수를 추출하여 List에 저장한 후 저장된 값들 중 최댓값과 최솟값을 구하는 코드를 작성해 보세요.

2 LinkedList

LinkedList는 데이터와 다음 데이터의 주소를 가지는 노드(node) 객체가 연결되어 데이터를 저장하는 자료 구조입니다.

ArrayList와 마찬가지로 List 컬렉션의 구현 클래스이므로 사용할 수 있는 메서드가 대부분 동일합니다. ArrayList는 배열을 이용해 데이터를 저장하는 반면, LinkedList는 node라는 객체를 생성하여 인접 데이터를 링크해서 체인처럼 관리합니다.

[그림 16-7] LinkedList 구조

그림과 같이 LinkedList는 node라는 구조를 가진 클래스들이 체인 형식으로 이어져 있습니다. 노드는 데이터 값과 주소를 가지는데, 주소는 다음에 오는 노드의 값을 가지고 있어서 연결 구조를 이룹니다. 따라서 index가 실제 존재하지는 않지만, 서로 연결되어 있기 때문에 순서를 알 수 있습니다.

LinkedList 선언

LinkedList는 다음과 같이 선언합니다.

```
List<Integer> list = new LinkedList<Integer>();
List<Integer> list = new LinkedList<>();
또는
LinkedList<Integer> list = new LinkedList<Integer>();
LinkedList<Integer> list = new LinkedList<>();
```

앞에서 ArrayList를 선언할 때는 첫 번째와 같은 방식으로 선언했습니다. 하지만 LinkedList의 경우에는 부모 타입으로 선언하거나 기본 선언 방식인 자신의 객체 타입 그대로 선언하는 방식을 택하게 됩니다. LinkedList는 List 인터페이스 외 다른 기능들도 상속하고 있으므로 LinkedList 본연의 기능을 모두 사용할 경우에는 기본적인 객체 선언 방식을 선택합니다.

LinkedList 데이터 저장

LinkedList의 데이터 추가 기능은 ArrayList와 동일합니다. add(E e) 또는 add(int index, E e) 메서드를 이용해 데이터를 추가합니다. 하지만 내부적으로 동작하는 방식은 상당히 다릅니다.

[그림 16-8] LinkedList 데이터 저장

그림과 같이 LinkedList에서 데이터를 추가할 때는 기존에 연결되어 있던 링크를 끊고, 추가되는 데이터에 새롭게 주소를 연결합니다. 또한 추가되는 노드는 뒤에 올 데이터와 링크하여 삽입합니다. ArrayList는 삽입되는 위치부터 맨 뒤의 데이터까지 이동시키고 데이터를 삽입하기 때문에 삽입 속도가 느리지만 LinkedList는 노드가 가지고 있는 다음에 오는 개체의 주소만 변경하면 되므로 빠르게 처리할 수 있습니다.

LinkedList 삭제

LinkedList의 삭제는 ArrayList와 동일하게 remove(int index) 또는 remove(Object o) 메서드를 이용합니다. List를 상속한 자료 구조들은 List 인터페이스를 상속하여 구현했으므로 사용 메서드는 동일합니다. 하지만 구현 방식은 ArrayList와는 다르게 동작합니다. ArrayList의 경우 삭제된 데이터의 공백을 메우기 위해 이후 데이터들을 모두 앞으로 이동시키는 반면 LinkedList는 삭제할 데이터와의 연결을 끊고 그 뒤의 데이터와 연결하여 쉽게 데이터를 삭제합니다.

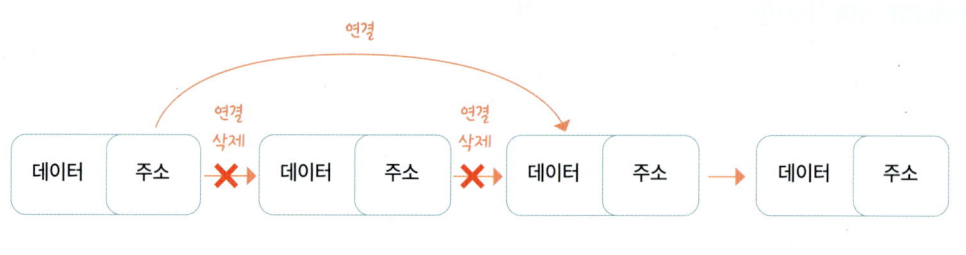

[그림 16-9] LinkedList 삭제

다음 예제를 통해 ArrayList와 LinkedList의 성능을 비교해 보겠습니다.

예제 16-8 ArrayList와 LinkedList 비교 　　　　　　　　　　　　　소스 코드 EX16_08.java

```java
01  package section16;
02  import java.util.ArrayList;
03  import java.util.LinkedList;
04
05  public class EX16_08 {
06      public static void main(String[] args) {
07          // ArrayList 선언
08          ArrayList<Integer> arrayList = new ArrayList<>();
09          // LinkedList 선언
10          LinkedList<Integer> linkedList = new LinkedList<>();
11
12          // ArrayList 연속으로 데이터 추가
13          long startTime = System.nanoTime();
14          for(int i = 0; i < 1000000; i++) {
15              arrayList.add(i);
16          }
17
18          long endTime = System.nanoTime();
```

```java
19      long duration = endTime - startTime;
20      System.out.println("ArrayList 추가 시간 : " + duration);
21
22      // LinkedList 연속으로 데이터 추가
23      startTime = System.nanoTime();
24      for(int i = 0; i < 1000000; i++) {
25          linkedList.add(i);
26      }
27      endTime = System.nanoTime();
28      duration = endTime - startTime;
29      System.out.println("LinkedList 추가 시간 : " + duration);
30
31      startTime = System.nanoTime();
32      // ArrayList 선택적 삽입
33      arrayList.add(99, 100);
34
35      endTime = System.nanoTime();
36      duration = endTime - startTime;
37      System.out.println("ArrayList 삽입 시간 : " + duration);
38
39      startTime = System.nanoTime();
40      // LinkedList 선택적 삽입
41      linkedList.add(99, 100);
42
43      endTime = System.nanoTime();
44      duration = endTime - startTime;
45      System.out.println("LinkedList  삽입 시간 : " + duration);
46
47      // ArrayList
48      startTime = System.nanoTime();
49      for(int i = 9999; i >=0; i--) {
50          arrayList.remove(i);
51      }
52      endTime = System.nanoTime();
53      duration = endTime - startTime;
54      System.out.println("ArrayList 지우기 : " + duration);
55
56      // LinkedList
57      startTime = System.nanoTime();
```

```
58          for(int i = 9999; i >=0; i--) {
59              linkedList.remove(i);
60          }
61          endTime = System.nanoTime();
62          duration = endTime - startTime;
63          System.out.println("LinkedList 지우기 : " + duration);
64      }
65  }
```

실행 결과

```
ArrayList 추가 시간 : 20451100
LinkedList 추가 시간 : 143413400
ArrayList 삽입 시간 : 653700
LinkedList 삽입 시간 : 19500
ArrayList 지우기 : 1147178100
LinkedList 지우기 : 65973600
```

해설

13 : 현재 시간을 nano초 단위로 가져옵니다.
14~16 : ArrayList에 1부터 1000000까지 삽입합니다.
19~20 : 소요된 시간을 체크하여 출력합니다.

ArrayList와 LinkedList의 성능을 비교하면 그 성격이 뚜렷하게 나타납니다.
ArrayList의 경우 연속성 있게 데이터를 추가할 수 있으며 출력 속도가 빠릅니다. 그러나 데이터를 특정 위치에 삽입하거나 삭제하는 것은 LinkedList가 우위에 있습니다. 따라서 데이터를 나열하여 저장하고 사용할 때는 ArrayList를, 삽입과 삭제가 빈번한 경우에는 LinkedList를 사용하는 것이 좋습니다.

SECTION 16 04 Set 컬렉션
HashSet 클래스

Set 컬렉션은 List 컬렉션과 다르게 객체의 저장 순서를 저장하지 않습니다. Set 컬렉션은 수학의 집합과 유사한 개념을 지니고 있습니다. List 컬렉션은 데이터 저장 시 중복을 허용하지만 Set 컬렉션은 데이터의 중복을 허용하지 않습니다. 또한 데이터를 저장할 때 순서, 즉 index를 부여하지 않기 때문에, 데이터가 입력된 순서로 출력된다는 보장이 없습니다.

대표적인 Set 컬렉션에 속하는 클래스는 다음과 같습니다.

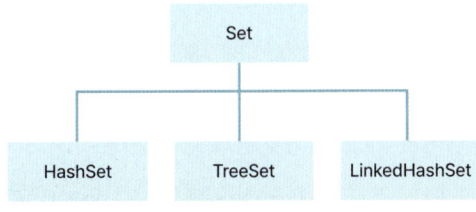

[그림 16-10] Set 컬렉션의 클래스

Set 컬렉션은 그림과 같이 Set 인터페이스를 상속해 구현되었습니다. 대표적으로 HashSet, TreeSet, LinkedHashSet을 Set 계열 자료 구조로 사용합니다.

다음은 Set 인터페이스에서 제공하는 주요 메서드입니다.

메서드	기능 설명
void add(E e)	데이터를 순차적으로 삽입
void remove(Object o)	선택된 값 삭제
void clear( )	모든 데이터 삭제
int size( )	저장된 데이터의 개수 반환
boolean contains(Object o)	데이터 존재 여부 확인

<표 16-4> Set 주요 메서드

1 HashSet 클래스

HashSet 클래스는 Set 컬렉션 클래스에서 가장 많이 사용되는 클래스로 인터페이스를 상속받아 구현합니다. HashSet 클래스를 선언하는 방법은 다음과 같습니다.

```
Set<E> set = new HashSet<E>();
Set<E> set = new HashSet<>();
```

E는 Set 컬렉션에 저장할 데이터 타입을 의미합니다. Set 컬렉션을 선언할 때 어떤 데이터 형식을 저장할지 제네릭을 통해 지정하게 됩니다.

HashSet 데이터 저장

HashSet은 데이터를 저장할 때 순서(index)를 부여하지 않고, 데이터의 중복을 허용하지 않습니다. 즉, 동일한 값 또는 객체를 허용하지 않는다는 의미입니다. 여기서 동일한 객체란, 꼭 같은 타입의 인스턴스를 의미하는 것은 아닙니다. HahSet은 데이터를 객체의 hashCode() 값을 호출하여 비교하고 같으면 equals() 메서드를 호출하여 다시 비교해 두 객체가 같음을 증명합니다.

만약, 데이터의 저장 순서를 유지해야 한다면, JDK 1.4부터 제공하는 LinkedHashSet 클래스를 사용합니다.

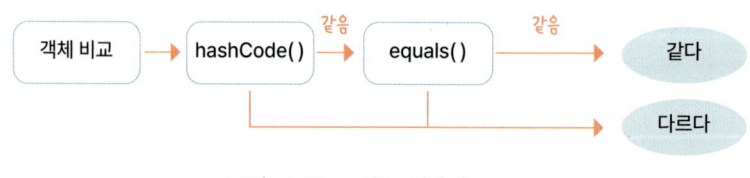

[그림 16-11] HashSet 객체 비교

만약 HashSet에 객체를 저장해야 한다면 해당 객체는 hashCode와 equals 메서드를 사용해 비교하는 로직을 구현해야 합니다.

다음 예제를 통해 확인해 봅니다.

예제 16-9 TextMessage 객체   소스 코드 TextMessage.java

```
01    package section16;
02
03    public class TextMessage {
04        // 메시지를 식별하는 번호
05        private int msgNumber;
```

```
06          // 메시지 내용
07          private String msg;
08
09          public TextMessage(int msgNumber, String msg) {
10              this.msgNumber = msgNumber;
11              this.msg = msg;
12          }
13
14          public int getMsgNumber() {
15              return msgNumber;
16          }
17
18          public String getMsg() {
19              return msg;
20          }
21
22          @Override
23          public int hashCode() {
24              // 식별 번호 리턴
25              return msgNumber;
26          }
27
28          @Override
29          public boolean equals(Object obj) {
30              if(obj instanceof TextMessage) {
31                  TextMessage compare = (TextMessage)obj;
32                  if(this.msg.equals(compare.getMsg())) {
33                      return true;
34                  } else {
35                      return false;
36                  }
37              }
38              return false;
39          }
40      }
```

해설

23~26 : hashCode() 메서드를 override 하여 msgNumber를 반환합니다.
29~39 : equals() 메서드를 override 하여 객체가 지닌 text 값을 비교해 반환합니다.

예제 16-10 HashSet 메인 클래스   소스 코드 HashSetExample.java

```java
package section16;
import java.util.HashSet;
import java.util.Set;

public class HashSetExample {
    public static void main(String[] args) {
        Set<TextMessage> msgSet = new HashSet<>();
        // 메시지 객체 생성
        TextMessage msg1 = new TextMessage(1001, "안녕하세요");
        TextMessage msg2 = new TextMessage(1001, "안녕하세요");
        TextMessage msg3 = new TextMessage(1001, "안녕하세요");
        TextMessage msg4 = new TextMessage(1002, "안녕하세요");
        TextMessage msg5 = new TextMessage(1003, "안녕");
        // set에 추가
        msgSet.add(msg1);
        msgSet.add(msg2);
        msgSet.add(msg3);
        msgSet.add(msg4);
        msgSet.add(msg5);
        // 저장된 크기
        System.out.println("사이즈 : " + msgSet.size());

        // 출력
        for(TextMessage msg : msgSet) {
            System.out.println("번호 : " + msg.getMsgNumber() + ", 메세지 : " + msg.getMsg());
        }
    }
}
```

실행 결과

```
사이즈 : 3
번호 : 1001, 메세지 : 안녕하세요
번호 : 1002, 메세지 : 안녕하세요
번호 : 1003, 메세지 : 안녕
```

해설

09~13 : TextMessage 객체를 선언하고 데이터를 입력합니다.
15~19 : HashSet 컬렉션에 데이터들을 저장합니다.
21 : 저장된 데이터의 크기를 출력합니다. msgNumber와 msg는 같은 객체를 중복 저장하지 않아, 5개를 저장했지만 크기는 3이 출력됩니다.

HashSet 데이터 삭제

HashSet의 데이터 삭제는 List 컬렉션과 동일하게 remove(Object O) 메서드를 사용합니다. Set 컬렉션은 index가 존재하지 않으므로 순서에 의한 삭제는 지원하지 않습니다.

예제 16-11 HashSet 데이터 삭제   소스 코드 EX16_11.java

```java
01  package section16;
02  import java.util.HashSet;
03  import java.util.Set;
04
05  public class EX16_11 {
06      public static void main(String[] args) {
07
08          Set<String> set = new HashSet<>();
09          // 데이터 삽입
10          set.add("apple");
11          set.add("mango");
12          set.add("banana");
13          set.add("melon");
14
15          System.out.println("set items : " + set);;
16
17          // 데이터 삭제
18          set.remove("banana");
19          set.remove("mango");
20
21          System.out.println("set items : " + set);;
22      }
23  }
```

실행 결과

```
set items : [banana, apple, melon, mango]
set items : [apple, melon]
```

해설

18~19 : HashSet 데이터를 삭제합니다.

SECTION 16 05 반복자 Iterator

Iterator

Iterator⟨E⟩는 List 컬렉션에서 제공하는 인터페이스로 사전적인 의미로는 '반복하다'라는 뜻을 지니고 있습니다. List 컬렉션의 요소를 순회하여 하나씩 추출하는 데 사용합니다. E에는 순회할 데이터의 타입을 지정하는데 보통 순회할 컬렉션이 포함하는 데이터 타입과 동일하게 지정합니다. 반복자라고도 불리는 Iterator 객체는 선언된 컬렉션 객체에서 가져와 사용합니다.

다음은 Iterator를 사용해 모든 요소를 순회할 때 사용하는 메서드입니다.

메서드	기능 설명
boolean hashNext()	다음에 순회할 데이터 유무 확인. 가져올 객체가 있으면 true, 없으면 false를 반환
E next()	다음 위치의 데이터로 이동하여 반환

<표 16-5> Iterator 주요 메서드

다음 2개의 예제를 통해 Iterator 메서드를 사용해 보겠습니다.

예제 16-12　**List의 Iterator**　　　　　　　　　　　　　소스 코드 EX16_12.java

```java
package section16;
import java.util.Arrays;
import java.util.Iterator;
import java.util.List;

public class EX16_12 {
    public static void main(String[] args) {

        List<Integer> list = Arrays.asList(1,2,3,4,5,6,7,8,9,10);
        // Iterator 객체 가져오기
        Iterator<Integer> iter = list.iterator();
        int count = 0;
        // 반환할 요소가 있는지 검사
        while(iter.hasNext()) {
            // 요소 반환
            int val = iter.next();
            System.out.println("list 데이터[" + (count++) + "] : " + val);
```

```
18          }
19      }
20  }
```

실행 결과

```
list 데이터[0] : 1
list 데이터[1] : 2
list 데이터[2] : 3
list 데이터[3] : 4
list 데이터[4] : 5
list 데이터[5] : 6
list 데이터[6] : 7
list 데이터[7] : 8
list 데이터[8] : 9
list 데이터[9] : 10
```

해설

09 : 데이터를 List로 만들어 반환합니다.
11 : List의 Iterator 객체를 가져옵니다.
14 : while 문의 조건으로 Iterator가 순회할 수 있는지 검색합니다.
16~17 : 데이터를 반환하여 출력합니다.

예제 16-13 Set의 Iterator   소스 코드 EX16_13.java

```
01  package section16;
02  import java.util.HashSet;
03  import java.util.Iterator;
04  import java.util.Set;
05
06  public class EX16_13 {
07      public static void main(String[] args) {
08
09          Set<Integer> set = new HashSet<>();
10          // 데이터 삽입
11          for(int i = 1; i <= 10; i++) {
12              set.add(i);
13          }
14          // Iterator 객체 가져오기
15          Iterator<Integer> iter = set.iterator();
16
17          int count = 0;
18          // 반환할 요소가 있는지 검사
19          while(iter.hasNext()) {
```

```
20                    // 요소 반환
21                    int val = iter.next();
22                    System.out.println("set 데이터["+ (count++)  +"] : " + val);
23                }
24            }
25      }
```

실행 결과
set 데이터[0] : 1
set 데이터[1] : 2
set 데이터[2] : 3
set 데이터[3] : 4
set 데이터[4] : 5
set 데이터[5] : 6
set 데이터[6] : 7
set 데이터[7] : 8
set 데이터[8] : 9
set 데이터[9] : 10

해설

15 : Set의 Iterator 객체를 가져옵니다.
19 : while 문의 조건으로 iterator가 순회할 수 있는지 검색합니다.
21~22 : 데이터를 반환하여 출력합니다.

TIP 앞에서 학습했던 향상된 for 문은 Iterator를 기반으로 구현되어 있습니다. List 계열의 컬렉션의 경우 index를 이용한 for 문보다는 Iterator를 이용하거나, 향상된 for 문을 사용하는 것이 성능 향상에 도움이 됩니다.

SECTION 16-06 Map 컬렉션

HashMap<K, V>

컬렉션 프레임워크를 설명하는 그림에서 Map은 별도로 분리되어 있었습니다. Map은 List, Set과 달리 Map 인터페이스가 별도로 존재하며, 데이터를 List 계열의 컬렉션과 다르게 처리합니다. Map 인터페이스는 데이터를 key(키)와 value(값)로 구분하여 저장하는 방식(key-value 방식)을 사용합니다.
대표적인 Map 컬렉션에 속하는 클래스는 다음과 같습니다.

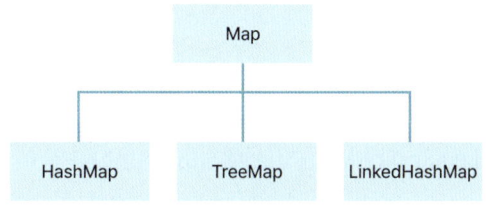

[그림 16-12] Map 컬렉션의 클래스

Map은 인터페이스를 상속하여 구현한 HashMap, TreeMap, LinkedHashMap이 있습니다. 이 중에서 HashMap은 Map 인터페이스를 구현하여 가장 많이 사용하는 대표적인 클래스입니다.
Map에서 key는 중복될 수 없지만, value는 중복이 가능합니다. 만약 key가 중복되어 입력될 경우, key에 해당하는 value 값이 업데이트되어 저장되기 때문에, key의 중복에 유의해야 합니다. Map의 key와 value는 Entry라는 인터페이스를 상속한 객체에 저장되는데 Entry는 Map 인터페이스 안에서 정의되는 내부 인터페이스를 말합니다.
Map 컬렉션의 구조는 다음과 같습니다.

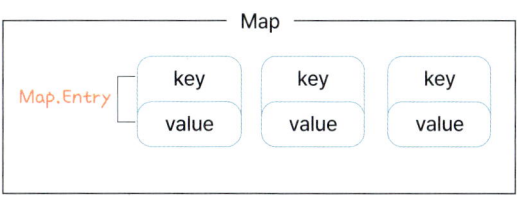

[그림 16-13] Map 컬렉션의 구조

Map 컬렉션은 Map.Entry 구조를 저장하고, 해당 객체는 key와 value를 저장합니다. 검색을 요구하는 데이터를 저장하는데 효과적이지만, 데이터를 저장하고 삭제할 때는 다소 느린 편입니다.

다음은 Map 컬렉션의 주요 메서드입니다.

메서드	기능 설명
void put(K key, V value)	key에 대응하는 value 저장
E get(K key)	key에 대응하는 value 반환
boolean containsKey(K key)	key 존재 여부 검색
boolean containsValue(V value)	value 존재 여부 검색
Set<E> keySet()	모든 key를 Set 컬렉션에 저장하여 반환
Set<Map.Entry> entrySet()	모든 Map.Entry 객체를 Set에 담아서 반환

<표 16-6> Map 주요 메서드

1 HashMap<K, V>

HashMap은 앞에서 다뤘던 HashSet과 마찬가지로 해싱(hashing)을 통해 Key의 중복 여부를 판단합니다. 즉, key로 지정된 객체의 hashCode와 equals 메서드를 이용해 동일 여부를 판단하게 됩니다. HashMap은 Map 인터페이스를 상속하여 기능을 구현했기 때문에 key의 중복을 허용하지 않습니다. 만약 중복된 key가 들어오면 기존 key가 지닌 데이터를 업데이트하게 됩니다.

> 해시 처리에 대해서는 이전에 학습했던 내용을 참고합니다.

HashMap 선언 및 사용법

HashMap의 선언은 이전의 컬렉션 선언과 크게 다르지 않지만, key에 대한 제네릭이 추가되었습니다. HashMap을 선언하는 방법은 다음과 같습니다.

```
Map <KEY, V> map = new HashMap<KEY, V>();
Map <KEY, V> map = new HashMap<>();
```

예제를 통해 HashMap의 사용법을 확인해 보겠습니다.

예제 16-14 **HashMap 사용법** 소스 코드 EX16_14.java

```
01  package section16;
02  import java.util.HashMap;
03  import java.util.Map;
```

```
04
05    public class EX16_14 {
06        public static void main(String[] args) {
07            // Map 선언
08            Map<String, String> map = new HashMap<>();
09            // 데이터 삽입
10            // put(key, value);
11            map.put("spring", "봄");
12            map.put("summer", "여름");
13            map.put("fail", "가을");
14            map.put("winter", "겨울");
15            // key가 중복될 경우 value 변경
16            map.put("spring", "봄봄");
17            // 삭제
18            map.remove("winter");
19
20            // 특정 키가 존재하는지 확인
21            System.out.println("Is Exist Key : " + map.containsKey("winter"));
22            // 특정 값이 존재하는지 확인 - 중복은 신경쓰지 않고 존재하면 true
23            System.out.println("Is Exist value : " + map.containsValue("가을"));
24            // key에 해당하는 값 가져오기
25            System.out.println("get Data : " + map.get("spring"));
26        }
27    }
```

실행 결과
```
Is Exist Key : false
Is Exist value : true
get Data : 봄봄
```

해설

08 : HashMap을 선언합니다.
11~14 : HashMap에 데이터를 삽입합니다.
16 : key가 중복일 경우, 기존 key가 가진 데이터를 마지막에 입력된 데이터로 변경합니다.
18 : key가 winter인 데이터를 삭제합니다.
21 : 검색하는 key가 존재하는지 확인합니다. (true / false로 반환)
23 : 검색하는 value가 존재하는지 확인합니다. (value가 중복일 경우, 처음 만나는 value 값으로 판단)
25 : key가 지닌 데이터를 반환합니다.

지금까지 컬렉션 프레임워크에 대해 살펴봤습니다. 데이터를 다룰 때 사용되는 주요 자료 구조이며, 앞으로 계속해서 사용되는 기능이므로 여러 번 반복 학습하여 반드시 숙지하시길 바랍니다.

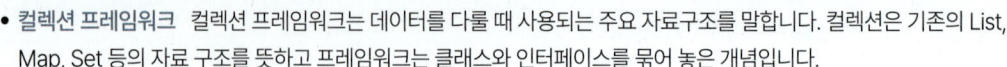

- **컬렉션 프레임워크** 컬렉션 프레임워크는 데이터를 다룰 때 사용되는 주요 자료구조를 말합니다. 컬렉션은 기존의 List, Map, Set 등의 자료 구조를 뜻하고 프레임워크는 클래스와 인터페이스를 묶어 놓은 개념입니다.

- **List 컬렉션** 배열과 비슷하게 index로 객체를 관리합니다. 다만, 배열과는 다르게 크기의 제한이 없으며 삽입, 삭제, 변경의 기능이 자유롭습니다. List에는 대표적으로 ArrayList 와 LinkedList 가 있습니다.

- **ArrayList** 데이터를 순차적으로 저장합니다. 데이터가 삽입될 때마다 크기가 증가하고 배열을 삭제하면 공간이 줄어듭니다. index를 기준으로 값을 삽입하거나 추출합니다.

- **LinkedList** Node 객체를 기반으로 데이터를 저장합니다. Node 객체는 데이터와 자신 다음에 올 데이터의 주소를 값으로 가집니다.

- **ArrayList**는 데이터를 출력하거나 검색할 경우에, **LinkedList**는 데이터의 삽입과 삭제가 빈번할 경우에 사용하면 더 좋은 성능을 보여줍니다.

- **Set 컬렉션** Set 컬렉션은 List 컬렉션과 다르게 객체의 저장 순서를 저장하지 않으며, 데이터의 중복을 허용하지 않습니다. 또한 데이터를 저장할 때 index를 부여하지 않기 때문에, 데이터가 입력된 순서로 출력된다는 보장이 없습니다. 대표적으로 HashSet이 있습니다.

- **Map 컬렉션** Map 컬렉션은 List, Set 컬렉션과 달리 Map Interface가 별도로 존재하며 데이터를 List 계열의 컬렉션과 다르게 처리합니다. Map은 key의 중복을 허용하지 않습니다. 만약 Key가 중복된다면 기존에 있던 Key에 해당하는 Value 값이 마지막으로 등록된 값으로 치환됩니다. 대표적으로 Map을 상속받아 구현한 HashMap, TreeMap, LinkedHashMap이 있습니다.

- **HashSet / HashMap** HashSet 또는 HashMap은 객체 데이터를 value 또는 Key로 할 경우, 중복 객체 체크를 위해 해당 객체의 hashCode() 와 equals() 메서드를 Override 하여 구현해야 합니다.

응용문제

1. 다음 중 컬렉션의 설명으로 틀린 것은 무엇입니까?

   ① List 컬렉션은 index로 객체를 관리하며 중복 저장을 허용합니다.
   ② Set 컬렉션은 순서를 유지하지 않으며 중복 저장을 허용하지 않습니다.
   ③ Map 컬렉션은 key와 value로 구성된 Map.Entry를 저장합니다.
   ④ LinkedList는 List 컬렉션과 동일하게 index로 객체를 관리합니다.

2. 다음 빈칸에 알맞은 코드를 작성해 보세요.

```
01   package section16;
02
03   public class PRACTICE_16_02 {
04       public static void main(String[] args) {
05           List          list = new ArrayList<>();
06
07           list.add(1);
08           list.add(2);
09           list.add(3);
10           list.add(4);
11           list.add(5);
12
13           for(int i = 0; i < list.size(); i++) {
14               System.out.println(list.get(i));
15           }
16       }
17   }
```

PRACTICE 응용문제

3. 다음 중 Set 컬렉션에 대한 설명으로 틀린 것은 무엇입니까?

① 대표적인 구현 클래스로는 HashSet, LinkedHashSet, TreeSet이 있습니다.
② Set 컬렉션에서 객체를 하나씩 꺼내오고 싶다면 Iterator를 이용합니다.
③ HashSet은 hashCode() 와 equals()를 이용해 중복된 객체를 판별합니다.
④ Set 컬렉션에는 null을 저장할 수 없습니다.

4. 랜덤 함수를 사용해 리스트 컬렉션에 10개의 숫자를 입력한 후 입력된 숫자 중에서 짝수의 합을 구하여 출력해 보세요.

```
01  package section16;
02
03  public class ArrayListSumExample {
04      public static void main(String[] args) {
05          List<Integer> list = new ArrayList<>();
06
07          for(int i = 0; i < 10; i++) {
08
09
10          }
11          int sum = 0;
12          for(int i = 0; i < list.size(); i++) {
13
14
15          }
16          }
17          System.out.println("짝수의 합 : " + sum);
18      }
19  }
```

5. 주머니에는 파란색, 빨간색, 검은색 공이 모두 10개 들어있습니다. 각각의 색깔을 지닌 공이 몇 개씩 들어있는지 Map 컬렉션을 사용하여 출력해 보세요.

```
01  package section16;
02
03  public class PRACTICE_16_05 {
04      public static void main(String[] args) {
05          String[] balls = {"빨간색", "파란색", "검은색", "검은색", "빨간색", "파란색",
06                            "빨간색", "빨간색", "파란색", "검은색"};
07          Map<String, Integer> map = new HashMap<>();
08          for(String ball : balls) {
09
10              // 이어서 코드를 작성하세요.
```

실행 결과
빨간색 : 4개
파란색 : 3개
검은색 : 3개

6. 다음 빈칸에 알맞은 단어를 작성해 보세요.

• 데이터를 다룰 때 사용되는 주요 자료 구조를 ☐ 라고 합니다.

• 저장 순서가 유지되지 않으며, 객체를 중복해서 저장할 수 없고 하나의 null만 저장할 수 있는 ☐ 컬렉션이 있습니다.

• Map 컬렉션은 ☐ 와 ☐ 으로 구성된 Map.Entry 객체를 저장하는 구조를 가지고 있습니다.

요즘 대세 중에 대세
함수형 프로그래밍!

함수형 프로그래밍이 인기를 끌고 있습니다.
자바에서도 Java1.8 버전 이후부터
함수형 프로그래밍이 가능하도록 기능이 구현되었습니다.

MISSION 1 람다식을 이해합니다. 2 함수형 프로그래밍을 사용할 수 있습니다.

KEYWORD #람다식 #익명함수 #함수형프로그래밍

SECTION **17**

람다식

01 | 람다식
02 | 람다식 문법
03 | 함수형 인터페이스

SECTION 17 01 람다식(Lambda expression)

람다식이란?

자바는 JDK 1.8부터 함수형 프로그래밍 '람다식(Lambda expression)'을 지원하고 있습니다. 람다식은 함수의 이름이 없는 익명 함수(anonymous function)를 만들기 위한 표현식을 말합니다.

자바는 객체를 기반으로 프로그램을 구현하는 객체 지향 프로그램입니다. 따라서 클래스를 먼저 생성하고, 클래스 안에 메서드와 객체를 만들어 사용해야 합니다. 하지만, 함수형 프로그래밍은 객체 지향 프로그램과 달리 함수만을 구현하고 실행할 수 있는 개발 방식입니다. 다음 그림을 통해 객체 지향 프로그래밍과 함수형 프로그래밍 과정의 차이를 알 수 있습니다.

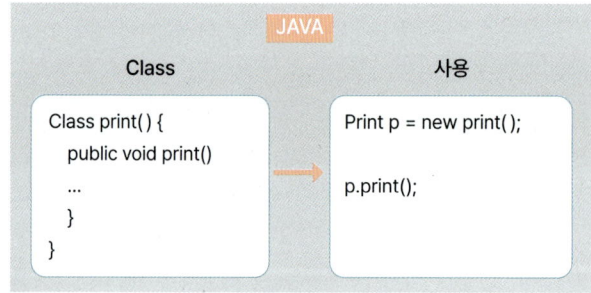

[객체 지향 프로그래밍]

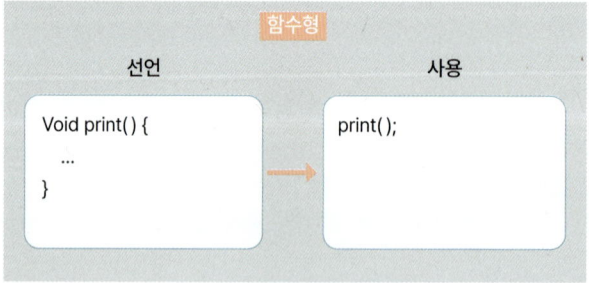

[함수형 프로그래밍]

그림과 같이 자바에서는 함수, 즉 메서드를 사용하기 위해 많은 과정을 거치게 됩니다. 이러한 과정을 생략하여 함수를 하나의 간결한 식으로 표현한 것이 람다식입니다. 즉, '식별자 없이 실행 가능한 함수'를 말합니다.

TIP 함수와 메서드의 차이 : 함수는 클래스에서 독립적이고 메서드는 클래스에 종속적입니다.

SECTION 17 02 람다식 문법

소괄호 생략하기 **중괄호 생략하기** **return 생략하기**

람다식 문법은 자바스크립트나 다른 함수형 프로그래밍에서 볼 수 있었던 문법 패턴들로 기존의 자바 문법과는 달라서 객체 지향 프로그래밍에 익숙한 개발자들은 다소 생소하게 다가올 수 있습니다. 하지만 문법이 매우 간결해지고, 원하는 결과를 쉽게 집계할 수 있어 익숙해지면 큰 장점이 있는 표현식입니다.

다음과 같은 메서드가 있습니다.

```
int add(int x, int y) {
    return x + y;
}
```

위 메서드는 단순한 더하기 기능을 지녔습니다. 우리가 익숙한 자바 문법이죠. 이 코드를 람다식 문법으로 표현해 보겠습니다.

```
(x, y) → {return x + y;}
```

자바 형식의 메서드를 람다식으로 변경해 봤습니다. 그럼, 람다식 기본 문법을 확인해 보겠습니다.

(x, y) → {return x + y;}
　매개변수　　　함수 구현

메서드의 이름과 반환 타입을 제거하고 화살표 기호(→)를 사용해 구현합니다. 의미를 살펴보면 두 개의 매개변수(x, y)를 사용해 더한 결과를 반환하라는 의미입니다. 처음 접하는 방식이라 다소 낯설게 느껴질 수 있으나, 표현이 간결해졌음을 알 수 있습니다.

소괄호 생략하기

람다식 문법에서는 매개변수 자료형을 생략할 수 있으며, 매개 변수가 한 개인 경우에는 소괄호도 생략할 수 있습니다. 그러나 매개변수가 두 개 이상일 경우에는 생략할 수 없습니다.

```
(str) →{System.out.println(str);}
             ↓ 매개변수가 한 개일 때
str →{System.out.println(str);}   // 소괄호 생략 가능

(x, y) → {return x + y;}
             ↓ 매개변수가 두 개 이상일 때
x, y → {return x + y;}   // 오류! 소괄호 생략 불가
```

중괄호 생략하기

함수의 구현 내용이 한 문장이거나 return이 없다면, 즉 함수의 return 타입이 void라면 구현부에 있는 중괄호{ }도 생략할 수 있습니다. 만약 함수의 내용이 두 문장 이상이거나, return 타입이 있는 경우에는 생략할 수 없습니다.

```
(x, y) →{System.out.println(x+y);}
             ↓ Return 이 없는 경우
(x, y) → System.out.println(x+y);   // 중괄호 생략 가능

(x, y) → {return x > y ? 1 : 0;}
             ↓ Return 이 있는 경우
(x, y) → return x > y ? 1 : 0;   // 오류! 중괄호 생략 불가
```

return 생략하기

중괄호 안의 구현 코드가 return 문만 존재할 때는 중괄호와 return을 모두 생략할 수 있습니다.

```
(x, y) → {return x > y ? 1 : 0;}
             ↓ Return 문장만 있는 경우
(x, y) → x > y ? 1 : 0;   // 중괄호와 return 구문 생략
```

SECTION 17 - 03 함수형 인터페이스

함수형 인터페이스 선언 | 람다식 사용하기 | 람다식과 외부 변수의 관계

객체 지향 프로그램에서 인터페이스를 사용하려면 인터페이스를 클래스에 상속 시킨 뒤 내용을 구현해야 합니다.
자바에서 인터페이스에 기능을 정의하여 사용하는 방법은 다음과 같습니다.

해당 내용에 대해 이해가 되지 않는다면 '인터페이스 상속'을 참고해 주세요.

[Java Interface]

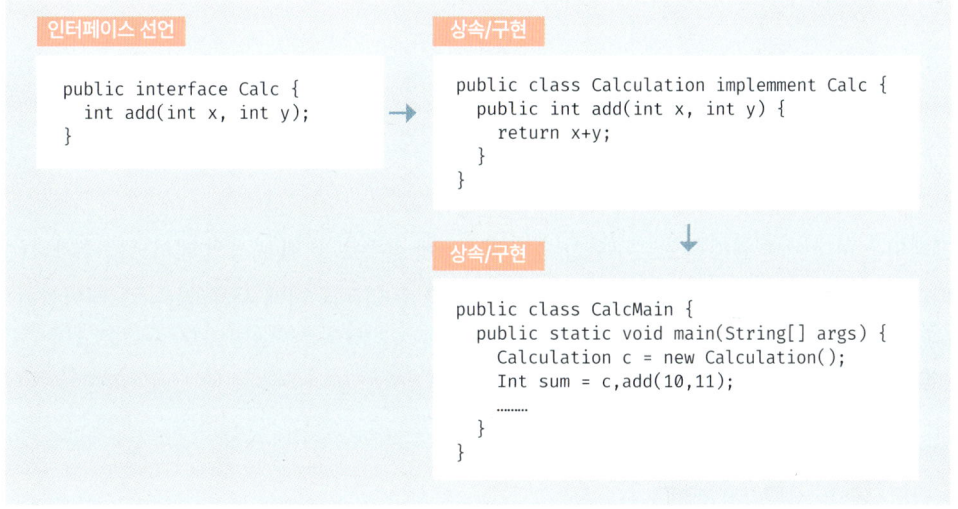

람다식은 위와 같은 과정을 생략할 수 있습니다. 단, 람다식을 이용해 인터페이스를 사용할 경우, 인터페이스는 하나의 기능만을 정의할 수 있습니다. 기존의 자바에서 사용하는 인터페이스는 여러 개의 메서드를 정의할 수 있었지만, 람다식은 모든 인터페이스를 람다식의 타겟 타입으로 사용할 수 없습니다. 람다식을 구현하기 위해서는 먼저 인터페이스를 만들고, 인터페이스에 람다식으로 구현할 메서드를 선언해야 합니다. 오직 하나의 추상 메서드가 선언된 인터페이스만이 람다식의 타겟 타입이 될 수 있는데, 이러한 인터페이스를 '함수형 인터페이스'라고 합니다.

인터페이스
```java
public interface Calc {
  int add(int x, int y);
  int minus(int x, int y);
}
```
[여러 메서드 정의 가능]

함수형 인터페이스
```java
public interface Calc {
  int add(int x, int y);
}
```
[하나의 메서드만 정의 가능]

람다식은 메서드명이 없는 익명 함수로 구현하기 때문에 인터페이스에 여러 개의 메서드가 있을 경우, 구분하기가 모호해집니다. 따라서 함수형 인터페이스를 만들 때는 하나의 메서드만 정의하도록 합니다.

> **TIP** 람다식은 대입될 인터페이스의 종류에 따라 작성 방법이 달라지기 때문에 람다식이 대입될 인터페이스를 람다식의 타겟 타입(target type)이라고 합니다.

1 함수형 인터페이스 선언

함수형 인터페이스는 앞에서 설명한 바와 같이 자바의 인터페이스를 이용해 선언합니다. 다만, 익명 함수로 구현하기 때문에 하나의 메서드만을 지니도록 선언하게 됩니다.

```java
public interface CompareNumber {
    int compareTo(int num01, int num02);
}
```

간혹 프로그래밍을 하다 보면 람다식으로 구현한 인터페이스에 실수로 두 개 이상의 메서드를 추가하는 오류를 범합니다. 이를 방지하고자 애노테이션을 부여해 제한할 수 있는데 이때 사용하는 애노테이션이 @FunctionalInterface 입니다.

```java
@FunctionalInterface        ┈┈┈ 메서드가 두 개이면 오류 발생
public interface CompareNumber {
    int compareTo(int num01, int num02);
}
```

이와 같이 @FunctionalInterface 애노테이션을 부여하면, 함수형 인터페이스라는 의미이며, 메서드를 두 개 이상 선언하면 문법적으로 오류를 발생시킵니다.

애노테이션은 선택 사항이지만 실수를 방지하기 위해 사용하면 좋습니다.

2 람다식 사용하기

앞에서 입력받은 두 개의 숫자를 비교하는 함수형 인터페이스를 선언했습니다. 만약 자바에서 해당 인터페이스를 클래스로 구현하지 않고 사용하려면 다음과 같이 익명 객체로 선언한 후 사용해야 합니다.

앞에서 선언했던 함수형 인터페이스를 다시 선언하여 사용해 보겠습니다.

[함수형 인터페이스 선언]

```
public interface CompareNumber {                        소스 코드 CompareNumber.java
    int compareTo(int num01, int num02);
}
```

두 수를 비교하여 결과를 리턴하는 메서드를 지닌 함수형 인터페이스를 선언합니다.
먼저 해당 인터페이스를 사용하는 예제를 살펴보겠습니다.

예제 17-1 익명 함수 선언하여 비교하기   소스 코드 CompareMain.java

```
01  package section17;
02
03  public class CompareMain {
04      public static void main(String[] args) {
05
06          // 인터페이스 객체를 익명 클래스 선언으로 정의
07          CompareNumber compare = new CompareNumber() {
08              // 메서드 구현
09              @Override
10              public int compareTo(int num01, int num02) {
11                  return num01 > num02 ? 1 : num01 < num02 ? -1 : 0;
12              }
13          };
14
15          int num01 = 10;
16          int num02 = 20;
17          // 두 수를 비교해 결과를 반환
18          int result = compare.compareTo(num01, num02);
19          // 비교에 대한 결과를 출력
20          if(result > 0) {
21              System.out.println("num01이 num02 보다 크다");
22          } else if(result < 0) {
23              System.out.println("num01이 num02 보다 작다");
24          } else {
25              System.out.println("num01과 num02 같다");
26          }
27      }
28  }
```

실행 결과
num01이 num02 보다 작다

해설

07~13 : 인터페이스를 익명함수로 선언하고 메서드를 구현합니다.
18 : 두 수를 비교해 결과를 반환합니다.
20~26 : 결과를 출력합니다.

CompareNumber 인터페이스를 이용해 익명함수로 선언하여 기능을 구현했습니다. 다소 복잡하게 보이는 선언을 람다식을 이용하면 좀더 간결하게 구현할 수 있습니다.
같은 예제를 람다식을 이용해 다시 작성해 보겠습니다.

예제 17-2 익명 객체 선언을 람다식으로 변경　　　　　　　　　소스 코드 CompareMain.java

```java
01  package section17;
02
03  public class CompareMain {
04      public static void main(String[] args) {
05          // 인터페이스 객체 선언 시  람다식을 이용해 함수를 구현
06          CompareNumber compare =
07              (num01, num02) -> {return num01 > num02 ? 1 : num01 < num02 ? -1 : 0;};
08
09          int num01 = 10;
10          int num02 = 20;
11          int result = compare.compareTo(num01, num02);
12
13          if(result > 0) {
14              System.out.println("num01이 num02 보다 크다");
15          } else if(result < 0) {
16              System.out.println("num01이 num02 보다 작다");
17          } else {
18              System.out.println("num01과 num02 같다");
19          }
20      }
21  }
```

실행 결과
num01이 num02 보다 작다

해설

06~07 : 람다식을 이용해 함수형 인터페이스 기능을 구현합니다.
11 : 함수를 이용해 두 수의 크기를 비교합니다.

3 람다식과 외부변수의 관계

람다식을 사용할 때 매개변수로 값을 전달하는 것 외에 외부에서 정의된 지역변수를 사용하는 경우가 있습니다. 이렇게 지역변수를 사용할 때는 유의해야 할 사항이 있습니다.

만약 람다식 내부에서 지역변수를 사용하려면 그 지역변수는 final로 선언되어야 합니다.

우선, 다음 예제를 살펴보겠습니다.

예제 17-3   지역변수 str 재정의 시 오류   소스 코드 `StringConcat.java`

```java
package section17;

// 두 문장을 결합하는 함수 생성
interface StrConcat {
    String concat(String str1, String str2);
}

public class StringConcat {
    public static void main(String[] args) {
        String str = "";

        StrConcat strConcat = (s, v) -> {
            // 지역변수 재정의 시 오류
            str = s + v;
            return str;
        };
    }
}
```

해설

04~06 : 함수형 인터페이스를 선언합니다.
10 : 문자열 변수를 선언합니다.
14 : 익명 함수 내에서 지역변수 수정 시 오류가 발생하며 지역변수는 final 처리됩니다.

위의 예제처럼 지역변수 str을 선언한 후 람다식 안에서 재정의할 경우, 문법 오류가 나타납니다. 왜 이런 현상이 발생할까요?

지역변수는 stack 메모리 영역에 생성되고, 람다식의 경우 익명 객체를 만들기 때문에 Heap 영역에 생성됩니다. 서로 생성되는 위치가 다르므로 간섭할 수 없습니다. 람다식 내부에서 지역변수를 사용할 경우, 복사해 사용하므로 값을 그대로 사용하는 것은 가능하지만 수정은 할 수 없습니다. 이것을 'variable capture'라고도 합니다.

[JDK 1.8 이전]

```
final String str = "java";
StrConcat strConcat = new StrConcat() {
  @override
  public String concat(String str1, String str2) {
    String sentence = str + "," + str1 + "," + str2;
    return sentence;
  }
};
```

[지역변수에 final 키워드 명시]

[JDK 1.8 이후]

```
String str = "java";
StrConcat strConcat = (s,v) -> {
  String sentence = str + "," + s + "," + v;
  return sentence;
};
```

[지역변수를 수정하지 않으면 final 인정]

JDK 1.8 이전에는 람다식 또는 익명 클래스 안에 지역변수를 사용할 경우, final 키워드를 부여해 변경 불가 변수임을 명시해야 했습니다. 그러나 JDK 1.8 이후부터는 지역변수를 내부에서 사용할 때, 변경하지 않는다면 final 변수로 인정해 주는 effective final 기능을 지원합니다.

예제 17-4 지역변수 str 사용　　　　　　　　　　　　　　　　　　　소스 코드 StringConcat.java

```
01  package section17;
02
03  interface StrConcat {
04      String concat(String str1, String str2);
05  }
06
07  public class StringConcat {
08      public static void main(String[] args) {
09          final String str = "java";
10          StrConcat strConcat = (s, v) -> {
11              String sentence = str + "! " + s + " " + v;
12              return sentence;
13          };
14          System.out.println(strConcat.concat("Hello", "world"));
15      }
16  }
```

> **실행 결과**
> java! Hello world

해설

03~05 : 함수형 인터페이스를 선언합니다.
09 : final 문자열 변수를 선언합니다.
10~13 : 익명 함수 내부에서 지역변수를 사용해 문자를 생성합니다.

본 섹션에서 살펴본 람다식은 익명 객체, 인터페이스, JVM 메모리 등 기존에 학습했던 자바의 여러 가지 개념들을 기본으로 하고 있습니다. 해당 내용들이 잘 이해되지 않는다면 앞에서 다룬 내용들을 다시 한번 숙지해 보시기 바랍니다.

핵심정리

- **람다식** JDK 1.8부터 자바에서 지원하는 함수형 프로그래밍을 람다식(Lambda expression)이라고 합니다. 람다식은 함수의 이름이 없는 익명 함수(anonymous function)를 만들기 위한 표현식입니다.

- 람다식은 '익명 함수' 답게 메서드의 이름과 반환 타입을 제거하고 화살표 기호(→)를 사용해 구현합니다.

- 메서드를 람다식으로 표현하면 다음과 같습니다.

메서드	람다식

int sum (int a , int b) {
　　return a + b;
}
	(int a, int b) → {return a+b};
	(int a, int b) → a+b;
	(a, b) → a+b;

int sum (int a, int b) {
　　int result = a+b;
　　return result;
}
	(int a, int b) → {return a+b};
	(int a, b) → {return a+b};

String getName(String str);	(String str) → {return str}; (str) → str; str → str;

- 메서드의 구문이 return만 존재하는 경우에는 중괄호와 return을 생략할 수 있습니다.
- 메서드의 파라미터가 1개인 경우에는 파라미터의 소괄호를 생략할 수 있습니다.

- **람다식 선언** 람다식을 사용하기 위해서는 함수형 인터페이스를 선언합니다. 함수형 인터페이스는 익명 함수와 매개 변수만으로 구현되기 때문에 하나의 메서드만을 가져야 합니다.

- **@FunctionalInterface 애노테이션** 함수형 인터페이스 선언 시 @FunctionalInterface 애노테이션을 사용하면 메서드를 두 개 이상 선언하는 개발자의 실수를 방지할 수 있습니다.

응용문제

1. 다음 중 람다식에 대한 설명으로 틀린 것은 무엇입니까?

    ① 람다식은 함수형 인터페이스의 익명 구현 객체를 생성합니다.

    ② 매개 변수가 없을 경우 ( ) → { ... } 형태로 작성합니다.

    ③ (x , y) → { return x+y; }는 (x , y) → x+y로 변경할 수 있습니다.

    ④ @FunctionalInterface가 기술된 인터페이스만 람다식으로 표현할 수 있습니다.

2. 다음 중 람다식 표현으로 잘못된 것을 고르세요.

    ① (int a, int b) → {return a+b;};

    ② (s) → System.out.println(s);

    ③ str → System.out.println(str);

    ④ num01, num02 → System.println(num01 + num2);

3. 다음 코드는 컴파일 에러가 발생합니다. 그 이유는 무엇이며, 어떻게 해결해야 할까요?

```
01  interface Calc {
02      double round(int point);
03  }
04
05  public class LamdaExample {
06      public static void main(String[] args) {
07          double val = 34.1254886;
08          // BigDecimal을 이용한 소수점 자릿수 반올림
09          Calc cal = (point) → {
10
11              val =
```

```
12              new BigDecimal(val).setScale(point, RoundingMode.HALF_UP).doubleValue();
13              return val1;
14          };
15
16          System.out.println("소수점 둘째 자리 반올림 : " + cal.round(2));}
17      }
18  }
```

4. 두 수의 크기를 비교하는 프로그램을 만들어 사용하려고 합니다. 해당 기능을 함수형 인터페이스로 선언하고 람다식을 사용하여 구현해 보세요.

<예시>

• 함수형 인터페이스

```
01  interface Compare {
02  
03  }
```

• Main class

```
01  public class CompareValueExam {
02      public static void main(String[] args) {
03
04          int num01  = 20;
05          int num02  = 30;
06
07          //이어서 코드를 작성하세요.
```

출력 예시
두 수 20과 30 중 30이 더 큽니다.

우리는 어떻게 여러 개의 프로그램을
동시에 사용할 수 있는 걸까요?

우리는 동시에 컴퓨터에게 여러 가지 일을 시킬 수 있습니다.
이러한 일이 어떻게 가능한지 생각해 본 적이 있으셨나요?

MISSION   1 프로세스와 스레드의 차이를 설명할 수 있습니다.   2 멀티 프로그래밍의 방법에 대해 알고 있습니다.

KEYWORD   #스레드   #프로세스   #멀티프로그래밍

SECTION 18

스레드

01 | 프로세스와 스레드
02 | 스레드의 사용
03 | 스레드 동기화
04 | 스레드 상태

SECTION 18
01 프로세스(process)와 스레드(thread)
`프로세스` `스레드`

우리는 길을 걸으며 통화하고 식사를 하며 동료들과 이야기를 나누는 등 동시에 여러 가지 일을 수행하고 있습니다.

이렇게 동시에 여러 가지 일을 할 수 있는 것은 비단 사람뿐만 아니라 컴퓨터도 가능합니다. 워드로 문서를 작성하면서 음악을 듣고, 동시에 메신저를 합니다. 이처럼 동시에 두 가지 이상의 작업을 처리하는 것을 '멀티태스킹(multi-tasking)'이라고 합니다. 컴퓨터는 어떻게 여러 가지 작업을 동시에 할 수 있을까요? 컴퓨터에는 멀티태스킹을 위한 두 가지 도구가 있습니다. 바로 프로세스와 스레드입니다.

프로세스와 스레드를 알아보기 전에 먼저 프로그램에 대해 살펴보겠습니다.

프로그램은 파일이 존재하지만 아직 메모리에 올라가 있지 않은 상태, 즉 실행되지 않은 코드의 집합을 말합니다. 프로그램을 실행하는 순간 메모리에 올라가고 동작하게 되는데 이 상태의 프로그램을 '프로세스'라고 합니다.

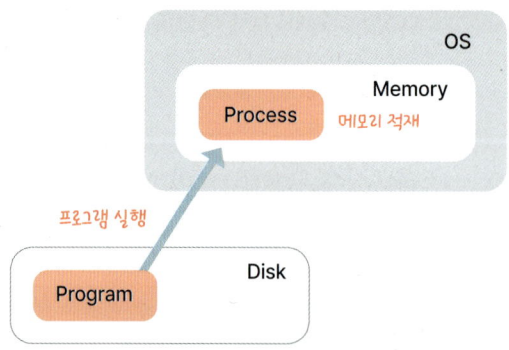

[그림 18-1] 프로그램과 프로세스

그림처럼 프로그램이 실행되면 메모리에 적재되고, 프로세스가 됩니다. 프로세스는 독립적으로 메모리에 등록되므로 여러 개의 프로그램을 동시에 실행할 수 있게 됩니다.

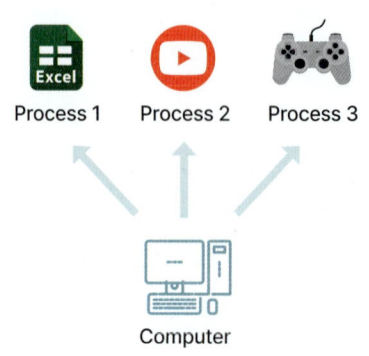

[그림 18-2] 프로세스의 동시 실행

이러한 프로세스 내부에 존재하면서 실행 흐름을 나타내는 것을 '스레드'라고 합니다. 위에서 언급한 바와 같이 각각의 프로세스들은 메모리에 독립적으로 등록되어 서로 간섭할 수 없습니다.

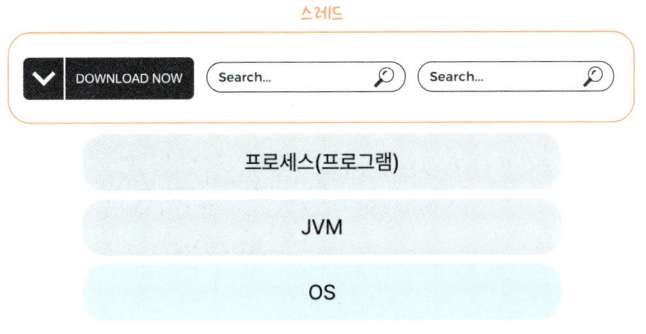

[그림 18-3] 스레드

그림처럼 하나의 프로세스(프로그램) 안에서 다양한 작업을 동시에 하기 위해 스레드가 각자 독립적으로 존재하여 일을 수행하게 됩니다. 하나의 프로세스는 적어도 한 개의 스레드를 지니게 됩니다. 우리가 지금까지 만든 예제들은 하나의 프로세스에서 하나의 스레드에 의해 동작했습니다.

예제 18-1 스레드 기본 예제   소스 코드 EX18_01.java

```
01  package section18;
02
03  public class EX18_01 {
04
05      public static void main(String[] args) {
06          String threadName = Thread.currentThread().getName();
07          System.out.println("현재 스레드 이름 : " + threadName);
08      }
09  }
```

실행 결과
현재 스레드 이름 : main

해설

06 : 현재 실행 중인 스레드의 이름을 반환합니다.
07 : 스레드 이름을 출력합니다.

 **PLUS 학습 코너**

- **프로그램** : 프로그래밍 코드의 집합체를 의미합니다.
- **프로세스** : 프로그램의 한 단위를 말하며 실행 중인 프로그램으로 메모리에 독립적으로 저장되어 실행됩니다.
- **스레드** : 프로그램 내에서 동작하는 작업 단위를 말하며 스레드를 통해 동시에 여러 가지 작업을 할 수 있습니다.

SECTION 18-02 스레드의 사용

Thread 클래스 상속 | Runnable 인터페이스 상속 | 익명 클래스를 람다식으로 표현 | 멀티 스레드

프로세스와 스레드에 대해 살펴봤습니다. 지금부터는 자바에서 스레드를 사용하는 문법에 대해 알아보겠습니다. 자바에서 스레드를 생성하는 방법은 다음과 같이 두 가지 방법이 있습니다.

- Thread 클래스를 상속하여 run( ) 메서드 구현
- Runnable 인터페이스 구현

스레드는 클래스에 Thread를 상속받은 다음, Thread가 가지고 있는 run( ) 메서드를 사용해 생성합니다. 만약 클래스 상속이 어려운 경우에는 Runnable 인터페이스를 상속해 구현할 수 있습니다.

> TIP Runnable 인터페이스는 몸체가 없는 메서드인 run( ) 메서드 단 하나만을 가지는 인터페이스입니다.

1 Thread 클래스 상속

기존에 상속을 통해 클래스를 만들었던 것처럼 Thread 클래스를 상속하여 스레드를 구현해 보겠습니다. 다만, 스레드는 run( ) 메서드에서 구현하지만 클래스를 실행하기 위해서는 start( ) 메서드를 호출해야 합니다.

예제 18-2 스레드 구현 소스 코드 SumMain.java

```java
01  package section18;
02
03  class MyThread extends Thread {
04      @Override
05      public void run() {
06          int sum = 0;
07          for(int i = 0; i < 10; i++) {
08              sum = sum + (i+1);
09          }
10
11          System.out.println("sum = " + sum);
12          String threadName = Thread.currentThread().getName();
13          System.out.println("현재 스레드 이름 : " + threadName);
14      }
15  }
16
```

```
17    public class SumMain {
18        public static void main(String[] args) {
19            MyThread th = new MyThread();
20            th.start();
21        }
22    }
```

> **실행 결과**
> sum = 55
> 현재 스레드 이름 : Thread-0

해설

03 : Thread 클래스를 상속하여 스레드를 구현합니다.
05~09 : 스레드 동작을 위해 run( ) 메서드를 구현합니다.
12 : 스레드에 별도의 이름을 지정해 주지 않으면 시스템에서 정의합니다.
20 : 스레드를 시작합니다.

2 Runnable 인터페이스 상속

앞에서 스레드 클래스를 상속받는 방법으로 스레드를 생성했습니다. 자바는 다중 상속이 불가능하다는 것을 우리는 알고 있습니다. 그렇다면 기존에 상속되어 있는 클래스를 스레드로 만들려면 어떻게 해야 할까요? 이러한 경우 Runnable 인터페이스를 상속하여 구현할 수 있습니다. Thread 클래스를 사용하는 것이 아닌 Runnable 인터페이스를 구현하는 것입니다. 다음과 같이 Runnable을 매개값으로 갖는 생성자를 호출해 생성합니다.

```
Thread th = new Thread(Runnable을 상속한 인스턴스);
```

위와 같이 Thread 클래스를 선언하면서 Runnable을 상속한 클래스를 선언하여 매개변수로 넘겨줘야 합니다. 그 이유는 실제 Thread 클래스가 스레드를 실행하는 주체이고, Runnable 인터페이스를 상속한 클래스는 실행 코드를 지닌 객체이기 때문입니다.

예제 18-3 Runnable을 상속하는 Thread   소스 코드 RunnableExample.java

```
01    package section18;
02
03    // Runnable을 상속
04    class whiteFlag implements Runnable {
05        @Override
06        public void run() {
07            while(true) {
```

```
08                System.out.println("백기 올려");
09            }
10        }
11    }
12    // 스레드 메인
13    public class RunnableExample {
14        public static void main(String[] args) {
15            Thread write = new Thread(new whiteFlag());
16            write.start();
17        }
18    }
```

> **실행 결과**
> 백기 올려
> 백기 올려
> 백기 올려
> 백기 올려
> ...

해설

04 : 인터페이스 Runnable을 상속합니다.
06 : 인터페이스 메서드인 run()을 구현하고 무한 반복하면서 "백기 올려"를 출력합니다.
15 : 인터페이스 Runnable로 상속하여 만든 스레드는 Thread 클래스를 선언할 때 객체를 생성자 파라미터로 전달해야 합니다.

Runnable 인터페이스를 상속해 2개의 스레드를 구현했습니다. Runnable로 구현된 스레드를 실행하는 방법은 클래스를 상속할 때와 조금 다릅니다.

메인 클래스에서 스레드 선언 시 생성자 매개변수로 실행할 Runnable 클래스를 넘겨주어야 합니다. 실제로 Runnable을 상속한 클래스는 Thread 클래스 내부에서 start() 메서드를 실행할 때 수행하게 됩니다.

3 익명 클래스를 람다식으로 표현

위의 예제를 람다식을 사용하면 좀 더 편리하게 구현할 수 있습니다. Runnable 인터페이스를 상속해 구현하지 않고, 익명 클래스로 만들어서 사용합니다.

예제 18-4 Runnable을 상속하는 Thread   소스 코드 RunnableExample.java

```
01  package section18;
02
03  public class RunnableExample {
04      public static void main(String[] args) {
05          //Runnable 인터페이스를 익명 객체로 처리
06          Runnable white = () -> {
07              while(true) {
```

```
08                    System.out.println("백기 올려");
09                }
10            };
11
12            Thread whiteFlag = new Thread(white);
13            whiteFlag.start();
14        }
15    }
```

실행 결과

백기 올려
백기 올려
백기 올려
…

인터페이스를 익명 객체로 선언하여 처리하면 따로 클래스를 만들지 않고도 스레드를 구현할 수 있습니다.

4 Thread에 이름 부여하기

스레드는 위의 예제에서 확인했듯이 다중 실행이 가능합니다. 따라서 현재 진행 중인 스레드가 어떤 작업을 하는지 알기 위해서 이름을 부여할 수 있습니다.

우리가 생성한 스레드는 'Thread-n'이라는 이름으로 자동 설정되는데, 다른 이름으로 설정하고 싶다면 Thread 클래스의 setName( ) 메서드를 변경합니다.

> **TIP** 스레드의 이름을 알고 싶을 때는 getName( ) 메서드를 호출해 확인할 수 있습니다.

[Thread 클래스 상속]

```
public class MyTask extends Thread {
    public MyTask() {
        setName("myTask-1");
    }
}
```

Thread 클래스를 상속할 경우, 상위 클래스 Thread가 가진 setter 메서드인 setName(String name);을 사용하여 이름을 지정할 수 있습니다.

[Runnable 인터페이스 상속]

```
Runnable task = () -> {
  ……
};
Thread myThread = new Thread(task);
myThread.setName("Thread-blue");
```

Runnable 인터페이스를 상속한 경우에는 Thread를 선언한 후 이름을 부여할 수 있습니다.

5 멀티 스레드

여러 개의 스레드를 이용해 동시에 작업을 수행할 수 있는데, 이것이 바로 우리가 앞에서 설명한 멀티 스레드입니다. 같은 시간에 서로 다른 독립적인 스레드가 일을 처리하는 것을 우리는 비동기 작업이라고 합니다.

다음 예제를 통해 확인해 보겠습니다.

예제 18-5 멀티 스레드 　　　　　　　　　　　　　　　　　소스 코드 RunnableExample.java

```java
01  package section18;
02
03  public class RunnableExample {
04      public static void main(String[] args) {
05
06          Runnable blue = () -> {
07              while(true) {
08                  System.out.println("청기 올려");
09              }
10          };
11
12          Runnable white = () -> {
13              while(true) {
14                  System.out.println("백기 올려");
15              }
16          };
17
18          Thread blueFlag = new Thread(blue);
19          Thread whiteFlag = new Thread(white);
20
21          blueFlag.start();
22          whiteFlag.start();
23      }
24  }
```

실행 결과
백기 올려
백기 올려
백기 올려
백기 올려
백기 올려
청기 올려
청기 올려
청기 올려
백기 올려
…

해설

18~19 : 스레드를 2개 생성합니다.
21~22 : 2개의 스레드를 동시에 실행시킵니다.

SECTION 18 03 스레드 동기화

스레드 동기화 처리

멀티 스레드 프로그램이 실행될 때 다수의 스레드가 하나의 데이터를 공유하면서 스레드 간의 경쟁이 일어날 수 있습니다. 경쟁이 정상적으로 이루어진다면 별문제가 없겠지만 간혹 스레드 사이에서 자원 소유의 순서가 잘못되어 예상치 못한 결과가 나타나게 됩니다.

예를 들어, 두 개의 스레드가 서로 같은 계좌에 동시에 입금을 진행한다고 가정해 보겠습니다.

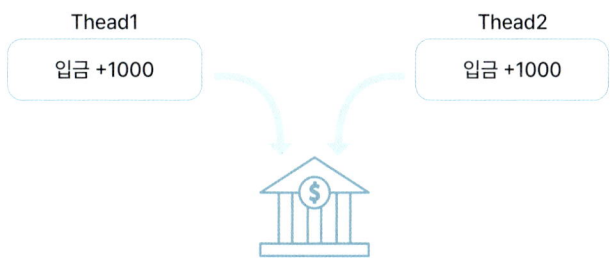

두 개의 스레드가 입금을 동시에 진행할 경우

잔고가 0원인 상태에서 두 개의 스레드가 1,000원씩 입금을 하면 2,000원이 됩니다. 하지만 스레드의 순서가 서로 맞지 않을 경우 비정상적인 동작이 일어날 수 있습니다.

다음 예제를 통해 살펴보겠습니다.

예제 18-6 스레드를 사용한 입금   소스 코드 Bank.java

```java
package section18;

public class Bank {
    private int money;

    public int getMoney() {
        return money;
    }

    public void addMoney(int money) {
        this.money += money;
    }
}
```

예제 18-7 스레드를 사용한 입금
소스 코드 BankThreadExample.java

```java
01  package section18;
02
03  class AddThread implements Runnable {
04      private Bank b;
05      private String name;
06      public AddThread(String name, Bank b) {
07          this.name = name;
08          this.b= b;
09      }
10
11      @Override
12      public void run() {
13          try {
14              for(int i = 0; i < 10; i++) {
15                  Thread.sleep(1000);
16                  b.addMoney(1000);
17                  System.out.println(this.name + " 현재 잔고 : " + b.getMoney());
18              }
19
20          } catch (Exception e) {
21              e.printStackTrace();
22          }
23      }
24  }
25
26  public class BankThreadExample {
27      public static void main(String[] args) {
28          Bank b = new Bank();
29          Thread th1 = new Thread(new AddThread("1번", b));
30          Thread th2 = new Thread(new AddThread("2번", b));
31          th1.start();
32          th2.start();
33      }
34  }
```

실행 결과

```
2번 현재 잔고 : 1000
1번 현재 잔고 : 1000
2번 현재 잔고 : 2000
1번 현재 잔고 : 3000
2번 현재 잔고 : 4000
1번 현재 잔고 : 5000
1번 현재 잔고 : 6000
2번 현재 잔고 : 6000
1번 현재 잔고 : 7000
2번 현재 잔고 : 8000
1번 현재 잔고 : 10000
2번 현재 잔고 : 10000
1번 현재 잔고 : 11000
2번 현재 잔고 : 12000
2번 현재 잔고 : 13000
1번 현재 잔고 : 13000
2번 현재 잔고 : 14000
1번 현재 잔고 : 15000
1번 현재 잔고 : 17000
2번 현재 잔고 : 17000
```

해설

03 : Runnable 인터페이스를 상속해 스레드를 구현합니다.
04 : Bank 클래스를 선언합니다.
05 : 스레드에 사용할 name 변수를 선언합니다.
06 : 생성자를 통해 필요한 데이터를 받습니다.
14 : 10번 반복합니다.
15 : 스레드를 잠시 중단합니다. (시간 단위는 1/1000 초)
16 : 금액을 추가합니다.
17 : 입금하기 전, 잔고를 출력합니다.
29~32 : 스레드를 생성하여 실행합니다.

〈BankThreadExample.java〉 코드를 살펴보면 1번과 2번 스레드가 각각 1,000원씩 10번을 더하고 있습니다. 최종 결과는 20,000원이 나와야 정상입니다. 그러나 실행에 따라 20,000원이 아닌 더 작은 금액으로 종료되는 경우가 발생할 수 있습니다. 그 이유는 두 개의 스레드가 서로의 작업에 간섭하여 정상적으로 입금되지 않았기 때문입니다.

이러한 오류를 방지하기 위해 여러 스레드가 하나의 공유 데이터에 동시에 접근하지 못하도록 스레드의 실행을 제어하는데, 이를 '스레드 동기화'라고 합니다.

1 스레드 동기화 처리

멀티 스레드 프로그램에서 단 하나의 스레드만 처리할 수 있는 영역을 '임계 영역'이라고 합니다. 하나의 스레드가 이 영역에 진입할 때 락을 걸어 다른 스레드가 수행되지 못하도록 하고 작업이 종료되면 락을 풀어서 다른 스레드가 작업하도록 하는 것을 '동기화 처리'라고 합니다. 이러한 동기화 처리를 하는 방법은 매우 간단합니다. 블록 또는 메서드 단위로 처리할 수 있는데 synchronized 키워드를 함께 사용합니다.

메서드 동기화 처리

메서드 이름 앞에 synchronized 키워드를 사용하면 해당 메서드 전체를 동기화 처리할 수 있습니다.

[메서드 동기화]

```
public synchronized void add( ) …
```

⟨Bank.java⟩ 코드와 ⟨BankThreadExample.java⟩ 코드를 수정하여 메서드를 동기화 처리해 보겠습니다.

예제 18-8 Bank 클래스 메서드 동기화 처리 — 소스 코드 Bank.java

```java
package section18;

public class Bank {
    private int money;

    public int getMoney() {
        return money;
    }

    public synchronized void addMoney(int money) {
        this.money += money;
    }
}
```

해설

10 : addMoney( ) 메서드를 동기화 합니다.

예제 18-9 스레드를 사용한 입금 ⟨메서드 동기화⟩ — 소스 코드 BankThreadExample.java

```java
package section18;

class AddThread implements Runnable {
    private Bank b;
    private String name;
    public AddThread(String name, Bank b) {
        this.name = name;
        this.b= b;
    }

    @Override
    public void run() {
        try {
            for(int i = 0; i < 10; i++) {
                Thread.sleep(1000);
                b.addMoney(1000);
                System.out.println(this.name + " 현재 잔고 : " + b.getMoney());
```

```
18                }
19
20          } catch (Exception e) {
21              e.printStackTrace();
22          }
23      }
24  }
25
26  public class BankThreadExample {
27      public static void main(String[] args) {
28          Bank b = new Bank();
29          Thread th1 = new Thread(new AddThread("1번", b));
30          Thread th2 = new Thread(new AddThread("2번", b));
31          th1.start();
32          th2.start();
33      }
34  }
```

실행 결과

```
2번 현재 잔고 : 2000
1번 현재 잔고 : 2000
2번 현재 잔고 : 3000
1번 현재 잔고 : 4000
2번 현재 잔고 : 6000
1번 현재 잔고 : 6000
2번 현재 잔고 : 7000
1번 현재 잔고 : 8000
1번 현재 잔고 : 10000
2번 현재 잔고 : 10000
1번 현재 잔고 : 11000
2번 현재 잔고 : 12000
2번 현재 잔고 : 14000
1번 현재 잔고 : 14000
2번 현재 잔고 : 15000
1번 현재 잔고 : 16000
2번 현재 잔고 : 18000
1번 현재 잔고 : 18000
2번 현재 잔고 : 19000
1번 현재 잔고 : 20000
1번 현재 잔고 : 20000
```

스레드에서 사용하는 addMoney(int money) 메서드를 동기화하고 다시 실행해 봤습니다. 스레드의 순서는 자원을 점유한 스레드가 우선적으로 작업되므로 1번과 2번 스레드가 순서대로 동작하지는 않았지만 서로 간섭하지 못했기 때문에 최종 20,000원으로 정상 입금된 것을 확인할 수 있습니다.

블록 동기화 처리

앞에서 학습한 바와 같이 메서드 동기화 처리를 통해 스레드의 간섭을 막을 수 있습니다. 다만 메서드 전체를 동기화하기 때문에 메서드 처리 시간이 길어질 경우 성능에 영향을 미치는 단점이 있습니다. 이러한 이유로 전체 메서드가 아닌 특정 영역만 동기화 처리를 할 수 있는데, 이를 '블록 동기화 처리'라고 합니다. 즉, 블록 동기화 처리는 실제 실행하는 스레드의 일부분을 동기화하여 처리하는 방법을 말합니다.

[블록 동기화]

```
synchronized (객체명) ...
```

위에서 작성한 처리 방법을 다시 살펴보겠습니다. synchronized 키워드를 사용해 현재 공유 중인 객체를 소괄호() 안에 명시하면 해당 자원에 대한 동기화가 진행됩니다.
같은 예제를 이번에는 블록 동기화를 적용하여 수정해 보겠습니다.

예제 18-10 Bank 클래스 블록 동기화 처리 　　　　　　　　　　　　　소스 코드 Bank.java

```java
01  package section18;
02
03  public class Bank {
04      private int money;
05
06      public int getMoney() {
07          return money;
08      }
09
10      public void addMoney(int money) {
11          this.money += money;
12      }
13  }
```

예제 18-11 스레드를 사용한 입금 <블록 동기화> 　　　　　　　소스 코드 BankThreadExample.java

```java
01  package section18;
02
03  class AddThread implements Runnable {
04      private Bank b;
05      private String name;
06      public AddThread(String name, Bank b) {
07          this.name = name;
08          this.b = b;
09      }
10
11      @Override
12      public void run() {
13          synchronized (b) {
14              try {
15                  for(int i = 0; i < 10; i++) {
16                      Thread.sleep(100);
```

```
17                        b.addMoney(1000);
18                        System.out.println(this.name + " 현재 잔고 : "+ b.getMoney());
19                    }
20                } catch (Exception e) {
21                    e.printStackTrace();
22                }
23            }
24        }
25    }
26
27    public class BankThreadExample {
28        public static void main(String[] args) {
29            Bank b = new Bank();
30            Thread th1 = new Thread(new AddThread("1번", b));
31            Thread th2 = new Thread(new AddThread("2번", b));
32            th1.start();
33            th2.start();
34        }
35    }
```

실행 결과

```
1번 현재 잔고 : 1000
1번 현재 잔고 : 2000
1번 현재 잔고 : 3000
1번 현재 잔고 : 4000
1번 현재 잔고 : 5000
1번 현재 잔고 : 6000
1번 현재 잔고 : 7000
1번 현재 잔고 : 8000
1번 현재 잔고 : 9000
1번 현재 잔고 : 10000
2번 현재 잔고 : 11000
2번 현재 잔고 : 12000
2번 현재 잔고 : 13000
2번 현재 잔고 : 14000
2번 현재 잔고 : 15000
2번 현재 잔고 : 16000
2번 현재 잔고 : 17000
2번 현재 잔고 : 18000
2번 현재 잔고 : 19000
2번 현재 잔고 : 20000
```

해설

13 : 스레드 실행 코드를 동기화 합니다. 동기화 대상 객체인 Bank의 인스턴스를 타겟으로 합니다.

블록 동기화를 통해서 특정 실행 대상을 동기화하면 결과는 메서드 동기화와 동일하게 나타납니다. 이렇듯 동기화 처리를 통해 다중 스레드의 작업 순서를 제어함으로써 원하는 결과를 효율적으로 얻을 수 있습니다.

잠깐! 혼자 코딩해 보기

스레드 동기화를 사용해 화물차에서 짐을 차례대로 나르는 일꾼들을 만들어 보세요.
단, 짐이 없을 때 프로그램은 종료됩니다!

SECTION 18.04 스레드 상태

NEW　RUNNABLE　TERMINATED　WAIT

스레드는 생성하고 실행, 종료되기까지 다양한 상태를 가집니다. 각 스레드의 상태는 스레드 클래스에 정의되어 있으며, Thread.State 타입으로 알 수 있습니다.
다음과 같이 스레드 상태에 따라 6개의 타입으로 분류하고 있습니다.

상태	상수	설명
생성	NEW	스레드 객체가 생성되었지만 아직 start( ) 메서드가 호출되지 않은 상태
대기	RUNNABLE	실행 대기 또는 실행 상태로 언제든지 갈 수 있는 상태
일시정지	WATING	다른 스레드가 종료될 때까지 대기하는 상태
	TIMED_WATING	주어진 시간 동안 대기하는 상태
	BLOCKED	락이 풀릴 때까지 대기하는 상태
종료	TERMINATED	수행을 종료한 상태

<표 18-1> 스레드 상태에 따른 상수 타입

스레드의 상태는 생성, 대기, 일시정지, 종료까지 4가지로 구분하며, 상태 구분에 따른 값을 상수로 가지고 있습니다. 이해를 돕기 위해 아래 그림을 통해 살펴보겠습니다.

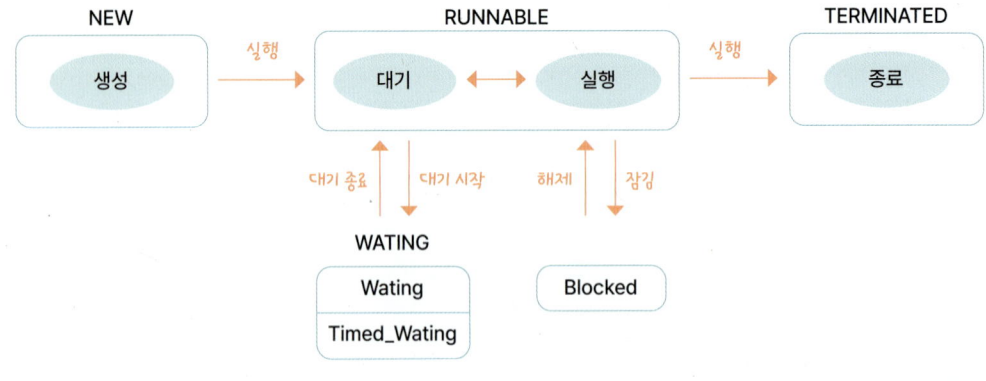

[그림 18-4] 스레드의 상태

스레드 객체를 생성하고 start( ) 메서드를 호출하면 바로 스레드가 실행되는 것처럼 보이지만 사실은 실행 대기 상태가 됩니다. 실행되지 않고 기다리고 있다가 하나의 스레드가 선택되면 CPU가 run( ) 메서드를 실행하도록 합니다. 이때 실제 실행 상태가 되며 실행 상태의 스레드는 run( ) 메서드를 모두 실행하기 전에 다시 실행 대기 상태로 돌아갈 수 있습니다. 다시 대기 상태가 되고 실행 상태가 되기를 반복하면서 조금씩 코드를 수행합니다. 더 이상 실행할 코드가 없으면 실행을 멈추게 되는데 이 상태를 종료 상태라고 합니다.

1 NEW 와 RUNNABLE, TERMINATED

처음 스레드가 생성되면 스레드는 NEW 상태가 됩니다. 생성 이후에 start( ) 메서드를 실행하면 스레드는 RUNNABLE 상태로 변하고 시작 이후에 스레드가 종료되면 TERMINATED 상태가 됩니다.

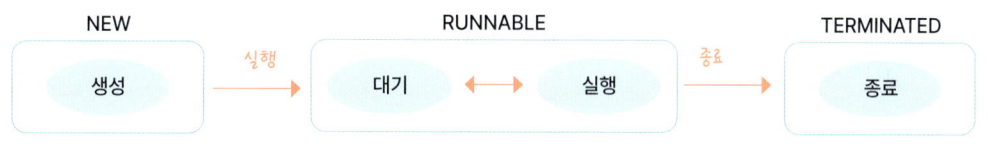

[그림 18-5] NEW, RUNNABLE, TERMINATED 상태

2 스레드 WAIT

스레드 WAIT 상태는 필요에 의해서 스레드를 잠시 멈춤 상태로 두는 것을 의미합니다. 스레드를 잠시 멈춤 상태로 만들 때는 일정 시간을 지정하거나 멈춤 상태의 락이 풀릴 때까지 대기하도록 만들 수 있습니다.

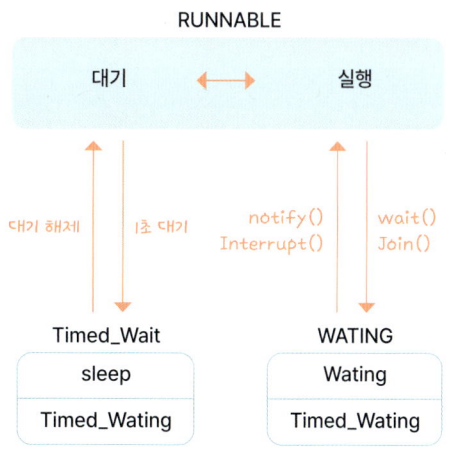

[그림 18-6] WAIT 상태

이처럼 스레드는 다양한 상태를 가지고 있습니다. 이러한 스레드의 상태 변화를 만드는 기능들에 대해 알아보겠습니다.

sleep

sleep(int mils) 메서드는 주어진 시간 동안 스레드를 정지시키는 메서드입니다. 해당 기능은 모든 스레드를 대기시키며, 주어진 시간이 지나면 풀리게 됩니다. 우리는 이전 동기화 예제에서 본 적이 있습니다. 주로 스레드의 작업 속도를 제어할 때 사용합니다.
다음 예제를 통해 확인해 봅니다.

예제 18-12 **스레드 sleep** 소스 코드 ThreadSleepExample.java

```java
package section18;

class TimeThread extends Thread {
    @Override
    public void run() {
        for(int i = 0; i < 1000; i++) {
            System.out.println("스레드 출력" + (i+1));

            try {
                // 1초간 일시 정지
                Thread.sleep(1000);
            } catch(InterruptedException e) {
                System.out.println("sleep Error");
            }
        }
    }
}

public class ThreadSleepExample {
    public static void main(String[] args) {
        TimeThread th = new TimeThread();
        th.start();
    }
}
```

실행 결과
```
스레드 출력 1
스레드 출력 2
스레드 출력 3
스레드 출력 4
스레드 출력 5
스레드 출력 6
스레드 출력 7
스레드 출력 8
스레드 출력 9
스레드 출력 10
...
스레드 출력 1000
```

해설

03 : 스레드 객체를 선언합니다.
06 : 스레드가 동작할 시간을 주기 위해 1000까지 반복합니다.
09~14 : Thread.sleep은 CheckedException인 InterruptedException이 걸려 있어서 예외 처리를 해야 합니다.
11 : 스레드를 1초간 대기 시킵니다.

⟨ThreadSleepExample.java⟩ 코드를 살펴보면 스레드를 구현하면서 Thread.sleep( ) 메서드를 사용해 1초간 대기 시켰습니다. 해당 예제를 실행해 보면 출력문이 1초 간격으로 출력되는 것을 확인할 수 있습니다.

wait( )와 notify( )

여러 개의 스레드가 동시에 동작하다 보면, 하나의 스레드가 완료되어야 다음 스레드가 동작할 수 있는 경우가 있습니다. 예를 들어 한쪽에서는 물건을 나르고, 다른 한쪽에서는 물건을 쌓는 스레드가 있다고 가정하겠습니다. 만약 쌓을 물건이 없다면 물건을 나르는 스레드는 할 일이 없어질 것입니다. 이때, 물건을 나르는 스레드를 잠시 중지시키고, 물건이 오면 다시 나르도록 할 수 있습니다. wait() 메서드는 스레드를 대기시키고, notify( ) 메서드는 대기 중인 스레드를 다시 동작시킬 때 사용합니다.

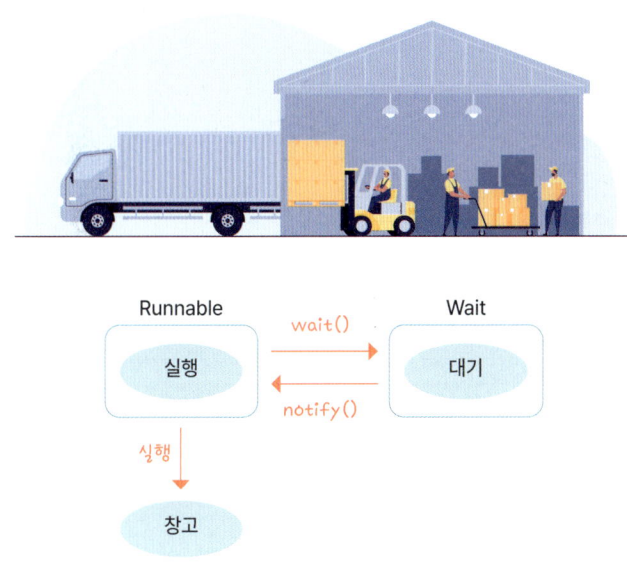

[그림 18-7] wait( )와 notify( )

위의 그림과 같이 wait( ) 메서드 실행 시 스레드는 대기 상태가 되며 notify( ) 메서드가 실행되면 다시 실행 상태가 되어 동작하게 됩니다.

예제 18-13 저장 클래스
소스 코드 Storage.java

```
01  package section18;
02
03  public class Storage {
04      private int stackCount = 10;    // 기본 10개를 지닌다.
05      public synchronized void addStack(int stackCount) {
```

```java
06          this.stackCount += stackCount;
07          if(this.stackCount >= 10) {
08              System.out.println("═스레드 깨우기═══");
09              notify();   // 잠자는 스레드를 깨운다.
10          }
11      }
12
13      public synchronized void popStack(int leaveCount) {
14          try {   // 현재 남아있는 것보다 꺼낼 것이 많다면..
15              if(leaveCount > this.stackCount) {
16                  this.stackCount = 0;   // 0개로 변경한다.
17              } else {
18                  this.stackCount -= leaveCount;
19              }
20
21              if(this.stackCount == 0) {
22                  System.out.println("═짐 없음 대기═══");
23                  wait();   // 스레드를 대기한다.
24                  System.out.println("═짐 없음 완료═══");
25              }
26
27          } catch(Exception e) {
28              e.printStackTrace();
29          }
30      }
31
32      public int getStackCount() {
33          return this.stackCount;
34      }
35  }
```

해설

04 : 짐은 기본 10개로 시작합니다.
07~10 : 짐이 10개 이상 일 때 대기 중인 스레드를 깨웁니다.
21~22 : 짐이 0 일 때 스레드를 멈춥니다.

짐을 저장하고 비우는 창고 클래스입니다. 처음에 10개의 짐을 가지고 시작합니다. 짐이 10개 이상 쌓였을 때 치우는 스레드를 동작시키게 되고, 짐이 모두 비워졌을 때는 10개가 채워질 때까지 치우는 스레드는 대기 상태가 됩니다. 다시 짐이 10개 채워지면 대기 중인 스레드를 깨워서 동작하게 합니다.

예제 18-14 저장 클래스 구현   소스코드 ThreadWaitExample.java

```java
01  package section18;
02
03  class AddStackThread extends Thread {
04      private Storage storage;
05
06      public AddStackThread(Storage storage) {
07          this.storage = storage;
08      }
09      @Override
10      public void run() {
11          // 1개씩 넣기
12          try {
13              while(true) {
14                  Thread.sleep(1000);
15                  if(this.storage.getStackCount() == 0) {
16                      System.out.println("짐 10개 추가");
17                      this.storage.addStack(10);
18                  }
19              }
20          } catch(Exception e) {
21              e.printStackTrace();
22          }
23      }
24  }
25
26  class PopStackThread extends Thread {
27      private Storage storage;
28      public PopStackThread(Storage storage) {
29          this.storage = storage;
30      }
```

```java
31      @Override
32      public void run() {
33          // 1개씩 나르기
34          try {
35              while(true) {
36                  Thread.sleep(1000);
37                  System.out.println("짐 5개 나르기");
38                  this.storage.popStack(5);
39              }
40          } catch(Exception e) {
41              e.printStackTrace();
42          }
43      }
44  }
45
46  public class ThreadWaitExample {
47      public static void main(String[] args) {
48          Storage s = new Storage();
49          AddStackThread add = new AddStackThread(s);
50          PopStackThread pop = new PopStackThread(s);
51
52          add.start();
53          pop.start();
54      }
55  }
```

실행 결과

짐 5개 나르기
짐 5개 나르기
═짐 없음 대기═
짐 10개 추가
═스레드 깨우기═
═대기 완료═
짐 5개 나르기
짐 5개 나르기
═짐 없음 대기═
짐 10개추가
═스레드 깨우기═
═대기 완료═
짐 5개 나르기
… 이하 생략

해설

03 : 짐을 쌓는 스레드를 생성합니다.
14 : 스레드 속도를 위해서 1초 지연합니다.
15~18 : 짐이 0개일 때 10개를 채웁니다.
26 : 짐을 치우는 스레드를 생성합니다.
36 : 스레드 속도를 위해서 1초 지연합니다.
38 : 짐을 5개씩 나릅니다.

짐을 나르고 채우는 예제입니다. 짐을 모두 나르면 대기하여 채우게 하고, 짐을 채우면 다시 나르는 것을 반복합니다.

핵심정리

- **프로세스** 프로세스란 프로그램이 동작하여 메모리에 올려진 상태를 말하며 실행 중인 프로그램을 의미합니다.

- **스레드** 스레드는 프로세스 내에서 독립적으로 실행되는 작업 단위를 의미합니다. 프로세스 내의 주소 공간이나 자원들과 같은 스레드끼리 공유하면서 실행됩니다.

- **멀티 스레드** 스레드는 임의의 클래스에 Thread 클래스를 상속하거나 Runnable 인터페이스를 상속하여 구현할 수 있는데, 하나의 프로세스 안에서 스레드를 여러 개 선언하여 멀티 스레드를 사용할 수 있습니다.

- **동기화 메서드** 멀티 스레드를 구현할 경우, 스레드의 동작 순서와 자원 공유를 위해 스레드 동기화를 통해 기능을 구현합니다. 스레드 객체 내부의 동기화 메서드를 실행하면 다른 스레드가 동기화 메서드를 실행하지 못하도록 스레드끼리의 자원 공유를 제어합니다.

- **스레드 상태** 스레드를 생성하고 동작을 시작하면 다양한 상태를 가지게 됩니다. 스레드의 상태는 자동으로 변경될 수 있고 개발자에 의해 임의로 변경할 수 있습니다.

상태	상수	설명
생성	NEW	스레드 객체가 생성되었지만 아직 start() 메서드가 호출되지 않은 상태
대기	RUNNABLE	실행 대기 또는 실행 상태로 언제든지 갈 수 있는 상태
일시정지	WATING	다른 스레드가 종료될 때까지 대기하는 상태
	TIMED_WATING	주어진 시간 동안 대기하는 상태
	BLOCKED	락이 풀릴 때까지 대기하는 상태
종료	TERMINATED	수행을 종료한 상태

- **sleep 메서드** 스레드의 상태를 잠시 정지하고 싶다면 sleep 메서드를 사용해 원하는 시간(초 단위)만큼 정지시킬 수 있습니다.

- **wait( ), notify( ) 메서드** wait( ), notify( ) 메서드를 사용하면 원하는 시점에 스레드를 잠시 종료하거나 다시 시작할 수 있습니다

응용문제

1. 다음 중 스레드의 설명으로 틀린 것을 고르세요.

   ① 스레드는 프로세스 내 작업 단위를 말합니다.
   ② 하나의 프로세스 안에 여러 개의 스레드가 존재할 수 있습니다.
   ③ 스레드가 여러 개일 경우 서로 간의 간섭이 가능합니다.
   ④ 스레드는 Thread 클래스 또는 Runnable 인터페이스를 상속하여 구현합니다.

2. 다음 중 스레드 일시정지 상태에 대한 설명 중 틀린 것을 고르세요.

   ① 일시정지 상태는 BLOCKED, WAITING, TIMED_WAITING이 있습니다.
   ② 스레드가 동기화 메서드를 실행할 때 다른 스레드가 동기화 메서드를 호출하게 되면 BLOCKED 일시정지 상태가 됩니다.
   ③ 스레드가 여러 개일 경우 서로 간의 간섭이 가능합니다.
   ④ yield 메서드를 호출하면 TIMED_WAITING 일시정지 상태가 됩니다.

3. 다음 빈칸에 알맞은 코드를 작성하여 완성해 보세요.

```
01    package section18;
02
03    class MyThread extends ⬜ {
04        @Override
05        public void run() {
06            for(int i = 1; i <= 5; i++) {
07                System.out.println(i + "초");
08            }
```

```
09      }
10
11      public static void main(String[] args) {
12          MyThread m = new MyThread();
13          m.start();
14      }
15  }
```

4. 다음 코드의 빈칸을 완성하여 스레드를 동작시키는 코드를 작성해 보세요.

```
01  package section18;
02
03  class MyRunnable implements Runnable {
04      @Override
05      public void run() {
06          for(int i = 1; i <= 5; i++) {
07              try {
08                  Thread.sleep(1000);
09              } catch(InterruptedException e) {
10                  e.printStackTrace();
11              }
12              System.out.println(i + "초");
13          }
14      }
15
16
17
18  }
19  }
```

SNS에 글을 작성하고 사진을 올리는 것은
어떻게 구현하는걸까?

컴퓨터는 입력기능과 출력기능을 가지고 있습니다.
우리가 컴퓨터를 통해 음악을 듣고 동영상을 보고 SNS를 할 수 있는 것도
모두 입출력 기능이 있어서 가능한 일입니다.

MISSION 1 입출력 스트림을 이해하고 사용할 수 있습니다. 2 바이트 기반 입출력 스트림과 문자 기반 입출력 스트림을 선택하고 사용할 수 있습니다.

KEYWORD #입출력 #I/O #File #Stream

SECTION 19

파일 입출력

01 | 자바 입출력과 스트림
02 | 입출력 스트림의 종류
03 | 바이트 기반 스트림
04 | 문자 기반 스트림
05 | 보조 스트림
06 | File 클래스
07 | 직렬화

SECTION 01 자바 입출력과 스트림

입출력 스트림의 특징

프로그램은 데이터를 외부에서 입력받아 처리하고 출력하는 구조로 되어 있습니다. 프로그램으로 들어오는 모든 값을 Input이라 하고, 출력되는 값을 Output이라고 합니다. 이를 '입출력(I/O)'이라고도 부르며 자바에서는 입출력을 처리하기 위해 별도의 I/O 패키지를 제공합니다.

여기서 데이터란, 자바 프로그램에서 처리할 수 있는 모든 데이터를 의미합니다. 디스크상에 존재하는 데이터일 수도 있고, 키보드나 마우스와 같은 외부 입력장치에서 입력되는 데이터일 수도 있으며, 인터넷을 통해 전송되는 데이터일 수도 있습니다.

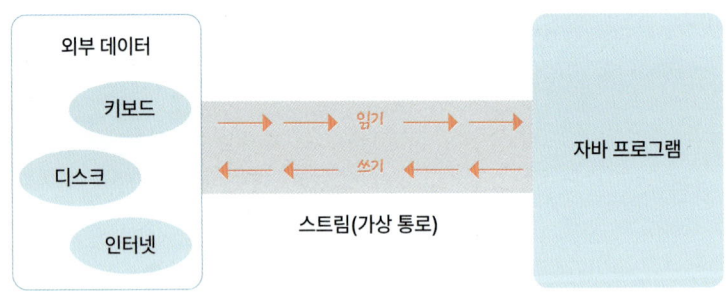

[그림 19-1] 스트림

예를 들어 디스크에 있는 〈read.txt〉 파일을 읽어서 〈write.txt〉 파일을 쓴다고 가정한다면 우선 파일에 접근하기 위한 길이 필요할 것입니다. 또한 읽어온 데이터를 쓰기 위한 길도 필요합니다. 이렇듯 자바 프로그래밍이 디스크에 접근해 데이터를 주고받는 작업을 도와주는 통로를 '스트림(Stream)' 또는 '가상 통로'라고 합니다.

1 입출력 스트림의 특징

자바에서는 입출력을 위한 입력 스트림(InputStream)과 출력 스트림(OutputStream)이 있습니다. 프로그램을 기준으로 데이터가 들어오면 입력 스트림이며 데이터가 나가면 출력 스트림입니다. 입력과 출력이 동시에 진행되는 것이 아니라 각각 독립적으로 한 가지 기능만 동작하기 때문에 데이터를 교환하기 위해서는 입력 스트림과 출력 스트림이 따로 필요합니다.

다음은 자바 입출력 스트림의 주요 특징입니다.

- 스트림은 입출력 장치와 자바 프로그램 간의 연결 통로로 스트림의 양 끝에서 전달이 이루어집니다.
- 단방향 통신이므로 입력 스트림과 출력 스트림을 별도로 사용해야 하며 FIFO(First In Fires Out) 구조를 이루고 있습니다.
- 연속된 데이터의 흐름으로 입출력 진행 시 다른 작업을 할 수 없는 상태가 됩니다.
- 입출력 대상을 변경하기 편하며 동일한 프로그램 구조를 유지할 수 있습니다.

TIP
- FIFO(First In Fires Out) : 먼저 들어온 데이터가 먼저 나가는 선입 선출 구조 / 큐
- LIFO(Last In First Out) : 뒤에 들어온 데이터가 먼저 나가는 후입 선출 구조 / 스택

SECTION 02
입출력 스트림의 종류
바이트 기반 스트림과 문자 기반 스트림

자바의 기본적인 데이터 입출력은 java.io 패키지에서 제공합니다. java.io 패키지에서는 파일 시스템의 정보를 얻기 위한 File 클래스와 데이터 입출력을 위한 다양한 스트림 클래스를 제공하는데 스트림의 종류를 크게 분류하면 전달 방식에 따라 바이트(byte) 기반 스트림과 문자(char) 기반 스트림으로 구분합니다. 바이트 기반 스트림은 데이터를 컴퓨터의 기본 단위인 byte 단위로 나누어 읽거나 쓰고, 문자 기반 스트림은 텍스트 기반 문서를 다루기 위해 사용하는 스트림입니다.

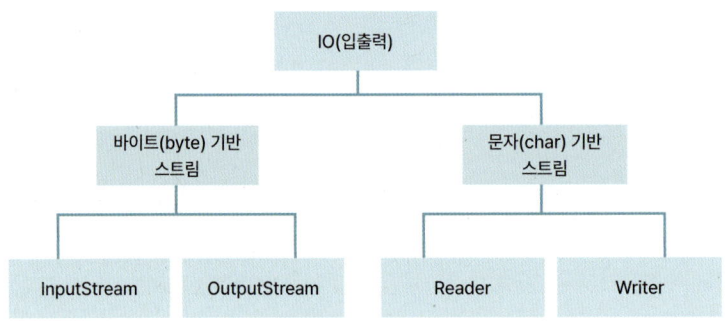

[그림 19-2] 입출력 스트림의 종류

도표를 통해서 간략하게 바이트 기반 스트림과 문자 기반 스트림을 분류했습니다. 바이트 기반 스트림의 최상위 객체는 InputStream과 OutputStream이며, 문자 기반 스트림의 최상위 객체는 Reader와 Writer입니다.

바이트 기반 스트림과 문자 기반 스트림의 특징은 다음과 같습니다.

바이트 기반 스트림	문자 기반 스트림
· byte 단위로 파일을 읽고 출력할 때 사용 · 모든 타입의 데이터 가능	· 문자 단위로 파일을 읽고 출력할 때 사용 · 문자 데이터만 가능

<표 19-1> 바이트 기반 스트림과 문자 기반 스트림의 특징

바이트 기반 스트림은 파일의 단위인 byte 단위로 데이터를 입출력하는 스트림이므로 그림, 멀티미디어, 문자 등 모든 종류의 데이터를 주고받을 수 있습니다. 반면 문자 기반 스트림은 문자 단위로 데이터를 입출력하는 스트림이므로 오직 텍스트로 이루어진 문서만을 주고받을 수 있습니다.

SECTION 19 03 바이트(byte) 기반 스트림

`InputStream` `FileInputStream` `OutputStream` `FileOutputStream`

컴퓨터의 모든 데이터는 바이트(byte) 단위로 이루어져 있습니다. 따라서 바이트 기반 스트림의 경우 모든 타입의 데이터를 읽고 쓰는 것이 가능합니다. 바이트 기반 스트림은 바이트 입력 스트림과 바이트 출력 스트림이 있습니다.

1 InputStream : 바이트 입력 스트림

바이트 기반의 입력 스트림은 최상위 클래스로 InputStream 객체가 제공됩니다. 해당 객체를 상속해 다양한 입력 스트림들이 존재합니다. InputStream의 계층 구조는 다음과 같습니다.

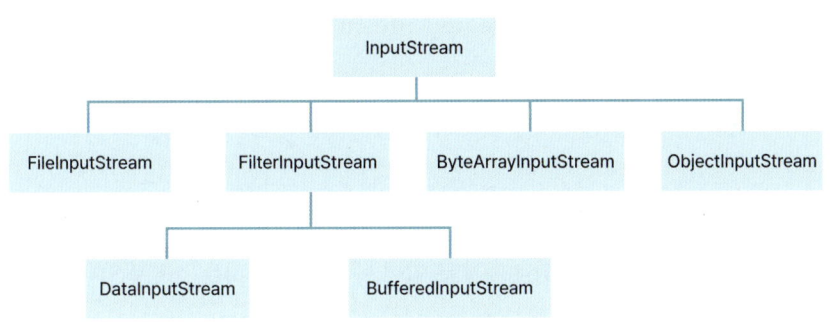

[그림 19-3] 바이트 입력 스트림의 계층 구조

모두 InputStream을 상속하여 다양한 입력 스트림을 구현하고 있습니다. 각자의 개발 목적에 맞게 선택하여 사용할 수 있습니다. 예를 들어 파일을 읽어서 사용하고 싶다면 FileInputStream 객체를 선언해 사용합니다.

InputStream은 모든 바이트 기반 입력 스트림이 기본적으로 가져야 할 메서드들이 다음과 같이 정의되어 있습니다.

메서드	설명
int read( )	문자를 1byte씩 읽고 반환 더 이상 읽을 문자가 없으면 -1을 반환
int read(byte[ ] b)	매개변수로 주어진 배열에 읽은 문자를 저장하고 실제로 읽은 수만큼 반환 더 이상 읽을 문자가 없으면 -1을 반환
int read(byte[ ], int offset, int len)	매개변수로 주어진 배열에 정해진 범위만큼 읽어서 저장 시작 위치(offset), 길이(len)
int available( )	스트림으로부터 읽어올 수 있는 데이터의 크기를 반환
close( )	스트림 사용을 종료하고 자원을 반환

<표 19-2> InputStream의 주요 메서드

IntputStream의 주요 메서드를 살펴봤습니다. 이제 해당 기능들을 이용해 데이터를 입력할 수 있습니다. 그럼, InputStream 중 가장 많이 사용하는 FileInputStream으로 각 기능들을 살펴보겠습니다.

2 FileInputStream

FileInputStream은 파일에서 바이트 단위로 자료를 읽어 들일 때 사용하는 스트림입니다. 파일을 읽기 위한 FileInputStream을 선언하는 방법은 다음과 같습니다.

```
new FileInputStream(경로/파일명);
```

매개변수로 파일명을 포함한 경로를 지정합니다. 이미지, 동영상, 텍스트 등 모든 타입의 파일을 읽어올 수 있습니다. 해당 객체를 통해 파일을 어떻게 읽어올 수 있는지 기능들을 살펴보겠습니다.

read( ) 메서드

FileInputStream을 사용하면 파일을 읽어올 수 있습니다. 디스크에 저장된 문서 또는 인터넷상에서 받을 수 있는 문서들을 읽어서 출력할 수 있습니다. 예제를 위한 텍스트 파일을 만들 때는 프로젝트를 선택하고 파일을 만들어서 저장합니다.

read() 메서드는 데이터를 1byte씩 읽어서 int 타입으로 리턴합니다. 더 이상 읽을 내용이 없다면 -1을 반환하여 데이터를 다 읽은 시점을 알 수 있습니다. 이를 활용해 텍스트 파일의 내용을 읽어오는 예제를 만들어 보겠습니다.

먼저, 텍스트 파일을 만듭니다. 파일의 위치는 프로젝트 최상단에 위치하도록 합니다.

아래 파일을 만드는 방법을 참조하세요.

프로젝트를 선택하고 [New] - [File]을 선택합니다.

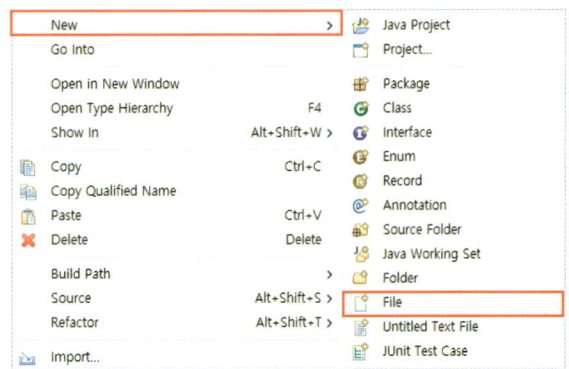

파일 위치를 확인하고 [File name] 입력란에 'my_file.txt'를 입력합니다. 텍스트 파일에는 간단하게 "hello world" 문장을 입력합니다.

임의의 폴더를 만들어 해당 경로를 메모하여 사용해도 좋습니다.

예제 19-1 read( ) 메서드를 이용한 파일 읽기   소스 코드 EX19_01.java

```java
package section19;
import java.io.FileInputStream;
import java.io.IOException;
import java.io.InputStream;

public class EX19_01 {
    public static void main(String[] args) {
        // 파일을 읽어올 변수
        int read = 0;
        // 스트림 선언
        InputStream in = null;
        try {
            in = new FileInputStream("my_file.txt");
            while(true) {
                // 파일 읽기
                read = in.read();
                // -1 이면 종료
                if(read == -1) {
                    break;
                }
                System.out.print((char)read);
            }
        } catch(IOException e) {
            System.out.println("Error : " + e.getMessage());
        } finally {

            try {
                // 객체가 사용 중이라면 닫는다.
                if(in != null) {
                    in.close();
                }
            } catch(Exception e) {
                e.printStackTrace();
            }
        }
    }
}
```

실행 결과
```
hello world
```

해설

09 : 파일 내용을 저장할 변수를 선언합니다.
11 : InputStream 객체를 선언합니다.
12 : 입출력 I/O는 try-catch를 의무로 사용합니다.
13 : FileInputStream을 선언하면서 파일 경로를 매개변수로 지정합니다.
16 : read( ) 메서드를 사용해 1byte씩 파일을 읽어옵니다.
18~20 : 파일을 모두 읽어서 -1을 반환하면 멈춥니다.
21 : 바이트 타입으로 읽은 데이터를 문자로 치환합니다. read( ) 메서드로 파일을 읽을 경우 띄어쓰기나 줄 바꿈 기호까지 읽어 오기 때문에 print( ) 문을 사용해도 띄어쓰기나 줄 바꿈이 자동으로 일어납니다.
25~33 : 입출력 I/O는 사용 후 닫아주는 것이 좋습니다. 다만 finally에서 닫을 경우 다시 try-catch를 한 번 더 작성해야 합니다.

바이트 입력 스트림의 read( ) 메서드를 사용해 텍스트 파일을 읽어오는 예제를 확인했습니다. read( ) 메서드는 데이터를 바이트 타입으로 읽어오기 때문에 문자를 출력할 때는 21행처럼 형 변환하여 출력해야 합니다. 프로그램 종료 전에 입출력 I/O의 경우 close( ) 해주는 것이 좋습니다. finally는 예외 발생 유무와 상관없이 실행됨으로 해당 위치에서 닫아주는 것이 좋습니다. 모든 입출력 기능은 CheckedException을 따르기 때문에 예외 처리를 해주어야 합니다.

read(byte[ ] b) 메서드

read( ) 메서드는 데이터를 1byte씩 읽기 때문에 속도가 느리다는 단점이 있습니다. 반면에 read(byte[ ]) 메서드는 데이터를 배열에 담아서 읽으므로 데이터를 읽는 횟수가 현저히 줄어듭니다. 따라서 데이터를 읽는 속도를 향상시킬 수 있습니다.

예제 19-2 Read(byte[ ]) 메서드를 이용한 파일 읽기   소스 코드 EX19_02.java

```java
01  package section19;
02  import java.io.FileInputStream;
03  import java.io.IOException;
04  import java.io.InputStream;
05
06  public class EX19_02 {
07      public static void main(String[] args) {
08          // 파일을 읽어올 변수
09          int read = 0;
10          // 스트림 선언
```

```java
11          InputStream in = null;
12          // 데이터를 담을 배열 선언
13          byte[] buffer = new byte[5];
14          try {
15              in = new FileInputStream("my_file.txt");
16              while(true) {
17                  // 파일 읽기
18                  // 읽어온 데이터는 배열에 담긴다.
19                  read = in.read(buffer);
20                  // -1 이면 종료
21                  if(read == -1) {
22                      break;
23                  }
24                  System.out.print(new String(buffer, 0, read));
25              }
26          } catch(IOException e) {
27              System.out.println("Error : " + e.getMessage());
28          } finally {
29
30              try {
31                  // 객체가 사용 중이면 닫는다.
32                  if(in != null) {
33                      in.close();
34                  }
35              } catch(Exception e) {
36                  e.printStackTrace();
37              }
38          }
39      }
40  }
```

> 실행 결과
> hello world

해설

13 : 데이터를 저장할 바이트 배열을 선언합니다.

19 : read() 메서드 호출 시 배열을 매개변수로 전달합니다. 해당 배열의 크기만큼 데이터를 읽어서 저장하고 그 크기를 반환합니다.

24 : String 객체 생성자에 배열 이름과 시작 위치, 길이를 매개변수로 전달하여 데이터를 읽은 길이만큼 배열에서 꺼내어 문자열로 반환합니다.

위의 예제처럼 배열을 이용해서 한 번에 여러 개의 데이터를 가져오면 반복 횟수가 감소되므로 파일 읽는 속도가 향상됩니다. 다만, 한 가지 주의할 점이 있습니다.

```
System.out.print(new String(buffer, 0, length));
```

해당 문법은 배열에 있는 데이터를 출력할 때 사용했습니다. length는 read() 메서드가 읽은 만큼의 수를 반환한 값을 사용했는데 만약 다음과 같이 배열의 전체 길이 값을 사용하면 어떻게 될까요?

```
System.out.print(new String(buffer, 0, 5));
```

실행 결과
```
hello worldworl
```

배열의 길이만큼 출력으로 변경했더니 worl 문자가 이어서 출력되었습니다. 그 이유를 아래 그림을 통해 살펴보겠습니다.

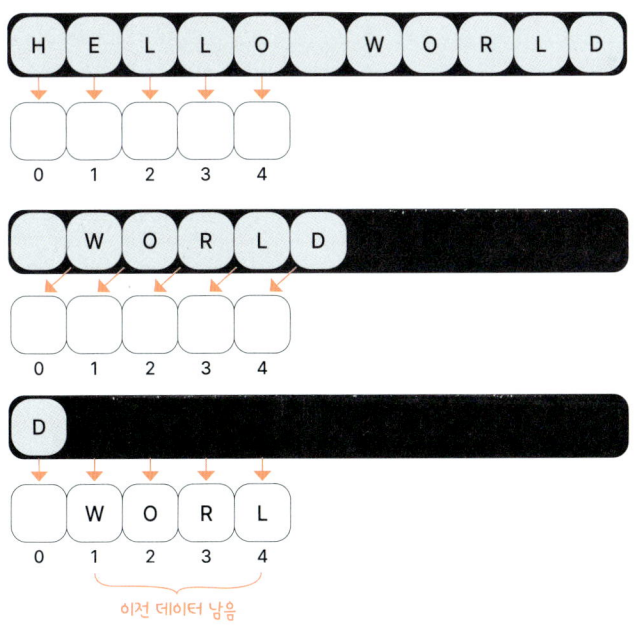

[그림 19-4] 배열의 길이만큼 출력 결과

배열은 선언한 후에는 크기가 늘거나 줄어들지 않으므로 5개의 배열에 데이터를 넣고 출력하는 형식이 됩니다. 하지만 배열의 크기보다 남아있는 데이터가 작거나 이전에 데이터를 저장한 경우에는 새로 입력된 데이터 이후 기존에 입력했던 잔재가 남게 됩니다. 따라서 읽은 만큼만 가져오지 않는다면 이전에 저장했던 데이터가 출력됩니다. 배열을 이용한 읽기 방식에서는 이 부분을 유의해서 진행해야 합니다.

 **PLUS 학습 코너**

바이트 기반 입력 스트림으로 파일을 읽을 때 read( ) 메서드를 통해 읽으면 한글의 경우 깨짐 현상이 일어납니다. 그 이유는 글자를 바이트 타입으로 변경하고 읽은 후, 다시 문자형으로 변환할 때 정상적으로 변환되지 않기 때문입니다.

예) System.out.print((char)read);
  원본 : 안녕하세요
  결과 : ㅌㅌ녕ㅌㅌㅌ세요ㅌㅌ

만약 바이트 기반으로 한글을 읽는다면 read(byte [] buffer) 메서드를 사용해야 합니다.
배열을 이용해 글자를 읽어오기 때문에 단어 그대로 저장해서 가져올 수 있습니다.

예) System.out.print(new String(buffer, 0, length));
  원본 : 안녕하세요
  결과 : 안녕하세요

지금까지 바이트 기반의 입력 스트림에 대해 살펴봤습니다. 다음은 바이트 기반의 출력 스트림에 대해 알아보겠습니다.

3 OutputStream : 바이트 출력 스트림

바이트 기반의 출력 스트림은 최상위 클래스로 OutputStream 객체가 제공됩니다. 해당 객체를 상속해 다양한 출력 스트림들이 존재합니다. OutputStream의 계층 구조는 다음과 같습니다.

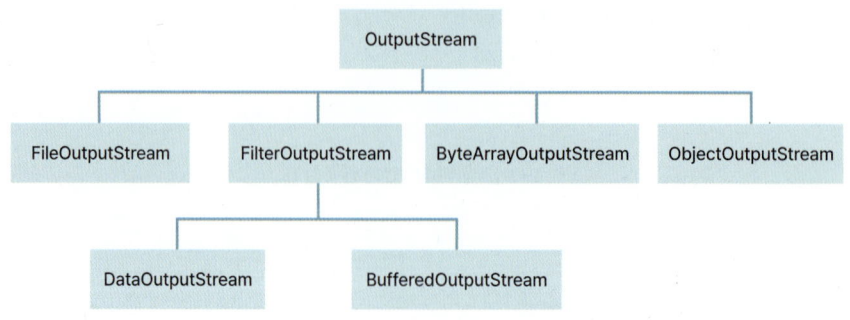

[그림 19-5] 바이트 출력 스트림의 계층 구조

모두 OutputStream을 상속하여 다양한 출력 스트림을 구현하고 있습니다. 각자의 개발 환경에 맞게 선택하여 사용하면 됩니다. 예를 들어 데이터를 파일에 쓰고 싶다면 FileOutputStream 객체를 선언하여 사용합니다.

OutputStream은 모든 바이트 기반 출력 스트림이 기본적으로 가져야 할 메서드들이 다음과 같이 정의되어 있습니다.

메서드	설명
int write(int b)	1byte 출력
int write(byte[ ] b)	매개변수로 주어진 배열의 모든 바이트 출력
int write (byte[ ] b, int offset, int len)	매개변수로 주어진 배열에 정해진 범위만큼 읽어서 출력 시작 위치(offset), 길이(len)
void flush( )	출력 버퍼에 잔류하는 모든 내용 출력
close( )	스트림 사용을 종료하고 자원 반환

<표 19-3> OutputStream의 주요 메서드

OutputStream의 주요 메서드를 살펴봤습니다. 해당 기능들을 통해 데이터를 출력할 수 있습니다. 그럼, OutputStream 중 가장 많이 사용하는 FileOutputStream으로 각 기능들을 살펴보겠습니다.

4 FileOutputStream

파일을 쓰기 위한 FileOutputStream을 선언하는 방법은 다음과 같습니다.

```
new FileOutputStream(경로/파일명, 이어쓰기 옵션);
```

파일을 쓸 때 기존 파일명이 존재하는 경우가 있습니다. 이때 해당 파일의 내용을 유지한 채 이어 쓰거나 기존의 내용을 무시하고 새롭게 파일을 생성할 수 있습니다.

이어 쓰기 옵션이 true이면 기존 파일에 이어서 내용을 추가하고, false이면 기존 내용을 무시하고 새로 쓰게 됩니다. 기본 옵션은 false로 되어 있습니다.

write(int b) 메서드

write(int b) 메서드는 1byte 단위로 데이터를 받아 출력하는 메서드입니다. 단일 데이터를 매개변수로 받아서 출력 대상에 쓰게 됩니다.

예제 19-3 1byte씩 출력하기
소스 코드 EX19_03.java

```java
01  package section19;
02  import java.io.FileOutputStream;
03  import java.io.IOException;
04  import java.io.OutputStream;
05
06  public class EX19_03 {
07      public static void main(String[] args) {
08          OutputStream out = null;
09          try {
10              out = new FileOutputStream("write.txt", false);
11              out.write('H');
12              out.write('E');
13              out.write('L');
14              out.write('L');
15              out.write('O');
16
17          } catch(IOException e) {
18              e.printStackTrace();
19          } finally {
20              try {
21                  // 객체가 사용 중이라면 닫는다.
22                  if(out != null) {
23                      out.close();
24                  }
25              } catch(Exception e) {
26                  e.printStackTrace();
27              }
28          }
29      }
30  }
```

*write.txt
1 HELLO

해설

08 : OutputStream을 선언합니다.
10 : 파일 객체를 선언합니다. 파일을 생성할 위치와 이어쓰기 옵션을 매개변수로 전달합니다.
11~15 : write() 메서드를 이용해 문자를 출력합니다.

FileOutputStream을 이용해서 파일을 생성하고 내용을 출력하는 예제입니다. 예제를 실행하면 화면에는 아무것도 없이 종료될 것입니다. 만약 파일 생성 위치를 프로젝트 내부로 지정했다면 프로젝트를 새로 고침하면 생성된 파일을 볼 수 있습니다.

write(byte[ ] b) 메서드

write(byte[ ] b) 메서드는 파일을 쓸 때, 배열을 통해서 여러 데이터를 한 번에 출력할 수 있습니다. 많은 양의 데이터를 파일에 저장할 때 유용합니다.

예제 19-4　byte 배열을 이용해 출력하기　　　　　　　　　　　소스 코드 EX19_04.java

```java
package section19;
import java.io.FileOutputStream;
import java.io.IOException;
import java.io.OutputStream;

public class EX19_04 {
    public static void main(String[] args) {
        OutputStream out = null;
        try {
            out = new FileOutputStream("write_arrty.txt", false);
            String str = "hello world";
            // 문장을 바이트 배열로 변환하여 반환
            byte[] strArray = str.getBytes();
            out.write(strArray);

        } catch(IOException e) {
            e.printStackTrace();
        } finally {
            try {
                // 객체가 사용 중이라면 닫는다.
                if(out != null) {
                    out.close();
                }
            } catch(Exception e) {
                e.printStackTrace();
            }
        }
    }
}
```

*write_arrty.txt
1 hello world

> **해설**
>
> 11 : 파일에 저장할 문자열을 생성합니다.
> 13 : 문자열을 바이트 배열 타입으로 변환하여 반환합니다.
> 14 : 바이트 배열 타입으로 변환된 문자를 출력합니다.
> 22 : 사용을 마친 객체를 닫습니다.

String 객체는 바이트 배열 타입으로 변환할 수 있습니다. 해당 기능을 사용해 바이트 배열 타입의 데이터를 입력하는 예제를 만들 수 있습니다.

배열을 사용한 위의 예제들만 보면, 기존 문법에 비해 얼마나 속도가 향상되었는지 쉽게 알 수 없습니다. 그래서 두 예제를 응용해 이미지를 복사해 보겠습니다. 우선 배열을 사용하지 않았을 때와 배열을 사용해 구성했을 때의 차이를 살펴보겠습니다.

예제 19-5 read()와 write()를 이용한 이미지 복사   소스 코드 EX19_05.java

```java
package section19;
import java.io.FileInputStream;
import java.io.FileOutputStream;
import java.io.IOException;

public class EX19_05 {
    public static void main(String[] args) {
        FileInputStream in = null;
        FileOutputStream out = null;
        try {
            in = new FileInputStream("back.jpg");
            out = new FileOutputStream("back_copy.jpg");
            // 현재 시간을 m/s 단위로 나타냄
            long start = System.currentTimeMillis();
            System.out.println("이미지 읽기 시작");
            int read = 0;
            while((read = in.read()) != -1) {
                out.write(read);
            }
            System.out.println("이미지 읽기 종료");
            long end = System.currentTimeMillis();
            long time = (end - start) / 1000;
            System.out.println(time + "초");
        } catch(IOException e) {
            e.printStackTrace();
```

```
26              } finally {
27                  try {
28                      if(out != null) {
29                          out.close();
30                      }
31                      if(in != null) {
32                          in.close();
33                      }
34                  } catch(Exception e) {
35                      e.printStackTrace();
36                  }
37              }
38          }
39      }
```

> **실행 결과**
>
> 이미지 읽기 시작
> 이미지 읽기 종료
> 17 초

해설

14 : 현재 시간을 1/1000초 단위로 나타냅니다.
17~19 : 읽은 이미지를 그대로 씁니다.
21 : 이미지 복사가 완료된 시점의 시간을 출력합니다
22 : 시간의 차이를 구합니다.
23 : 이미지를 복사하는 데 걸린 시간을 출력합니다.

이번 예제에서 사용된 이미지는 약 2MB 크기의 이미지를 사용했습니다. 이 정도의 이미지라면 최신 스마트폰에서 찍은 사진보다 훨씬 용량이 작은 사이즈입니다. 그런데 복사하는데 약 17초의 시간이 걸렸습니다. 매우 느린 속도입니다. 그럼 배열을 이용하여 복사해 보겠습니다.

예제 19-6 배열을 이용한 이미지 복사   소스 코드 EX19_06.java

```
01  package section19;
02  import java.io.FileInputStream;
03  import java.io.FileOutputStream;
04  import java.io.IOException;
05
06  public class EX19_06 {
07      public static void main(String[] args) {
08          FileInputStream in = null;
09          FileOutputStream out = null;
```

```java
10          try {
11              in = new FileInputStream("back.jpg");
12              out = new FileOutputStream("back_copy.jpg");
13              byte[] buffer = new byte[512];
14              // 현재 시간을 m/s 단위로 나타냄
15              long start = System.currentTimeMillis();
16              System.out.println("이미지 읽기 시작");
17              int read = 0;
18              while((read = in.read(buffer)) != -1) {
19                  out.write(buffer, 0, read);
20              }
21              System.out.println("이미지 읽기 종료");
22              long end = System.currentTimeMillis();
23              double time = (double)(end - start) / 1000;
24              System.out.println(time + "초");
25          } catch(IOException e) {
26              e.printStackTrace();
27          } finally {
28              try {
29                  if(out != null) {
30                      out.close();
31                  }
32                  if(in != null) {
33                      in.close();
34                  }
35              } catch(Exception e) {
36                  e.printStackTrace();
37              }
38          }
39      }
40  }
```

실행 결과

이미지 읽기 시작
이미지 읽기 종료
0.044 초

해설

13 : 바이트 타입의 배열을 생성합니다.
18~20 : 배열을 사용하여 읽어오고 읽어온 만큼 씁니다.

바이트 배열을 이용해 이미지 파일을 복사했습니다. 첫 번째 예제와 비교해 속도가 눈에 띄게 향상된 것을 확인할 수 있습니다.

SECTION 19-04 문자 기반 스트림

Reader 스트림　Writer 스트림　FileWriter 선언

자바에서는 기본 자료형인 char형을 통해 문자를 저장할 수 있습니다. 1byte 단위로 처리하는 바이트 기반 스트림은 모든 파일을 다룰 수 있으나 문자를 처리하는 char형의 크기는 2byte로 별도의 처리를 하지 않으면 정상적으로 읽지 못하는 경우가 있습니다. 이때, 문자 기반 스트림을 사용하면 간단하게 문자를 처리할 수 있습니다. 문자 기반 스트림은 문자 입력 스트림과 문자 출력 스트림이 있습니다.

1 Reader : 문자 입력 스트림

문자 기반의 입력 스트림은 최상위 클래스인 Reader를 상속해 다양한 클래스를 제공합니다. Reader의 계층 구조는 다음과 같습니다.

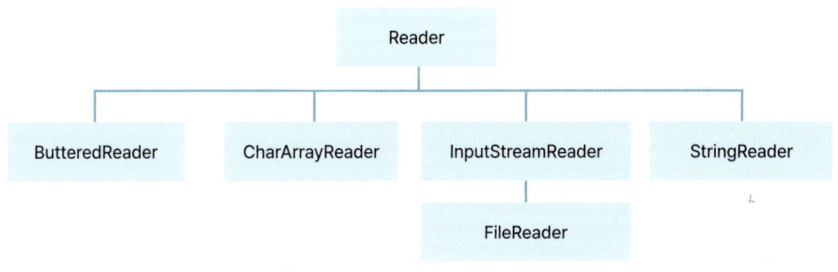

[그림 19-6] 문자 입력 스트림의 계층 구조

Reader는 모든 문자 기반 입력 스트림이 기본적으로 가져야 할 메서드들이 다음과 같이 정의되어 있습니다.

메서드	설명
int read( )	1개의 문자를 읽고 반환 더 이상 읽을 문자가 없으면 -1을 반환
int read(char[ ] cbuf)	매개변수로 주어진 배열에 읽은 문자를 저장하고 읽은 수만큼 반환 더 이상 읽을 문자가 없으면 -1을 반환
int read(char[ ] cbuf, int offset, int len)	매개변수로 주어진 배열에 정해진 범위만큼 읽어서 저장 시작 위치(offset), 길이(len)
close( )	스트림 사용을 종료하고 자원을 반환

<표 19-4> Reader의 주요 메서드

Reader의 주요 메서드를 살펴봤습니다. 해당 기능들을 통해 문자 데이터를 읽어올 수 있습니다. 그럼, Reader 중 가장 많이 사용하는 FileReader로 각 기능들을 살펴보겠습니다.

2 FileReader

FileReader는 앞에서 학습한 FileInputStream의 기능들과 메서드의 이름이 같습니다. 기능의 사용법도 크게 다르지 않습니다.

read( ) 메서드

FileInputStream에서 사용한 예제의 경우 read( ) 메서드를 통해서 데이터를 읽어오면 한글이 깨져서 정상적으로 출력되지 않았습니다. 그러나 FileReader를 사용하면 한글까지 정상 출력되는 것을 확인할 수 있습니다. 우선 FileInputStream을 사용해 한글이 입력된 파일을 읽어보겠습니다.

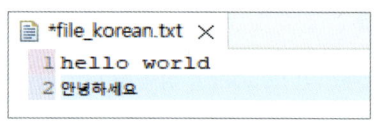

<파일 : file_korean.txt>

파일은 한글과 영문으로 작성되어 있습니다.

예제 19-7 FileInputStream 의 read() 메서드를 이용한 파일 읽기 소스 코드 EX19_07.java

```java
package section19;
import java.io.FileInputStream;
import java.io.IOException;
import java.io.InputStream;

public class EX19_07 {
    public static void main(String[] args) {
        // 파일을 읽어올 변수
        int read = 0;
        // 스트림 선언
        InputStream in = null;

        try {
            in = new FileInputStream("file_korean.txt");
            while(true) {
                // 파일 읽기
                read = in.read();
```

```
18                    // -1이면 종료
19                    if(read == -1) {
20                        break;
21                    }
22                    System.out.print((char)read);
23                }
24            } catch(IOException e) {
25                System.out.println("Error :" + e.getMessage());
26            } finally {
27
28                try {
29                    // 객체가 사용 중이면 닫는다.
30                    if(in != null) {
31                        in.close();
32                    }
33                } catch(Exception e) {
34                    e.printStackTrace();
35                }
36            }
37        }
38    }
```

> **실행 결과**
> hello world
> i붦ㄱㄱ¶

실행 결과를 확인하면 한글이 정상적으로 출력되지 않는 것을 확인할 수 있습니다. 한글은 2byte로 되어 있기 때문에 1바이트씩 읽어 들이는 방식에서는 정상적인 출력이 어렵습니다.

그럼 바이트 단위가 아닌 문자 단위로 읽어오는 FileReader의 read( ) 메서드를 사용해 읽어보겠습니다.

예제 19-8 FileReader의 read() 메서드를 이용한 파일 읽기   소스 코드 EX19_08.java

```
01   package section19;
02   import java.io.FileReader;
03   import java.io.IOException;
04   import java.io.Reader;
05
06   public class EX19_08 {
07       public static void main(String[] args) {
08           // 파일을 읽어올 변수
09           int read = 0;
```

```java
10              // 스트림 선언
11              Reader reader = null;
12
13              try {
14                  reader = new FileReader("file_korean.txt");
15                  while(true) {
16                      // 파일 읽기
17                      read = reader.read();
18                      // -1이면 종료
19                      if(read == -1) {
20                          break;
21                      }
22                      System.out.print((char)read);
23                  }
24              } catch(IOException e) {
25                  System.out.println("Error :" + e.getMessage());
26              } finally {
27
28                  try {
29                      // 객체가 사용 중이면 닫는다.
30                      if(reader != null) {
31                          reader.close();
32                      }
33                  } catch(Exception e) {
34                      e.printStackTrace();
35                  }
36              }
37          }
38      }
```

> 실행 결과
>
> hello world
> 안녕하세요

해설

▶

09 : 파일 내용을 저장할 변수를 선언합니다.
11 : Reader 객체를 선언합니다.
13 : 입출력 I/O는 try-catch를 의무적으로 사용합니다.
14 : FileReader을 선언하면서 파일 경로를 매개변수로 지정합니다.
17 : read() 메서드를 사용하여 1byte씩 파일을 읽어옵니다.
19~21 : 파일을 모두 읽어서 -1을 반환하면 멈춥니다.

FileReader의 read( ) 메서드는 문자 단위로 읽어서 int형으로 반환합니다. 따라서 한글이 깨지지 않고 출력됩니다.

read(char[ ] cbuf) 메서드

FileReader 스트림의 read(char[ ] cbuf) 메서드는 FileInputStream의 내용과 동일합니다. 다른 점은 byte 배열이 아닌 char 배열을 매개변수로 사용한다는 점입니다. 한 글자씩 읽는 read( ) 메서드에 비해 배열 단위로 문자를 읽기 때문에 읽는 횟수가 현저히 줄어들어 속도에서 효율성을 높입니다.
다음 예제를 통해 살펴보겠습니다.

예제 19-9 read(char[ ]) 메서드를 이용한 파일 읽기   소스 코드 EX19_09.java

```java
package section19;
import java.io.FileReader;
import java.io.IOException;
import java.io.Reader;

public class EX19_09 {
    public static void main(String[] args) {
        // 파일을 읽어올 변수
        int read = 0;
        // 스트림 선언
        Reader in = null;

        try {
            in = new FileReader("file_korean.txt");
            char[] buffer = new char[256];

            while(true) {
                // 파일 읽기
                read = in.read(buffer);
                // -1이면 종료
                if(read == -1) {
                    break;
                }
                System.out.println(String.valueOf(buffer, 0, read));
            }
        } catch(IOException e) {
            System.out.println("Error :" + e.getMessage());
```

```
28              } finally {
29
30                  try {
31                      // 객체가 사용 중이면 닫는다.
32                      if(in != null) {
33                          in.close();
34                      }
35                  } catch(Exception e) {
36                      e.printStackTrace();
37                  }
38              }
39          }
40      }
```

> 실행 결과
> hello world
> 안녕하세요

해설

15 : 문자 타입 배열을 선언합니다.
19 : 매개변수로 넘긴 배열에 문자를 저장하고, 읽어들인 문자의 개수를 반환합니다.
21 : 더 이상 읽을 문자가 없다면 -1을 반환합니다.
24 : 배열의 처음부터 읽어들인 수만큼 배열에서 꺼내어 문장으로 변환해 출력합니다.

위의 예제처럼 문자형 타입 배열을 이용해서 데이터를 가져오면 한 글자씩 읽는 것보다 좀 더 빠르게 파일을 읽을 수 있습니다.

3 Writer : 문자 출력 스트림

문자 기반의 출력 스트림은 최상위 클래스 Writer를 상속해 다양한 클래스를 제공합니다. Writer의 계층 구조는 다음과 같습니다.

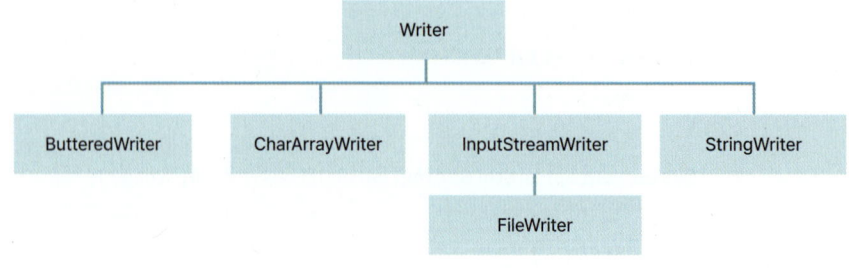

[그림 19-7] 문자 출력 스트림의 계층 구조

모두 Writer 클래스를 상속해 다양한 기능을 구현하고 있습니다. Writer는 모든 문자 기반 출력 스트림이 기본적으로 가져야 할 메서드들이 다음과 같이 정의되어 있습니다.

메서드	설명
int write(char)	단일 문자 출력
int write(char[ ])	매개변수로 주어진 배열의 모든 문자 출력
int write(String)	문자열을 매개변수로 주어진 문자열 출력
int write (char[ ], int offset, int len)	매개변수로 주어진 배열에 정해진 범위만큼 읽어서 출력 시작 위치(offset), 길이(len)
void flush( )	출력 버퍼에 잔류하는 모든 내용 출력
close( )	스트림 사용을 종료하고 자원 반환

<표 19-5> Writer의 주요 메서드

Writer의 주요 메서드를 살펴봤습니다. 해당 기능들을 통해 데이터를 출력할 수 있습니다. 그럼, Writer 중 가장 많이 사용하는 FileWriter로 각 기능들을 살펴보겠습니다.

4 FileWriter 선언

파일을 출력하기 위한 FileWriter를 선언하는 방법은 다음과 같습니다.

```
new FileWriter(경로/파일명, 이어쓰기 옵션);
```

FileWriter도 FileOutputStream과 마찬가지로 파일을 생성할 때, 파일의 내용을 유지한 채 이어 쓰거나 기존 내용을 무시하고 새롭게 파일을 생성할 수 있습니다.
이어쓰기 옵션이 true이면 기존 파일에 이어서 내용을 추가하고, false이면 기존 내용을 무시하고 새로 쓰게 됩니다. 기본 옵션은 false로 되어 있습니다.

write(char cbuf) 메서드

write(char cbuf)는 단일 문자를 입력 받아 출력하는 메서드입니다. 한 문장씩 읽어 들여서 지정된 파일에 내용을 입력하게 됩니다.
다음 예제를 통해 살펴보겠습니다.

예제 19-10 FileWriter 스트림   소스 코드 EX19_10.java

```java
01  package section19;
02  import java.io.FileWriter;
03
04  public class EX19_10 {
05      public static void main(String[] args) {
06
07          FileWriter w = null;
08          try {
09              // FileOutputStream처럼 이어쓰기, 덮어쓰기 모두 존재
10              w = new FileWriter("fileText.txt", false);
11              w.write('H');
12              w.write('A');
13              w.write('P');
14              w.write('P');
15              w.write('Y');
16              w.write('\n');
17              System.out.println("파일 생성 완료");
18          } catch(Exception e) {
19              e.printStackTrace();
20          } finally {
21              try {
22                  if(w != null) {
23                      w.close();
24                  }
25              } catch(Exception e) {
26                  e.printStackTrace();
27              }
28          }
29      }
30  }
```

실행 결과
파일 생성 완료

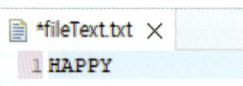

해설

10 : FileWriter 객체를 선언합니다.
11~16 : 한 문자씩 데이터를 출력합니다.
17 : 작성 완료하여 출력합니다.

SECTION 19-05 보조 스트림

보조 스트림 연결하기 | 성능 향상 보조 스트림 | 문자 변환 보조 스트림

스트림은 기능에 따라 다음과 같이 기반 스트림과 보조 스트림으로 구분합니다.

- **기반 스트림** : 대상에 직접 자료를 읽고 쓰는 스트림입니다.
- **보조 스트림** : 직접 읽고 쓰는 기능 없이 기반 스트림에 추가로 사용할 수 있는 스트림입니다.

보조 스트림은 실제로 데이터를 주고받을 수는 없지만, 스트림의 기능을 향상시키거나 새로운 기능을 제공해 주는 스트림으로 다른 보조 스트림과 중첩하여 사용할 수 있습니다. 다음은 입력 스트림과 출력 스트림에 보조 스트림을 연결한 모습을 도식화한 것입니다.

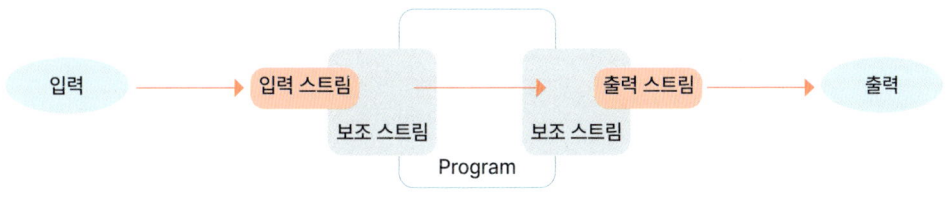

[그림 19-8] 보조 스트림 연결

프로그램은 입력 스트림을 통해 직접 데이터를 읽지 않고 보조 스트림을 통해 전달받습니다. 또한 출력 스트림으로 직접 데이터를 보내지 않고 보조 스트림을 통해 전달받아 데이터를 출력합니다.

1 보조 스트림 연결하기

보조 스트림을 사용하려면 보조 스트림을 매개변수로 받는 기반 스트림이 먼저 선언되어야 합니다. 보조 스트림은 스스로 데이터를 읽거나 쓸 수 없기 때문에 입출력과 바로 연결되는 기반 스트림이 필요합니다. 선언하는 방법은 다음과 같습니다.

```
보조 스트림 변수명 = new 보조 스트림(기반 스트림);
```

2 성능 향상 보조 스트림

느린 하드디스크와 네트워크는 입출력 성능에 영향을 줍니다. 이때 입출력 소스와 직접 작업하지 않고 버퍼라는 메모리를 이용해 작업하면 실행 성능을 향상시킬 수 있습니다. 하지만 버퍼는 크기가 작아 많은 양의 데이터를 처리하기에는 부족합니다. 그래서 보조 스트림 중에서는 다음과 같이 메모리 버퍼를 추가로 제공하여 스트림의 성능을 향상시키는 것들이 있습니다.

- 바이트 기반 스트림 : BufferedInputStream과 BufferedOutputStream
- 문자 기반 스트림 : BufferedReader와 BufferdWriter

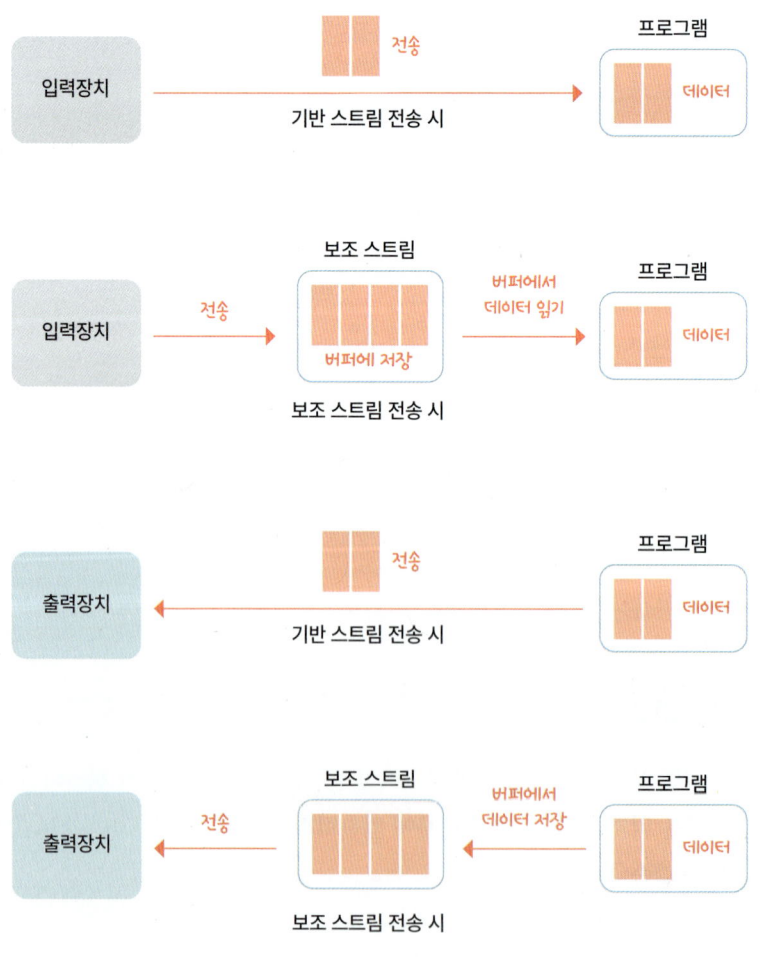

[그림 19-9] 기반 스트림과 보조 스트림의 데이터 전송

BufferedInputStream과 BufferedOutputStream

BufferedInputStream은 바이트 기반 스트림인 InputStream에 연결되어 버퍼를 제공해 주는 보조 스트림이고 BufferedOutputStream은 OutputStream에 연결되어 버퍼를 제공해 주는 보조 스트림입니다. 프로그램은 입력 장치로부터 데이터를 직접 읽는 대신 버퍼에 저장해 두었다가 큰 단위로 받기 때문에 속도가 향상됩니다. 또한 출력에 대한 보조 스트림은 프로그램에서 전송한 데이터를 내부 버퍼에 쌓아두었다가 버퍼가 꽉 차면, 모든 데이터를 한꺼번에 전송합니다.

프로그램의 입장에서는 직접 데이터를 보내는 것이 아니라, 버퍼를 통해 한꺼번에 전송함으로써 입출력 횟수를 줄여 실행 성능이 향상되는 효과를 볼 수 있습니다.

보조 스트림의 사용

보조 스트림의 객체 선언은 기반 스트림을 생성자의 매개변수로 하여 선언합니다.

다음과 같이 목적에 맞는 기반 스트림을 선언한 후, 보조 스트림을 선언할 때 매개변수로 전달하여 해당 기반 스트림을 보조합니다.

```java
InputStream in = new …
BufferdInputStream bis = new BufferdInputStream (in);
```

다음 예제를 통해 확인해 보겠습니다.

예제 19-11 BufferedInputStream   소스 코드 EX19_11.java

```java
01  package section19;
02  import java.io.BufferedInputStream;
03  import java.io.FileInputStream;
04  import java.io.IOException;
05
06  public class EX19_11 {
07      public static void main(String[] args) {
08          // 보조 스트림 사용
09          FileInputStream in = null;
10          BufferedInputStream bis = null;
11          try {
12              in = new FileInputStream("fileText.txt");
```

```
13              bis = new BufferedInputStream(in);
14              int read = 0;
15
16              // 보조 스트림을 사용하면 라인 단위로 읽어올 수 있다.
17              while((read = bis.read()) != -1) {
18                  System.out.print((char)read);
19              }
20
21          } catch(IOException e) {
22              e.printStackTrace();
23          } finally {
24              try {
25                  // 여러 개를 닫을 때는 나중에 선언한 것부터 닫으면 된다.
26                  if(bis != null) {
27                      bis.close();
28                  }
29
30                  if(in != null) {
31                      in.close();
32                  }
33              } catch(Exception e) {
34                  e.printStackTrace();
35              }
36          }
37      }
38  }
```

> 실행 결과
> HAPPY

해설

09 : FileInputStream객체를 선언합니다.
10 : BufferedInputStream을 선언합니다.
17~19 : 버퍼를 이용해 파일을 읽습니다.
26~32 : 사용한 객체를 닫습니다.

보조 스트림의 메서드는 기반 스트림의 메서드와 형태 및 기능이 비슷하기 때문에 사용상의 어려움은 없습니다.
다음 예제를 통해 보조 스트림을 사용해 파일을 읽었을 때의 성능 향상을 살펴보겠습니다.

예제 19-12 보조 스트림 읽기 성능 테스트   소스 코드 EX19_12.java

```java
01  package section19;
02  import java.io.BufferedInputStream;
03  import java.io.FileInputStream;
04  import java.io.IOException;
05
06  public class EX19_12 {
07      public static void main(String[] args) {
08          FileInputStream readFile = null;    // 기반 스트림
09          FileInputStream bisReadFile = null;    // 보조 스트림에 사용할 기반 스트림
10          BufferedInputStream bis = null;    // 보조 스트림
11
12          try {
13              System.out.println("기본 스트림으로 읽기 시작");
14              readFile = new FileInputStream("back.jpg");
15              // 현재 시간을 m/s 단위로 나타냄
16              long start = System.currentTimeMillis();
17              System.out.println("이미지 읽기 시작1");
18              while(readFile.read() != -1) {
19                  // 이미지 읽기
20              }
21              System.out.println("이미지 읽기 종료1");
22              long end = System.currentTimeMillis();
23              long time = (end - start) / 1000;
24
25              System.out.println("소요 시간 : " + time + "초");
26              System.out.println("기본 스트림으로 읽기 종료");
27
28              System.out.println("보조 스트림으로 읽기 시작");
29              bisReadFile = new FileInputStream("back.jpg");
30              bis = new BufferedInputStream(bisReadFile);
31              // 현재 시간을 m/s 단위로 나타냄.
32              start = System.currentTimeMillis();
33              System.out.println("이미지 읽기 시작2");
34              while(bis.read() != -1) {
35                  // 이미지 읽기
36              }
37
38              System.out.println("이미지 읽기 종료2");
```

```
39                end = System.currentTimeMillis();
40                double result = (double)(end - start) / 1000;
41
42                System.out.println("소요 시간 : " + result + "초");
43                System.out.println("보조 스트림으로 읽기 종료");
44
45            } catch(IOException e) {
46                e.printStackTrace();
47            } finally {
48                try {
49                    if(bis != null) {
50                        bis.close();
51                    }
52                    if(bisReadFile != null) {
53                        bisReadFile.close();
54                    }
55                    if(readFile != null) {
56                        readFile.close();
57                    }
58                } catch(Exception e) {
59                    e.printStackTrace();
60                }
61            }
62        }
63    }
```

실행 결과

기본 스트림으로 읽기 시작
이미지 읽기 시작1
이미지 읽기 종료1
소요 시간 : 3초
기본 스트림으로 읽기 종료
보조 스트림으로 읽기 시작
이미지 읽기 시작2
이미지 읽기 종료2
소요 시간 : 0.043초
보조 스트림으로 읽기 종료

해설

08~09 : FileInputStream 객체를 선언합니다.
10 : BufferedInputStream을 선언합니다.
16 : 현재 시간을 초 단위로 반환합니다.
18~20 : FileInputStream을 통해 이미지를 읽습니다.
23 : 이미지를 읽는데 걸린 시간을 초 단위로 환산합니다.
30 : 보조 스트림을 선언합니다.
34~36 : 보조 스트림을 사용하여 이미지를 읽습니다.

예제의 실행 결과를 살펴보면 보조 스트림을 사용했을 때 성능이 훨씬 좋아지는 것을 확인할 수 있습니다. 다음은 이미지를 복사할 때 보조 스트림을 사용했을 때와 사용하지 않았을 때의 성능 차이를 확인해 보겠습니다.

예제 19-13 보조 스트림을 이용한 이미지 복사 · 소스코드 EX19_13.java

```java
01  package section19;
02  import java.io.BufferedInputStream;
03  import java.io.BufferedOutputStream;
04  import java.io.FileInputStream;
05  import java.io.FileOutputStream;
06  import java.io.IOException;
07
08  public class EX19_13 {
09      public static void main(String[] args) {
10          FileInputStream readFile = null;   // 기반 스트림
11          BufferedInputStream bis = null;    // 보조 스트림
12
13          FileOutputStream writeFile = null; // 기반 스트림
14          BufferedOutputStream bos = null;   // 보조 스트림
15
16          try {
17              System.out.println("기본 스트림으로 복사 시작");
18              readFile = new FileInputStream("back.jpg");
19              writeFile = new FileOutputStream("copy.jpg");
20              // 데이터 읽을 변수
21              int read = 0;
22
23              // 현재 시간을 m/s 단위로 나타냄
24              long start = System.currentTimeMillis();
25              System.out.println("이미지 복사 시작1");
26              while((read = readFile.read()) != -1) {
27                  // 이미지 쓰기
28                  writeFile.write(read);
29              }
30              System.out.println("이미지 복사 종료1");
31              long end = System.currentTimeMillis();
32              long time = (end - start) / 1000;
33
34              System.out.println("소요 시간 : " + time + "초");
35              System.out.println("기본 스트림으로 복사 종료");
36
37              // 파일 닫기
38              readFile.close();
```

```java
39            writeFile.close();
40
41            System.out.println("보조 스트림으로 복사 시작");
42
43            readFile = new FileInputStream("back.jpg");
44            writeFile = new FileOutputStream("copy.jpg");
45
46            bis = new BufferedInputStream(readFile);
47            bos = new BufferedOutputStream(writeFile);
48            // 현재 시간을 m/s 단위로 나타냄
49            start = System.currentTimeMillis();
50            System.out.println("이미지 복사 시작2");
51            while(bis.read() != -1) {
52                // 이미지 쓰기
53                bos.write(read);
54            }
55
56            System.out.println("이미지 복사 종료2");
57            end = System.currentTimeMillis();
58            double result = (double)(end - start) / 1000;
59
60            System.out.println("소요 시간 : " + result + "초");
61            System.out.println("보조 스트림으로 복사 종료");
62
63        } catch(IOException e) {
64            e.printStackTrace();
65        } finally {
66            try {
67                if(bis != null) {
68                    bis.close();
69                }
70                if(readFile != null) {
71                    readFile.close();
72                }
73
74                if(bos != null) {
75                    bis.close();
76                }
77                if(writeFile != null) {
```

```
78                    writeFile.close();
79                }
80
81            } catch(Exception e) {
82                e.printStackTrace();
83            }
84        }
85    }
86 }
```

실행 결과

기본 스트림으로 복사 시작
이미지 복사 시작1
이미지 복사 종료1
소요 시간 : 17초
기본 스트림으로 복사 종료
보조 스트림으로 복사 시작
이미지 복사 시작2
이미지 복사 종료2
소요 시간 : 0.053초
보조 스트림으로 복사 종료

해설

10 : FileInputStream 객체를 선언합니다.
11 : BufferedInputStream을 선언합니다.
13 : FileOutputStream 객체를 선언합니다.
14 : BufferedOutputStream 객체를 선언합니다.
19 : FileOutputStream 객체 선언 시 이미지를 복사할 경로를 지정합니다.
28 : 이미지를 복사합니다.
38~39 : 객체를 재정의하기 위해서 기존에 사용한 I/O를 닫습니다.

 PLUS 학습 코너

FileInputStream / FileOutputStream은 단방향으로 진행됩니다. 따라서 한 번 파일을 읽으면 객체를 다시 쓰기 어려우므로 다시 사용할 때는 객체 사용을 종료한 후 재정의하여 사용하는 것이 좋습니다.

예 read.close();
   read = new FileInputStream(....);

BufferedReader와 BufferedWriter

BufferedReader는 문자 기반 스트림인 Reader에, BufferedWriter는 Writer에 연결되어 버퍼를 제공해 주는 보조 스트림입니다. 바이트 기반 스트림과 마찬가지로 보조 스트림을 사용해 성능을 향상시킬 수 있습니다.

BufferedReader 또는 BufferedWriter의 경우, 버퍼에 데이터를 저장하여 입력 또는 출력하기 때문에 한 단어뿐만 아니라 문장 단위로 데이터를 읽거나 쓸 수 있습니다.

예제 19-14 BufferedReader 소스 코드 EX19_14.java

```java
package section19;
import java.io.BufferedReader;
import java.io.FileReader;

public class EX19_14 {
    public static void main(String[] args) {

        FileReader reader = null;
        BufferedReader br = null;

        try {
            reader = new FileReader("book.txt");
            br = new BufferedReader(reader);
            // 문장을 저장할 변수
            String str = "";
            // 버퍼에 문자를 저장하기 때문에 한번에 읽기 가능
            while((str = br.readLine()) != null) {
                System.out.println(str);
            }

        } catch(Exception e) {
            e.printStackTrace();
        } finally {

            try {
                if(br != null) {
                    br.close();
                }
```

```
30                    if(reader != null) {
31                        reader.close();
32                    }
33
34            } catch(Exception e) {
35                e.printStackTrace();
36            }
37        }
38    }
39 }
```

실행 결과

윤동주/길

잃어버렸습니다.
무얼 어디다 잃었는지 몰라
두 손의 호주머니를 더듬어
길에 나갑니다.

돌과 돌과 돌이 끝없이 연달아
길은 돌담을 끼고 갑니다.

담은 쇠문을 굳게 담아
길 위에 긴 그림자를 드리우고

길은 아침에서 저녁으로
저녁에서 아침으로 통했습니다.

돌담을 더듬어 눈물짓다
쳐다 보면 하늘은 부끄럽게 푸릅니다.

풀 한 포기 없는 이 길을 걷는 것은
담 저 쪽에 내가 남아 있는 까닭이고

내가 사는 것은 다만
잃은 것을 찾는 까닭입니다.

해설

08 : FileReader 객체를 선언합니다.
09 : BufferedReader를 선언합니다.
17 : BufferedReader는 버퍼에 단어를 저장하여 한 번에 출력하기 때문에 문장으로 읽어 들이고 반환할 수 있습니다.

위의 예제와 같이 BuferedReader 보조 스트림은 문자 기반 스트림의 보조 스트림이기 때문에 문자를 버퍼에 저장하여 읽어옵니다. 따라서 텍스트 문서를 읽어 올 때 파일의 문자를 라인 단위로 저장하여 읽어올 수 있습니다.

다음 예제를 통해 확인해 보겠습니다.

예제 19-15 BufferedWriter — 소스 코드 EX19_15.java

```java
01  package section19;
02  import java.io.BufferedReader;
03  import java.io.BufferedWriter;
04  import java.io.FileReader;
05  import java.io.FileWriter;
06
07  public class EX19_15 {
08      public static void main(String[] args) {
09
10          FileReader reader = null;
11          BufferedReader br = null;
12          FileWriter writer = null;
13          BufferedWriter bw = null;
14
15          try {
16
17              reader = new FileReader("book.txt");
18              writer = new FileWriter("book_copy.txt", false);
19              br = new BufferedReader(reader);
20              bw = new BufferedWriter(writer);
21              // 문장을 저장할 변수
22              String str = "";
23
24              System.out.println("텍스트 파일 복사 시작");
25              // reader를 통해 읽어 온 문장을 새로운 파일에 씁니다.
26              while((str = br.readLine()) != null) {
27                  bw.write(str + "\n");
28              }
29              System.out.println("텍스트 파일 복사 완료");
30          } catch(Exception e) {
31
32          } finally {
33
34              try {
35                  if(bw != null) {
36                      bw.close();
37                  }
38
```

```
39                if(writer != null) {
40                    writer.close();
41                }
42
43                if(br != null) {
44                    br.close();
45                }
46
47                if(reader != null) {
48                    reader.close();
49                }
50
51            } catch(Exception e) {
52            }
53        }
54    }
55 }
```

실행 결과
텍스트 파일 복사 시작
텍스트 파일 복사 완료

📄 book.txt
📄 book_copy.txt

BufferedWriter 스트림 역시 읽어 들인 데이터를 버퍼에 저장하여 한 번에 출력하기 때문에 문장 단위로 데이터를 출력할 수 있습니다. 이렇게 보조 스트림을 적절히 잘 사용하면 데이터를 읽고 쓰는 속도를 향상시킬 수 있습니다.

3 문자 변환 보조 스트림

바이트 기반 스트림으로 텍스트 파일을 읽거나 쓸 경우, 한글을 포함한 비영어권 문자들이 정상적으로 출력되지 않았습니다. 소스 스트림이 바이트 기반 스트림이고, 입출력 데이터가 문자라면 Reader와 Writer로 변환하여 사용하는 것을 고려해야 합니다. 그 이유는 Reader와 Writer는 문자 단위로 입출력하기 때문에 바이트 기반 스트림보다 다양한 문자를 입출력할 수 있기 때문입니다.

문자 변환 보조 스트림에는 InputStreamReader와 OutputStreamWriter가 있습니다.

InputStreamReader

InputStreamReader는 바이트 기반 스트림 InputStream을 문자 기반 스트림 Reader로 변환하는 보조 스트림입니다.

[그림 19-10] InputStreamReader

InputStreamReader를 선언하는 방법은 다음과 같습니다.

```
FileInputStream in = new … ;
InputStreamReader is = new InputStreamReader(in);
InputStreamReader is = new InputStreamReader(in, text-encoding);
```

InputStreamReader를 선언할 때는 text-encoding을 선택해 선언할 수 있습니다. 개발 환경의 text-encoding이 기본으로 지정되어 사용됩니다. 해당 인코딩은 file이 생성될 때 사용한 것과 동일하게 지정되어야 하므로 만약 개발 환경이 읽어 들이는 파일의 text-encoding과 다르다면 직접 지정해야 합니다.

예제 19-16 InputStreamReader 　　　　　　　　　　　　　　　소스 코드 EX19_16.java

```
01  package section19;
02  import java.io.FileInputStream;
03  import java.io.IOException;
04  import java.io.InputStreamReader;
05
06  public class EX19_16 {
07      public static void main(String[] args) {
08
09          FileInputStream in = null;
10          InputStreamReader is = null;
11
12          try {
13              in = new FileInputStream("read.txt");
14              is = new InputStreamReader(in,"UTF-8");
15
```

```
16                  int read  = 0;
17
18                  while((read = is.read()) != -1) {
19                      System.out.print((char)read);
20                  }
21
22              } catch(IOException e) {
23                  e.printStackTrace();
24              } finally {
25                  try {
26                      if(is != null) {
27                          is.close();
28                      }
29                      if(is != null) {
30                          is.close();
31                      }
32                  } catch(IOException e) {
33                      e.printStackTrace();
34                  }
35          }
36      }
37  }
```

실행 결과
안녕하세요.
Hello!!

```
read.txt
1 안녕하세요.
2 Hello!!
```

해설

13 : FileInputStream을 선언합니다.
14 : InputStreamReader를 선언합니다. 바이트→문자 타입으로 변환 시 사용할 encoding을 지정합니다.

실행 결과와 같이 바이트 기반 스트림으로 읽었지만 문자 변환 보조 스트림을 사용하여 변환함으로써 한글과 영문이 모두 정상으로 출력되었음을 확인할 수 있습니다.

OutputStreamWriter

OutputStreamWriter는 바이트 기반 스트림 OutputStream을 문자 기반 스트림 Writer로 변환하는 보조 스트림입니다.

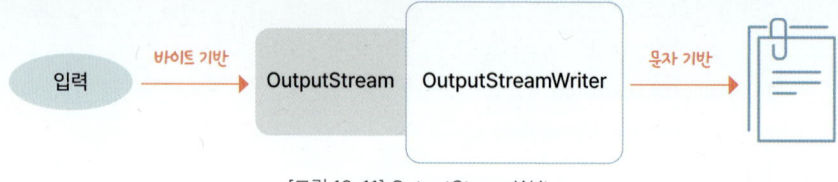

[그림 19-11] OutputStreamWriter

OutputStreamWriter를 선언하는 방법은 다음과 같습니다

```
FileOutputStream out = new … ;
OutputStreamWriter is = new OutputStreamWriter(out);
OutputStreamWriter is = new OutputStreamWriter(in, text-encoding);
```

OutputStreamWriter를 선언할 때도 text-encoding을 선택해 선언할 수 있습니다. 생성되는 파일의 text-encoding을 결정합니다.

예제 19-17 **OutputStreamWriter 예제** 소스 코드 EX19_17.java

```
01  package section19;
02  import java.io.FileOutputStream;
03  import java.io.IOException;
04  import java.io.OutputStreamWriter;
05
06  public class EX19_17 {
07      public static void main(String[] args) {
08          FileOutputStream in = null;
09          OutputStreamWriter is = null;
10
11          try {
12              in = new FileOutputStream("example.txt");
13              is = new OutputStreamWriter(in, "UTF-8");
14              System.out.println("파일 생성 시작");
15              String[] strArray = {"OutputStreamWriter에 대해 배웁니다.",
16                                  "we are learning about OutputStreamWriter"};
17
```

```
18              for(String str : strArray) {
19                  is.write(str + "\n");
20              }
21              System.out.println("파일 생성 완료");
22          } catch(IOException e) {
23              e.printStackTrace();
24          } finally {
25              try {
26                  if(is != null) {
27                      is.close();
28                  }
29                  if(is != null) {
30                      is.close();
31                  }
32              } catch(IOException e) {
33                  e.printStackTrace();
34              }
35          }
36      }
37  }
```

실행 결과

파일 생성 시작
파일 생성 완료

```
*example.txt ×
1 OutputStreamWriter에 대해 배웁니다.
2 we are learning about OutputStreamWriter
```

해설

12 : FileOutputStream을 선언합니다.
13 : OutputStreamWriter를 선언합니다. 바이트→문자 타입으로 변환 시 사용할 encoding을 지정합니다.

실행 결과로 〈example.txt〉 파일이 생성됩니다. 다만, 시스템의 text-encoding과 다른 것을 지정하여 파일을 생성하면 해당 파일을 열 때 인코딩이 맞지 않아서 글자가 깨질 수 있으니 유의해야 합니다.

SECTION 06
File 클래스

파일 객체 선언 파일 객체 기능

자바 패키지에서 제공하는 File 클래스는 파일 및 폴더에 대한 경로명, 파일 크기, 타입, 날짜 등의 속성 정보를 제공하고 파일 생성, 삭제, 이름 변경 등 파일 관리 작업을 지원하기 위한 메서드로 구성되어 있습니다.

1 파일 객체 선언

파일 객체를 선언하는 방법은 기존에 학습했던 객체 선언과 크게 다르지 않습니다. 다만 생성자의 매개변수로 파일의 경로를 받습니다.

```
File file = new File("C:\\files\\exmple.txt");
File file = new File("C:/files/exmple.txt");
```

파일의 경로를 작성할 때 사용하는 구분자는 운영체제에 따라 조금씩 다릅니다. 윈도우 환경의 경우 \(역슬래시) 또는 /(슬래시) 모두 가능하지만 \를 사용할 경우 2개를 작성해야 합니다. 리눅스 환경의 경우 /를 구분자로 사용합니다.
File 객체를 생성했다고 해서 실제 폴더나 파일이 생성되는 것은 아닙니다. 또한 지정한 경로에 파일이 없어도 생성 시 오류가 발생하지는 않습니다. 그 이유는 File 객체는 지정한 경로의 파일 또는 폴더를 객체화하거나 지정된 파일이나 폴더를 새로 생성할 때 모두 사용되기 때문입니다.

2 파일 객체 기능

File 클래스에서 사용하는 대표적인 메서드는 다음과 같습니다.

메서드	설명
boolean delete()	파일 또는 폴더 삭제(성공 시 true 반환)
boolean createNewFile()	새로운 파일이나 내용이 없는 파일 생성
boolean mkdir()	경로의 계층이 여러 개 있어도 최상위 경로의 폴더만 생성

boolean mkdirs( )	경로 상의 필요한 모든 폴더 생성
boolean exists( )	폴더 또는 파일의 존재 여부 반환
boolean isFile( )	파일 여부 반환
boolean isDirectory( )	폴더 여부 반환
long length( )	파일 크기 반환
boolean canWrite( )	쓰기 가능한 파일 여부 반환
boolean canRead( )	읽기 가능한 파일 여부 반환
String getPath( )	상대 경로 반환
String getAbsolutePath( )	절대 경로 반환

<표 19-6> File 클래스의 주요 메서드

다음 예제를 통해 해당 기능들을 살펴보겠습니다.

예제 19-18 File 기능 소스 코드 EX19_18.java

```
01  package section19;
02  import java.io.File;
03
04  public class EX19_18 {
05      public static void main(String[] args) {
06
07          File f = new File(".../src/example.txt");
08          if(f.exists()) {   // 파일이 존재할 경우
09
10              System.out.println("length : " + f.length());
11              System.out.println("canRead : " + f.canRead());
12              System.out.println("canWrite : " + f.canWrite());
13              System.out.println("getAbsolutePath : " + f.getAbsolutePath());
14
15              System.out.println("getName : " + f.getName());
16              System.out.println("getParent : " + f.getParent());
17              System.out.println("getPath : " + f.getPath());
18
```

```
19            } else {    // 파일이 존재하지 않을 경우
20                System.out.println("파일이 존재하지 않습니다.");
21            }
22        }
23    }
```

실행 결과

```
length : 84
canRead : true
canWrite : true
getAbsolutePath : .../src/example.txt
getName : example.txt
getParent : .../src
getPath : .../src/example.txt
```

해설

07 : File 클래스 선언 시 생성자 매개변수로 파일 또는 폴더 경로를 받습니다.
08 : 파일이 경로에 존재하는지 여부를 반환합니다.
10 : 파일의 크기를 반환합니다. (단위는 byte)
13 : 파일의 절대 경로를 반환합니다.
15 : 파일 이름을 반환합니다.
16 : 현재 파일 또는 폴더의 상위 폴더를 반환합니다. (없으면 null)
17 : 파일의 상대 경로를 반환합니다.

SECTION 19 07 직렬화

직렬화와 역직렬화

직렬화란 자바 시스템 내부에서 사용하는 객체나 데이터를 외부의 시스템에서 사용할 수 있도록 바이트(byte) 단위의 데이터로 변환시키는 기술을 말합니다. 즉, 클래스 형태의 데이터를 바이트 단위로 변환합니다. 바이트 단위로 변환된 데이터를 다시 객체 형태로 변환하는 것을 역직렬화라고 합니다.

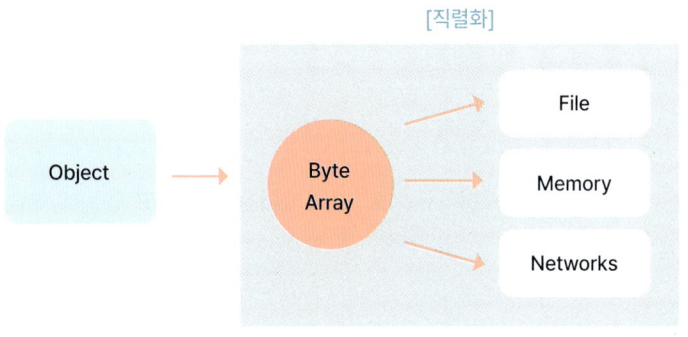

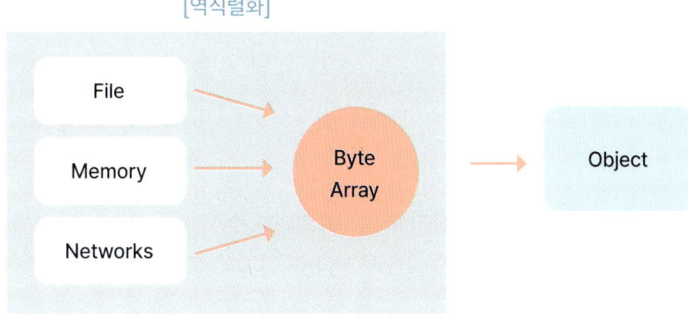

[그림 19-12] 직렬화와 역직렬화

1 객체의 직렬화

직렬화 기능을 사용하기 위해서는 먼저 사용할 객체를 준비해야 합니다. 사용할 객체에 java.io.Serializable 인터페이스를 상속하여 직렬화가 가능한 객체로 만들 수 있습니다.

```
public class Person implements Serializable {
    private static final long serialVersionUID = 1L;
}
```

2 serialVersionUID

객체의 직렬화 코드를 살펴보면 serialVersionUID가 있습니다. 해당 값은 객체를 직렬화 또는 역직렬화할 때 서로 값이 맞는지를 확인하는 기준이 되는 값입니다. 만약 직렬화하는 과정에서 해당 값이 변경된다면 InvalidClassException 예외가 발생합니다. 물론 해당 값은 필수 값이 아니므로 지정하지 않는다면 클래스의 해시 값을 사용하게 됩니다.

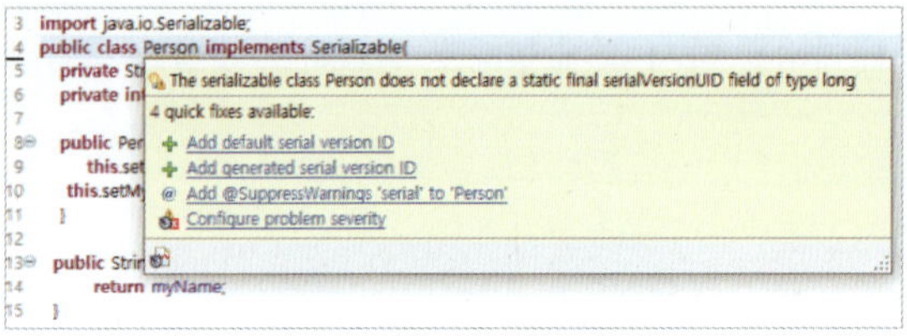

[그림 19-13] 예외 메시지

해당 값을 지정할 때는 개발자가 직접 지정하는 것을 자바에서는 추천하고 있는데, 이클립스의 기능을 이용해 쉽게 추가할 수 있습니다.

3 ObjectInputStream과 ObjectOutputStream

Serializable을 상속한 객체를 직렬화하여 전달하기 위해 객체 보조 스트림인 ObjectInputStream과 ObjectOutputStream을 사용합니다.

- ObjectOutputStream : 직렬화, 객체를 저장하기 위해 사용합니다.
- ObjectInputStream : 역직렬화, 객체를 읽기 위해 사용합니다.

다음 예제를 통해 확인해 보겠습니다.

예제 19-19 **Person class 생성**   소스 코드 Person.java

```
01  package section19;
02  import java.io.Serializable;
03
04  public class Person implements Serializable {
05      private static final long serialVersionUID = 1L;
```

```
06        private String myName;
07        private int myAge;
08
09        public Person(String myName, int myAge) {
10            this.setMyName(myName);
11            this.setMyAge(myAge);
12        }
13
14        public String getMyName() {
15            return myName;
16        }
17
18        public void setMyName(String myName) {
19            this.myName = myName;
20        }
21
22        public int getMyAge() {
23            return myAge;
24        }
25
26        public void setMyAge(int myAge) {
27            this.myAge = myAge;
28        }
29    }
```

예제 19-20 객체 직렬화 　　　소스 코드 ObjectSerialExample.java

```
01   package section19;
02   import java.io.FileOutputStream;
03   import java.io.ObjectOutputStream;
04
05   public class ObjectSerialExample {
06       public static void main(String[] args) {
07
```

```
08          Person p1 = new Person("김철수", 19);
09          Person p2 = new Person("김영희", 17);
10
11          FileOutputStream out = null;
12          ObjectOutputStream oos = null;
13          try {
14
15              out = new FileOutputStream("object_data.dat");
16              oos = new ObjectOutputStream(out);
17
18              oos.writeObject(p1);
19              oos.writeObject(p2);
20
21          } catch(Exception e) {
22              e.printStackTrace();
23          } finally {
24
25              try {
26                  if(oos != null) {
27                      oos.close();
28                  }
29
30                  if(out != null) {
31                      out.close();
32                  }
33
34              } catch(Exception e) {
35                  e.printStackTrace();
36              }
37          }
38      }
39  }
```

> **실행 결과**
>
> __sr__Person_(三b____I__myAgeL__myNamet__Ljava/lang/String;xp____t_김철수sq_~_____t_김영희

해설

12 : 객체 직렬화를 위해 ObjectOutputStream을 선언합니다.
08~09 : 데이터 객체
15 : 파일을 쓰기 위한 FileOutputStream 객체를 선언합니다.
18~19 : 객체를 직렬화하여 파일에 작성합니다.

객체를 직렬화하여 저장할 경우, text 형태가 아닌 객체 자체를 데이터화하므로 파일을 열어도 내용을 볼 수 없습니다. 자바 프로그래밍을 통해 ObjectInputStream을 이용해 직렬화된 데이터를 역직렬화하여 읽을 수 있습니다.
다음 예제를 통해 확인해 보겠습니다.

예제 19-21 역직렬화 소스 코드 `ObjectInputSerialExample.java`

```java
01  package section19;
02  import java.io.FileInputStream;
03  import java.io.ObjectInputStream;
04
05  public class ObjectInputSerialExample {
06      public static void main(String[] args) {
07          FileInputStream in = null;
08          ObjectInputStream ois = null;
09          try {
10              in = new FileInputStream("object_data.dat");
11              ois = new ObjectInputStream(in);
12
13              while(in.available() != 0) {
14                  Person p = (Person)ois.readObject();
15                  System.out.println("이름 : " + p.getMyName() + ", 나이 : "
16                          + p.getMyAge());
17              }
18
19          } catch(Exception e) {
20              e.printStackTrace();
21          } finally {
22
```

```
23            try {
24                if(ois != null) {
25                    ois.close();
26                }
27
28                if(in != null) {
29                    in.close();
30                }
31            } catch(Exception e) {
32                e.printStackTrace();
33            }
34        }
35    }
36 }
```

실행 결과

이름 : 김철수, 나이 : 19
이름 : 김영희, 나이 : 17

해설

11 : 객체 역직렬화를 위해 ObjectInputStream을 선언합니다.
13 : 파일을 읽을 수 있을 때까지 반복합니다. (0이면 모두 읽은 상태)
14 : 읽어 온 객체를 Person 클래스로 형 변환합니다.

핵심정리

- **스트림** 자바프로그래밍이 디스크에 접근하여 파일을 읽고 쓰는 통로를 스트림이라고 합니다. 스트림은 단방향이며 입력과 출력을 위한 스트림이 각각 따로 존재합니다.

- **바이트 기반 스트림** 파일 형식에 구애받지 않고 모든 파일을 읽고 쓸 수 있습니다. 바이트 기반 입력 스트림의 최상위 클래스로 InputStream이 있으며, 바이트 기반 출력 스트림의 최상위 클래스로 OutputStream이 있습니다.

- **문자 기반 스트림** 문자를 기반으로 하기 때문에 텍스트 문서만을 읽고 쓸 수 있습니다. 문자 기반 입력 스트림의 최상위 클래스로 Reader가 있으며 문자 기반 출력 스트림의 최상위 클래스로 Writer가 있습니다.

- **기반 스트림과 보조 스트림**

  > 기반 스트림 : 대상에 직접 자료를 읽고 쓰는 스트림
  > 보조 스트림 : 직접 읽고 쓰는 기능 없이 기반 스트림에 추가로 사용할 수 있는 스트림

- **File 클래스** 파일 및 폴더에 대한 정보들을 파악하기 위한 메서드들로 구성되어 있으며 물리적으로 저장되어 있는 파일이나 폴더를 다루기 위해 다양한 메서드들이 있습니다.

- **직렬화 / 역직렬화** 자바 시스템 내부에서 사용하는 객체나 데이터를 외부의 시스템에서 사용할 수 있도록 바이트 단위의 데이터로 변환시키는 기술과 바이트로 변환된 데이터를 다시 객체로 변환하는 기술을 말합니다. 객체를 데이터로 변환하는 것을 직렬화, 데이터화 된 것을 다시 객체로 변환하는 것을 역직렬화라고 합니다.

응용문제

1. 다음 중 스트림에 관한 설명으로 틀린 것은 무엇일까요?

   ① 데이터를 읽어들이는 것을 입력 스트림이라고 합니다.
   ② 데이터를 저장하는 것을 출력 스트림이라고 합니다.
   ③ 하나의 스트림으로 입력과 출력을 모두 제어할 수 있습니다.
   ④ 스트림은 바이트 기반 스트림과 문자 기반 스트림으로 나눌 수 있습니다.

2. 이미지 파일을 복사하려고 합니다. 다음 중 가장 적합한 스트림은 무엇일까요?

   ① FileInputStream, FileWriter
   ② FileReader, FileWriter
   ③ FileInputStream, FileOutputStream
   ④ FileReader, FileOutputStream

3. 다음은 보조 스트림에 대한 설명입니다. 문장이 맞으면 O표, 틀리면 X표 하세요.

   • 보조 스트림은 다른 보조 스트림과 중첩하여 사용할 수 있습니다. (   )

   • 보조 스트림은 자체적으로 입출력을 수행할 수 있습니다. (   )

   • 성능 향상 기반 보조 스트림 중에서 바이트 기반 스트림에는 BufferedInputStream과 BufferedOutputStream이 있으며 문자 기반 스트림에는 BufferedReader와 BufferdWriter가 있습니다. (   )

   • 문자 기반 스트림으로 최상위 스트림은 Reader 입니다. (   )

4. 다음 코드의 빈 칸을 완성해 보세요.

```
01  package section19;
02
03  public class FileReadExample {
04      public static void main(String[] args) {
05          FileInputStream in = null;
06          try {
07              in = new FileInputStream("read.txt");
08              int read = 0;
09
10              while⬚ {
11                  read = in.read();
12                  System.out.println((char) read);
13              }
14          } catch(Exception e) {
15              e.printStackTrace();
16
17          } finally {
18              try {
19                  if(in != null) {
20                      ⬚                      // 스트림 닫기
21                  }
22              } catch(Exception e) {
23                  e.printStackTrace();
24              }
25          }
26      }
27  }
```

응용문제

5. 사용자가 키보드를 통해 입력한 내용을 파일로 출력하는 예제를 작성해 보세요. 사용자가 "END"라고 입력하면 프로그램을 종료합니다.

```
01  package section19;
02
03  public class FileWriteExam {
04      public static void main(String[] args) {
05          Scanner scan = new Scanner(System.in);
06          FileWriter writer = null;
07
08          try {
09              String str = "";
10              
11              System.out.println("키보드 입력 : ");
12              while(true) {
13                  str=scan.next();
14                  if(str.equals("END")) {
15                      break;
16                  }
17                  writer.write(str);
18              }
19          } catch(Exception e) {
20              e.printStackTrace();
21          } finally {
22              try {
23                  if(writer != null) {
24                      writer.close();
25                  }
26
27                  if(scan != null) {
28                      scan.close();
29                  }
30              } catch(Exception e) {
31                  e.printStackTrace();
```

```
32            }
33         }
34      }
35   }
```

6. 과일의 목록이 들어있는 텍스트 파일이 있습니다. 해당 목록에는 같은 과일이 중복되어 있습니다. 해당 파일을 읽어서 각 과일이 몇 번씩 기록되어 있는지를 출력하는 프로그램을 작성해 보세요. 파일의 내용은 임의로 만듭니다.

<예시>

• fruit.txt

사과
배
메론
사과
복숭아
수박
사과
수박
....

출력 예시
메론 : 1번
배 : 1번
사과 : 3번
수박 : 2번
...

7. 다음 빈칸에 알맞은 단어를 작성해 보세요.

• 바이트로 읽어 들인 데이터를 문자로 변환해 주는 스트림을 ⬚ 이라고 합니다.

• 자바 시스템 내부에서 사용하는 객체나 데이터를 외부에서 사용할 수 있도록 바이트 단위의 데이터로 변환하는 기술을 ⬚ (이)라 하고 바이트로 변환된 데이터를 다시 객체로 변환하는 기술을 ⬚ (이)라고 합니다.

데이터의 핵심은 데이터베이스!

프로그램을 아무리 잘 만들어도 우리가 실제로 보여주고 저장할 데이터가 없다면 무용지물입니다.
<부록 1>에서는 데이터를 저장하고 관리하는 데이터베이스에 대해 학습하고
자바에서 연동하여 사용하는 방법에 대해 알아보겠습니다.

JDBC와 데이터베이스 프로그래밍

01	데이터베이스와 DBMS
02	JDBC란?
03	MariaDB
04	SQL
05	데이터 저장
06	데이터베이스 활용
07	자바와 연동

APPENDIX 1
01 데이터베이스와 DBMS

프로그램을 사용하기 위해서는 데이터가 필요합니다. 이전에는 데이터들을 파일 또는 문서화하여 저장해서 사용했는데, 이를 '파일 관리 시스템(File Management System)'이라고 합니다. 파일 관리 시스템은 프로그램마다 별도의 파일을 만들어 독립적으로 데이터를 관리하므로 같은 내용의 데이터가 서로 다른 업무의 파일에서 중복으로 저장되어 관리되고 프로그램 간의 데이터 공유가 어려웠습니다.

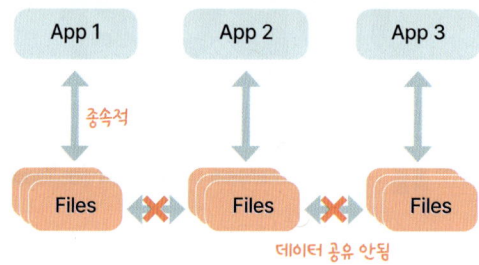

[그림 부록1-1] 파일 관리 시스템

데이터베이스(Database, DB)는 이러한 단점을 보완하여, 서로 공유해 사용할 목적으로 데이터를 한곳에 통합하여 관리하는 데이터의 집합을 말합니다. 그리고 이러한 데이터베이스를 효율적으로 관리하고 운영할 수 있도록 만든 소프트웨어 시스템을 'DBMS(Database Management System)', 또는 '데이터베이스 관리시스템'이라고 합니다.

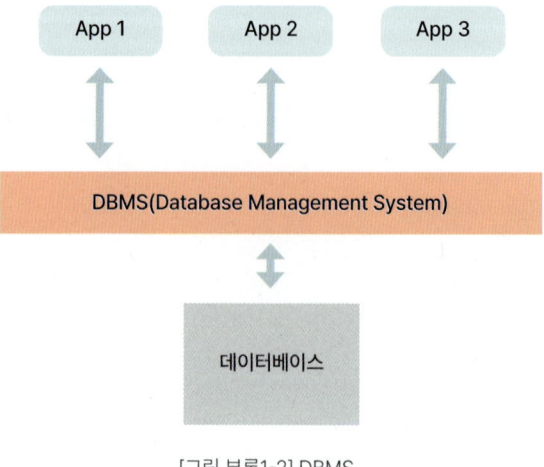

[그림 부록1-2] DBMS

다양한 데이터가 저장되어 있는 데이터베이스는 기존의 파일 관리 시스템이 갖는 데이터의 종속성과 중복성의 문제를 해결하기 위해 제안된 시스템으로 사용자나 프로그램 간의 공유 및 접근이 동시에 가능합니다.

DBMS의 장점은 다음과 같습니다.

- 데이터의 중복 최소화
- 데이터 공유
- 일관성, 무결성, 보안성 유지
- 최신 데이터 유지
- 데이터의 표준화
- 데이터의 독립성
- 데이터 저장 공간 절약

데이터베이스를 사용하기 위해서는 DBMS 소프트웨어를 설치해야 하며, 대표적인 DBMS의 종류와 특징은 다음과 같습니다.

DBMS	제작사	운영체제	특징
MySQL	MySQL → Oracle 인수	유닉스, 리눅스, 윈도우, 맥	오픈 소스이나 무료 사용에 제약이 있음. 중소규모에서 주로 사용
MariaDB	Monty Program AB	윈도우, 리눅스, 유닉스 등	MySQL 초기 개발자들이 독립해서 개발 MySQL을 대체하는 오픈소스 중소~대규모에서 주로 사용
Oracle	Oracle	윈도우, 리눅스, 유닉스 등	상용 시장 점유율 1위 비공개 소스이며 가격이 높음 대량의 데이터를 처리하여 대규모에서 주로 사용
DB2	IBM	윈도우, 리눅스, 유닉스 등	메인 프레임 시장 점유율 1위
Ms_SQL	Microsoft	윈도우에 특화	상업용 데이터베이스 중소규모에서 주로 사용 비공개 소스(리눅스 버전은 오픈소스)

<표 부록1-1> DBMS의 종류와 특징

이처럼, DBMS는 다양한 응용프로그램들이 있습니다. 각각의 사용 방법과 특징이 다르지만 어떤 것을 사용해도 무방합니다. 비교적 쉬우면서 관리 도구를 제공하는 MySQL을 많이 추천하지만, 우리는 MySQL과 소스 코드를 같이하여 사용 방법과 구조가 동일하고, MySQL의 오라클 인수로 인해 불확실한 라이선스 상태를 고려하여 현재 실무에서도 인기가 높은 MariaDB를 설치해 사용하겠습니다.

APPENDIX 1
02 JDBC란?

JDBC(Java Database Connectivity)는 자바프로그램에서 다른 기종 간의 데이터베이스를 표준화된 방법으로 접속할 수 있도록 만든 API 규격으로써 자바와 외부 데이터베이스 간의 연결을 지원합니다.

JDBC의 구조는 다음과 같습니다.

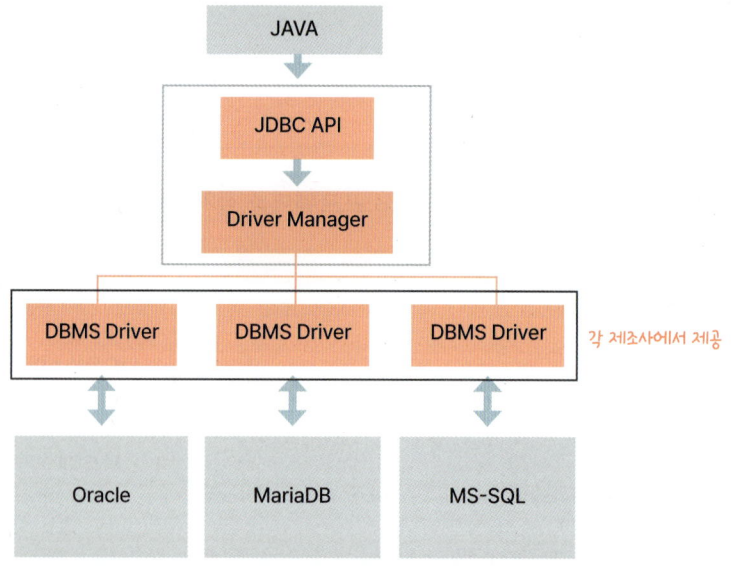

[그림 부록1-3] JDBC 구조

JDBC는 Driver Manager를 통해 각각의 데이터베이스에 접근할 수 있는 Driver 객체를 관리하고 있으며 데이터베이스를 변경해야 하는 경우가 생길 때 별도의 코드 수정 없이 드라이버만 변경해 주면 됩니다. 해당 클래스는 각 DBMS 제조사에서 제공합니다.

이렇게 제공되는 것을 'Connector library'라고 합니다. 뒤에서 사용 방법에 대해 자세히 다루므로 지금은 구조적인 부분만 이해하고 넘어갑니다.

APPENDIX 1
03 MariaDB

MariaDB는 오픈소스 관계형 DBMS입니다. MySQL을 기반으로 개발되어 현재 현업에서 가장 많이 사용하는 시스템 중 하나입니다. DBMS는 데이터를 관리하는 구조의 특징에 따라 계층형, 망형, 관계형, 객체형 등으로 분류됩니다. 그중에서 MariaDB를 비롯해 대부분의 DBMS가 관계형 데이터베이스로 사용되고 있습니다. 관계형 데이터베이스는 현재 가장 널리 사용되는 데이터베이스 유형으로 RDBMS라고도 불리며 데이터를 테이블 단위로 관리합니다. 이 테이블은 하나 이상의 열(column)과 행(row)으로 이루어져 있습니다.

1 MariaDB 설치

MariaDB는 다른 DBMS에 비해 비교적 설치하기가 쉬운 편입니다. 지금부터 함께 설치해 보겠습니다.

MariaDB 프로그램 다운로드

① MariaDB 사이트(https://mariadb.org)에 접속합니다. 이어서 사이트 메인화면에서 [Download] 버튼을 클릭합니다.

② 다운로드 버전을 선택합니다.

> TIP 현재 가장 안정적인 버전이 10.6.12 버전이라 해당 버전을 선택했습니다. 환경에 따라 맞는 버전을 선택합니다.

③ 나머지 정보들도 사용자의 PC 환경에 맞게 설정합니다. 이어서 [Download] 버튼을 클릭해 설치 파일을 다운로드합니다.

> TIP 본 교재에서는 64bit windows 설치 파일을 다운로드했습니다.

부록 1 - JDBC와 데이터베이스프로그래밍 551

MariaDB 프로그램 설치하기

① 다운로드한 설치 파일을 실행하고 [Next] 버튼을 클릭합니다.

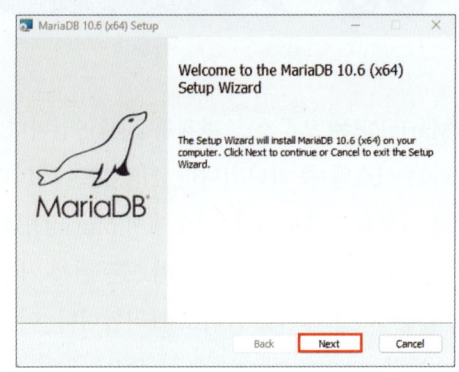

② 라이선스 동의(I accept the terms in the License Agreement)에 체크하고 [Next] 버튼을 클릭합니다.

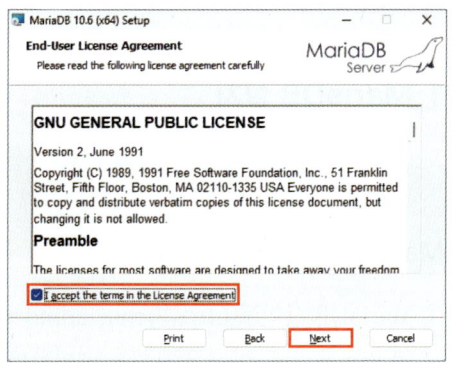

③ 설치 경로를 지정합니다. (만약 경로 변경을 원한다면 [Browse..] 버튼을 눌러 원하는 경로를 지정합니다.) 이어서 [Next] 버튼을 클릭합니다.

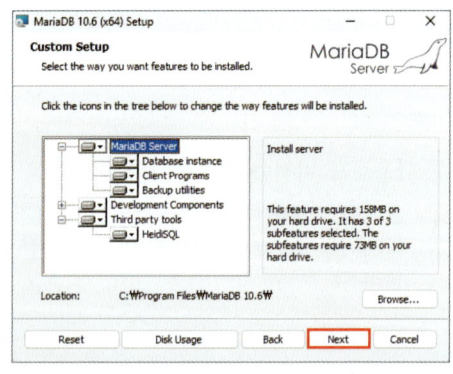

④ 다음은 계정 정보를 입력하는 화면입니다. 관리자 계정의 비밀번호를 입력합니다. 원격에서 root 계정으로 로그인할 수 있도록 Enable access from remote machines for 'root' user를 체크하고 데이터베이스의 인코딩을 UTF-8로 지정하기 위해 Use UTF8 as default server's set을 체크합니다. 이어서 [Next] 버튼을 클릭합니다.

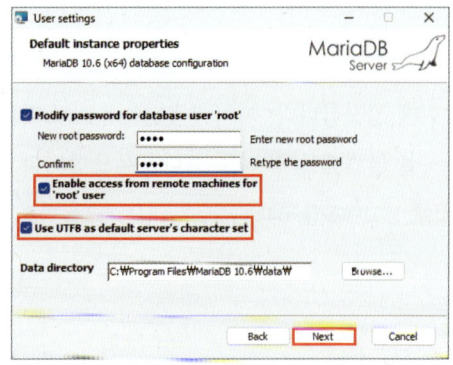

⑤ MariaDB가 시스템에 저장될 서비스 이름과 접속 port 번호, 그리고 DB engine 정보를 세팅하는 화면입니다. 특별한 경우가 아니라면 서비스 이름은 기본값인 'MariaDB'를 그대로 사용합니다. TCP port는 13306으로 변경합니다. 이어서 [Next] 버튼을 클릭합니다.

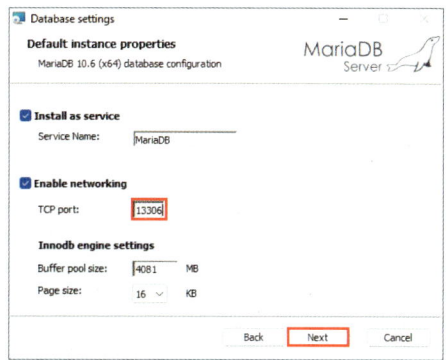

⑥ 설치할 준비가 되었습니다. 변경할 내용이 있으면 [Back] 버튼을 눌러 수정하고 아니면 [Install] 버튼을 눌러 설치를 진행합니다.

⑦ [Finish] 버튼을 눌러 설치가 완료되면 다음과 같이 프로그램 목록에 추가됩니다.

PLUS 학습 코너

- **MariaDB 목록에 MySQL 이름이 보이는 이유는 무엇일까요?**
  MariaDB를 설치한 폴더를 열면 MySQL이란 명칭으로 된 실행 파일들이 있습니다. 우리는 MariaDB를 설치했는데 다른 명칭이 보여서 의문을 가질 수 있으나 원래 MariaDB는 MySQL을 베이스로 만들어진 DBMS입니다. 그래서 용어를 혼용해서 사용하는 경우가 많습니다.

- **설치 시 Port를 변경하는 이유는 무엇일까요?**
  설명한 바와 같이 MariaDB는 MySQL을 베이스로 만들어졌습니다. 그래서 두 DBMS의 호환성이 매우 좋은 편이고 두 시스템 모두 기본 Port 번호를 '3306'으로 사용하고 있습니다. 필요에 의해서 하나의 PC에 두 DBMS를 설치할 일이 생길 수 있는데 이때를 대비해 충돌을 미리 방지하기 위함입니다. Port는 서로 공유하여 사용할 수 없습니다.

2 MariaDB 실행

그럼, 지금부터 설치한 DBMS를 실행해 보겠습니다. 설치 목록에서 MySQL Client(MariaDB 10.6 (x64))를 클릭해 실행합니다. 실행 창이 나타나면 설치할 때 설정했던 관리자 비밀번호를 입력합니다.

접속이 완료되면 다음과 같은 화면이 출력됩니다.

3 MariaDB Schema(스키마)

앞에서 MariaDB를 소개할 때 데이터를 테이블 구조로 저장한다고 했습니다. 테이블들을 만들고 저장할 때, 스키마 또는 데이터베이스라는 단위로 구별하여 저장합니다. 즉, 우리가 파일을 저장할 때 목적에 따라 분류하듯이, DBMS 내부에서 논리적 블록을 만들어서 같은 목적을 가진 데이터 집합을 관리합니다. 제품마다 부르는 용어가 같거나 혹은 다를 수 있는데, MariaDB에서는 논리적인 블록을 '스키마' 또는 '데이터베이스'라고 부릅니다.

각 스키마는 기본적으로 간섭 또는 공유되지 않습니다.

<MariaDB의 기본 스키마>

시스템에서 제공하는 기본 스키마는 사용하지 않는 것을 권장합니다. 프로젝트별로 스키마를 생성하여 테이블을 관리하는 것이 좋습니다. 그럼, 스키마를 생성해 보겠습니다.

create database jdbc; 명령어를 사용하여 jdbc라는 이름을 가진 스키마를 생성합니다.

정상적으로 생성되면 다음과 같은 문장이 출력됩니다.

show databases; 명령어를 통해서 생성된 스키마를 확인할 수 있습니다.

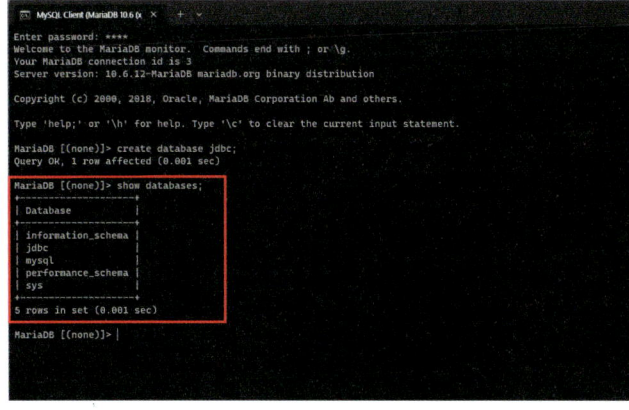

APPENDIX 1
04 SQL

SQL(Structured Query Language)은 DBMS에서 데이터를 관리하고 처리하기 위해 설계된 언어로, 질의어(Query)라고도 합니다. 대부분의 DBMS에서 표준 언어로 선택하여 사용하고 있습니다. 이러한 SQL 문법으로 작성된 내용을 'SQL'이나 'SQL Query' 또는 간편하게 'Query'라고 부릅니다.

1 SQL의 특징

SQL의 언어적 특징은 다음과 같습니다.

- 대소문자의 구분이 없습니다. DBMS 종류나 환경에 따라 대소문자를 구분하는 경우도 있으나 기본적으로 SQL은 대소문자를 구별하지 않습니다.
- 자바와 마찬가지로 문장의 마지막은 세미콜론(;)으로 끝납니다.
- 문장의 구별은 띄어쓰기로 합니다. 띄어쓰기가 명령어 또는 문장을 구별하는 기준이 됩니다.

2 SQL 명령어

SQL에서 사용하는 명령어를 분류하면 크게 DDL(Data Definition Language)인 데이터 정의어, DML(Data Manipulation Language)인 데이터 조작어, DCL(Data Control Language)인 데이터 제어어가 있습니다.

DDL(Data Definition Language) – 데이터 정의어

DDL은 데이터베이스를 정의하는 언어이며 데이터를 저장하는 테이블의 생성, 수정, 삭제와 같은 관리 기능을 수행하는 언어입니다.

종류	역할
CREATE	스키마, 테이블 등의 생성
ALTER	테이블 수정
DROP	테이블 삭제
TRUNCATE	테이블 초기화

<표 부록1-2> 데이터 정의어의 종류 및 역할

DML(Data Manipulation Language) - 데이터 조작어

DML은 데이터베이스에 등록된 데이터를 조회하거나 수정, 삭제하는 등의 기능을 수행하는 언어입니다. 주로 프로그램 안에서 사용하게 되며 개발자가 가장 많이 사용하는 언어이기도 합니다.

종류	역할
SELECT	데이터 조회
INSERT	데이터 추가
UPDATE	데이터 수정
DELETE	데이터 삭제

<표 부록1-3> 데이터 조작어의 종류 및 역할

DCL(Data Control Language) - 데이터 제어어

DCL은 데이터베이스에 접근하거나 사용자 권한을 부여하는 등의 기능을 수행하는 언어입니다.

종류	역할
GRANT	특정 사용자에게 데이터베이스에 대한 권한 부여
REVOKE	특정 사용자에게 데이터베이스에 대한 권한 박탈
COMMIT	데이터 조작에 대한 기능 수행
ROLLBACK	데이터 조작에 대한 기능 취소

<표 부록1-4> 데이터 제어어의 종류 및 역할

APPENDIX 1
05 데이터 저장

데이터베이스에서 데이터를 저장하기 위해서는 원하는 데이터를 저장할 테이블을 만들어야 합니다. 앞에서 설명한 DDL과 DML을 사용해 테이블을 만들고 데이터를 수집, 수정, 삭제, 출력 등을 제어합니다. 그럼, 지금부터 해당 문법들을 사용해 데이터를 제어하는 방법에 대해 알아보겠습니다.

1 데이터 테이블

데이터베이스는 데이터를 저장하는 방법으로 테이블 형식을 사용합니다. 데이터베이스가 데이터를 저장하는 저장소라면, 테이블은 데이터를 어떤 형식으로 저장할지 결정합니다. 여기서 말하는 테이블은 우리가 흔히 문서를 작성할 때 사용하는 표 형식과 같습니다. 하나의 문서에 여러 개의 표를 작성할 수 있는 것처럼 데이터베이스도 여러 개의 테이블이 존재할 수 있습니다.

[테이블]

학번	이름	나이	학년	성별
20211001	홍길동	17	1	남자
20211002	김영희	18	2	여자

Column(칼럼) / Record(데이터)

위와 같이 학생 정보를 담는 테이블이 있다고 가정하겠습니다. 상단에 보이는 학번, 이름, 나이, 학년, 성별은 데이터의 의미를 나타냅니다. 자바에서는 변수가 되겠네요. 이렇게 테이블을 구성하는 기본 속성을 가진 데이터를 우리는 Column(칼럼)이라고 부릅니다. 그리고 Column에 해당하는 데이터들을 가지고 있는 하나의 데이터 정보를 Record 또는 row Data라고 합니다.

2 자료형

데이터베이스도 자바의 변수처럼 데이터들을 저장하기 위한 여러 가지 자료형이 존재합니다. 데이터를 정확하게 식별하기 위한 데이터 유형으로 정수형, 실수형, 문자형 등이 있으며 DBMS마다 사용하는 자료형의 이름에 차이가 있을 수 있습니다. 우리는 MariaDB를 기준으로 살펴보겠습니다.

문자형 데이터 타입

문자를 저장하기 위한 자료형으로 문자형 데이터 타입은 다음과 같습니다.

종류	역할
CHAR(크기)	고정 길이 데이터 타입(최대 255byte) 입력된 데이터의 길이와 상관없이 지정된 크기만큼 공간 생성
VARCHAR(크기)	가변 길이 데이터 타입(최대 255byte) 지정된 길이보다 작은 데이터가 입력될 경우, 입력된 데이터 크기만큼만 저장
TEXT(크기)	문자열 데이터 타입(최대 65535byte)

<표 부록1-5> 문자형 데이터 타입의 종류와 역할

숫자형 데이터 타입

정수 또는 실수를 저장하기 위한 자료형으로 숫자형 데이터 타입은 다음과 같습니다.

종류	역할
INT(길이)	정수 타입 데이터 (-2147483648 ~ +2147483647) 또는 (0 ~ 4294967295)의 수를 표현
BIGINT(길이)	정수 타입 데이터 길이의 제약이 거의 없음
FLOAT(길이, 소수자릿수)	실수 타입 데이터 근사값을 나타냄
DOUBLE(길이, 소수자릿수)	실수 타입 데이터 근사값을 나타냄
DECIMAL(길이, 소수자릿수)	실수 타입 데이터

<표 부록1-6> 숫자형 데이터 타입의 종류와 역할

날짜형 데이터 타입

데이터베이스에서 날짜를 저장하고 표현하기 위한 자료형으로 날짜형 데이터 타입은 다음과 같습니다.

종류	역할
DATE	날짜 표현
TIME	시간 표현
DATETIME	날짜와 시간 표현
TIMESTAMP	날짜를 숫자 형태로 저장하고 표현

<표 부록1-7> 날짜형 데이터 타입의 종류와 역할

3 데이터베이스의 Key

데이터를 테이블에 저장하여 필요시 사용할 경우, 우리는 데이터를 구별할 수 있어야 합니다. 만약 학생 정보를 저장했는데, 학번이 없다면 어떨까요? 다음과 같이 똑같은 이름과 정보를 가진 데이터를 테이블에 저장해 놓고 선별하여 데이터를 추출할 때가 있습니다.

이름	나이	학년	성별
홍길동	17	1	남자
홍길동	17	1	남자

테이블에 같은 데이터가 두 개 있습니다. 데이터를 구별할 수 없으므로 두 데이터의 차이를 알 수 없습니다. 그럼 다음과 같이 학번을 부여하면 어떨까요?

학번	이름	나이	학년	성별
20211001	홍길동	17	1	남자
20211002	홍길동	17	1	남자

학번은 학생이 고유하게 부여받는 번호이므로 중복이 없는 데이터입니다. 모든 정보가 일치한다고 해도 학번으로 특정 학생을 식별할 수 있습니다. 이렇게 중복되지 않고 데이터를 고유하게 식별할 수 있는 Column을 고유 식별자로 지정하게 되는데 이를 '기본 키(primary key)'라고 합니다.

관계형 데이터베이스에서 제약 조건 중 하나인 키(key)는 데이터의 관계 설정 및 유일성을 목적으로 사용됩니다. 데이터베이스 설계에 있어 중요한 요소를 담당하는 키(key)에는 어떤 것들이 있는지 살펴보겠습니다.

기본 키(Primary Key, PK)

기본 키, 주 키, 또는 프라이머 키라고도 하며 설명한 것과 같이 데이터를 식별할 수 있는 역할을 합니다. 데이터 테이블이 가진 여러 칼럼 중에서 데이터를 식별할 수 있고, 유일한 데이터를 지닌 Column을 지정하여 기본 키를 설정합니다.

학번	이름	나이	학년	성별
20211001	홍길동	17	1	남자
20211002	홍길동	17	1	남자

위의 테이블을 살펴보면 기본 키는 학번이 될 수 있습니다. 유일하고 중복되지 않는 데이터이기 때문입니다. 기본 키의 특징은 다음과 같습니다.

- 중복되지 않는 유일한 데이터를 가진 칼럼입니다.
- 데이터를 식별할 수 있어야 합니다.
- 기본 키는 하나 또는 여러 개의 칼럼을 묶어서 지정할 수 있습니다.

외래 키(Foreign Key, FK)

우리가 배우는 데이터베이스는 관계형 데이터베이스라고 앞에서 언급했습니다. 관계형 데이터베이스는 데이터를 지닌 테이블 간의 연관성을 부여해 관리합니다. 각 테이블은 독립된 데이터를 가지고 필요 시 서로 연계하여 종합적으로 데이터를 생산할 수 있는 구조입니다. 이러한 테이블 간의 관계를 설정하기 위해 사용하는 키를 '외래 키(foreign key)'라고 합니다.
보통 '메인 – 서브 테이블' 구조를 만들 때 사용하며, 외래 키는 서브 테이블이 지니게 됩니다. 이때, 외래 키는 메인 테이블의 기본 키를 사용하여 지정합니다.
다음 예시를 살펴보겠습니다.

학생 정보 테이블의 기본 키

[학생 정보 테이블]

학번	이름	나이	학년	성별
20211001	홍길동	17	1	남자
20211002	홍길동	17	1	남자

↓ 연관 데이터

학생 점수 테이블의 기본 키

[학생 점수 테이블]

보관번호	학번	연도	학기	국어	영어	수학
2021001	20211001	2021	1	90	90	100
2021002	20211002	2021	1	85	90	99
2021003	20211001	2021	2	88	85	100
2021004	20211002	2021	2	90	90	95

위와 같이 학생 정보 테이블과 학생 점수 테이블이 있습니다. 학생 정보 테이블에는 학생 정보를 식별할 수 있는 학번이 있으므로 이를 기본 키로 설정합니다. 점수 테이블도 마찬가지로 누구의 점수인지 구별하기 위한 학번 데이터가 있습니다.

점수 테이블도 학번이 존재하므로 학번을 기본 키로 사용하면 될 것 같습니다. 하지만 다른 테이블에서 사용된 기본 키는 사용하지 않는 것이 원칙입니다. 따라서 연관 관계가 있는 학번을 점수 테이블의 외래 키로 사용합니다.

외래 키의 특징은 다음과 같습니다.

- 다른 테이블의 기본 키
- 연관 관계가 있는 칼럼
- 외래 키가 지정된 테이블의 데이터를 삭제해야 기본 테이블 데이터를 삭제할 수 있습니다.
  - 외래 키를 지정한 테이블은 해당 키를 기본 키로 하는 테이블에 종속됩니다.
  - 메인 데이터를 지우기 위해서는 종속 데이터를 먼저 삭제해야 합니다.

데이터베이스 활용

APPENDIX 1 / 06

데이터베이스의 기본 내용을 학습했습니다. 이제 학습한 내용을 바탕으로 실제 데이터를 저장하는 테이블을 만들고 활용하는 방법에 대해 살펴보겠습니다.

1 테이블 생성 CREATE

테이블 생성은 CREATE 명령어를 사용해 작성합니다. 테이블을 생성하는 기본 구조는 다음과 같습니다.

```
CREATE TABLE 테이블_이름 (...);
```

만약, 테이블 이름이 2음절 이상일 때는 자바의 카멜식 표기법과 달리 음절 사이에 언더바(_)를 사용해 테이블을 생성합니다.

```
카멜식 표기법
studentInfo, myInfo…

언더바(_) 방식
student_info, my_info…
```

테이블이나 칼럼을 생성할 때 언더바(_) 방식을 사용하는 이유는 데이터베이스는 기본적으로 대소문자를 구별하지 않기 때문에 카멜식 구성의 유효성이 떨어지기 때문입니다. 물론 설정에 따라 대소문자를 구분할 수는 있지만 일반적으로 구분 없이 설정합니다.

테이블 생성 옵션

데이터베이스에서 테이블을 생성할 때 데이터를 저장하는 변수를 칼럼이라고 배웠습니다. 해당 칼럼을 설정할 때는 여러 가지 옵션을 사용할 수 있는데, 자주 사용하는 옵션은 다음과 같습니다.

옵션 명	의미	설명
auto_increment	자동 증가	1부터 차례대로 자동 증가
null	null 허용	옵션값 (데이터 삽입이 없어도 허용)
not null	null 불가	필수값 (데이터 삽입이 반드시 있어야 함)
default	기본값 부여	데이터 삽입이 없으면 설정된 값 삽입 기본값은 칼럼의 데이터 타입과 동일해야 함
comment	설명 부여	테이블 / 칼럼의 설명을 부여

\<표 부록1-8\> 칼럼의 옵션

데이터베이스의 칼럼은 기본적으로 객체 타입입니다. 데이터가 없을 시에는 값을 null로 표현합니다. 따라서 비어있는 값을 허용/불허하는 옵션이 존재합니다.

해당 테이블은 이후에 진행되는 SQL 명령어를 학습할 때 사용됩니다.

테이블 생성

자, 그럼 배운 내용을 토대로 테이블을 생성해 보겠습니다.

```sql
CREATE TABLE stduent_info(

  std_id     VARCHAR(100)   NOT NULL,
  std_name   VARCHAR(100)   NOT NULL,
  std_age    INT            NOT NULL,
  std_grade  INT            NOT NULL,
  std_gender VARCHAR(50)    NOT NULL,
  std_phone  VARCHAR(100)   DEFAULT '',

  PRIMARY KEY(std_id)

);
```

위와 같이 CREATE 명령어로 테이블을 생성합니다.

CREATE, 생성 대상, 명칭 순으로 진행되며 칼럼에 대한 정의는 자바에서 중괄호{}를 사용한 것과 달리 소괄호() 영역 안에서 설정합니다. 마지막은 기본 키로 설정한 칼럼을 지정합니다.

2 데이터 삽입 INSERT

테이블을 생성하면 데이터를 삽입해야 합니다. 데이터 삽입은 INSERT 명령어를 사용해 작성합니다. 데이터를 삽입하는 기본 구조는 다음과 같습니다.

```
INSERT INTO 테이블 이름 (칼럼1, 칼럼2, 칼럼3…)
    VALUES (데이터1, 데이터2…);
```

데이터 삽입 명령은 INSERT, INTO, 대상 테이블로 진행되며, 첫 번째 괄호에는 데이터를 삽입할 칼럼들을 나열합니다. 데이터베이스는 실제 칼럼을 순서대로 저장하지 않으므로 데이터를 삽입할 때 순서를 명시적으로 부여하는 것이 바람직합니다. 뒤에는 VALUES라는 키워드를 사용해 삽입할 데이터들을 칼럼 순서와 맞게 나열합니다. SQL은 세미콜론 이후부터 세미콜론 이전까지가 한 문장이기 때문에 한 라인에 작성하기 긴 문장이라면 라인을 내려서 작성해도 좋습니다.

```
INSERT INTO student_info(std_id, std_name, std_age, std_grade, std_gender, std_phone)
    VALUES('20221001', '홍길동', 18, 2, '남자', '010-1212-1212');
```

3 데이터 조회 SELECT

SELECT 구문은 테이블에서 데이터를 조회하기 위한 명령어입니다. 즉 원하는 데이터를 출력하는 문법이며 개발자가 가장 많이 사용하는 구문이기도 합니다. 효율적인 조회를 위해서는 여러 테이블의 데이터를 조합하거나 데이터 정렬이나 집계 등의 다양한 작업이 함께 이루어져야 합니다.

데이터를 조회하는 기본 구조는 다음과 같습니다.

```
SELECT 칼럼1, 칼럼2, 칼럼3...
FROM 테이블 이름
WHERE 조건1
    AND 조건2...
```

데이터 검색 명령은 SELECT 키워드로 시작하고 검색을 원하는 칼럼들을 그 뒤에 나열합니다. FROM 키워드 뒤에는 검색을 원하는 테이블 이름을 기입합니다. 처음 조건을 부여할 때는 WHERE절로 시작하고 이후에는 AND로 조건을 이어 붙입니다. 조건부는 상세하게 검색할 수 있는 필터 기능이라고 생각하면 됩니다.

```
SELECT std_id,
       std_name,
       std_age,
       std_grade,
       std_gender,
       std_phone
FROM student_info;
```

4 데이터 수정 UPDATE

UPDATE 구문은 테이블에서 데이터를 수정하기 위한 명령어입니다.
데이터를 수정하는 기본 구조는 다음과 같습니다.

```
UPDATE 테이블 이름
SET 칼럼1 = 새로운 데이터1,
    칼럼2 = 새로운 데이터2,
    칼럼3 = 새로운 데이터3,...
WHERE 조건1
    AND 조건2,...
```

데이터 업데이트 명령은 SET 키워드와 함께 수정될 칼럼과 값을 매칭하여 나열합니다. 이후 수정할 데이터의 조건을 부여하는데, 조건을 부여하지 않을 경우 전체 데이터가 수정될 위험이 있으므로 주의해야 합니다.

```
UPDATE student_info
SET std_age = 19,
    std_grade = 3
WHERE std_id = 20221001;
```

5 데이터 삭제 DELETE

DELETE 구문은 테이블에서 데이터를 삭제하기 위한 명령어입니다. 데이터가 삭제되면 다시 복구하기 어려운 만큼 삭제 시에는 주의를 기울여야 합니다.
데이터를 삭제하는 기본 구조는 다음과 같습니다.

```
DELETE FROM 테이블 이름 WHERE 조건1 AND 조건2...
```

삭제 또는 수정 명령은 대상을 특정하지 않으면 전체 데이터에 영향을 주기 때문에 반드시 조건을 명시하여 한정적으로 동작하도록 해야 합니다.

```
DELETE FROM student_info WHERE std_id = 20221001;
```

SQL에서 대표적으로 사용하는 구문인 SELECT / INSERT / UPDATE / DELETE 명령어를 알아봤습니다. 개발자가 가장 많이 사용하는 대표적인 문법이기 때문에 반드시 숙지해야 원활하게 개발할 수 있습니다.

APPENDIX 1 07 자바와 연동

데이터베이스와 자바프로그래밍을 JDBC를 이용하여 연동해 보겠습니다.

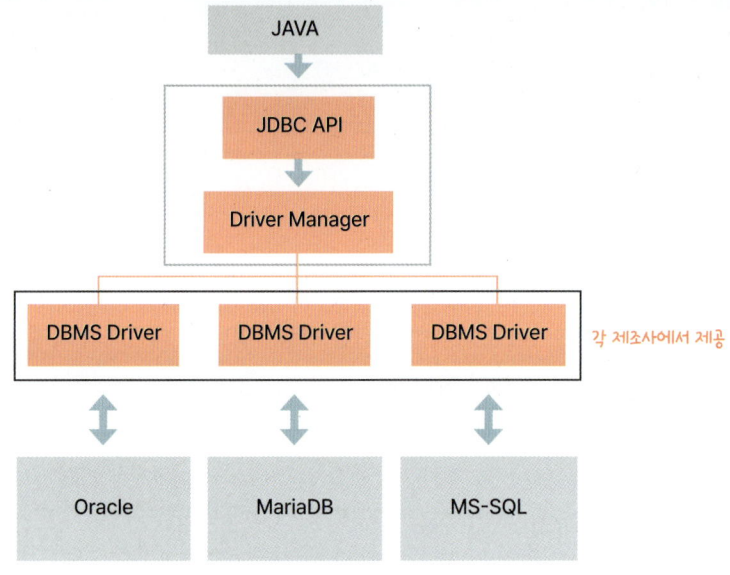

[그림 부록1-4] JDBC 구조

위 그림은 JDBC를 학습할 때 다뤘던 그림으로 다시 살펴보면 DBMS Driver 항목이 있습니다. 자바프로그래밍과 DBMS를 연동하기 위해서 각 제조사들이 제공하는 드라이버 클래스를 의미합니다. 해당 부분을 연동하기 위해서는 각 DBMS 제조사 사이트에서 DBMS Connector를 다운로드해야 합니다. 우리는 MariaDB의 드라이버를 다운로드하겠습니다.

1 DBMS Connector 다운로드

① MariaDB 사이트(https://MariaDB.com/)에 접속합니다.

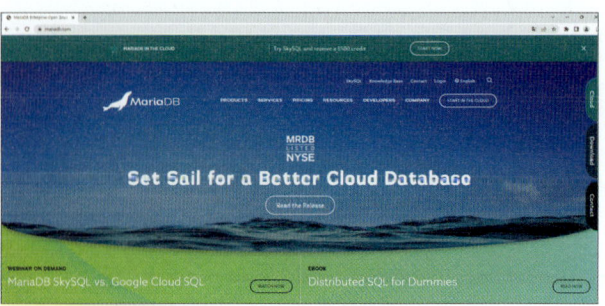

② [PRODUCTS] 메뉴에서 [Download]
　버튼을 눌러 페이지를 이동합니다.

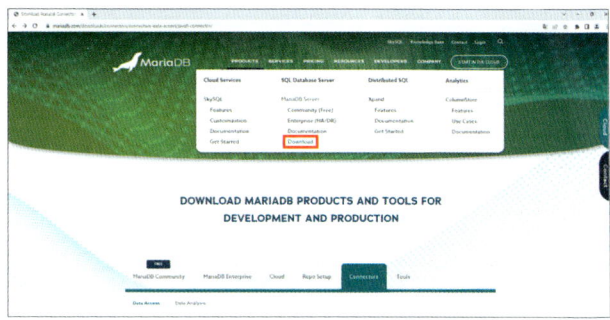

③ [Connectors] 메뉴를 선택한 후
　[Product : Java 8+ connector],
　[Version : 2.7 버전]을 선택합니다.

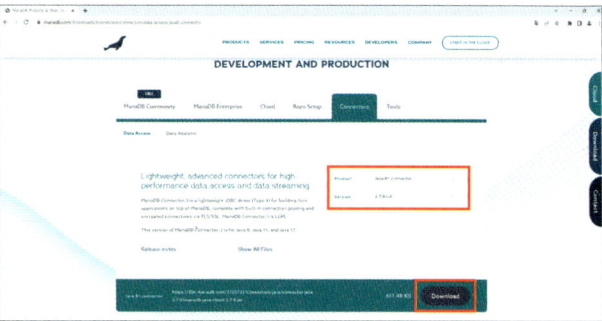

TIP DBMS Connector는 설치된 DBMS 버전과 관계가 있습니다. 2.7 버전은 우리가 설치한 DBMS를 지원합니다.

④ [Dwonload] 버튼을 눌러 다운로드합니다.

MariaDB-java-client-2.7.5-sources.jar 파일을 다운로드했습니다. 해당 파일은 자바프로젝트에 삽입하여 연동하게 되므로 쉽게 찾을 수 있는 곳에 보관합니다.

2 자바 프로젝트 구성

이클립스를 실행하고 자바 프로젝트를 생성합니다. 이어서 다운로드한 DBMS Connector를 연동해 보겠습니다.

만들어진 java 프로젝트에서 마우스 오른쪽 버튼을 눌러 나타나는 메뉴에서 [Properties]를 선택합니다.

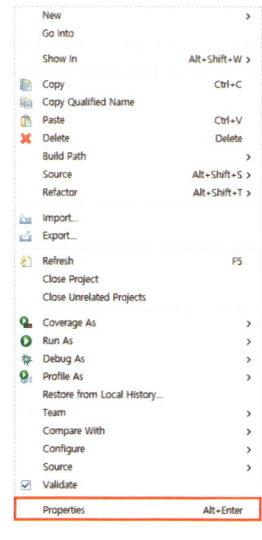

나타나는 [Properties] 설정창의 왼쪽 메
뉴에서 [Java Build Path]를 선택합니다.
이어서 [Libraries] - [Classpath]를 선택
한 후 [Add External JARs...]를 클릭해 다
운로드한 'MariaDB-java-client-2.7.5-
sources.jar'를 등록하고 [Apply and
close] 버튼을 클릭합니다.

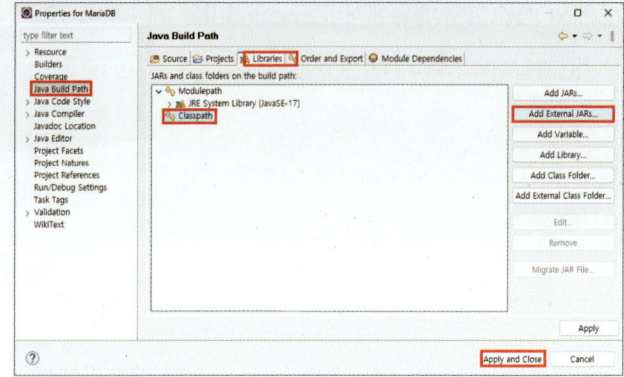

3 JDBC 연동

지금부터 자바프로그래밍을 통해 데이터베이스와 연동해 보겠습니다. 우선 단계별로 과정을 살펴봅니다.

DBMS 드라이버 로드

데이터베이스와 연동하기 위해서는 먼저, 메모리에 DBMS 드라이버를 등록해야 합니다.
DBMS 드라이버를 등록하는 방법은 다음과 같습니다.

```java
try {
    // 메모리에 드라이버 로드
    Class.forName("org.mariadb.jdbc.Driver");
} catch(Exception e) {
    e.printStackTrace();
}
```

Class.forName("드라이버 클래스") 명령어를 사용하여 등록합니다. 이때, 드라이버 클래스명은 해당 클
래스가 속한 패키지까지 작성해야 합니다. 패키지가 다르면 중복된 클래스 이름이 존재할 수 있고 개발자
가 드라이버명을 오기할 수 있으므로 해당 기능은 checked Exception에 속해 예외 처리가 필요합니다.

DBMS Connection 생성

드라이버를 메모리에 등록한 후에는 데이터베이스와 연동하는 커넥션 객체를 생성해야 합니다. 커넥션을 연결하기 위해서는 몇 가지 준비물이 필요한데, 경로와 아이디, 패스워드가 필요합니다.
데이터베이스에 접속하기 위한 주소의 형식은 다음과 같습니다.

경로는 데이터베이스 접속 주소를 의미합니다.

```
                          IP 주소         스키마 명
          jdbc:mariadb://localhost:13306/jdbc
             접속 프로토콜              Port
```

처음에는 접속 프로토콜을 정의하는데, 이는 데이터베이스마다 조금씩 다르게 사용됩니다. 예를 들어 오라클의 경우에는 jdbc:oracle로 사용됩니다. 이후, 데이터베이스가 존재하는 서버의 IP 주소와 설치할 때 정의한 데이터베이스의 사용 port를 작성하고 마지막에 테이블을 저장한 후 관리할 스키마를 작성합니다.

앞에서 정의한 내용을 바탕으로 접속 정보를 정의하면 다음과 같습니다.

```
String dbUrl = "jdbc:mariadb://localhost:13306/jdbc";
String id = "root"
String passwd = "1234";
```

id는 별도의 사용자를 만들지 않았다면 root(관리자) 계정을 사용하고 비밀번호는 MariaDB 설치 시 입력했던 암호를 작성합니다. 모든 준비가 끝나면 이어서 커넥션 연결을 다음과 같이 진행합니다.

```
Connection conn = null;
try {
    // 메모리에 드라이버 로드
    Class.forName("org.mariadb.jdbc.Driver");
    conn = DriverManager.getConnection(dbUrl, id, passwd);

    if(conn != null) {
        System.out.println("DB 연결 완료");
    }
```

```
} catch(Exception e) {
    e.printStackTrace();
}
```

SQL 실행

커넥션이 연결되면 실행할 SQL 문법을 다음과 같이 작성합니다.

```
// SQL 문법 작성
String query = "Select * from student_info";
// 데이터베이스에 전송할 문서 객체 생성
Statement st = conn.createStatement();
// 선택된 결과를 받는다.
ResultSet res = st.executeQuery(query);

while(res.next()) {
    System.out.println("학생 번호 : " + res.getString("std_id"));
    System.out.println("학생 이름 : " + res.getString("std_name"));
    System.out.println("학생 나이 : " + res.getInt("std_age"));
    System.out.println("학생 학년 : " + res.getInt("std_grade"));
    System.out.println("학생 성별 : " + res.getString("std_gender"));
    System.out.println("학생 연락처 : " + res.getString("std_phone"));
}
```

만약 작성된 SQL이 데이터를 읽어오는 문법이라면 Statement 객체를 이용해 실행됩니다. 실행된 결과는 ResultSet 클래스를 통해 전달됩니다.

```
while(res.next()) {...}
```

res.next( )는 반환할 데이터가 있으면 true, 없으면 false로 출력됩니다. 반환 데이터는 데이터베이스의 record 단위가 될 것입니다.

데이터를 가져오는 기본 방식은 다음과 같습니다.

```
get + 자료형("칼럼 이름");
```

자료형은 칼럼의 타입과 동일하게 지정해야 정상적으로 데이터를 가져올 수 있으며 칼럼 이름 또한 대상 테이블이 가진 칼럼의 이름과 동일해야 합니다.

그럼 완성된 예제를 보겠습니다.

소스 코드 DBConnectExample.java

```java
01  import java.sql.Connection;
02  import java.sql.DriverManager;
03  import java.sql.PreparedStatement;
04  import java.sql.ResultSet;
05  import java.sql.Statement;
06  import java.util.Scanner;
07
08  public class DBConnectExample {
09      public static void main(String[] args) {
10
11          String dbDriver = "org.mariadb.jdbc.Driver";
12          String dbUrl = "jdbc:mariadb://localhost:13306/jdbc";
13          String id = "root";
14          String passwd = "1234";
15          Connection conn = null;
16          PreparedStatement pstmt = null;
17
18          Scanner scan = new Scanner(System.in);
19          try {
20              // 내부적으로 데이터베이스 드라이버 로드
21              Class.forName(dbDriver);
22              conn = DriverManager.getConnection(dbUrl, id, passwd);
```

```java
23
24             if(conn != null) {
25                 System.out.println("DB 연결 완료");
26                 // SQL 문법 작성
27                 String query= "Select * from student_info";
28                 // 데이터베이스에 전송할 문서 객체 생성
29                 Statement st = conn.createStatement();
30                 // 선택된 결과를 받는다.
31                 ResultSet res = st.executeQuery(query);
32                 // 결과를 출력한다.
33                 while(res.next()) {
34                     System.out.println("학생 번호 : " + res.getString("std_id"));
35                     System.out.println("학생 이름 : " + res.getString("std_name"));
36                     System.out.println("학생 나이 : " + res.getInt("std_age"));
37                     System.out.println("학생 학년 : " + res.getInt("std_grade"));
38                     System.out.println("학생 성별 : " + res.getString("std_gender"));
39                     System.out.println("학생 연락처 : " + res.getString("std_phone"));
40                 }
41             }
42         } catch(Exception e) {
43             e.printStackTrace();
44         } finally {
45             try {
46                 if(scan != null) {
47                     scan.close();
48                 }
49
50                 if(pstmt != null) {
51                     pstmt.close();
52                 }
53
54                 if (conn != null) {
55                     conn.close();
56                 }
57
58             } catch(Exception e) {
59                 e.printStackTrace();
60             }
61         }
```

```
62        }
63  }
```

실행 결과

DB 연결 완료
학생 번호 : 20221001
학생 이름 : 홍길동
학생 나이 : 18
학생 학년 : 2
학생 성별 : 남자
학생 연락처 : 010-1212-1212

해설

12 : DB 접속 url
13 : DB 접속 아이디
14 : DB 접속 패스워드
21 : JDBC 드라이버 로드
22 : 데이터베이스 접속 커넥션을 생성합니다.
27 : SQL을 작성합니다.
29 : SQL 전송 객체를 생성합니다.
31 : SQL 실행 후 결과를 반환합니다.
33~40 : SQL 결과를 출력합니다.
45~60 : 사용한 Connnection 객체들을 닫습니다.

해당 객체들의 메모리 해제가 자동으로 이루어지지 않으므로 데이터베이스 관련 객체들도 사용 후에는 수동으로 사용 종료를 해주는 것이 좋습니다.

미니 MVC 프로젝트

> <부록 2>에서는 한 권의 책을 마무리하면서
> 지금까지 학습했던 자바를 하나의 프로젝트로 구현하고자 합니다.
> 아무래도 주니어 개발자로서 공부를 하다보면 실제로 어디에 사용하고
> 어떻게 적용해야 하는지 알기 어려울 수밖에 없습니다.
>
> 미니 프로젝트를 통해서 배운 것을 활용해 보고
> 다시 한번 학습하는 계기가 되었으면 합니다.
> 고생 많으셨습니다.

APPENDIX 2
01 Swing

지금까지 우리는 사용자에게 데이터를 입력받고 결과를 출력하기 위해 콘솔창을 사용해왔습니다. 자바에서는 사용자에게 가시적인 화면을 제공하기 위해 GUI(Graphic User Interface) 클래스를 사용합니다. 대표적인 GUI 패키지로 Swing이 있습니다. 이번 미니 프로젝트에서는 View를 구현하기 위해 먼저 Swing의 클래스와 메서드들을 간단하게 살펴보겠습니다.

1 JFrame

먼저, 화면을 출력하기 위한 창을 만들어보겠습니다. 창을 생성할 수 있는 클래스는 JFrame입니다. 클래스 안에서 다음과 같이 객체를 생성하여 사용할 수 있습니다.

```java
JFrame fr = new JFrame();   //창 생성
```

하지만, 이번 프로젝트에서는 JFrame을 직접 상속받아서 자식 클래스로 창을 구현해 보도록 하겠습니다.

소스 코드 SwingDemo.java

```java
import javax.swing.JFrame;

// JFrame을 상속받아서 SwingDemo로 창을 구현합니다.
public class SwingDemo extends JFrame {

    SwingDemo() {   // 생성자
        // 창 크기(가로, 세로) 설정
        setSize(300, 200);

        // 프레임을 닫았을 때 프로세스까지 제거되도록 설정
        setDefaultCloseOperation(JFrame.EXIT_ON_CLOSE);

        // 프레임이 화면에 보이도록 설정
```

```
14            setVisible(true);
15        }
16
17        public static void main(String[] args) {
18            new SwingDemo();
19        }
20    }
```

실행 결과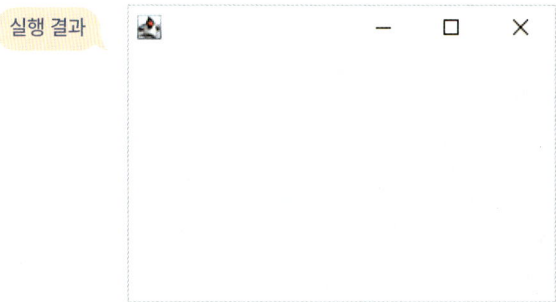

2 JTextField

창 위에 위치하는 텍스트 입력란, 버튼 등을 컴포넌트라고 부릅니다. 그중에서 사용자에게 텍스트를 입력받기 위한 칸을 생성할 수 있는 JTextField의 사용법을 알아보겠습니다.

```
JTextField textfield = new JTextField();
```

〈SwingDemo.java〉에 추가하여 사용자에게 텍스트를 입력받아 보겠습니다.

소스 코드 SwingDemo.java
```
01   import javax.swing.JFrame;
02   import javax.swing.JTextField;
03
04   public class SwingDemo extends JFrame {
05
```

```
06      JTextField tf_num1 = new JTextField();    // 텍스트 입력 칸 생성
07      JTextField tf_num2 = new JTextField();
08
09      SwingDemo() {   // 생성자
10          setSize(300, 200);
11          setLayout(null);
12          setDefaultCloseOperation(JFrame.EXIT_ON_CLOSE);
13
14          tf_num1.setBounds(50,50,40,40);    // 컴포넌트 위치, 크기 설정
15          // setBounds(창의 왼쪽에서 50, 위쪽에서 50, 필드 폭 40, 높이 40)
16          tf_num2.setBounds(100,50,40,40);
17
18          add(tf_num1);
19          add(tf_num2);
20
21          setVisible(true);
22      }
23
24      public static void main(String[] args) {
25          new SwingDemo();
26      }
27  }
```

실행 결과

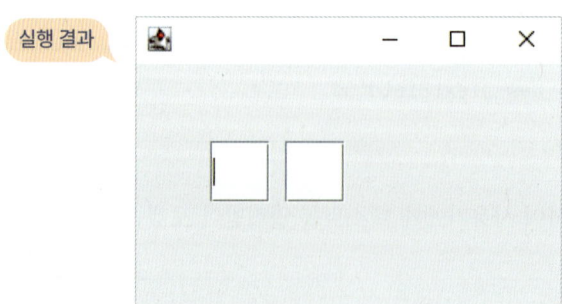

3 JButton

버튼을 생성하는 클래스 JButton입니다.

```
JButton btn = new JButton();
```

소스 코드 SwingDemo.java

```java
01  import javax.swing.JButton;
02  import javax.swing.JFrame;
03  import javax.swing.JLabel;
04  import javax.swing.JTextField;
05
06  public class SwingDemo extends JFrame {
07
08      JTextField tf_num1 = new JTextField();
09      JTextField tf_num2 = new JTextField();
10
11      JButton btn_plus = new JButton("더하기");
12
13      JLabel la_result = new JLabel("결과 출력");
14
15      SwingDemo() {   // 생성자
16          setSize(300, 200);
17          setLayout(null);
18          setDefaultCloseOperation(JFrame.EXIT_ON_CLOSE);
19
20          tf_num1.setBounds(50,50,40,40);
21          tf_num2.setBounds(100,50,40,40);
22          btn_plus.setBounds(150,50,80,40);
23          la_result.setBounds(50,100,200,40);
24
25          add(tf_num1);
26          add(tf_num2);
27          add(btn_plus);
28          add(la_result);
29
30          setVisible(true);
31      }
```

```
32
33      public static void main(String[] args) {
34          new SwingDemo();
35      }
36  }
```

실행 결과

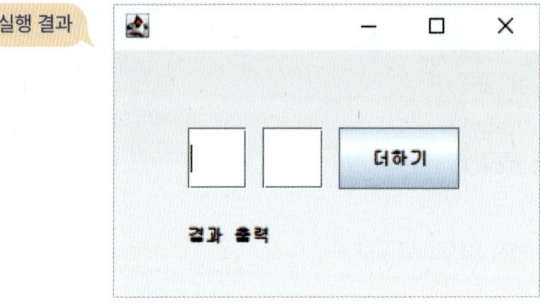

APPENDIX 2 - 02 MVC 모델

하나의 프로젝트를 구현할 때는 어떻게 설계할지 기법을 선택해야 합니다. 객체 지향 프로그래밍인 만큼 우리는 모듈화를 실천할 수 있으며, 내용과 형식에 따라 코드를 분할하여 프로그래밍할 수 있습니다. 그중에서 Model, View, Controller로 분할하는 모델, 즉 MVC 모델을 선택합니다.

MVC 모델은 팀 프로젝트뿐 아니라 대규모의 프로젝트를 만들 때도 자주 사용되는 모델이며, 자바 프로젝트에서 그치는 것이 아니라 웹 프로그래밍에서도 주요 모델로 사용되고 있습니다.

계산기를 예를 들어 Model, View, Controller의 역할과 기능에 대해 알아보겠습니다.

Model (모델)

- 프로그램의 데이터를 표현하는 클래스입니다.
- 데이터베이스와 관련된 로직을 구현합니다.
- 데이터를 기반으로 연산합니다.

소스 코드 CalcModel.java
```java
public class CalcModel {

    public int plus(int num1, int num2) {
        return num1 + num2;
    }
}
```

View (뷰)

- 사용자에게 보여지는 화면을 출력하는 클래스입니다.

소스 코드 CalcView.java

```java
import javax.swing.JButton;
import javax.swing.JFrame;
import javax.swing.JLabel;
import javax.swing.JTextField;

public class CalcView extends JFrame {
    // <SwingDemo.java> 코드에서 main 메서드만 제외하고 그대로 구현했습니다.
    JTextField tf_num1 = new JTextField();
    JTextField tf_num2 = new JTextField();

    JButton btn_plus = new JButton("더하기");

    JLabel la_result = new JLabel("결과 출력");

    CalcView() {   // 생성자
        setSize(300, 200);
        setLayout(null);
        setDefaultCloseOperation(JFrame.EXIT_ON_CLOSE);

        tf_num1.setBounds(50,50,40,40);
        tf_num2.setBounds(100,50,40,40);
        btn_plus.setBounds(150,50,80,40);
        la_result.setBounds(50,100,200,40);

        add(tf_num1);
        add(tf_num2);
        add(btn_plus);
        add(la_result);

        setVisible(true);
    }
}
```

Controller (컨트롤러)

- Model과 View를 연결해 주는 매개체 역할을 하는 클래스입니다.
- View를 통해 사용자에게 받은 데이터를 Model로 전달합니다.
- Model에서 처리된 데이터를 View로 전달합니다.
- 프로그램의 흐름을 주도적으로 제어합니다.

소스 코드 CalcController.java

```java
import java.awt.event.ActionEvent;
import java.awt.event.ActionListener;

public class CalcController implements ActionListener {

    CalcView cv;

    CalcController() {
        cv = new CalcView();
        cv.btn_plus.addActionListener(this);
    }

    @Override
    public void actionPerformed(ActionEvent e) {
        if(e.getSource() == cv.btn_plus) {
            int num1 = Integer.parseInt(cv.tf_num1.getText());
            int num2 = Integer.parseInt(cv.tf_num2.getText());

            CalcModel calc = new CalcModel();
            int result = calc.plus(num1, num2);

            cv.la_result.setText("결과는 " + result +"입니다.");
        }
    }

    public static void main(String[] args) {
        new CalcController();
    }
}
```

APPENDIX 2
03 미니 프로젝트 만들기 - 숫자 야구 게임

이번 부록에서는 미니 프로젝트로 숫자 야구 게임을 구현해 보겠습니다. 숫자 야구 게임은 MVC 모델을 구현하기 좋은 대표적인 프로젝트입니다.

우선 숫자 야구 게임의 규칙부터 확인해 보겠습니다.

숫자 야구 게임 규칙

1. 컴퓨터가 정수 1부터 9 사이의 숫자 3개를 랜덤으로 정합니다.
2. 유저에게는 10번의 기회가 주어지고, 숫자와 순서를 모두 맞춰야 게임에서 승리합니다.
3. 유저가 숫자 3개를 입력해서 도전할 때마다 프로그램은 컴퓨터의 숫자와 비교해 다음과 같이 회차별 결과를 알려줍니다. 단, 어떤 숫자의 결과인지는 알려주지 않습니다.

- 숫자와 위치가 모두 맞으면 **1 Strike**
- 숫자는 맞으나 위치가 틀리면 **1 Ball**
- 숫자가 없으면 **1 Out**
⇒ 1회차 결과 : 1 S 1 B 1 O

예시

- 컴퓨터 : 3 2 7

- 유저 1회차 입력 : 1 2 3
1은 컴퓨터의 숫자에 포함되지 않으므로 **1 Out** 입니다.
2는 컴퓨터의 숫자와 위치 모두 맞으므로 **1 Strike** 입니다.
3은 컴퓨터의 숫자 배열에 있지만 위치가 다르므로 **1 Ball** 입니다.
따라서, 유저 1회차의 결과는 **1 S 1 B 1 O** 입니다.

- 유저 2회차 입력 : 2 3 7
2는 컴퓨터의 숫자 배열에 있지만 위시가 다르므로 **1 Ball** 입니다.
3 역시 컴퓨터의 숫자 배열에 있지만 위치가 다르므로 **1 Ball** 입니다.
7은 컴퓨터의 숫자와 위치가 모두 맞으므로 **1 Strike** 입니다.
따라서, 유서 2회사의 결과는 **1 S 2 B** 입니다.

1 패키지 구조

미니 프로젝트의 패키지 구조는 그림과 같습니다.

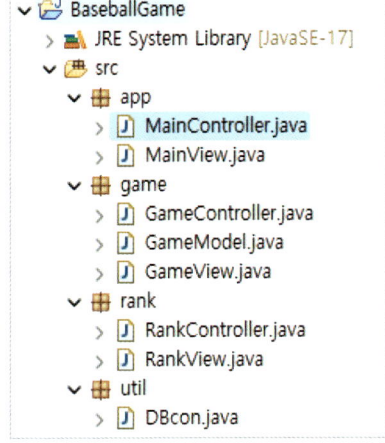

[app - 메인 화면]

- **MainView.java**
  - 게임 프로그램 시작 화면입니다. 두 개의 버튼이 있습니다.
  - 게임 시작 → 게임을 시작합니다.
  - 랭킹 확인 → 랭킹을 확인할 수 있습니다.

- **MainController.java**
  - 각 버튼을 눌렀을 때 GameController와 RankController 간의 이동을 처리합니다.

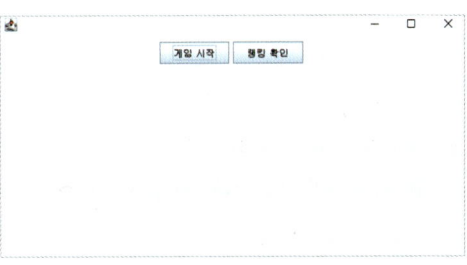

[game]

- **GameView.java**
  - 숫자 3개를 입력할 수 있는 칸이 있습니다.
  - 숫자를 입력하고 [제출] 버튼을 클릭하면 해당 회차의 결과를 알 수 있습니다.

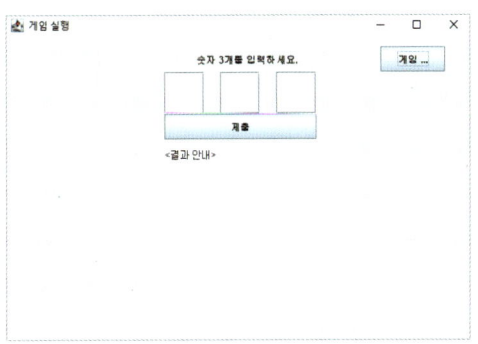

- [제출] 버튼을 눌렀을 때 게임에서 이기면 다음과 같은 팝업 창이 나타납니다.

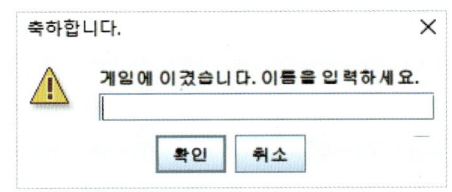

- 이름을 입력하면 랭킹 데이터베이스에 게임 시작부터 종료까지 걸린 시간과 이름이 등록됩니다.
  (GameModel에서 등록합니다.)

- 게임이 종료되면 숫자 입력 칸과 제출 버튼이 비활성화됩니다.

- GameController.java
  · GameView에서 받은 입력값을 GameModel에 전달합니다.
  · GameModel에서 처리된 데이터를 GameView로 전달합니다.

- GameModel.java
  · Game 실행에 필요한 연산을 처리합니다.
  · 데이터베이스와 연동하여 DB 작업을 수행합니다.

[rank]
- RankView.java
  · 랭킹 순위를 출력합니다.
  · [메인으로] 버튼을 클릭하면 MainView로 돌아갑니다.

- RankController.java
  · 데이터베이스에서 랭킹 순위를 읽어와 RankView.java에 전달합니다.

데이터베이스와 연산을 처리하는 것은 Model이 해야 할 일이 맞습니다. 여러분이 직접 고도화해볼까요? <RankModel.java> 코드를 만들어서 데이터베이스 연동 작업을 분리해 주세요.

[Util]
- 모든 패키지에서 접근이 가능하고 공통 연산을 수행하는 클래스들을 유틸성 클래스라고 부릅니다.
- 이번 프로젝트에서는 game과 rank 패키지를 모두 연동해야 하는 데이터베이스 클래스를 Util이라는 패키지에 작성해 보겠습니다.

- DBcon.java
  · 데이티베이스 연결 및 SQL을 수행합니다.

〈부록 1〉에서 학습한 데이터베이스를 적극 활용해 보겠습니다. 우선, 이 게임을 위해 사용할 전용 스키마가 필요합니다.

MySQL Client에 접속하여 스키마 baseball을 생성해 주세요.

```
create database baseball;
```

전용 스키마를 마련했으니, 우리는 이제 그 안에서 랭킹 데이터를 관리해야 합니다.
수집할 데이터는 다음과 같이 두 가지만 받도록 하겠습니다.

- 이름 : 게임에서 승리한 사용자가 입력한 문자열
- 시간 : 게임 시작부터 승리까지 걸린 초 (정수형 예 1초, 2초 …)

TIP RankView 그림을 참고해 주세요.

이 데이터들을 받을 수 있는 테이블은 어떻게 만들 수 있을까요? 여러분이 먼저 생각해 보신 후, 아래 쿼리를 참고하여 진행해 주세요!
먼저, 스키마에 들어가야겠죠? baseball 스키마에 들어가는 방법은 다음과 같습니다.

```
use baseball;
```

이제 테이블을 만들어보겠습니다.

```
CREATE TABLE rank
(
    name VARCHAR(30) NOT NULL,
    time INT         NOT NULL
);
```

자, 이제 야구 게임을 만들 준비가 모두 완료되었습니다.
이제 신나게 구현해 볼까요?

직접 구현해 보고, 다음 코드들을 참고하는 것을 추천드립니다. 여러분들은 충분히 할 수 있으니까요!

2 Main 패키지 구현

메인 화면을 구현합니다.

p.587 화면을 참고해 주세요.

소스 코드 **MainView.java**

```java
package app;

import java.awt.FlowLayout;

import javax.swing.JButton;
import javax.swing.JFrame;

public class MainView extends JFrame {
    JButton btn_game = new JButton("게임 시작");
    JButton btn_rank = new JButton("랭킹 확인");

    public MainView() {
        // 레이아웃 설정
        setLayout(new FlowLayout());

        add(btn_game);
        add(btn_rank);
        setSize(600, 300);
        setVisible(true);
        setDefaultCloseOperation(JFrame.EXIT_ON_CLOSE);
    }
}
```

메인 화면에 생명을 불어넣어 주겠습니다. 각 버튼들이 클릭되면 어떤 일을 처리해야 하는지 알려주기 위해서 ActionListener 인터페이스를 implements 해줍니다.
addActionListener( ) 메서드를 사용해 각 버튼이 클릭이 발생했다는 것을 알 수 있게 해줍니다. 이벤트가 발생되면(클릭이 일어나면) 해당 컨트롤러로 제어권을 전달합니다.

소스 코드 MainController.java

```java
package app;

import java.awt.event.ActionEvent;
import java.awt.event.ActionListener;

import game.GameController;
import rank.RankController;

public class MainController implements ActionListener {
    MainView mainView;

    public MainController() {
        mainView = new MainView();
        mainView.btn_game.addActionListener(this);   // 각 버튼에 귀를 달아줍니다.
        mainView.btn_rank.addActionListener(this);
    }

    // ActionListener 인터페이스의 추상 메서드
    @Override
    public void actionPerformed(ActionEvent e) {
        if(e.getSource() == mainView.btn_game) {   // 게임 시작 버튼이 클릭되면
            new GameController();
            mainView.setVisible(false);   // 메인 화면이 사라집니다.
        } else if(e.getSource() == mainView.btn_rank) {   // 랭킹 확인 버튼이 클릭되면
            new RankController();
            mainView.setVisible(false);
        }
    }

    public static void main(String[] args) {
        new MainController();   // 프로그램의 시작을 담당합니다.
    }
}
```

3 Game 패키지 구현

소스 코드 GameController.java

```
01  package game;
02
03  import java.awt.event.ActionEvent;
04  import java.awt.event.ActionListener;
05  import java.util.ArrayList;
06  import java.util.List;
07  import java.util.Random;
08
09  import javax.swing.JOptionPane;
10
11  import app.MainController;
12
13  public class GameController implements ActionListener {
14      final int MAX_SIZE = 3;
15
16      int count = 1;    // 횟수 카운트
17      int answerArr[];  // 정답 배열
18      GameView gameView;  // 게임 화면
19
20      long beforeTime;
21
22      public GameController() {
23          Random random = new Random();    // 랜덤 숫자 생성 객체
24
25          List<Integer> list = new ArrayList<Integer>();
26          answerArr = new int[MAX_SIZE];
27
28          int index = 0;
29
30          while(list.size() < MAX_SIZE) {
31              int ranNum = random.nextInt(8) + 1;    // 1~9까지 숫자를 받아옵니다.
32              if(!list.contains(ranNum)) {
33                  list.add(ranNum);
34                  answerArr[index++] = ranNum;
```

```java
35                  System.out.print(answerArr[index-1] + " ");
36              }
37          }
38
39          beforeTime = System.currentTimeMillis();   // 코드 실행 전에 시간을 받아옵니다.
40
41          gameView = new GameView();
42          gameView.btn_submit.addActionListener(this);
43          gameView.btn_exit.addActionListener(this);
44      }
45
46      @Override
47      public void actionPerformed(ActionEvent e) {
48          if(e.getSource() == gameView.btn_submit) {
49              try {
50                  // 입력한 숫자 얻기
51                  int[] inputArr = new int[3];
52                  inputArr[0] = Integer.parseInt(gameView.tf_num1.getText());
53                  inputArr[1] = Integer.parseInt(gameView.tf_num2.getText());
54                  inputArr[2] = Integer.parseInt(gameView.tf_num3.getText());
55
56                  // 모델 생성
57                  GameModel game = new GameModel(answerArr, inputArr);
58                  int[] resultArr = game.getResult();
59
60                  String result = count + "회 시도 ... "
61                                  + inputArr[0] + " " + inputArr[1] + " "
62                                  + inputArr[2] + " : "
63                                  + resultArr[0] + "S " + resultArr[1] + "B "
64                                  + resultArr[2] + "O\n";
65
66                  if(resultArr[0] == 3) {   // 3 스트라이크
67                      result += "축하합니다! 게임에 이겼습니다.";
68
69                      long time = timeCheck();
70                      String name = JOptionPane.showInputDialog(null, "게임에 이겼습니다. 
71                          이름을 입력하세요.", "축하합니다.", JOptionPane.OK_CANCEL_OPTION);
```

```
72                    System.out.println(name + "님, " + time + "초");
73
74                    game.saveRank(name, (int) time);   // Model에 값 전달 -> DB에 삽입
75                    gameView.stop();
76
77                } else if(count++ == 10) {
78                    result += "게임에 졌습니다.";
79                    gameView.stop();
80                }
81
82                // View에 결과 전달
83                gameView.addResult(result);
84
85            } catch(NumberFormatException e1) {
86                System.out.println("숫자를 입력하세요.");
87            }
88        } else if(e.getSource() == gameView.btn_exit) {
89            new MainController();
90            gameView.setVisible(false);
91        }
92    }
93
94    public long timeCheck() {
95        long afterTime = System.currentTimeMillis();
96        return (afterTime - beforeTime)/1000;
97    }
98 }
```

소스 코드 GameModel.java

```
01 package game;
02
03 import util.DBcon;
04
05 public class GameModel {
06
07     int[] inputArr = new int[3];
08     int[] answerArr;
```

```java
09      int resultStrike = 0;
10      int resultBall = 0;
11      int resultOut = 3;
12
13      public GameModel(int[] answerArr, int[] inputArr) {
14          this.answerArr = answerArr;
15          this.inputArr = inputArr;
16          check();
17      }
18
19      // 게임 로직
20      public void check() {
21          for(int i = 0; i < 3; i++) {
22              for(int j = 0; j < 3; j++) {
23                  if(inputArr[i] == answerArr[j]) {
24                      if(i == j) {
25                          resultStrike++;    // Strike
26                          resultOut--;
27                      } else {
28                          resultBall++;    // Ball
29                          resultOut--;
30                      }
31                  }
32              }
33          }
34      }
35
36      // 결과 리턴
37      public int[] getResult() {
38          int[] resultArr = {resultStrike, resultBall, resultOut};
39          return resultArr;
40      }
41
42      // DB에 저장
43      public void saveRank(String name, int time) {
44          DBcon db = new DBcon();
45          db.save(name, time);
46      }
47  }
```

소스 코드 GameView.java

```java
01  package game;
02
03  import javax.swing.JButton;
04  import javax.swing.JFrame;
05  import javax.swing.JLabel;
06  import javax.swing.JTextArea;
07  import javax.swing.JTextField;
08
09  public class GameView extends JFrame {
10      JLabel la_notice = new JLabel("숫자 3개를 입력하세요.");
11
12      JTextField tf_num1 = new JTextField(1);
13      JTextField tf_num2 = new JTextField(1);
14      JTextField tf_num3 = new JTextField(1);
15
16      JButton btn_submit = new JButton("제출");
17      JTextArea ta_result = new JTextArea("<결과 안내>\n");
18
19      JButton btn_exit = new JButton("게임 종료");
20
21      public GameView() {
22          setTitle("게임 실행");
23          setDefaultCloseOperation(JFrame.EXIT_ON_CLOSE);
24
25          setLayout(null);
26
27          // 창 가로, 창 세로, 폭, 높이
28          la_notice.setBounds(240, 10, 300, 30);
29
30          tf_num1.setBounds(200,40,50,50);
31          tf_num2.setBounds(270,40,50,50);
32          tf_num3.setBounds(340,40,50,50);
33
34          btn_submit.setBounds(200,90,190,30);
35          ta_result.setBounds(200,130,200,200);
36          btn_exit.setBounds(470, 10, 80, 30);
37          add(la_notice);
38          add(tf_num1);
```

```java
39              add(tf_num2);
40              add(tf_num3);
41              add(btn_submit);
42              add(ta_result);
43              add(btn_exit);
44              setSize(600, 400);
45              setVisible(true);
46          }
47
48          public void addResult(String result) {
49              ta_result.append(result);
50          }
51
52          // 게임이 종료되면 : 텍스트 필드, 버튼 비활성화
53          public void stop() {
54              tf_num1.setEnabled(false);
55              tf_num2.setEnabled(false);
56              tf_num3.setEnabled(false);
57              btn_submit.setEnabled(false);
58          }
59      }
```

4 Rank 패키지 구현

소스 코드 RankController.java

```java
01  package rank;
02
03  import java.awt.event.ActionEvent;
04  import java.awt.event.ActionListener;
05
06  import app.MainController;
07  import util.DBcon;
08
09  public class RankController implements ActionListener {
10
11      RankView rankView;
```

```java
12
13      public RankController() {
14          DBcon db = new DBcon();
15          String[][] resultArr = db.findAll();
16          rankView = new RankView(resultArr);
17          rankView.btn_exit.addActionListener(this);
18      }
19
20      @Override
21      public void actionPerformed(ActionEvent e) {
22          if(e.getSource() == rankView.btn_exit) {
23              new MainController();
24              rankView.setVisible(false);
25          }
26      }
27  }
```

소스 코드 RankView.java

```java
01  package rank;
02
03  import javax.swing.JButton;
04  import javax.swing.JFrame;
05  import javax.swing.JLabel;
06  import javax.swing.JScrollPane;
07  import javax.swing.JTable;
08
09  public class RankView extends JFrame {
10      JLabel la_rank = new JLabel("<랭킹 안내>");
11
12      JButton btn_exit = new JButton("메인으로");
13
14      public RankView(String[][] arr) {
15          setTitle("랭킹");
16          setDefaultCloseOperation(JFrame.EXIT_ON_CLOSE);
17
18          setLayout(null);
19
20          String rank[][] = arr;
```

```java
21              String column[] = {"순위", "이름", "걸린 시간"};
22
23              JTable ta_rank = new JTable(rank, column);
24              JScrollPane scrollpane = new JScrollPane(ta_rank);
25
26              // 창 가로, 창 세로, 폭, 높이
27              la_rank.setBounds(200,30,100,30);
28              btn_exit.setBounds(470, 10, 80, 30);
29              scrollpane.setBounds(160, 60, 200, 200);
30
31              add(la_rank);
32              add(scrollpane);
33              add(btn_exit);
34
35              setSize(600, 400);
36              setVisible(true);
37          }
38     }
```

5 Util 패키지 구현

소스 코드 DBcon.java

```java
01     package util;
02
03     import java.sql.Connection;
04     import java.sql.DriverManager;
05     import java.sql.ResultSet;
06     import java.sql.SQLException;
07     import java.sql.Statement;
08     import java.sql.PreparedStatement;
09
10     public class DBcon {
11         Connection conn;
12         Statement stmt;
13         PreparedStatement pstmt;
14         ResultSet rs;
15
```

```java
16      /**
17       * DB connection
18       */
19      public DBcon() {
20          try {
21              Class.forName("org.mariadb.jdbc.Driver");
22              conn = DriverManager.getConnection("jdbc:mariadb://localhost:13306/
23                                                  baseball", "root", "1234");
24  
25              if(conn != null)
26                  System.out.println("DB 접속 성공");
27  
28          } catch(ClassNotFoundException e) {
29              System.out.println("드라이버 로드 실패");
30          } catch(SQLException e) {
31              System.out.println("DB 접속 실패");
32              e.printStackTrace();
33          }
34      }
35  
36      public String[][] findAll() {
37          try {
38              stmt = conn.createStatement();
39              rs = stmt.executeQuery("SELECT * FROM rank ORDER BY time");
40  
41              String[][] resultArr = new String[10][3];   // 최대 10줄
42  
43              for(int i = 0; i < 10 && rs.next(); i++) {
44                  System.out.println(rs.getString("name") + " " + rs.getInt("time"));
45  
46                  resultArr[i][0] = (i+1) + "위";   // 순위
47                  resultArr[i][1] = rs.getString("name");   // 이름
48                  resultArr[i][2] = Integer.toString(rs.getInt("time"));   // 걸린 시간
49              }
50              return resultArr;
51  
52          } catch(SQLException e) {
53              System.out.println("SELECT 쿼리 실패");
```

```java
54                e.printStackTrace();
55                return null;
56            }
57        }
58
59        public void save(String name, int time) {
60            try {
61                String sql = "INSERT INTO rank VALUES(?, ?)";
62                pstmt = conn.prepareStatement(sql);
63
64                pstmt.setString(1, name);
65                pstmt.setInt(2, time);
66
67                int insertCount = pstmt.executeUpdate();
68                System.out.println(insertCount + "행 삽입 성공");
69            } catch(SQLException e) {
70                System.out.println("INSERT 쿼리 실패");
71                e.printStackTrace();
72            }
73        }
74
75        /**
76         * DB Connection, statement, resultset close
77         */
78        public void close() {
79            try {
80                stmt.close();
81                rs.close();
82                conn.close();
83            } catch(SQLException e) {
84                e.printStackTrace();
85            }
86        }
87    }
```

ASCII Code

아스키코드(American Standard Code for Information Interchange, ASCII)는 미국 표준협회가 제정한 정보 교환용 표준 코드로 라틴문자, 숫자, 그리고 특수 문자 128개를 7bit 부호 체계인 아스키코드를 만들었습니다. 1byte는 8bit인데 아스키코드는 7bit를 사용한 후 1bit는 통신 에러 검출을 위해 사용합니다.

■ 알파벳　■ 숫자　■ 구두점　■ 제어 문자　■ 공백 문자

10진수	16진수	문자	10진수	16진수	문자	10진수	16진수	문자	10진수	16진수	문자
0	0x00	NUL	32	0x20	SP	64	0x40	@	96	0x60	`
1	0x01	SOH	33	0x21	!	65	0x41	A	97	0x61	a
2	0x02	STX	34	0x22	"	66	0x42	B	98	0x62	b
3	0x03	ETX	35	0x23	#	67	0x43	C	99	0x63	c
4	0x04	EOT	36	0x24	$	68	0x44	D	100	0x64	d
5	0x05	ENQ	37	0x25	%	69	0x45	E	101	0x65	e
6	0x06	ACK	38	0x26	&	70	0x46	F	102	0x66	f
7	0x07	BEL	39	0x27	'	71	0x47	G	103	0x67	g
8	0x08	BS	40	0x28	(	72	0x48	H	104	0x68	h
9	0x09	HT	41	0x29	)	73	0x49	I	105	0x69	i
10	0x0A	LF	42	0x2A	*	74	0x4A	J	106	0x6A	j
11	0x0B	VT	43	0x2B	+	75	0x4B	K	107	0x6B	k
12	0x0C	FF	44	0x2C	,	76	0x4C	L	108	0x6C	l
13	0x0D	CR	45	0x2D	-	77	0x4D	M	109	0x6D	m
14	0x0E	SO	46	0x2E	.	78	0x4E	N	110	0x6E	n
15	0x0F	SI	47	0x2F	/	79	0x4F	O	111	0x6F	o
16	0x10	DLE	48	0x30	0	80	0x50	P	112	0x70	p
17	0x11	DC1	49	0x31	1	81	0x51	Q	113	0x71	q
18	0x12	DC2	50	0x32	2	82	0x52	R	114	0x72	r
19	0x13	DC3	51	0x33	3	83	0x53	S	115	0x73	s
20	0x14	DC4	52	0x34	4	84	0x54	T	116	0x74	t
21	0x15	NAK	53	0x35	5	85	0x55	U	117	0x75	u
22	0x16	SYN	54	0x36	6	86	0x56	V	118	0x76	v
23	0x17	ETB	55	0x37	7	87	0x57	W	119	0x77	w
24	0x18	CAN	56	0x38	8	88	0x58	X	120	0x78	x
25	0x19	EM	57	0x39	9	89	0x59	Y	121	0x79	y
26	0x1A	SUB	58	0x3A	:	90	0x5A	Z	122	0x7A	z
27	0x1B	ESC	59	0x3B	;	91	0x5B	[	123	0x7B	{
28	0x1C	FS	60	0x3C	<	92	0x5C	\	124	0x7C		
29	0x1D	GS	61	0x3D	=	93	0x5D	]	125	0x7D	}
30	0x1E	RS	62	0x3E	>	94	0x5E	^	126	0x7E	~
31	0x1F	US	63	0x3F	?	95	0x5F	_	127	0x7F	DEL

유니코드(Unicode)

유니코드(Unicode)는 전 세계에서 사용하는 모든 문자를 표현할 수 있는 국제 표준 코드로 기본적으로 16bit, 즉 2byte로 단어들을 표현했습니다. 1byte는 256bit이므로 2byte는 256*256=65,536의 글자를 표현할 수 있습니다.

유니코드는 각 나라별로 자신의 언어가 속하고 있는 고유한 공간을 할당받습니다.
한글은 U+1100~U+11FF 사이의 한글 자모 영역, U+AC00~U+D7AF 사이의 한글 소리마디 영역을 사용해 총 11,172자의 공간을 차지하고 있습니다.
유니코드의 각 문자는 식별 가능한 Code Point라는 숫자를 가지는데, 한글 '가'를 가리키는 유니코드의 Code Point 문자열은 다음과 같이 표현합니다.

> U+AC00

하지만 때때로 호환성 문제로 유니코드를 ASCII로 표현해야 하는 상황이 생길 수 있습니다. 이런 문자열을 Unicode Escape Sequence라고 부르는데, 자바에서는 유니코드 문자열에 대응하는 Unicode Escape Sequence 문자열을 다음과 같이 표현합니다.

> char gaChar = '\uAC00';

유니코드는 유니코드에 포함시키고자 하는 문자들의 집합을 정의했는데, 이를 문자 셋이라고 합니다. 문자 셋에 UTF-7, UTF-8, UTF-16, UTF-32 등 번호를 붙인 것이 유니코드 인코딩입니다. 자바는 모든 문자를 2byte로 고정한 UTF-16을 사용합니다.
UTF-16은 다루기는 편리하지만 영어와 숫자 또한 2byte로 사용하기 때문에 크기가 커진다는 단점이 있습니다. 이에 반해 UTF-8은 한 문자를 표현하기 위해 1byte에서 4byte까지 사용합니다. (영문과 숫자는 1byte, 한글은 3byte) 한글은 크기가 늘어나지만 로마자 등은 크기가 작아져 유니코드의 대표적인 문자 인코딩으로 사용되고 있습니다.